Engels
Collectie Zonder Moeite

door Anthony Bulger

Nederlandse bewerking door Carine Caljon

Illustraties van J.L. Goussé

B.P. 25
94431 Chennevières-sur-Marne Cedex
FRANCE

© ASSIMIL 2017
ISBN 978-2-7005-0755-3

Bij **onze cursussen**

horen geluidsopnamen op audio-cd of audio download; voor sommige talen is er ook een e-cursus*.

Zonder Moeite

Duits
Engels
Frans*
Portugees
Russisch
Spaans

Talen als target

Engels leren A2
Frans leren A2
Spaans leren A2

Conversatiegidsen

Duits
Engels
Frans
Italiaans
Spaans

Werkboeken

Engels
Frans
Spaans

Inhoud

Voorwoord VII
Inleiding VIII

Lessen 1 tot 100
1. Hi, how are you? 1
2. Where's the family? 3
3. Introductions 7
4. We're from Scotland 9
5. A business trip 13
6. A tiny office 15
7. Revision 19
8. At a party 23
9. How old are you? 27
10. Two holidays 31
11. Two holidays (continued) 35
12. A historical city 37
13. Questions about Durham 41
14. Revision 45
15. Breakfast 51
16. Problems 53
17. A pub lunch 57
18. A cup of coffee 61
19. A nice present 65
20. Have you got any change? 69
21. Revision 71
22. This is Simon Barnes 75
23. And this is his wife 79
24. Never? 83
25. A lazy weekend 85
26. Fully booked 89
27. A terrible restaurant 93
28. Revision 95
29. Exercise 101
30. By the way 105

• III

31	I'm starving	107
32	Too many calories	111
33	The UK game show	115
34	The West End	119
35	Revision	123
36	I'm looking for a bank	131
37	I'm looking for a job	135
38	The perfect job	137
39	A postcard from Steve	141
40	Following a bank robber	145
41	Meeting a friend at the airport	149
42	Revision	155
43	The general election (Part 1)	161
44	Mums	167
45	What's on television?	171
46	Whose is this?	175
47	The general election (Part 2)	179
48	Booking a flight	183
49	Revision	187
50	Time flies	195
51	A famous citizen of Portsmouth	201
52	Rivals	205
53	A few drinks	211
54	A terrible memory	215
55	Stop worrying	221
56	Revision	225
57	A job interview	233
58	Good news	237
59	The right clothes	243
60	Give me a lift to York	249
61	Travelling around Britain	255
62	Planning a journey	263
63	Revision	269
64	A shopping expedition	275
65	A coffee at Boomer's	281
66	The Beatles	287
67	What will you do?	293

68	Disaster!	297
69	A nation of gamblers?	303
70	Revision	309
71	I feel awful!	315
72	Do what the doctor says	323
73	A worried mother	327
74	Planning a holiday	333
75	It's a deal	339
76	Lost	345
77	Revision	351
78	She's still in a meeting	359
79	The interview	363
80	Higher education	369
81	The interview (continued)	375
82	At last!	379
83	Bad weather	385
84	Revision	391
85	An accident	399
86	A tourist trap	403
87	A letter from a friend	411
88	Getting away	417
89	A bite to eat	423
90	An old friend	427
91	Revision	433
92	Selfish	439
93	Temptation	445
94	A dinner party	449
95	A dinner party (continued)	455
96	Wrong number	461
97	Tactless	467
98	Revision	471
99	Crash!	479
100	London	485
101	A tour of London	491
102	Art	497
103	A quick promotion	501
104	Renting a car	509

105	Revision	515
106	It's so good to see you again!	523
107	Gossip	531
108	A real IT nightmare	539
109	The UK e-guide	545
110	Goodbye for now	551

Culinair post-scriptum	558
Grammaticale bijlage	560
Woordenlijsten	600
Woordenlijst Engels-Nederlands	601
Woordenlijst Nederlands-Engels	648

Voorwoord

Talen evolueren voortdurend en Assimil volgt dit proces nauwkeurig op. We achten het onze plicht om de mutaties die zich in de taal nestelen in de cursussen op te nemen. Zo is deze nieuwe uitgave van "Engels" in de collectie "Zonder Moeite" het resultaat van ons constant observeren en selecteren. Ze weerspiegelt ook onze wil om aan de noden en verwachtingen van onze lezers te voldoen.

Het gaat er niet om een taalstudiemethode die haar deugdelijkheid al meer dan 80 jaar lang heeft bewezen te veranderen, wel om wie een taal wil leren hedendaagse, courante woordenschat in praktische situaties aan te bieden, rekening houdend met de recente pedagogische en technische ontwikkelingen. De methode veranderde niet... de wereld en u wel!

1929

Nu

Inleiding

Sociale netwerken, het internet der dingen, geopolitieke veranderingen, verbruiksgewoonten: deze nieuwe versie van de Assimilcursus voldoet aan de reële behoefte, die we door de regelmatige dialoog met onze talrijke lezers aanvoelen, om de hedendaagse taal aan te leren. En de Engelse taal evolueerde het voorbije decennium voortdurend mee met de wereld die ze uitdrukt. We hebben ervoor gekozen om deze sociolinguïstische mutatie op een praktische en vooral nuttige wijze te reflecteren, eerder dan gewoon een paar "nieuwe" woorden aan onze teksten toe te voegen.

In een vijftigtal jaar werd Engels de voertaal om op onze planeet te communiceren. Bijna 350 miljoen mensen gebruikt het als hoofdtaal en voor ongeveer evenveel is het de tweede taal. Vermoedelijk leert op dit ogenblik een miljard mensen Engels en tegen 2050 zou de helft van de wereldbevolking er een min of meer operationele kennis van hebben! In de geschiedenis zijn er altijd internationale talen geweest die buiten hun oorspronkelijke taalgemeenschap gebruikt werden (Arabisch, Grieks, Latijn,...), doch de bloei van het Engels is niet te vergelijken met de "Esperanto's" van toen. De belangrijkste redenen voor deze veralgemening zijn gekend: eerst de industriële revolutie, dan de politieke, commerciële en culturele invloed van de Verenigde Staten en ten slotte het feit dat grote bedrijven (Google, Facebook, Apple,...) die de communicatierevolutie gestuurd hebben Engelstalig zijn. Toch valt niet te ontkennen dat deze dynamiek niet afhangt van het aantal autochtonen – degenen die Engels als moedertaal hebben – en dat er bijgevolg niet slechts één Engelse taal is, maar meer. Vanwaar de netelige vraag: welke variant moet men leren?

Assimil is er steeds van uitgegaan dat een taal onlosmakelijk verbonden is met de cultuur van het land van oorsprong, ook al wordt ze – zoals dat het geval is voor Spaans – zowel erbinnen als erbuiten gebruikt. Talen zijn veel meer dan een communicatiemiddel en ze kunnen niet in een cultureel vacuüm geleerd worden. Derhalve behandelt dit boek, net als de vorige uitgave, Brits Engels, echter rekening houdend met de toenemende invloed van ander "Engels".

Ons basismateriaal is de gesproken taal en die in de media. We structureerden het rond een systematische en pragmatische grammaticale progressie. Al is de grammaticale structuur van een taalcursus per definitie artificieel (waarom, bijvoorbeeld, eerst de tegenwoordige tijd en daarna de verleden tijd aanleren, terwijl men z'n moedertaal zonder dergelijk stramien leert?), wij hebben geprobeerd zo realistisch mogelijk te zijn. Zo stellen we de woordenschat altijd in een situatie voor, volgens het Gemeenschappelijk Europees Referentiekader voor Talen: een nieuw aangebracht taalelement wordt verklaard aan de hand van al bekende woordenschat, waardoor de opgedane kennis zich geleidelijk aan verankert.

Een van de perverse effecten bij het succes van het Engels is dat autochtonen minder gemotiveerd lijken om andere talen te leren naarmate hun taal in de wereld meer gebruikt wordt (in Groot-Brittannië, bijvoorbeeld, werd ongeveer 35 % van de faculteiten voor vreemde talen tussen 2000 en 2014 opgedoekt en de tendens zou de komende jaren verder aanhouden). "Native speakers" gaan er ook vaak van uit dat hun gesprekspartners sowieso iedere nuance of culturele verwijzing begrijpen. Vandaar dat wij deze cursus volledig in de Britse cultuur situeren. We willen de gebruiker hiermee op een aangename manier gedurende een vijftiental weken begeleiden bij het leren van de dagelijkse omgangstaal, zodat functioneren in Groot-Brittannië perfect mogelijk wordt. De opgedane kennis zal ongetwijfeld als stevige basis dienen om verdere grenzen te doorbreken. Dit boek is dus geen conversatiegids – en zeker geen grammaticaboek –, maar een echte, volledige, zorgvuldig bestudeerde methode, waarbij het enige wat men u vraagt is: regelmatig studeren. **Right. Let's get to work!,** *Goed, laten we aan de slag gaan!*

Engels leren met Assimil

Een paar belangrijke raadgevingen:

• **Neem u meteen voor dagelijks ongeveer een halfuur aan uw studie te besteden.** Hebt u een dag minder tijd, sla dan niet heel uw dagelijkse studie over; besteed er op z'n minst toch vijf minuten aan door, bijvoorbeeld, de dialoog van de vorige dag opnieuw te beluisteren/lezen of een oefening opnieuw te maken. Ga ook niet sneller dan nodig: geniet, maar met mate! Regelmatige inzet is van het grootste belang bij natuurlijke assimilatie – en dus ook bij een Assimil-cursus.

• **Vertrouw op ons.** Onze methode beoogt de progressieve verwerving van een taal via dialogen en observatie; ze volgt enigszins hetzelfde proces als bij het leren van de moedertaal. Zo zult u bepaalde wendingen of grammaticale elementen meermaals tegenkomen alvorens hun constructie of werking te begrijpen of er de nodige uitleg voor te vinden, en soms wordt deze over verschillende lessen verspreid voor een perfecte assimilatie.

• **Verwerk de dialogen hardop** en baseer u hierbij op de geluidsopnamen. We kunnen het nut van dit mondelinge aspect niet genoeg benadrukken, vooral in het begin. Zo komt u van uw geremdheid af en bent u voorbereid op "echte" gesprekken! (Zie "Uitspraak".)

• **Herhaal regelmatig.** De methode stoelt op voortdurend herhalen (opmerkingen die in volgende lessen uitgediept worden, de "tweede golf", enz.). Slaagt u er niet meteen in een woord te onthouden of een grammaticaal gegeven te begrijpen, geen paniek! Gun uzelf de tijd en ga gewoon door. De kans is groot dat het probleem na een poosje spontaan is opgelost.

• **Creëer een echt "taalbad"** tijdens uw studie. Benut alle mogelijkheden om in contact te komen met de Engelse taal (websites, sociale media, blogs, film, kranten,...). Uiteraard zal niet alles onmiddellijk verstaanbaar zijn, maar dit brede contact met de taal zal het natuurlijke verwervingsproces ervan vergemakkelijken.

• Amuseer u! Ook dit is een wezenlijk onderdeel van de Assimil-methode: leuke verhaaltjes, anekdotes, grappige tekeningen,... alles om het nuttige met het aangename te verenigen.

• Volg de auteur! Alleen studeren kan intimiderend zijn en er is moed voor nodig. Daarom voegen we veel opmerkingen, wat commentaar of zelfs grapjes toe – zoals een privé-leraar aan uw zijde!

De "eerste golf"

Zo noemen we het eerste, zogenaamd "passieve" gedeelte van uw taalverwerving.

Begin met het beluisteren van de hele lestekst – meestal een dialoog – om de klanken en het ritme van de taal aan te voelen. Deze luisteroefening is heel belangrijk, omdat het verschil tussen geschreven en gesproken Engels aanzienlijk is. Het is weliswaar mogelijk om de methode te volgen zonder de geluidsopnamen, maar dit is vergelijkbaar met een liedjestekst lezen zonder er de bijbehorende muziek van te kennen. We raden dus ten stelligste aan er het geluid bij te nemen, temeer daar de uitspraak van het Engels ver van regelmatig is (zie verderop)!

Lees daarna de tekst, zin per zin. Raadpleeg de Nederlandse vertaling en beluister opnieuw de zin. Neem aandachtig de opmerkingen door: ze lichten lexicale en grammaticale elementen toe of behandelen een bepaalde moeilijkheid (beschouw ze als de stem van uw leraar, die u uitleg verschaft en aanmoedigt). Aan het einde van sommige lessen vindt u ook culturele opmerkingen. Ze geven algemene informatie over het leven in Groot-Brittannië.

Tijd om te herhalen. Beluister de les opnieuw en herhaal elke zin, hardop. Boots zo goed mogelijk de klemtonen en intonatie na. In de eerste lessen werd de tekst tweemaal en langzaam opgenomen. Het spreektempo wordt geleidelijk aan opgevoerd om naar het einde van het werkboek toe een natuurlijke cadans te bereiken. Als u uw dagelijkse portie handhaaft, zult u deze progressie zonder moeite kunnen volgen.

Sluit de les af met de aangeboden oefeningen: ze vormen de rechtstreekse toepassing van wat u net geleerd hebt.

Om de zeven lessen wordt in een herhalingsles een overzicht gegeven van uw opgedane kennis. Die wordt nu aangevuld met andere voorbeelden dan die uit de dialogen. Deze lessen maken integraal deel uit van de cursus. Besteed er dus evenveel tijd aan als aan een andere les, daar ze systematisch de gegevens uit de opmerkingen vervolledigen.

Achterin dit boek vindt u een uitgebreide grammaticale bijlage waar u een of ander punt meteen kunt opzoeken, en een dubbele woordenlijst met de volledige Engelse woordenschat uit de lessen.

De "tweede golf"

Vanaf de 50e les, wanneer u de basis goed geassimileerd hebt, zal uw studie op heel actieve wijze gebeuren. Terwijl u zoals voorheen blijft doorgaan met dagelijks een nieuwe les, moeten nu ook de eerder bestudeerde lessen weer een voor een bekeken worden, ook aan het ritme van één les per dag en te beginnen met les 1. We verzoeken u vanaf dan om de teksten van die les in het Engels te vertalen. Door deze "tweede golf", die een sleutelelement van de Assimil-methode vormt, zult u zich bewust worden van de gemaakte vorderingen en uw kennis consolideren. We komen hierop terug zodra de tijd er rijp voor is.

Vergeet niet de telwoorden te leren: hoofdtelwoorden onderaan de pagina's en rangtelwoorden bij aanvang van de lessen. Besteed vanaf de tweede golf 30 seconden per dag aan het hardop lezen van deze nummers.

Kortom, regelmatige inzet, graduele vooruitgang en plezier in het leren: dankzij deze fundamenten van onze methode zult u op een zo goed als natuurlijk wijze de Engelse taal leren beheren. Een verrijkend avontuur!

Uitspraak

"De grammatica valt mee, maar de uitspraak...", het vaak gehoorde cliché over de Engelse taal dat we zullen proberen te ontkrachten! Het is wel zo dat met een alfabet bestaande uit 26 letters in het Engels zowat 46 klanken geproduceerd kunnen worden, dus hoeft het niet te verbazen dat het verband tussen spelling en uitspraak soms wat zoek is. Toch valt het voor Nederlandstaligen doorgaans goed mee om Engelse klanken uit te spreken, op een paar na die aanvankelijk wat moeite en aandacht vergen.

We zijn niet van plan om u hier uitvoerig de regels van de Engelse uitspraak uit te leggen; hierover zijn uitstekende technische werken te vinden. Onze bedoeling is u op een natuurlijke manier Engels te leren spreken en hierbij geen tijd te verliezen. We vertrouwen dus op het principe van intuïtieve assimilatie, waarop de Assimil-methode is gebaseerd: de uitspraak en de finesses zullen geleidelijk aan, les na les, een plaats krijgen in uw hoofd.
U krijgt hierbij drie hulpmiddelen aangereikt:
– een klankschrift "op z'n Nederlands" (verderop uitgelegd),
– aanwijzingen bij de uitspraak,
– geluidsopnamen waarop u Britse stemmen (alsook bepaalde regionale accenten) te horen krijgt en waarmee u de dialogen en oefeningen kunt beluisteren en herhalen telkens u er behoefte aan hebt.

Hier vragen we u alleen om een paar minuten aandacht voor de uitleg van enkele basisprincipes.

U moet er ook rekening mee houden dat wat men "uitspraak" noemt een combinatie is van twee facetten: klanken en ritme.

1 Engelse klanken in ons klankschrift

We hebben de dialogen omgezet in klankschrift (cursief) en daarbij geprobeerd om de Engelse klanken zoveel mogelijk met Nederlandse equivalenten weer te geven.
In tegenstelling tot het internationaal fonetisch systeem, heeft ons klankschrift "op z'n Nederlands" niets wetenschappelijks - het is dus minder precies, minder genuanceerd en bijgevolg niet perfect. We hebben voor dit systeem gekozen om de studie van de uitspraak te vergemakkelijken (voor het internationale transcriptiesysteem is voorkennis vereist), maar raden u aan om het accent en ritme van de geluidsopnamen als basis te nemen. Doe ook een beroep op uw acteertalent!

Laten we de letter(combinatie)s waarvan de uitspraak onze bijzondere aandacht vraagt even doornemen:

• Klinkers

Net zoals in het Nederlands, bijvoorbeeld, de letter e anders uitgesproken wordt in "de", "ver", "melig/beer", "ei" en "deur", zijn er in het Engels veel, heel veel varianten!

• Korte klanken

Letter	Uitleg	Voorbeelden
a	o.a. als een a neigend naar è *[æ]*, als een doffe e *[e]*, enigszins als onze open o *[o]*, als in "dit" *[i]*	**cat** *[kæt]*, **again** *[eGèn]*, **what** *[wot]*, **vintage** *[**vint**idzj]*
e	o.a. als in "bed" *[è]*, als een doffe e *[e]*	**red** *[rèd]*, **happen** *[hæpen]*
i	veelal zoals in "dit" *[i]*	**British** *[**brit**isj]*
o	o.a. enigszins als onze open o *[o]*, als in "goed" *[oe]*, als een u neigend naar doffe e *[ü]*	**not** *[not]*, **to** *[toe]*, **one** *[wün]*
u	o.a. als een u neigend naar doffe e *[ü]*, als *[oe]*	**cup** *[küp]*, **put** *[poet]*

Afspraak: *[e]* moet in ons klankschrift altijd geïnterpreteerd worden als een doffe/stomme e en *[o]* als een open/korte o.

• Lange klanken

Letter(s)	Uitleg	Voorbeelden
a	o.a. als een lange versie van de a in "bad" [a-a], als [eej], als een lange versie van de o in "bol" [o-o]	**car** [ka-a], **name** [neejm], **tall** [to-ol]
e, ee	o.a. als in "hier" [ie]	**these** [DHiez], **bee** [bie]
i	o.a. als [aj], als in "hier" [ie], als de gerekte doffe e [e-e] in "euh..."	**nice** [najs], **machine** [me**sjien**], **first** [fe-est]
o	o.a. als een lange versie van de o in "bol" [o-o], als oo gevolgd door een korte w-klank [oo^w], als een lange doffe e [e-e], als een gesloten/lange a(a) [a]	**short** [sjo-ot], **no** [noo^w], **work** [we-ek], **now** [naw]
oo	o.a. als een oe die wat naar uu neigt [oe], als [o-o]	**spoon** [spoen], **floor** [flo-o]
u	o.a. als [oe], als [joe]	**too** [toe], **cute** [kjoet]

• Voor Nederlandstaligen misleidende "tweeklanken"

Letter(s)	Uitleg	Voorbeelden
au	o.a. als [a-a], als [o-o]	**laugh** [la-af], **daughter** [do-ote]
ei	o.a. als [eej], [ie]	**eight** [eejt], **receive** [ri**siev**]
ie	o.a. als [aj], [è]	**lie** [laj], **friend** [frènd]
ou	o.a. als in "au!" [au], als [e], [o-o], [oe], [ü]	**house** [haus], **favour** [**feej**ve], **thought** [THo-ot], **group** [Groep], **tough** [tüf]
ui	o.a. als [oe], [i]	**fruit** [froet], **building** [**bil**ding]

(Door de verschillende regionale accenten in Groot-Brittannië zijn het vooral klinkercombinaties die vaak vervormd worden.)

- **Medeklinkers**

- **Medeklinker(combinatie)s die in het Nederlands anders uitgesproken worden**

Letter(s)	Uitleg	Voorbeeld
c	[k], maar [s] voor **e**, **i** en **y**	**crew** [kroew] **circus** [se-ekes]
ch	[tsj] zoals in "Tsjechië"	**change** [tsjeejndzj]
g	[G] zoals in "goal, garçon" [dzj] zoals in "jazz"	**dog** [doG] **ginger** [**dzj**in**dzj**e]
j	[dzj] zoals in "jazz"	**jam** [dzjæm]
s	[s] [z] [zj] zoals in "marge"	**sky** [skaj] **noise** [nojz] **measure** [**mè**zje]
sch	[sk] zoals in "skelet"	**school** [skoel]
sh	[sj] zoals in "meisje"	**shop** [sjop]

- **Klanken die in het Nederlands niet bestaan**

Veel mensen hebben moeite met het uitspreken van de juiste "th" [tie-eejtsj]. Oefen alvast voor de spiegel: het tipje van de tong moet bijna zichtbaar zijn!

Letters	Uitleg	Voorbeeld
th	stemloze **th** [TH]: een t uitgesproken met de tongpunt tegen de bovenste voortanden	**think** [THink]
	stemhebbende **th** [DH]: een d uitgesproken met de tongpunt tegen de bovenste voortanden	**this** [DHis]

- **Opmerkingen bij de uitspraak van een paar letters**

Letter(s)	Uitleg	Voorbeeld
h	een **h**- wordt meestal aangeblazen (maar let op bij vreemde woorden en in combinaties!)	**ham** [hæm] (**honour** [one], **why** [waj])
l	wordt eerder hol, met de tongpunt ver naar achter, uitgesproken	**little** [litel]

r	[r], nasale r, met licht tegen het verhemelte teruggebogen tong	**everything** [**è**vri**TH**ing]
	onhoorbaar voor een medeklinker	**horse** [ho-os]
	als eindklank neigend naar een doffe e of onhoorbaar	**Peter** [**pie**te], **bar** [ba-a]
v	volle v (neigt niet naar f zoals in Noord-Nederlands)	**even** [**ie**ven]
w	dikke w die naar oe neigt	**window** [**win**doow]
y	[i], [aj] of [j]	**many** [**mè**ni], **why** [waj], **yes** [jès]
b, d, v en z	blijven als "eindklank" stemhebbend (tenzij in een paar woorden waar **b** niet uitgesproken wordt)	**bed** [bèd], **sieve** [siv], **job** [dzjob] (**comb** [koem])
p-, t- en k-klank	op p, t of k als beginklank volgt meestal een lichtjes aangeblazen h (die we in het klankschrift echter niet weergeven)	**put** [poet maar eig. pʰoet], **too** [toe → tʰoe], **conquer** [**kon**ke → **kʰon**kʰe]

2 Klemtoon

In ons klankschrift geven we de letters die in een woord beklemtoond worden vet weer. Die lettergreep moet met meer nadruk uitgesproken worden, waardoor de andere lettergrepen – en dan vooral de klinkers – "ingeslikt" worden. Voorbeeld: in **postman**, *postbode* krijgt de eerste lettergreep de klemtoon en wordt de **a** in **man** verzwakt tot een doffe e [**poo**ʷstmen] of zelfs "ingeslikt" [**poo**ʷstm'n]; ook in de onregelmatige meervoudsvorm **postmen** ligt de klemtoon op de eerste lettergreep en wordt de tweede klinker afgezwakt, zodat het verschil tussen enkel- en meervoudsvorm wel zichtbaar maar niet hoorbaar is. Onthoud dus bij elk nieuw woord de juiste klemtoon (de geluidsopnamen bieden hierbij de nodige hulp).

Belangrijke opmerking: soms verschilt vet in het klankschrift met dat in de dialogen, nl. in het klankschrift worden de woorden op zich behandeld en staan de letters die beklemtoond worden vet; in de dialogen komen de vette letters overeen met de nadruk op (lettergrepen in) woorden in de zin, wat intonatie genereert.

Doorgaans benadrukt men "semantische" woorden, d.w.z. die welke de betekenis van de zin dragen, meestal naamwoorden, werkwoorden en bijwoorden, terwijl men over "grammaticale" woorden zoals lidwoorden, voorzetsels,... sneller heen gaat.

Door de klemtoon te verleggen, kan men nuanceren en zelfs de zin een andere betekenis geven. Om dit te illustreren, nemen we de repliek **I should buy two?**, *Ik zou er twee moeten kopen?* op een voorstel om twee tickets voor een concert te kopen:

I should buy two? (Ik? Waarom koop jij ze niet?)
I should buy two? (Waarom zou ik?)
I should buy two? (Kopen? Kan ik ze niet cadeau krijgen?)
I should buy two? (Moet ik ze allebei betalen?)

Hier komt uw acteertalent zeker van pas!

Spits dus de oren bij het beluisteren van de opnamen en oefen tot u dezelfde klanken produceert als onze professionele sprekers. Al vlug zult u versteld staan van uw prestaties!

• XIX

1 / First lesson

Lees voordat u met de eerste les begint aandachtig de inleiding, ook al bent u geen echte beginner meer.
Voor een vlotte studie benadert de woordorde in de Nederlandse vertaling zo goed mogelijk die van de Engelse zinnen. Afwijkende of bijzon-

1

First lesson *[fe-est lèsen]*

Hi, how are you?

1 – Hi ¹ Tom.
2 How are ² you ³?
3 – I'm ⁴ fine ⁵, thanks. And you?
4 – I'm **ve**ry well. ⁶
5 – Good. Take care. ⁷

Uitspraak
*haj haw a-a joe **1** haj tom **2** haw a-a joe **3** ajm fajn THænks. ænd joe **4** ajm **vè**rie wèl **5** Goed. teejk **kè**e*

Aanwijzingen bij de uitspraak
De cijfers tussen haakjes verwijzen naar de dialoogzin waarin het woord staat dat in de aanwijzing behandeld wordt.
Een **i** kan in het Engels op verschillende manieren uitgesproken worden, o.a.:
(titel), (3) zoals hier in **Hi, I** en **fine** als *[aj]*;
(lesnr) zoals in **first** als een soort gerekte doffe e: *[e-e]*.
(titel), (3), (5) Een eind-**e** wordt niet uitgesproken.
(4) De Engelse **r** is nasaal en wordt gevormd met een naar achter gebogen tong (het is dus geenszins een keel- noch een rollende r), maar:
(lesnr) r is meestal onhoorbaar voor een medeklinker, bv. in **first** *[fe-est]*;
(titel), (5) als woord- of lettergreepeinde na een klinker zwakt een **r** veelal af tot een doffe e (waardoor die klinker soms "langer aangehouden" wordt) of is ze zelfs onhoorbaar. Luister goed naar de opnamen!
(3) Hier hebben we de stemloze variant van **th** *[TH]*: spreek een "t" uit, maar met de tongpunt tegen de bovenste voortanden.

Opmerkingen
1 **Hi** is de begroetingsformule die overeenkomt met ons *hallo, dag, hoi.*

1 • one *[wün]*

dere structuren in de dialogen worden als volgt voorgesteld: tussen vierkante haakjes [ ] staan woorden die in het Nederlands nodig zijn, maar in de Engelse zin niet voorkomen; de cursieve woorden tussen ronde haakjes ( ) geven de letterlijke vertaling weer, dus woord voor woord.

Eerste les

Hallo, hoe gaat het met je?

1 – Hallo, Tom.
2 Hoe gaat het met je *(ben je)*?
3 – Goed *(Ik ben fijn)*, bedankt. En jij?
4 – Heel goed *(Ik ben wel)*.
5 – Goed. Hou je goed *(Neem zorg)*.

---

2 **Are** is de 2e persoon van het werkwoord **to be**, *zijn* (om het over een bepaald werkwoord te hebben, zet men altijd het partikel **to** voor de infinitief).

3 **You** staat voor zowel de 2e persoon enkelvoud *jij/je* als de 2e persoon meervoud *jullie*, alsook voor de beleefdheidsvorm *u*. **You are** kan dus *je bent, jullie zijn* of *u bent* betekenen.

4 Let erop dat **I**, *ik* altijd met een hoofdletter geschreven wordt. In vlot taalgebruik wordt **I am**, *ik ben* samengetrokken tot **I'm**. We behandelen de samengetrokken vormen van **to be**, *zijn* in onze eerste herhalingsles (les 7).

5 **Fine** (letterlijk "fijn") is een handig woordje, o.a. om aan te geven dat je het "goed" maakt (**I'm fine**), dat het een "mooie" dag is (**a fine day** *[deejj]*) of dat je instemt met iets (**Fine!**, *Goed (zo)!, Ok!*).

6 In deze dialoog zijn **fine** en **well** synoniemen: **I'm well/fine**, *Ik maak het goed, het gaat goed met me*, maar in het Engels dus letterlijk "Ik ben goed".

7 **Take care** (letterlijk "neem zorg") komt overeen met *Hou je goed/ haaks/taai* en wordt in de omgang ook als afscheidsgroet gebruikt: *Tot ziens, Dààg*.

two *[toe]*

Exercise 1 – Translate
Oefening 1 – Vertaal

❶ How are you? ❷ I'm very well, thanks. ❸ And you? ❹ I'm fine. ❺ Take care.

***

Exercise 2 – Fill in the missing words
Oefening 2 – Vul de ontbrekende woorden aan
(Elke stip staat voor één letter of een weglatingsteken, koppelteken, enz.)

❶ Hoe gaat het met je?
   How ... you?

❷ Het gaat goed met me, bedankt.
   ... *(samengetrokken vorm)* **fine**, ...

❸ En jij?
   ... ...?

❹ Hou je goed.
   Take .....

❺ Het gaat heel goed met me.
   I'm ....

Second lesson *[sèkend lèsen]*

Where's the family?

1 – Where's ¹ **Be**cky to**day**?
2 – She's at ² the ³ **o**ffice.

Uitspraak
wèez DHe **fæ**melie **1 wè**ez **bè**kie toe**deej 2** sjiez æt DHi **o**ffis

Opmerkingen

1 's is de samengetrokken vorm van **is**, de 3e persoon enkelvoud van het werkwoord **to be** (zie les 1, opm. 2): **where's** = **where is**.

2 Voorzetsels kunnen niet altijd letterlijk vertaald worden. Tracht ze geval per geval te onthouden: **at the office**, *op kantoor*; **at home**, *thuis* (zin 4).

Tweede les / 2

Oplossing van oefening 1
❶ Hoe maak je het? ❷ Ik maak het heel goed, bedankt. ❸ En jij? ❹ Ik maak het goed. ❺ Hou je goed.

***

Oplossing van oefening 2
❶ – are – ❷ I'm – thanks ❸ And you ❹ – care ❺ – very well

Tweede les

Waar is de familie?

1 – Waar is Becky vandaag?
2 – Ze is op *(het)* kantoor.

Aanwijzingen bij de uitspraak
(titel) In de combinatie **wh** is de **h** vaak onhoorbaar en wordt, zoals hier, alleen *[w]* uitgesproken: een "volle" w die naar een oe neigt.
(titel) (2) Hier hebben we de stemhebbende variant van **th** *[DH]*: spreek een "d" uit, maar met de tongpunt tegen de bovenste voortanden.
(2) Merk op dat **the** voor een klinker als *[DHi]* uitgesproken wordt.

3 **The** is het enige bepaald lidwoord in het Engels: **the family**, *de familie, het gezin;* **the office**, *het kantoor;* **the kids**, *de kinderen* (zin 3).

four *[fo-o]* • 4

2 / Second lesson

3 – Of course. Where are your kids [4]?
4 – My son is [5] at home be**cause** he's sick.
5 My **daugh**ter's at school. ☐

*3 ev ko-os. **wè**e(r) a-a jo-o kidz 4 maj son iz æt hoo^wm bi**koz** hiez sik 5 maj **do-o**tez æt skoel*

Aanwijzingen bij de uitspraak
(3), (4), (5) Merk op dat de **-s** als werkwoordsuitgang in de 3e pers. ev. en als meervoudsuitgang uitgesproken wordt als *[z]* na een klinker of een stemhebbende medeklinker: **she's** *[sjiez]*, kids *[kidz]*.
(5) Sch klinkt als *[sk]* (**sh**, bv. in **she** in zin 2, klinkt als in "meisje" *[sj]*); **oo** klinkt nooit zoals in het Nederlands, maar o.a. als *[oe]* (zie ook **good** in les 1, zin 5).

Opmerkingen
4 A **kid**, *een kind, joch, kleintje*. Meestal wordt het meervoud van een zelfstandig naamwoord gevormd door toevoeging van een **s**: the kid → the kids; the office → the offices; the daughter → the daughters.

5 In een zin kan de volle en de samengetrokken vorm van eenzelfde werkwoord gebruikt worden. Maak u geen zorgen om die samentrekkingen, binnenkort past u dit typisch Engels gebruik spontaan toe.

***

Exercise 1 – Translate
Oefening 1 – Vertaal

❶ Where are your kids? ❷ He's at school. ❸ She's at the office. ❹ Of course. ❺ The family's at home.

***

Exercise 2 – Fill in the missing words
Oefening 2 – Vul aan

❶ Ze is *(samengetrokken vorm)* op school.
..... at school.

❷ Hij is *(samengetrokken vorm)* op kantoor.
.... the office.

❸ Waar is *(samengetrokken vorm)* het gezin?
.... the family?

Tweede les / 2

3 – Uiteraard. Waar zijn je kinderen?
4 – Mijn zoon is thuis *(te huis)* want hij is ziek.
5 Mijn dochter is op school.

Oplossing van oefening 1
❶ Waar zijn je kinderen? ❷ Hij is op school. ❸ Zij is op kantoor.
❹ Uiteraard/Natuurlijk. ❺ De familie / Het gezin is thuis.

***

❹ Waar zijn je kinderen?
.... your kids?

❺ Mijn dochter is *(samengetrokken vorm)* thuis want ze is *(samengetrokken vorm)* ziek.
.... at home because ..... sick.

Oplossing van oefening 2
❶ She's – ❷ He's at – ❸ Where's – ❹ Where are – ❺ My daughter's – she's –

six *[siks]*

Third lesson [THe-ed lèsen]

Introductions

1 – **He**llo [1], I'm Matthew. What's your [2] name?
2 – My name's [3] **Sa**lly. This is my **hus**band Steve.
3   We're on our [4] way to a [5] **par**ty at our ho**tel**.
4 – You are **ve**ry **lu**cky [6]. Have fun!

Uitspraak

*intre**dük**sjenz 1 **hè**loo^w, ajm mæTHjoew. wots jo-o neejm 2 maj neejmz **sæ**lie. DHis iz maj **hüs**bend stiev 3 wie-e(r) on **au**e weej toe e **pa-a**tie æt **au**e hoo^w**tèl** 4 joe a-a **vè**rie **lü**kie. hæv fün*

Aanwijzingen bij de uitspraak

(1), (2), (3), (4) Een **y** kan op verschillende manieren uitgesproken worden: als *[jj]* in bv. **your**, als *[ajj]* in bv. **my**, als *[i(e)]* in bv. **party**, **lucky**.

(1), (2) Let goed op het verschil tussen de stemloze **th** *[TH]* in **Matthew** en **thanks**, en de stemhebbende **th** *[DH]* in **this** en **the**.

(3), (4) De **a** in **party** en **are** is vergelijkbaar met een gerekte versie van de a in "bad": *[a-a]*.

Opmerkingen

1 **Hello** (soms ook als **hullo** of **hallo** geschreven, maar met dezelfde uitspraak) of **Hi** (les 1, titel en zin 1) zijn informele begroetingsvormen.

2 **You** komt overeen met *jij, u* en *jullie,* dus betekent **your** *jouw, uw* en *jullie*.

3 **My name is Sally = My name's Sally**, *Mijn naam is Sally* dat ook overeenkomt met *Ik heet Sally*.

4 **We**, *wij/we*; **our**, *onze/ons*: **our daughter(s)**, *onze dochter(s)*; **our office**, *ons kantoor*.

5 **A**, uitgesproken als een doffe e *[e]*, is het onbepaald lidwoord voor een woord dat met een medeklinker begint: **a school**, *een school*.

***

Exercise 1 – Translate

❶ This is my husband. ❷ He's very lucky. ❸ What's your name? ❹ My name's Sally. ❺ Hi, I'm Matthew.

7 • **seven** *[sèven]*

Derde les

Kennismaking *(Inleidingen)*

1 – Hallo, ik ben Matthew. Wat is jullie naam?
2 – Mijn naam is / Ik heet Sally. Dit is mijn man Steve.
3 We zijn onderweg *(op onze weg)* naar een feestje in ons hotel.
4 – Jullie boffen wel *(zijn heel gelukkig)*. Amuseer je *(Heb plezier)*!

8 Lucky, *geluk hebbend* dus *gelukkig*, van **luck**, *geluk*. Bijvoeglijke naamwoorden staan, net als in het Nederlands, voor het zelfstandig naamwoord dat ze bepalen (denk aan **Lucky Luke**, *Gelukkige Luke*), maar ze richten er zich niet naar: **He's a lucky man**, *Hij is een gelukkig(e) man*; **Where are the lucky husbands?**, *Waar zijn de gelukkige/boffende echtgenoten?*

***

Oplossing van oefening 1
❶ Dit is mijn man. ❷ Hij boft wel. ❸ Hoe heet je/u? ❹ Ik heet Sally.
❺ Hallo, ik ben Matthew.

Exercise 2 – Fill in the missing words

❶ Hij heeft veel geluk.
   He's . . . .

❷ Matthew is mijn man.
   Matthew's . . . .

❸ Mijn naam is *(samengetrokken vorm)* Sally.
   . . . . Sally.

❹ En dit is Becky.
   . . . . Becky.

Af en toe zullen we een woord of een uitdrukking inlassen zonder verder commentaar. Waarom? In een gesprek zal een Engelstalige zich niet beperken tot een afgelijnde woordenschat en het gebruik van alleen de tegenwoordige tijd. Door deze wen-

Fourth lesson [fo-oTH lèsen]

We're from Scotland

1 – Where are you [1] from [2] ?
2 – We're [3] from **Scot**land.
3 – **Re**ally? Which **ci**ty [4]?

Uitspraak

*wie-e frem **skot**lend **1 wè**e(r) a-a joe from **2** wie-e frem **skot**lend **3 rie**lie? witsj **si**tie*

Opmerkingen

1 Onthoud dat **you** overeenkomt met *jij/je, u* en *jullie*.
2 Voorzetsels... Hier zijn alweer twee mogelijke vertalingen voor eenzelfde betekenis: **from**, *uit, vandaan*.
3 **We're** is de samentrekking van **we are**, *wij/we zijn*.

Oplossing van oefening 2
❶ – very lucky ❷ – my husband ❸ My name's – ❹ And this is –

Have fun! *(lett. "Heb plezier/pret") komt overeen met* **Amuseer je / Amuseren jullie je / Amuseert u zich!** *Dit voorbeeld toont aan dat je niet alles zomaar letterlijk kan vertalen. En dat maakt een nieuwe taal leren juist leuk en boeiend!*

dingen meteen al op een natuurlijke manier, zonder moeite te assimileren, zult u ze later makkelijk oppikken, wanneer u de taal beter aanvoelt. Op dit principe stoelt Assimil!

Vierde les **4**

We komen uit Schotland

1 – Waar komen *(zijn)* jullie vandaan?
2 – We komen *(zijn)* uit Schotland.
3 – Werkelijk? [Uit] welke stad?

Aanwijzingen bij de uitspraak

(1), (2) Word u bewust van het ritme van een Engelse zin en merk op hoe een onbeklemtoonde klinker nauwelijks uitgesproken wordt. **Where are you from? We're from Scotland**: in zin 1 krijgt **from** nadruk en klinkt het als *[from]*, maar in zin 2 vervaagt de onbeklemtoonde klinker tot een doffe e *[frem]* of zou die zelfs ingeslikt kunnen worden *[fr'm]*. Spits dus de oren en oefen uw uitspraak!
(3) De combinatie **ch** klinkt in het Engels zoals de tsj in "Tsjechië": *[tsj]*.

4 In het Engels zijn er twee woorden voor "stad": **a city** is *een grote stad* en **a town** *een minder belangrijke stad*. In zin 5 benadrukt de Schot dat zijn stad klein is (**a small town**). Officieel heet een Britse stad, hoe groot of klein ook, een **city** als er een kathedraal staat.

ten *[tèn]* • 10

4 / Fourth lesson

4 – From Dun**dee**.
5 It's [5] a small [6] town on the east coast.

4 frem dündie 5 its e smo-ol taun on DHi iest koo{^{w}}st

Aanwijzing bij de uitspraak
(5) Let erop dat de Engelse k-, p- en t-klank aan het begin van een woord of een lettergreep vaak enigszins aangeblazen wordt (wat we in het klankschrift evenwel niet weergeven): **coast** *[k{^{h}}oo{^{w}}st]*, **party** *[p{^{h}}a-at{^{h}}ie]*, **town** *[t{^{h}}aun]*.

Opmerkingen
5 *He*, hij en *she*, zij/ze terwijl **it** onpersoonlijk gebruikt wordt met betrekking tot dieren of zaken (*het, hij, zij/ze*); de meervoudsvorm is **they**, *zij/ze*.

6 Onze verkleinvorm "-je" wordt in het Engels meestal weergegeven door voor het zelfstandig naamwoord een woord te zetten als **small**, *klein* (of *kleine*: in het Engels richt een bijvoeglijk naamwoord zich niet naar zijn onderwerp, zie les 3, opm.6)

***

Exercise 1 – Translate
❶ We're from Dundee. **❷** It's a small town. **❸** It's on the east coast. **❹** Really? From which city? **❺** Where are you?

***

Exercise 2 – Fill in the missing words
❶ Het is *(samengetrokken vorm)* een stad aan de oostkust.
 ... a town .. the east coast.

❷ Waar komen jullie vandaan?
 ..... are you ....?

❸ Uit welke stad komt u vandaan?
 ..... city ... ...?

❹ Dundee is klein.
 Dundee .. ..

❺ Ze komen uit Schotland.
 .... *(samengetrokken vorm)* .... Scotland.

Vierde les / 4

4 – Uit Dundee.
5 Het is een stadje *(kleine stad)* aan de oostkust.

***

Oplossing van oefening 1
❶ We komen uit Dundee. ❷ Het is een kleine stad. ❸ Het ligt (is) aan de oostkust. ❹ Werkelijk? Uit welke stad? ❺ Waar ben je / bent u / zijn jullie?

***

Oplossing van oefening 2
❶ It's – on – ❷ Where – from ❸ Which – are you from ❹ – is small ❺ They're from –

---

*Schotland, ten noorden van het eiland, is een van de drie landen die samen Groot-Brittannië (**Great Britain** [Greejt **bri**ten]) vormen. De andere twee zijn Engeland (**England** [**ing**Glënd]) en **Wales** [weejls]. Met Noord-Ierland (**Northern Ireland** [**no-o**DHen **aj**elend]) erbij spreken we van het Verenigd Koninkrijk (**the United Kingdom** [DHe joe**naaj**tid **king**dem]). Deze verschillende landen zullen doorheen het boek allemaal aan bod komen.*

twelve *[twèlv]*

Fifth lesson [fifTH lèsen]

A business trip

1 – Why are you here in **Bir**mingham?
2   Are you [1] on **ho**liday?
3 – No, we're not [2]. We're on **bus**iness [3].
4   I'm a **law**yer and he's an ac**coun**tant [4].
5 – Are you here for a **con**ference?
6 – Yes we are. [5] Who are you?

Uitspraak
e **biz**nis trip **1** waj a-a joe hie-e(r) in **be-e**mingem **2** a-a joe on **ho**-lideej **3** noo^w wie-e not. wie-e(r) on **biz**nis **4** ajm e **lo-o**je(r) ænd hiez en e**kaun**tent **5** a-a joe hie-e fo-o(r) e **kon**frens **6** jès wie a-a. hoe a-a joe

Aanwijzingen bij de uitspraak
(titel) Let op de totaal onregelmatige uitspraak: *[biznis]*.

(1), (4), (5) Let op: door de *klemtoon*, stress in meerlettergrepige woorden gaat de beklemtoonde lettergreep de rest van het woord domineren, waardoor de klinkers in de niet beklemtoonde lettergrepen vervagen of zelfs "ingeslikt" worden, bv. ac**coun**tant *[ekauntent]*, met de klemtoon op de tweede lettergreep, waardoor de **a** in de eerste en laatste lettergreep afzwakt; **con**ference *[konfrens]*, met de klemtoon op de eerste lettergreep, waardoor de eropvolgende **e**'s bijna onhoorbaar worden. Zo'n doffe of stomme e zoals in *de*, ook *schwa* genoemd, geven we weer met *[e]*.

(lesnr) De open e zoals in *hek/crème* geven we weer met *[è]* (lesson/care)
(2) en de gesloten/lange e(e) waar een korte j-klank op volgt met *[eej]* (day);
(1) een wat gerekte versie van de schwa, vergelijkbaar met de uitspraak van "euh...", vinden we terug in **Bir**mingham *[be-emingem]* en first *[fe-est]*.

Opmerkingen

1 Met het werkwoord **to be** kan gemakkelijk een vraag gevormd worden: gewoon onderwerp (hier een persoonlijk voornaamwoord) en werkwoord van plaats wisselen, bv. You are → Are you?, We are → Are we?

2 Met het woordje **not**, *niet* kan een ontkenning gevormd worden, bv. I'm a lawyer → I'm not a (lett. "niet een", dus *geen*) lawyer; We're accountants → We're not accountants.

Vijfde les

Een zakenreis

1 – Waarom zijn jullie hier in Birmingham?
2   Zijn jullie op vakantie?
3 – Nee *(we zijn niet)*. We zijn [hier] voor zaken.
4   Ik ben *(een)* advocate en hij is *(een)* accountant.
5 – Zijn jullie hier voor een conferentie?
6 – Ja *(we zijn)*. Wie bent u?

In het Engels is het antwoord op een vraag zelden een simpel **Yes** of **No**, maar wordt er ook het passende persoonlijk voornaamwoord in verwerkt en het (hulp)werkwoord in herhaald. Hier betreft het een ontkenning met **not**: **Are you on holiday? – No, we're not** (lett. "Nee, we zijn niet"); bevestigend zou het zijn **Yes, we are** (lett. "Ja, we zijn").

3 **Business** (let op de uitspraak: ***[biz**nis]***!) is een enkelvoudsvorm, maar krijgt een Nederlandse vertaling in het meervoud: *zaken*.

4 U weet nog dat **a** het onbepaald lidwoord is voor een medeklinker (les 3); voor een klinker moet **an** gebruikt worden: **a lawyer**, **an accountant**.

5 **Are you a lawyer? – Yes, I am** (lett. "Ja, ik ben [een advocaat/advocate]"); ontkennend zou het zijn **No, I'm not** (lett. "Nee, ik ben geen advocaat/advocate"), zie opm. 2.

fourteen *[fo-otien]* • 14

6 / Sixth lesson

Exercise 1 – Translate
❶ Why are you here? ❷ We're in Birmingham on business. ❸ I'm here for a conference. ❹ We're not lawyers, we're accountants. ❺ He's on holiday.

***

Exercise 2 – Fill in the missing words
❶ Ik kom niet *(samengetrokken vorm)* uit Birmingham.
  ... ... Birmingham.

❷ Zijn jullie advocaten? – Nee *(we zijn (samengetrokken vorm) niet)*.
  ... ... lawyers? – .., ...

❸ We zijn *(samengetrokken vorm)* in Birmingham.
  .... Birmingham.

❹ Waarom bent u hier?
  ... ... here?

❺ Wie is *(samengetrokken vorm)* hier voor zaken?
  ..... here .. ..?

6

Sixth lesson *[sik(s)TH lèsen]*

A tiny ¹ office

1 – So this is your **of**fice. It's ² **ti**ny!

Opmerkingen
1 In les 4, zin 5 zagen we **a small town** (*een kleine stad, stadje*); **tiny** is nog kleiner dan **small**.
2 Onthoud dat "het" als lidwoord vertaald wordt met **the** (les 2, opm. 3) en als persoonlijk voornaamwoord meestal met **it** (les 4, opm. 5).

Oplossing van oefening 1

❶ Waarom zijn jullie hier? ❷ Wij zijn in Birmingham voor zaken. ❸ Ik ben hier voor een conferentie. ❹ We zijn geen advocaten, we zijn accountants. ❺ Hij is op/met vakantie.

***

Oplossing van oefening 2

❶ I'm not from – ❷ Are you – No, we're not ❸ We're in – ❹ Why are you – ❺ Who's – on business

Birmingham *is de tweede stad van Groot-Brittannië. Het ligt in de* **Midlands***, in het middengedeelte van Engeland, als groot industrieel centrum en als economische kern van de regio, ook bekend als* **city of 1,001 trades** *(***trade** *= handel, ambacht, beroep) of, meer prozaïsch* **Brum** *(samentrekking van* **Brummagen***), zoals de stad doorgaans genoemd wordt.*

In dit stadium besteden we veel aandacht aan de uitspraak. De Engelse grammatica mag dan wel vrij vlot assimileerbaar zijn in het begin, de uitspraak en het ritme zijn dat niet meteen. Maar wij hebben er alle vertrouwen in!

Zesde les

Een heel klein kantoor

1 – Dus dit is je kantoor. Het is heel klein!

Uitspraak
*e **taj**nie **offis 1** soo^w DHis iz jo-o(r) **offis**. its **taj**nie*

6 / Sixth lesson

2 – Yes. It's not **ve**ry big, is it? [3]
3 This is my desk [4] and that's [5] my com**pu**ter.
4 Here's the phone [6] and there's the door!
5 – It's too small, **is**n't it? [7]

*2 jès. its not **vè**rie biG izit 3 DHis iz maj dèsk ænd DHæts maj küm**pjo**ete 4 hie-ez DHe foo^wn ænd **DH**èez DHe do-o 5 its toe smo-ol **iz**ent it*

Aanwijzingen bij de uitspraak

(2) De letter **g** klinkt veel als in het Franse "garçon" - we geven deze klank weer met *[G]* - zie ook **good** in les 1.
(4), (5) De klank in **door** en **small** is enigszins vergelijkbaar met de o in "bol", maar dan gerekt, en geven we weer met *[o-o]*;
(2) een open/korte o geven we weer met *[o]* (**office**, **not**)
(4) en de gesloten/lange o(o) waar een korte w-klank op volgt met *[oo^w]* (**phone**).
(4), (5) Nog een staaltje van de onsamenhangendheid tussen spelling en uitspraak in het Engels: de **oo** in **door** als *[o-o]* en die in **too** als *[oe]*.

Opmerkingen

3 In les 5, opm. 2 zagen we dat "ja" of "nee" als antwoord aangevuld wordt met het passende persoonlijk voornaamwoord en (hulp)werkwoord (**Are you**...? – **Yes, I am / No, I'm not**). Hier hebben we weer iets typisch Engels: een vraagconstructie aan het einde van een zin die zowat dezelfde betekenis heeft als ons "niet(waar)?", "hé?", "toch?". **It's not very big, is it?**, *Het is niet erg groot, hé?* We komen hier snel op terug.

4 **A desk** kan, net als **an office**, vertaald worden door *een bureau* (als meubel resp. ruimte). Hierbij herhalen we ook de regel voor het onbepaald lidwoord: **a** voor een medeklinker en **an** voor een klinker.

***

Exercise 1 – Translate

❶ This is my computer and that's my desk. **❷** My office is tiny, isn't it? **❸** The town's very small. **❹** Here's my husband and there's my son. **❺** It's too big.

2 – Ja. Het is niet erg groot, hé *(is het)*?
3 Dit is mijn schrijftafel en dat is mijn computer.
4 Hier is de telefoon en daar is de deur!
5 – Het is te klein, *(is)* **het** *(niet)*?

5 Toen Sally haar man voorstelde (les 3, zin 2), gebruikte ze het aanwijzend voornaamwoord *this*, *dit* omdat Steve bij haar stond. Voor iemand/iets die/dat verder van de spreker verwijderd is, is **that**, *dat* van toepassing: **This is my desk** (hier) en **that's my computer** (daar); **Who is this/that?**

6 **Phone**, de verkorte vorm van **telephone**, is gebruikelijk in de omgangstaal. Onthoud ook **a mobile phone**, *een mobiele telefoon*, veelal verkort tot **a mobile**, *een mobieltje, gsm*.

7 Vervolg op opm. 3, waar op een zin in de ontkennende vorm een vraagconstructie in de bevestigende vorm volgde. Hier hebben we het omgekeerde. Merk op dat in de ontkennende "**question tag**" de samengetrokken vorm gebruikt wordt: **isn't it?**

***

Oplossing van oefening 1

❶ Dit is mijn computer en dat is mijn bureau (meubel). ❷ Mijn kantoor is minuscuul, niet? ❸ De stad is heel klein. ❹ Hier is mijn man en daar is mijn zoon. ❺ Het is te groot.

Exercise 2 – Fill in the missing words

❶ Het bureau in zijn bureau is te klein.
The .... in his ...... is ... .

❷ Het is *(samengetrokken vorm)* niet heel groot.
.... big.

❸ Dus dit is jouw telefoon?
.. .... is .... phone?

❹ Dit is mijn dochter.
.... daughter.

❺ Waar is *(samengetrokken vorm)* uw computer?
.... computer?

Seventh lesson [sèvenTH lèsen]

Revision – Herhaling

Opdat u zich bewust zou zijn van de gemaakte vorderingen, en ook om deze te consolideren, zullen we wekelijks (dus om de zeven lessen) een les besteden aan herhaling: even de belangrijkste elementen uit de voorbije zes lessen op een rijtje zetten en verder uitdiepen.

De stof van deze les kent u al, dus ontspan u en neem de hoofdstukken gewoon door, zonder daarbij iets uit het hoofd te willen leren. Geleidelijk aan zult u de regels automatisch toepassen.

1 Persoonlijke voornaamwoorden

I	[aj]	ik (altijd met een hoofdletter)
you	[joe]	*jij/je, u, jullie*
he	[hie]	*hij*
she	[sjie]	*zij/ze* (enkelvoud)
it	[it]	*het, hij, zij/ze* (onpers. m.b.t. dieren/zaken)

Oplossing van oefening 2

❶ – desk – office – too small ❷ It's not very – ❸ So this – your – ❹ This is my – ❺ Where's your –

Een sleutelelement in de Assimil-methode is het introduceren van woorden, wendingen of grammatica voor deze verklaard worden. Hierdoor wordt uw natuurlijke gave om intuïtief te assimileren ten volle aangesproken. In deze les, bijvoorbeeld, hebben we uw aandacht gevestigd op het aanwijzend voornaamwoord this, *terwijl u het al gezien had in les 3. Zo assimileert u de taal beetje bij beetje, en studeert u zonder al te veel... moeite!*

Zevende les

we	[wie]	*wij/we*
they	[DHeej]	*zij/ze* (meervoud)

Let er dus vooral op dat **you** gebruikt wordt voor onze 2e persoon enkelvoud én meervoud, alsook voor onze beleefdheidsvorm.

2 Het (hulp)werkwoord *to be* (zijn) en samentrekking

Om het over een bepaald werkwoord te hebben, zet men altijd het partikel **to** voor de infinitief. Dit is dan een **full infinitive** (volledige infinitief) of **to-infinitive** (**to**-infinitief).

Samengetrokken vormen, die alleen met **to be**, **to have** en sommige andere hulpwerkwoorden voorkomen, worden zowel in de gesproken als in de geschreven taal gebruikt als de stijl ongedwongen is (brieven naar vrienden, liedjesteksten, reclame, enz.). Het betreft hier geenszins een grammaticale subtiliteit, maar de weergave van de uitspraak waarbij het weglatingsteken in de plaats staat van een "ingeslikte" klinker.

twenty *[twènti]*

7 / Seventh lesson

- Bevestigend

Volle vorm	Samengetrokken vorm	Uitspraak van de samentrekking
I am	I'm	[ajm]
you are	you're	[jo-o]
he is	he's	[hiez] *
she is	she's	[sjiez] *
it is	it's	[its] *
we are	we're	[wie-e]
they are	they're	[DHèe]

* De -s klinkt als [z] na een stemhebbende klank en als [s] na een stemloze.

- Vragend

Een vraagvorm wordt verkregen door inversie van het werkwoord en het persoonlijk voornaamwoord:
you are → are you?
he is → is he?
Oefen hierop aan de hand van de vervoeging van **to be**.
Merk op dat hier geen samengetrokken vorm is.

- Ontkennend

De ontkennende vorm verkrijgt men door op het werkwoord **not** (*niet*) te laten volgen:
I am → I'm not

he is → he's not.

Later zien we een andere samengetrokken vorm met **not**.

3 "Ja" en "Nee"...

Stelt een Brit u een gesloten vraag (d.w.z. een waarop gewoon een bevestiging of ontkenning verwacht wordt), dan antwoordt u niet gewoon met **Yes** of **No** (*ja* of *nee*): dat komt te bot over. U moet ook het passende persoonlijk voornaamwoord inlassen en het (hulp)- werkwoord in de juiste vorm herhalen:

Are you English? – No, I'm not.
Bent u Engelsman/Engelse? – Nee (ik ben [het] niet).

Is she your daughter? – Yes, she is.
Is zij jouw/jullie/uw dochter? – Ja (ze is [dat]).

Onthoud deze structuur, want ze zal nog in andere vormen opduiken.

We maakten ook al kennis met **question tags**, die in een gesprek heel gebruikelijke vraagconstructies op het einde van een zin:

It's not very big, is it? *Het is niet erg groot, hé?*
It's too small, isn't it? *Het is te klein, niet?*

Dus:

een bevestigende **question** tag bij een vraag in de ontkennende vorm en een ontkennende **question tag** bij een vraag in de bevestigende vorm.

Onthoud ook deze regel, want hij zal nog in andere structuren van toepassing zijn.

4 Vraagwoorden

De meeste beginnen met **wh-**. Zo kennen we intussen al:

where	**Where's the door?**	*Waar is de deur?*
what	**What's your name?**	*Wat is uw naam?*
which	**Which city are you from?**	*Uit welke stad komt u?*
why	**Why are you in Birmingham?**	*Waarom bent u in Birmingham?*
who	**Who are you?**	*Wie bent u?*

Binnenkort leert u ook de andere vraagwoorden kennen.

8 / Eighth lesson

▶ Revision dialogue – **Herhalingsdialoog** (Vertaal)

Deze korte dialoog herhaalt en herformuleert bepaalde belangrijke structuren die in de loop van de week aan bod kwamen. U zult merken hoe snel u vordert en van week tot week vormen assimileert zonder erbij stilgestaan te hebben.

1 – Hi, Tom. How are you?
2 – I'm fine, thanks.
3 – Where's Sally? Is she at the office?
4 – Yes, she is.
5 – Are the kids at school?
6 – No, they're not.
7 – This is my son and that's my daughter.
8 – Is this your office?
9 – Yes it is.
10   It's very small, isn't it?

8

Eighth lesson *[eejTH lèsen]*

▶ At a party

1 – Who's that **pre**tty girl in the blue dress?
2 – Her **'** name's **Ka**ren.

💬 Uitspraak

æt e **pa-a**tie **1** hoez DHæt **pri**tie Ge-el in DHe bloe drès
2 he-e **neej**mz **kæ**ren

🗒 Opmerking

1 Noteer al de bezittelijke voornaamwoorden in de 3e persoon enkelvoud: **her** = *haar*, **his** = *zijn* en **its** bij "onpersoonlijk" gebruik.

23 • twenty-three *[twènti THrie]*

Vertaling

1 Dag, Tom. Hoe gaat het met je? **2** Goed, bedankt. **3** Waar is Sally? Is ze op kantoor? **4** Ja. **5** Zijn de kinderen op school? **6** Nee. **7** Dit is mijn zoon en dat is mijn dochter. **8** Is dit jouw kantoor? **9** Ja. **10** Het is heel klein, niet?

Gefeliciteerd! Uw eerste studieweek zit erop en u bent al volop de basismechanismen aan het opslaan. Een taal leren is als een sport leren beoefenen: het vergt regelmaat en praktijk, zonder daarbij in het begin te overdrijven. En met de hulp van een "coach"! Vertrouw op ons... en op uw eigen assimilatievermogen!

Achtste les

Op een feestje

1 – Wie is dat knappe meisje in de blauwe jurk?
2 – Haar naam is Karen.

Aanwijzingen bij de uitspraak

(1) Who klinkt als *[hoe]*: de **w** in **who** wordt dus niet uitgesproken.
(titel), (1), (2) De **a** in woorden als **that, Karen, at, flat, Harrow** klinkt als een open a die naar een open e neigt: *[æ]*.

8 / Eighth lesson

   3 She's a **ba**ker [2].
   4 She lives [3] in a flat [4] in **Ha**rrow.
   5 – And who's the guy next to [5] her [6]?
   6 – That's her **hus**band.
   7 His **na**me's **Le**nny.

*3 sjiez e **beej**ke 4 sjie livz in e flæt in **hæ**roo[w] 5 ænd hoez DHe Gaj nèkst toe he-e 6 DHæts he-e **hüz**bend 7 hiz neejmz **lè**nie*

Aanwijzingen bij de uitspraak
(5) De opeenvolgende t's in next to vloeien in elkaar: *[**nèks**toe]*.
(6) Onthoud bij de Engelse u dat die nooit zoals onze u uitgesproken wordt, maar o.a. als een u die neigt naar een doffe e: *[ü]*.
Beluister aandachtig de opnamen!

Opmerkingen

2 Zoals al bleek in les 5, zin 4 gebruikt men in het Engels een onbepaald lidwoord om het beroep in te leiden (**I'm a lawyer and he's an accountant**) en hebben veel soortnamen, vooral beroepsnamen, dezelfde vorm voor mannelijk en vrouwelijk. Zo is **a baker** zowel *een bakker* als *een bakkerin*, **a lawyer** *een advocaat/advocate*.

3 **Lives** is de 3e persoon enkelvoud van het werkwoord **to live**, dat zowel *leven* als *wonen* betekent. Het wordt dus gevormd door een **s** toe te voegen aan de infinitief. Binnenkort hebben we het verder over de vervoeging van regelmatige werkwoorden.

4 **A flat**, *een flat, appartement*. Het bijvoeglijk naamwoord **flat** betekent *plat, vlak*: **a flat screen** *[skrien]*, *een plat (beeld)scherm*. Vergeleken met

***

Exercise 1 – Translate

❶ Who's the guy next to him? ❷ She lives in a tiny flat. ❸ That's her husband. He's a baker. ❹ Anna's the pretty girl in the blue dress. ❺ His house is in Harrow.

25 • **twenty-five** *[twènti fajv]*

Achtste les / 8

3 Ze is *(een)* bakkerin.
4 Ze woont in een appartement in Harrow.
5 – En wie is de kerel naast haar?
6 – Dat is haar man.
7 Hij heet *(Zijn naam is)* Lenny.

een huis (a house) is een appartement inderdaad… **flat**! Amerikanen zeggen eerder **an apartment** en, zoals bij meer woorden uit de Verenigde Staten, hoor je ook dit meer en meer aan de overzijde van het Kanaal.

5 **Next to** betekent *naast*; **next** alleen betekent *volgend(e)*: **the next day**, *de volgende dag*.

6 Net als in het Nederlands is **her**, *haar* de vrouwelijke vorm van de 3e persoon enkelvoud voor het bezittelijk voornaamwoord én het persoonlijk voornaamwoord in de voorwerpsvorm. De mannelijke vorm is **his**, *zijn* resp. **him**, *hem*.

***

Oplossing van oefening 1
❶ Wie is de kerel naast hem? ❷ Ze woont in een klein flatje. ❸ Dat is haar man. Hij is bakker. ❹ Anna is het knappe meisje in de blauwe jurk. ❺ Zijn huis is/staat in Harrow.

Exercise 2 – Fill in the missing words

① Zijn naam is David.
... . David.

② Haar naam is Anna.
... . Anna.

③ Dat is haar man.
.... husband.

④ Ze woont in een appartement.
She ..... in ......

⑤ Anny is een knap meisje.
Anny'. ....

Ninth lesson [najnTH lèsen]

How old are you?

1 – Tell ¹ me, how old are you?
2 – That's a very **per**sonal ² **ques**tion.
3   But **OK** ³, I'm **thir**ty-two.

Uitspraak
haw oo^wld a-a joe **1** *tèl mie haw oo^wld a-a joe* **2** *DHæts e vèrie pe-esenel kwèstsjen* **3** *büt oo^wkeej ajm THe-eti toe*

Aanwijzing bij de uitspraak
(2) Question: qu- wordt als *[kw]* uitgesproken; merk op hoe de -sti- tot *[stsj]* omgevormd wordt: *[kwèstsjen]*.

Opmerkingen

1 **To tell**, *zeggen, vertellen*. **Tell me, are you her son?** *Zegt u mij eens, bent u haar zoon?*

27 • **twenty-seven** [twènti sèven]

Oplossing van oefening 2

❶ His name's – ❷ Her name's – ❸ That's her – ❹ – lives – a flat ❺ – s a pretty girl

A guy: *een jongen/man/jongeman. In 1606 poogden katholieken de protestantse koning* **James I** *te vermoorden door een kruitvat tot ontploffing te brengen onder het Parlement van Londen. Men kwam tijdig achter het complot en de pyrotechnicus van de groep, ene* **Guy Fawkes***, werd geëxecuteerd. Nu nog, en dit in heel het land, wordt op 5 november een pop,* **guy** *genaamd, tijdens vreugdevuren verbrand. In de 19e eeuw bedoelde men met het woord* **guy** *een "eigenaardig iemand", tegenwoordig is het gewoon "een kerel":* **He' s a nice guy.** - *Hij is een leuke/aardige jongen. Of hoe achter woorden wel eens een bijzondere geschiedenis kan schuil gaan...*

Negende les

Hoe oud bent u?

1 – Zeg eens *(me)*, hoe oud bent u?
2 – Dat is een heel persoonlijke vraag.
3   Maar ok, ik ben 32 *(dertig-twee)*.

---

2 Personal *(persoonlijk)* van **person** *(persoon)*: **personal property**, *persoonlijke eigendom*. Het kan ook het aspect "individueel" inhouden: **personal computer**; of zoals hier de connotatie "indiscreet" hebben.

3 OK (of **okay**) wordt overal en door iedereen begrepen! Waar het vandaan komt, blijft echter onduidelijk. Let er bij de uitspraak op beide letters te benadrukken: *[oowkeejj]*. **How are you? – OK. And you?**, *Hoe gaat het met je? – Goed. En met jou?*

9 / Ninth lesson

4 I'm a di**vor**ced **mo**ther with two sons and a **daug**hter ⁴.
5 – And how old ⁵ are they?
6 – The boys are ten and eight, and the girl's twelve.
7 – Oh **de**ar, I'm too young for you!

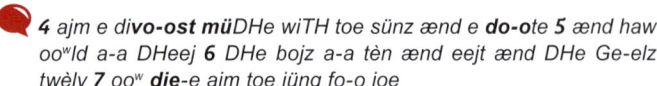

*4 ajm e di**vo-ost mü**DHe wiTH toe sünz ænd e **do-o**te 5 ænd haw oo^wld a-a DHeej 6 DHe bojz a-a tèn ænd eejt ænd DHe Ge-elz twèlv 7 oo^w **die**-e ajm toe jüng fo-o joe*

Opmerkingen

4 A son, *een zoon* en a daughter (let op de uitspraak: *[do-ote]*!), *een dochter;* a boy, *een jongen* en a girl, *een meisje*.

***

Exercise 1 – Translate
❶ Tell me, how old are you? ❷ OK, I'm divorced with two daughters. ❸ You're too young for me! ❹ Her mother is very old. ❺ That's a personal question.

***

Exercise 2 – Fill in the missing words
❶ Die jongen is te jong voor haar.
   That guy's ... ...

❷ Mijn zoon is tien en mijn dochter is twaalf.
   .. son .. ... and .. daughter .. ..

❸ Hoe oud is hij? – Hij is 39.
   ... ... he? – .... thirty-nine.

❹ Zeg eens, hoe oud is haar zoon?
   ... ., ... son?

❺ Hoe maak je het? – Goed, en jij?
   How ... ...? – .., and ...?

Negende les / 9

4 Ik ben een gescheiden moeder met twee zonen en een dochter.
5 – En hoe oud zijn ze?
6 – De jongens zijn 10 en 8, en het meisje is 12.
7 – O *(beste)*! Ik ben te jong voor u!

Aanwijzingen bij de uitspraak

(4) Divorced: de uitgang -ed klinkt na een stemloze medeklinker als *[t]* en een r is voor een medeklinker onhoorbaar: *[dievo-ost]*.

5 Old, *oud*: **an old dress**, *een oude jurk*; **young**, *jong*: **that young guy**, *die jonge kerel*. **How old is he? – He's fifty-seven** (*Hoe oud is hij? – Hij is 57 (jaar)*), waarbij opgemerkt dient te worden dat ons "jaar", **year** *[jie-e]* in deze structuur niet vertaald wordt.

***

Oplossing van oefening 1

❶ Zeg eens, hoe oud bent u? ❷ Goed, ik ben gescheiden met twee dochters. ❸ U bent te jong voor mij! ❹ Haar moeder is heel oud. ❺ Dat is een persoonlijke vraag.

Oplossing van oefening 2

❶ – too young for her ❷ My – is ten – my – is twelve ❸ How old is – He's – ❹ Tell me, how old is her – ❺ – are you – OK – you

Tenth lesson [tènTH lèsen]

Two holidays

1 – *(On the phone)* How's the **wea**ther ¹ up there ² in **Dur**ham?
2 – **Ter**rible! It's **cold**, **clou**dy ³ and wet ⁴.
3   It's **al**ways ⁵ **rai**ny **he**re ⁶ in March ⁷.
4   What's it like down in **Corn**wall?
5 – Great. It's hot and **su**nny ⁸.
6   We're **real**ly **luc**ky.

Uitspraak

*toe **ho**lideejz **1** hawz DHe **wè**DHe(r) üp **DH**èe(r) in **dü**rem **2** tèribel! its koo^wld **klau**die ænd wèt **3** its **o-ol**weejz **reej**nie **hie**-e(r) in ma-atsj **4** wots it lajk daun in **ko-on**wo-ol **5** Greejt. its hot ænd **sü**nie **6** wie-e **rie**lie **lü**kie*

Aanwijzingen bij de uitspraak

(1), (5) De combinatie **ea** kan op verschillende manieren uitgesproken worden: we zagen het al in **east** en **really** als *[ie]*, in deze les als *[è]* in **weather** en als *[eej]* in **great**, en we zullen nog andere mogelijkheden tegenkomen! Engelse uitspraakregels zijn zo complex, zowel voor enkele klinkers als voor klinkercombinaties, dat we u alleen kunnen aanraden bij elk woord de juiste uitspraak te onthouden.

(2) Merk op hoe in de laatste lettergreep -**ble** de eind-*[e]* verhuist tussen **b** en **l** of daar zelfs "ingeslikt" wordt: **terrible** wordt *[tèrib(e)l]*. Ook woorden op -**tle**, -**dle** en -**ple** ondergaan dit fenomeen.

Opmerkingen

1 *Het weer,* **the weather** (let op de uitspraak!) is een favoriet gespreksonderwerp van vele Britten: **It's hot/cold**, *Het is heet/koud*.

2 **Up**, *op, boven*, geeft de notie "naar een hoger gelegen plaats" weer: **How's the weather up there?**, *Hoe is het weer daar* (meer bepaald "in het noorden")? Het tegengestelde is **down**, *neer, beneden* en dus "zuidwaarts" (zie zin 4).

Tiende les

Twee vakanties

1 – *(Aan de telefoon)* Hoe is het weer *(boven)* daar in Durham?
2 – Vreselijk! 't Is koud, bewolkt en nat.
3   Het is hier altijd regenachtig in maart.
4   Hoe is het daar *(Wat is het zoals beneden)* in Cornwall?
5 – Heerlijk. 't Is heet en zonnig.
6   We hebben echt geluk.

---

3 Hier ziet u hoe, door toevoeging van **-y**, van een zelfstandig naamwoord een bijvoeglijk naamwoord afgeleid kan worden: **a cloud**, *een wolk* → **cloudy**, *bewolkt*; **the rain**, *de regen* → **rainy**, *regenachtig*. **What a rainy day!**, *Wat 'n regenachtige dag!*

4 **Wet** betekent *nat* en heeft dus niets te maken met ons woord "wet". Dergelijke woorden, die in het Engels en het Nederlands dezelfde vorm maar een verschillende betekenis hebben, noemt men "valse vrienden". We zullen er nog tegenkomen.

5 **Always**, *altijd* en het tegengestelde **never** *[nève]*, *nooit*: **It's always/ never hot in Cornwall**, *Het is altijd/nooit heet in Cornwall*.

6 **Here**, *hier* en **there**, *daar*: **The weather here is great**, *Hier is het weer heerlijk;* **What's the weather like there?**, *Hoe is het weer daar?*

7 Let erop dat de maanden van het jaar met een hoofdletter geschreven worden, bv. *maart*: **March**; *april*: **April** (alle maanden vindt u in les 14, punt 6). Ook de dagen van de week moeten met een hoofdletter.

8 Nog afleidingen zoals in opm. 3, maar nu moet de medeklinker verdubbeld worden: **sun**, *zon* → **sunny**, *zonnig*, **real**, *echt* → **really**, *echt, werkelijk*. We komen hier nog op terug.

10 / Tenth lesson

▶ Exercise 1 – Translate
❶ How's the weather up there? ❷ OK. What's it like down in Durham? ❸ It's cold, cloudy and rainy. ❹ He's always on the phone. ❺ Cornwall's great in April.

***

Exercise 2 – Fill in the missing words
❶ Hoe is het weer? – Vreselijk.
..... the ....? – Terrible.

❷ 't Is heet en zonnig hierboven.
.... and .... here.

❸ 't Is altijd regenachtig in maart.
.... in ......

❹ Ik ben aan de telefoon.
I'm .. ..

❺ We boffen werkelijk.
.... lucky.

Tiende les / 10

Oplossing van oefening 1
❶ Hoe is het weer daarboven? ❷ Goed. Hoe is het daar beneden in Durham? ❸ 'T Is koud, bewolkt en regenachtig. ❹ Hij is altijd aan de telefoon. ❺ Cornwall is prachtig in april.

***

Oplossing van oefening 2
❶ How's – weather – ❷ It's hot – sunny up – ❸ It's always rainy – March ❹ – on the phone ❺ We're really –

Plaatsnamen kunnen ons veel bijbrengen over een land. Daar Groot-Brittannië in de loop van zijn geschiedenis van heel wat volkeren "bezoek kreeg", is de Engelse toponymie bijzonder interessant. Kijken we maar naar de suffixen: **-ham** *betekent* wei *in het Fries (***Cosham***, de wei van Cos);* **-chester** *(***Winchester, Dorchester***) komt van* **castra** *of* versterkt kamp *in het Latijn. In het noorden van het land, dat vaak door de Vikings werd bezet, eindigen veel plaatsnamen op* **-thorpe** *(***Scunthorpe, Harlthorpe***…), de term voor* dorp *in het Oud-Noors. Of hoe je meer dan het landschap ontdekt tijdens een trip door Groot-Brittannië! (Deze suffixen worden nooit beklemtoond, waardoor* **-ham** *uitgesproken wordt als [-em, met doffe e]. Luister goed naar de opnamen!)*

Cornwall *vormt de "laars" van Groot-Brittannië. Het is een graafschap met een sterke regionale identiteit, die van een Keltisch land.* **Land's End** *(lett.* landseinde, einde van het land*) is het meest zuidelijke dorp van het land. Met zijn prachtig, ruw landschap en zijn vele stranden trekt Cornwall veel toeristen aan.*

11

Eleventh lesson [ilèvenTH lèsen]

Two holidays (continued [1])

1 – I'm **jea**lous! How's your **ho**liday?
2 – Fan**tas**tic! Our ho**tel's** right [2] in the **cen**tre of the town.
3 It's small, but it's clean and **com**fortable.
4 The **chil**dren [3] aren't too [4] **ha**ppy [5].
5 Their room's on the fourth floor [6].
6 But the view is **su**per.
7 They're right **op**posite a night club!

Uitspraak
*toe **ho**lideejz (kün**tin**joed)* **1** *ajm **dzjæ**les! hawz jo-o **ho**lideej* **2** *fæn**tæs**tik! au*e *hoo*ʷ**tèlz** *rajt in DHe **sèn**te(r) ev DHe taun* **3** *its smo-ol büt its klien ænd **küm**fetebel* **4** *DHe **tsjil**dren a-ant toe **hæ**pie* **5** ***DH**èe roemz on DHe fo-oTH flo-o* **6** *büt DHe vjoew iz **soe**pe* **7** ***DH**èe rajt **o**ppezit e najt klüb*

Opmerkingen

1 **To continue** is *doorgaan (met)*, dus betekent **continued** eigenlijk "vervolgd".

2 **Right** heeft verschillende betekenissen. **That's right!** *Dat is juist!*; **on your right**, *rechts van u, aan uw rechterkant* (met als tegengestelde **left** *[lèft]*, *links*); **right in the centre**, *recht/pal in het centrum* (zie ook zin 7 in deze betekenis).

3 Doorgaans wordt het meervoud van een naamwoord gevormd door een **s** toe te voegen, bv.: **a hotel → two hotels**, *een hotel, twee hotels*. Een van de uitzonderingen, waar het Nederlands niet ver weg lijkt, is **a child → two children**, *een kind, twee kinderen*. Let op de uitspraak: *[tsjaajld] → [**tsjil**dren]*!

Elfde les

Twee vakanties (vervolg)

1 – Ik ben jaloers! Hoe is jullie vakantie?
2 – Fantastisch! Ons hotel ligt *(is)* pal in het centrum van de stad.
3   Het is klein, maar het is net en comfortabel.
4   De kinderen zijn niet zo *(te)* blij.
5   Hun kamer is op de vierde verdieping.
6   Maar het uitzicht is super.
7   Ze zitten *(zijn)* recht tegenover een nachtclub.

Aanwijzingen bij de uitspraak

(1) Let erop de Engelse **j** uit te spreken zoals in "jazz" of "jungle", dus **jealous** als *[dzjèles]*.
(2) Noteer dat **of** eindigt op een v-klank, dus *[ov]* als woord op zich en vaak afgezwakt tot *[ev]* in een zin; *[of]* is de uitspraak van het woord **off**.
(3) Hoe langer een woord is, hoe meer de klemtoon de niet benadrukte klinkers vervormt. In **comfortable** valt de klemtoon op de eerste lettergreep, waarbij de andere klinkers als het ware ingeslikt kunnen worden tot *[kümftebl]*.
(6) Onthoud verder bij de Engelse **u** dat die nooit zoals onze u(u) uitgesproken wordt; in **super** klinkt ze als een oe: *[soepe]* en in **but** als een u neigend naar een doffe e: *[büt]*.
(5), (7) Het verschil in uitspraak tussen **they're** en **their** is zo miniem dat we het niet zo ver drijven om een nuance aan te geven die alleen hoorbaar is als je heel langzaam spreekt, dus: *[DHèe]*.

4 **Too**, *te* betekent hier "al te", "zo", "erg": **It's not too cold**, *'t Is niet zo/ erg / al te koud.*
5 **Happy** is *blij* of *gelukkig* in de betekenis van "gelukkig zijnde" (**lucky** is *gelukkig* in de betekenis van "geluk hebbende").
6 **Floor** slaat zowel op *vloer* als op een *verdieping* van een gebouw.

Exercise 1 – Translate

❶ Our room's very big. **❷** But their room's on the third floor. **❸** Our hotel's very comfortable. **❹** We're right in the centre of the town. **❺** The weather's great! – I'm jealous.

***

Exercise 2 – Fill in the missing words

❶ Het hotel is aan uw rechterkant.
   The hotel's .. ..

❷ Hun kinderen zijn heel gelukkig.
   .... are very ......

❸ Onze kamer is recht tegenover de nachtclub.
   ... room's .... the night club.

❹ Hoe is jullie vakantie? – Fantastisch!
   .... holiday? – ....!

❺ Het is klein, maar het is heel proper.
   .... small ... . clean.

Twelfth lesson [twèlfTH lèsen]

A historical city

1 **Dur**ham is a hist**or**ical **ci**ty in the north-**east** ¹ of **Eng**land.
2 There is an e**le**venth **cen**tury **Nor**man ² ca**thed**ral

Uitspraak

*e his**to**rikel **si**tie 1 **dü**rem iz e his**to**rikel **si**tie in DHe no-oTH**iest** ev **ing**Glend 2 **DH**èe(r) iz en i**lè**venTH **sèn**tjerie **no-o**men keTH**ie**drel*

Opmerkingen

1 We kennen al **east**, *oost(en)* en nu **north**, *noord(en)*, **south**, *zuid(en)* en **west**, *west(en)*. Ook in samenstellingen behouden de richtingen hun ba-

Oplossing van oefening 1

❶ Onze kamer is heel groot. ❷ Maar hun kamer is op de derde verdieping. ❸ Ons hotel is heel comfortabel. ❹ We zitten pal in het centrum van de stad. ❺ Het weer is heerlijk! – Ik ben jaloers.

***

Oplossing van oefening 2

❶ – on your right ❷ Their children – happy ❸ Our – right opposite – ❹ How's your – Fantastic ❺ It's – but it's very –

Twaalfde les

Een historische stad

1 Durham is een historische stad in het noordoosten van Engeland.
2 Er is een elfde-eeuw[se] Normandische kathedraal

sisvorm: **south-east**, *zuidoost(en)*, **north-west**, *noordwest(en)*,… – soms zonder streepje (**southeast**,…).

2 Van plaatsnamen afgeleide bijvoeglijke naamwoorden krijgen, net als bij ons, een hoofdletter: **a Norman cathedral**, *een Normandische kathedraal*, **an English city**, *een Engelse stad*. Merk op dat het gebruik van **a/an** niet afhangt van het zelfstandig naamwoord waar het bij hoort, maar van de beginletter van het erop volgende woord.

thirty-eight *[THe-eti eejt]* • 38

12 / Twelfth lesson

3 and there is [3] **al**so a ma**jes**tic **cas**tle.
4 There are [4] three old stone **bri**dges a**cross** a wide **ri**ver
5 and there is a **ve**ry **fa**mous uni**ver**sity.

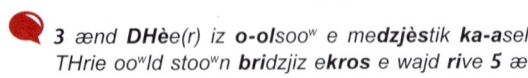

3 ænd **DH**è**e**(r) iz **o-ol**soo^w e me**dzjès**tik **ka-a**sel 4 **DH**è**e**(r) a-a THrie oo^wld stoo^wn **bri**dzjiz e**kros** e wajd **ri**ve 5 ænd **DH**è**e**(r) iz e **vè**rie **feej**mes joeni**ve-e**setie

Opmerkingen

3 In deze les komt **there** overeen met ons onbepaald voornaamwoord "er": **There is** (of samengetrokken **There's**) **a castle/cathedral**, *Er is/ staat een kasteel/kathedraal.*

4 **There are**, *er zijn*: **There are two bridges**, *Er zijn twee bruggen*. (In het algemeen wordt **there are** omwille van de eufonie niet samengetrokken.)

***

Exercise 1 – Translate
❶ There's a famous university in Durham. ❷ It's in the southwest of England. ❸ There are three stone bridges. ❹ The castle is majestic. ❺ There's a great view of the cathedral.

***

Exercise 2 – Fill in the missing words
❶ Er is een brug over een brede rivier.
   .... a .... a .... river.

❷ Durham is een Engelse stad.
   Durham's .. ..

❸ Er zijn drie kastelen.
   .... three ....

❹ Er is ook een beroemde universiteit.
   .... a famous university.

❺ De kathedraal is heel oud.
   The .... very ....

39 • thirty-nine [THe-eti najn]

3 en er is ook een majestueus kasteel.
4 Er zijn drie oude, stenen bruggen over een brede rivier
5 en er is een heel beroemde universiteit.

Aanwijzingen bij de uitspraak
Omdat het in deze les niet om een gesprek gaat, gebruiken we geen samengetrokken vormen. Bijgevolg worden **is** *en* **are** *duidelijk uitgesproken. Luister aandachtig naar de intonatie, die ook hoorbaar is in, bijvoorbeeld, nieuwsbulletins op de televisie of de radio.*

(3) In les 10 hadden we het over de uitspraak van de laatste lettergreep **-ble** (**terrible**), **-tle** enz.; **castle** klinkt echter als **[ka-a**s(e)l**]**, waarbij uitzonderlijk ook de *[t]* "wegvalt".
(4) -es klinkt na een sisklank als *[iz]*: **bridges** *[**bri**dzjiz]*.
(3), (4), (5) Met *[i]* geven we de i-klank zoals in "dit" weer en met *[ie]* de ie in "hier", bv. **is** met *[i]*, maar **he's** met *[ie]*. Weet echter dat dit kan beïnvloed worden door intonatie, streek,...

***

Oplossing van oefening 1
❶ Er is een beroemde universiteit in Durham. ❷ Het is in het zuidwesten van Engeland. ❸ Er zijn drie stenen bruggen. ❹ Het kasteel is majestueus. ❺ Er is een prachtig uitzicht op de kathedraal.

Oplossing van oefening 2
❶ There's – bridge across – wide – ❷ – an English city ❸ There are – castles ❹ There is also – ❺ – cathedral's – old

13 / Thirteenth lesson

Durham *is de hoofdplaats van het graafschap* **Durham**, *bij* **Newcastle**, *in het noordoosten van Engeland. Het werd in de 9e eeuw gesticht als pelgrimsoord en staat vooral bekend om zijn prachtige kathedraal en zijn universiteit - de oudste van Engeland na die van* **Oxford** *en* **Cambridge**.

Thirteenth lesson *[THe-etienTH lèsen]*

Questions about Durham

1 – **Is** there a **ri**ver in **Dur**ham?
2 – Yes, there is. [1] It's [2] called [3] the **Ri**ver Wear.
3 – Are there **a**ny [4] mu**se**ums?
4 – Yes, there are. At least ten.
5 – Is there an **air**port in the **ci**ty?

Uitspraak
kwèstsjenz ebaut dürem 1 iz DHèe(r) e rive(r) in dürem 2 jès DHèe(r) iz. its ko-old DHe rive wie-e 3 a-a DHèe(r) èni mjoezieemz 4 jès DHèe(r) a-a. æt liest tèn 5 iz DHèe(r) en èepo-ot in DHe sitie

Aanwijzingen bij de uitspraak
(2), (4) Let op de intonatie in de zin: de klemtoon valt op het sleutelwoord (**yes**) en het herhaalde werkwoord (**is/are**).
(2) Als eigennaam wordt **Wear** uitgesproken als *[wie-e]*, in les 19 zien we een andere vorm.
(3) Een **u** wordt soms als *[joe]* uitgesproken, zoals in **computer** en hier in **museum** *[mjoezie-em]*.
(5) We wijzen er nogmaals op: met *[e]* geven we altijd een doffe e weer, dus *[en]* klinkt zoals ons woordje "een" (*[een]* zou overeenkomen een "één")!

Opmerkingen

1 Even herhalen dat in het Engels een vraag doorgaans niet gewoon met "ja" of "nee" beantwoord wordt (zie les 7, punt 3). En nog een voorbeeld: **Is there a university in Durham? – Yes, there is** (*Is er een universiteit in Durham? – Ja, hoor*).

Cruciaal bij uw taalstudie is dat u er de tijd voor neemt en beseft dat u niet meteen alles kunt weten en kennen! Daarom vragen wij u om in deze eerste weken alleen te luisteren, te herhalen en de oefeningen te maken. Wij zorgen voor de rest door te opteren voor een methodische, progressieve aanpak. Eveneens belangrijk is regelmaat: werk dagelijks met uw boek, ook al kan het maar vijf minuutjes, en beluister de opnamen!

Dertiende les

Vragen over Durham

1 – Is er een rivier in Durham?
2 – Ja, hoor *(er is)*. *(Het is genoemd)* De *(Rivier)* **Wear**.
3 – Zijn er *(enige)* musea?
4 – Ja, die zijn er *(er zijn)*. Ten minste tien.
5 – Is er een luchthaven in de stad?

---

2 Let erop het voornaamwoord **it** te gebruiken wanneer het niet om een persoon gaat.

3 **To call** betekent eigenlijk *roepen*: **Call him**, *Roep hem*, maar kan ook vertaald worden met *(op)bellen*: **Call me this afternoon** *[a-afte**noen**]*, *Bel me deze namiddag / van(na)middag* of met *noemen*: **My name's Robert, but call me Bob**, *Mijn naam is Robert, maar noem me Bob*; **He is called Bob**, *Hij wordt Bob genoemd* of *Hij heet Bob* (dus **to be called** is *heten*).

4 In een vraag om te weten te komen of iets "er is" of "bestaat" moet het woordje **any** ingelast worden als van dat iets "de hoeveelheid niet nader bepaald" wordt: **Are there any hotels/museums in Durham?**, *Zijn er hotels/musea in Durham?* maar **Is there a river / an airport?**, *Is er een rivier/luchthaven?*

13 / Thirteenth lesson

6 – No, there **is**n't.
7 But there is a **rail**way **sta**tion [5].

6 noo^w DHèe(r) iznt 7 büt DHèe(r) iz e reejlweej steejsjen

Aanwijzingen bij de uitspraak
(7) We hadden de samentrekking **there's** kunnen gebruiken, maar de spreker wil hier benadrukken dat, ook al is er geen luchthaven, er toch een treinstation is. In het Nederlands zouden we hiervoor een woordje als "wel" inlassen, in het Engels volstaat het beklemtonen van het werkwoord.
Let op de Engelse uitspraak van **station**: *[steejsjen]*, waarbij -tion zelfs kan verzwakken tot *-[sj'n]*.
Luister goed naar de opnamen!

Opmerking
5 Eigenlijk volstaat **a station**, maar er zou in de stad ook **a bus** *[büs]* **station** kunnen zijn...

***

Exercise 1 – Translate
❶ Call me this afternoon, Bob. ❷ Are there any night clubs in Durham? ❸ Is there a bus station? ❹ No, there isn't. ❺ But there is an airport.

***

Exercise 2 – Fill in the missing words
❶ Is er een rivier? – Ja, er is er een.
. . . . a river? – . . ., ...

❷ Zijn er stenen bruggen?
. . . . stone bridges?

❸ Er zijn ten minste tien musea.
. . . . ten museums.

❹ Ze heet Karen. Ze is accountant
. . . . Karen. She's . . . .

❺ Waar is het treinstation?
. . . . the . . . . ?

Dertiende les / 13

6 – Nee, dat niet *(er is niet)*.
7 Maar er is [wel] een treinstation *(spoorweg-)*.

Oplossing van oefening 1
❶ Bel me vanmiddag, Bob. ❷ Zijn er nachtclubs in Durham? ❸ Is er een busstation? ❹ Nee, er is geen. ❺ Maar er is wel een luchthaven.

***

Oplossing van oefening 2
❶ Is there – Yes, there is ❷ Are there any – ❸ There are at least –
❹ She's called – an accountant ❺ Where's – railway station

forty-four *[fo-oti fo-o]* • 44

Fourteenth lesson [fo-otienTH lèsen]

Revision – Herhaling

Wat 'n vorderingen in twee weken! Laten we even achterom blikken om de hoofdpunten uit de vorige zes lessen te overlopen. We zullen ook uw woordenschat wat aanvullen.

1 Bezittelijke voornaamwoorden

Het gebruik van Engelse bezittelijke voornaamwoorden is vergelijkbaar met dat in het Nederlands:

my	**my city, my children,** *mijn stad, mijn kinderen*
your	**your flat, your rooms,** *jouw/je/jullie/uw flat/appartement, jouw/je/jullie/uw kamers*
his	**his house,** *zijn huis*
her	**her desk,** *haar schrijftafel/bureau*
its	**its cathedral,** *onpers. zijn/haar (bv. van Durham) kathedraal*
our	**our doctor** *[dokte]***, our child, our teachers** *[tietsjez], onze dokter, ons kind, onze leraren*
their	**their party, their daughters,** *hun feestje, hun dochters*

Verschilpunten zijn dus:

• **your** staat voor onze 2e persoon enkelvoud én meervoud alsook voor onze beleefdheidsvorm

• in het Engels is er naast de mannelijke en vrouwelijke vorm ook een "onpersoonlijke": **its**.

Deze bijzonderheden zullen heel snel geassimileerd zijn!

Veertiende les

2 Getallen (tot 100)

Eerst tellen we tot 20:

1	one	11	eleven
2	two	12	twelve
3	three	13	thirteen
4	four	14	fourteen
5	five	15	fifteen
6	six	16	sixteen
7	seven	17	seventeen
8	eight	18	eighteen
9	nine	19	nineteen
10	ten	20	twenty

Vanaf 20 voegt men de cijfers van 1 tot 9 bij het tiental en komt er een koppelteken tussenin, dus hieronder alvast de tientallen:

30	thirty
40	forty
50	fifty
60	sixty
70	seventy
80	eighty
90	ninety
100	one hundred

forty-six *[fo-oti siks]*

En nu voorbeelden tussen 21 en 99:

43 = **forty-three**
55 = **fifty-five**
77 = **seventy-seven**
82 = **eighty-two**
96 = **ninety-six**

Eenvoudig, **isn't it**?
Een goede oefening hierop is dit boek doorbladeren en daarbij de paginanummers hardop lezen.

3 *To be or not to be?*

We merkten al dat het Engels gewoon **to be** (*zijn*) gebruikt waar het Nederlands andere werkwoorden verkiest.

Voorbeelden:

How are you?, *Hoe maakt u het?*
How is he?, *Hoe gaat het met hem?*
Our hotel is in the city, *Ons hotel ligt in de stad.*
They are in their room, *Ze zitten in hun kamer.*

4 *This/that* en *here/there*

In dit verband is het gebruik gelijklopend met het Nederlands: de notie van afstand tussen de spreker en de aangesprokene is bepalend.

This, *dit* en **that**, *dat*:

This is Sally. That's Bob, *Dit is Sally. Dat is Bob.*
What's that? – This? It's a dress, *Wat is dat? – Dit? Het is een jurk.*

Here, *hier* en **there**, *daar*:

I live here in Harrow, *Ik woon hier in Harrow.*
What's the weather like there in Cornwall?, *Wat voor weer is het daar in Cornwall?*

Er kan nog verduidelijkt worden:

What's the weather like down there in Cornwall?, *Wat voor weer is het daar (beneden) in Cornwall?*

Deze interpretaties zijn belangrijk, ook voor de werkwoordkeuze (afspraak over een paar weken...).

Noteer in dit verband alvast de aanwijzende voornaamwoorden in het enkelvoud:

this	**this boy** **this girl**	*deze jongen* *dit meisje*
that	**that man** **that child**	*die man* *dat kind*

5 *Their, they're* en *there*

Om verdere misverstanden te vermijden, zetten we deze drie "gelijkluidende" wendingen *[DHèe]* even op een rijtje:

• **their** is een bezittelijk voornaamwoord *(hun)*:

This is their flat, *Dit is hun flat/appartement*.

• **they're** is de samentrekking van **they are**, de 3e persoon meervoud van **to be**:

They're bakers, *Zij zijn bakkers*.

• **there** kan overeenkomen met ons bijwoord van plaats *daar*

What's the weather like there?, *Hoe is het weer daar?*

en met ons onbepaald voornaamwoord *er*:

There's a famous university in Durham, *Er is een beroemde universiteit in Durham*.

6 De maanden van het jaar

January	[**dzjæ**njoe-eri]	januari
February	[**fèb**rjoe-eri]	februari
March	[ma-atsj]	maart
April	[**eej**prel]	april
May	[meej]	mei
June	[dzjoen]	juni
July	[dzjoe**laj**]	juli
August	[**o-o**Güst]	augustus
September	[sèp**tèm**be]	september
October	[ok**too**ʷbe]	oktober
November	[nooʷ**vèm**be]	november
December	[die**sèm**be]	december

Let erop dat de maanden van het jaar met een hoofdletter geschreven worden!

***

▶ Revision dialogue

1 – Who's the pretty girl next to Lenny?
2 – That's Karen. She's an accountant.
3 – She's thirty-two. She has two daughters.
4   She and her husband live in Durham.
5   It's always rainy up there.
6 – Is there a university in Durham?
7 – Yes, there is. And there are at least ten museums.
8 – Are there any airports?
9 – No, there aren't.
10 – But there is a station.

7 De vier seizoenen

spring	[spring]	lente
summer	[**sü**me]	zomer
autumn	[**o-o**tüm]	herfst
winter	[**win**te]	winter

***

Vertaling

1 Wie is het knappe meisje naast Lenny? **2** Dat is Karen. Ze is accountant. **3** Ze is 32. Ze heeft twee dochters. **4** Zij en haar man wonen in Durham. **5** Het is daar in het noorden altijd regenachtig. **6** Is er een universiteit in Durham? **7** Ja, er is er een. En er zijn ten minste tien musea. **8** Zijn er luchthavens? **9** Nee, er zijn er geen. **10** Maar er is een station.

U leert de basismechanismen van de Engelse taal **slowly but surely** *(langzaam maar zeker), en bijna onopgemerkt! Onthoud onze enige regel: besteed dagelijks wat tijd aan uw studie. Klaar voor de volgende week?* **Let's go!***, Vooruit, dan!*

Fifteenth lesson [fiftienTH lèsen]

Breakfast

1 – Good **mor**ning. Is there **a**ny ¹ tea?
2 – No, but you can ² have ³ some **cof**fee.
3 – **Thank** you. ⁴ Are there **a**ny eggs?
4 – No, but I have some ⁵ **bac**on.
5 – Great. And is there **a**ny fruit?
6   I'm **real**ly **hun**gry ⁶.

Uitspraak
brèkfest 1 Goed **mo-o**ning. iz DHèe(r) ènie tie 2 noo^w büt joe kæn hæv süm **kof**fie 3 THænk joe. a-a DHèe(r) ènie èGz 4 noo^w büt aj hæv süm **bee**jken 5 Greejt. ænd iz DHèe(r) ènie froet 6 ajm **rie**lie **hün**Grie

Aanwijzingen bij de uitspraak
(1) -ing wordt uitgesproken zoals in het Nederlands,
(1), (3), (5), (6) maar anders wordt de g veel zoals in het Franse "garçon" [G] uitgesproken: egg [èG], hungry [hünGrie]. In combinatie met de h zit het weer anders, zoals we al zagen bij **daughter**.
(1), (2), (6) Hoe lang de ie-klank is, hangt af van de beklemtoning: in coffee [**kof**fie] en any [**è**nie] korter dan in tea [tie] en Dundee [dün**die**], en in really is de tweede korter dan de eerste [**rie**lie].
(1), (4) Denk er ook steeds aan dat de letter i op verschillende manieren uitgesproken wordt, bv. I [aj], is [iz], first [fe-est].
(5) Let op met de uitspraak van de Engelse ui: nooit zoals in het Nederlands, en hier als [oe]: fruit [froet].

Opmerkingen

1 Net als in les 13 wordt hier gevraagd of iets er in een niet nader bepaalde hoeveelheid is, voorradig is, dus moet **any** dat iets inleiden (zie ook zin 3 en 5). Later deze week zullen we zien dat **any** ook in ontkennende zinnen wordt gebruikt.)
2 Het modaal hulpwerkwoord **can** (nooit met **to** ervoor!) kan vertaald worden met *kunnen* en *mogen*, behoudt dezelfde vorm voor alle personen en kan niet in alle tijden vervoegd worden.

Vijftiende les

Ontbijt

1 – Goedemorgen. Is er *(enige)* thee?
2 – Nee, maar u kunt *(enige)* koffie krijgen *(hebben)*.
3 – Dank u. Zijn er *(enige)* eieren?
4 – Nee, maar ik heb *(enige)* bacon.
5 – Prima. En is er *(enig)* fruit?
6   Ik heb echt honger *(ben echt hongerig)*.

3 **To have**, met als eerste betekenis *hebben,* is zowel een gewoon werkwoord (bv. **Have fun!** in les 3) als een hulpwerkwoord. Oxford English Dictionary geeft zelfs 24 definities! In zin 2 kozen we voor "krijgen", maar het kon ook als "nemen" vertaald worden: **Have some coffee**, *Neem (wat) koffie*. In de tegenwoordige tijd is de vorm voor alle personen gelijk, behalve de 3e enkelvoud, dus **I/you/we/they have** maar **he/she/it has**.

4 **Thank you,** *dank u/je* t.o.v. één of meer personen.

5 **Some** vervult in een bevestigende zin dezelfde functie als **any** in een vraagzin. Ze hebben de waarde van "enig(e)", "wat", "enkele" en leiden dus een niet nader bepaalde hoeveelheid in: **I have some bacon/coffee**, *Ik heb bacon/koffie*. Deze woordjes hoeven in het Nederlands niet altijd vertaald te worden.

6 **Hungry**, *hongerig* en **thirsty** *[THe-estie]*, *dorstig*. Let op: om te zeggen dat je honger/dorst hebt, wordt een constructie met **to be** (*zijn*) gebruikt: **She's very hungry/thirsty,** *Ze heeft erge honger/dorst* (lett. "is erg hongerig/dorstig").

Exercise 1 – Translate

❶ Good morning. Is there any coffee? ❷ Are there any eggs? ❸ You can have some tea. ❹ She's really thirsty. ❺ This is a great breakfast! Thank you.

***

Exercise 2 – Fill in the missing words

❶ Is er fruit voor ontbijt?
 . . . . fruit for . . . . ?

❷ En is er thee?
 And . . . . tea?

❸ Ik heb erge honger.
 . . . very . . . .

❹ Ja, ze heeft bacon.
 Yes, she . . . . bacon.

❺ Ze kunnen koffie nemen.
 They . . . . coffee.

16

Sixteenth lesson [sikstienTH lèsen]

Problems

1 – Hi, Fred. What's wrong [1]?

Uitspraak
problemz **1** haj frèd. wots rong

Opmerking

[1] **Wrong**, *verkeerd, fout, mis*: **a wrong number**, *een verkeerd nummer*. De wending **What's wrong with...?** betekent *Wat is er aan de hand, is*

53 • fifty-three *[fifti THrie]*

Oplossing van oefening 1
❶ Goedemorgen. Is er koffie? ❷ Zijn er eieren? ❸ Je kan / U kunt / Jullie kunnen (wat) thee nemen/krijgen. ❹ Ze heeft echt dorst. ❺ Dit is een heerlijk ontbijt! Dank je/u.

***

Oplossing van oefening 2
❶ Is there any – breakfast ❷ – is there any – ❸ I'm – hungry ❹ – has some – ❺ – can have some –

Breakfast. *In Groot-Brittannië kan men in hotels vaak van een* **full English** *(eigenlijk* **full English breakfast,** *volledig Engels ontbijt) genieten: eieren, spek, worstjes, gegrilde tomaten en soms ook witte boontjes in tomatensaus en niertjes – dit alles met een paar kopjes thee of koffie. Thuis wordt deze traditie van een uitgebreide maaltijd bij het krieken van de dag niet echt voortgezet bij gebrek aan tijd en door veranderende eetgewoonten. Steeds meer wordt een* **Continental breakfast** *aangeboden (brood, viennoiserie en koffie) of gewoon een kopje koffie of thee. De tijd waar, volgens de schrijver Somerset Maugham, men in Groot-Brittannië alleen lekker kon eten door drie maal per dag te ontbijten, is voorgoed vervlogen!*
(De logica achter het woord **breakfast** *is:* **break***, breken en* **fast***, vasten(tijd) →* **breakfast***, "het (nachtelijke) vasten verbreken".)*

Zestiende les

Problemen

1 – Hoi, Fred. Wat is er aan de hand *(verkeerd)*?

Aanwijzing bij de uitspraak
(1) In het begin van een woord wordt de **w** in **wr-** niet uitgesproken: **wrong** *[rong]*.

> *er mis, loopt er fout met..., scheelt er aan...?:* **What's wrong with this phone?***, Wat scheelt er aan deze telefoon?*

fifty-four *[fifti fo-o]*

2 – I've got [2] a big **prob**lem.
3 – Can I help?
4 – This **cam**era's **bro**ken [3].
5 – But that's your **sis**ter's **cam**era [4].
6 – **Exac**tly. That's my **prob**lem.

2 ajv Got e biG **prob**lem 3 kæn aj hèlp 4 DHis **kæm**rez **broo**^wken
5 büt DHæts jo-o **sis**tez **kæm**re 6 iG**zæk**tlie. DHæts maj **prob**lem

Opmerkingen

2 De samengetrokken vorm van **have** is **'ve**, die van de 3e persoon enkelvoud **has** is **'s**. Omdat **to have** zo als hoofdwerkwoord nauwelijks hoorbaar is in **I/you/we/they've** wordt het gutturale woordje **got** ingelast (niet bij **to have** als hulpwerkwoord!). **Got** is op zich het voltooid deelwoord van het werkwoord **to get** (*hebben, geraken,...*), maar heeft in deze structuur geen eigen betekenis. Dus: **I've a flat in London** → **I've got a flat in London**, *Ik heb een appartement in Londen*. Pieker hier niet over, want het wordt heel snel een automatisme.

3 **Broken**, *stuk*, *defect* betekent letterlijk *gebroken* en is dus het voltooid deelwoord van het onregelmatig werkwoord **to break**. (U herinnert zich ongetwijfeld **breakfast**, *ontbijt*, het "(ver)breken van het vasten".)

4 De bezits- of genitiefvorm wordt verkregen door achter de "bezitter" **'s** te plakken: **Steve's camera**, *Steves fototoestel*, **Bob's problem**, *Bobs probleem*. We komen hierop terug, maar let er al op in het Engels dat weglatingsteken te schrijven!

***

Exercise 1 – Translate

❶ What's wrong with this phone? ❷ This camera's broken. ❸ I've got a problem. ❹ Can I help? ❺ That's my coffee.

Zestiende les / 16

2 – Ik heb een groot probleem.
3 – Kan ik helpen?
4 – Dit fototoestel is stuk.
5 – Maar dat is het fototoestel van je zus *(je zus' fototoestel)*.
6 – Precies. Dat is mijn probleem.

Aanwijzingen bij de uitspraak

(4) Spreek **camera** op z'n Engels uit: met de klemtoon op de eerste lettergreep, wordt de klinker in de tweede lettergreep (**e**) ingeslikt en die in de derde (**a**) afgezwakt tot een doffe e: **camera**: *[**kæm**re]*.

(6) Als **ex-** in het begin van een woord onbeklemtoond is, klinkt de **e** veelal als *[i]* en de **x** wordt uitgesproken als *[Gz]* als er een **a** op volgt: **ex**actly *[i**Gzæk**tlie]* (in zinsverband verzwakt de **e** soms tot *[e]*).

Oplossing van oefening 1

❶ Wat is er mis met deze telefoon? ❷ Dit fototoestel is defect. ❸ Ik heb een probleem. ❹ Kan ik helpen? ❺ Dat is mijn koffie.

Exercise 2 – Fill in the missing words

❶ Ze heeft een flat in Londen.
 .... a .... in London.

❷ Precies. Dat is mijn probleem.
 Exactly. .... problem.

❸ Ik heb een fototoestel.
 .... a ....

❹ Kan je Fred helpen?
 ... . Fred?

❺ Deze mobiele [telefoon] is stuk.
 .... mobile is ....

17

Seventeenth lesson [sèventienTH lèsen]

A pub lunch

1 – Can I help you?
2 – A pint of **bit**ter [1], please [2].
3 And have you got **a**ny crisps [3]?

Uitspraak
e püb lüntsj **1** kæn aj hèlp joe **2** e pajnt ev **bit**e pliez **3** ænd hæv joe Got **è**nie krisps

Opmerkingen

[1] **A pint of bitter**: merk het woordje **of** op tussen de "maat" en de "inhoud"; zo ook bv. **a cup of tea**, *een kop (van [de]) thee*, **a piece of cake**, *een stuk (van [de]) cake*.

[2] **To please**, *believen*. **Please** komt veel voor in beleefdheidsformules, bv. **Can you please...?**, *Kunt u / Kan je / Kunnen jullie alstublieft/alsjeblieft...?*; **Coffee? – Yes, please** (*Koffie? – Ja, graag*).

Oplossing van oefening 2

❶ She's got – flat – ❷ – That's my – ❸ I've got – camera ❹ Can you help – ❺ This – broken

Nederlands en Engels zijn allebei Germaanse talen, dus is het normaal dat ze veel gelijkenissen vertonen. Ook bevatten ze allebei woorden van Franse en Latijnse oorsprong, zoals **hotel**, **river** *of* **cathedral**. *Maar opgelet, er zijn ook listige verschillen, "valse vrienden", zoals in deze les* **a camera** *geen camera bleek te zijn (die heet* **movie camera**), *maar wel een fototoestel. En er was ook al* **wet** *en* **big**.

Zeventiende les

Een lunch in de pub

1 – Kan ik u helpen?
2 – Een pint [van] bitter, alstublieft.
3   En hebt u chips?

Aanwijzingen bij de uitspraak

(titel), (2), (5) Let erop woorden die wij uit het Engels overnemen ook op z'n Engels uit te spreken: **pub** *[pʰüb]*, **lunch** *[lüntsj]*, **pint** *[pʰajnt]*, **bitter** *[bitʰe]*.

3 Als bijvoeglijk naamwoord betekent **crisp** *knapperig*; **crisps** zijn *chips*. Vraagt u in Groot-Brittannië om "chips" *[tsjips]*, dan brengt men u... *frietjes*! We hebben er "valse vrienden" bij!
Merk op hoe **got** en **any** onvertaald blijven.

fifty-eight *[fifti eejt]* • 58

17 / Seventeenth lesson

4 – Sure. What **fla**vour [4]?
5 I've got salt and **vin**egar, cheese or **cur**ry.
6 – Er, no thanks [5]. Just [6] the **be**er.

4 sjoe-e. wot fleejve 5 ajv Got solt ænd vineGe tsjiez o-e kürie
6 e-e noo^w THænks. dzjüst DHe bie-e

Opmerkingen

4 Met **What flavour?** wordt gevraagd "welke" smaken er te krijgen zijn → meer algemeen; met **Which flavour?** wordt gevraagd voor "welke" smaak de klant uiteindelijk kiest → meer gericht. **We've got seventeen flavours**, *We hebben 17 smaken*... niet ongewoon in Groot-Brittannië, waar in pubs en cafés letterlijk en figuurlijk pakken chips in allerlei smaken verorberd worden. **Flavour** kan als "aroma" zowel op *smaak* als op *geur* betrekking hebben.

***

Exercise 1 – Translate

❶ Can I help you? ❷ No, thanks. ❸ Coffee? – Yes, please.
❹ Have you got any salt and vinegar crisps? ❺ Two pints of bitter, please.

***

Exercise 2 – Fill in the missing words

❶ Hebt u bier?
. . . . beer?

❷ Zeker. Welke smaak?
. . . . flavour?

❸ Hebben we chips?
. . . . crisps?

❹ Koffie? – Nee, bedankt.
Coffee? – . . , ...

❺ Ik kan u helpen.
. . . . you.

Zeventiende les / 17

4 – Zeker. Welke smaak?
5 Ik heb zout en azijn, kaas of curry.
6 – Euh, nee bedankt. Alleen het bier[tje].

Aanwijzingen bij de uitspraak

(4) In het begin van een woord klinkt **su-** soms als *[sjoe]*: **sure** *[sjoe-e]*.
(4), (5), (6) Let erop dat de eindklank r vervaagt tot een doffe e of zelfs gewoon wegvalt, bv. **sure** *[sjoe-e]*, flavour *[fleejve]*, vinegar *[vineGe]*, **beer** *[bie-e]*; als er een klinker op volgt, is de **-r** wel hoorbaar in de aansluiting, bv. **beer and crisps** *[bie-er ænd krisps]*.

5 **Thank you**, *dank u/je* wordt in de spreektaal vaak vervormd tot **thanks**; **to thank**, *(be)danken*.

6 **Just**, betekent letterlijk *juist*, maar staat hier voor *alleen (maar)*, *gewoon*.

***

Oplossing van oefening 1
❶ Kan ik u helpen? ❷ Nee, bedankt. ❸ Koffie? – Ja, graag. ❹ Hebt u chips met zout en azijn? ❺ Twee pinten bitter, alstublieft.

Oplossing van oefening 2
❶ Have you got any – ❷ Sure – What – ❸ Have we got any – ❹ – No, thanks ❺ I can help –

*A **pub** (van **public house**, openbaar huis) is meer dan een café of kroeg. Er wordt gedronken, gegeten en gespeeld (darts, biljart, gezelschapsspelletjes), maar het is ook een convergentiepunt, een ontmoetingsplaats, bijna een club. De naam van een **pub** getuigt dikwijls van een lange, boeiende geschiedenis (**The Red Lion**, De Rode Leeuw, **The George and Falcon**, George en de Valk, enz.) of van enige zin voor humor (**The Honest Politician**, De Eerlijke Politicus…). De openingstijden van pubs zijn lang zeer strikt gebleven, een overblijfsel uit de Eerste Wereldoorlog. Sinds die opheffing kennen ze nog meer succes, vooral de zogenaamde **gastro-pubs** waar ook heerlijke gerechten geserveerd worden. Toch daalt het aantal onafhankelijke zaken, terwijl pubs die deel uitmaken van grote ketens steeds meer marktaandeel krijgen – het begin van het einde van een artisanale traditie?*

***Beer** (bier) vormt een van de twee nationale dranken in Groot-Brittannië (de andere is thee). Reeds in 361 n.C. schold de Romeinse keizer Julianus de Engelsen uit voor "moutzonen". Het Engelse bier geniet bij buitenlanders – onterecht – een slechte reputatie van "flauw gerstenat"…*

Eighteenth lesson *[eejtienTH lèsen]*

A cup of coffee ¹

1 – How a**bout** ² a cup of **cof**fee?

Uitspraak
*e küp ev **kof**fie **1** haw e**baut** e küp ev **kof**fie*

Opmerkingen

1 **A cup**, *een kop(je)*. Je zou gewoon **a coffee**, *een koffie* of **a tea**, *een thee* kunnen bestellen, maar doorgaans staat er een "maat" (+ **of**!) voor de "inhoud". **A cup of black coffee, please**, *Een kopje zwarte koffie (= zonder melk), alstublieft*. Het *schoteltje* onder uw kopje is **a saucer**; om de suiker en/of de melk te roeren, hebt u *een lepel*, **a spoon** nodig.

Traditioneel wordt **ale** *gedronken, een sterk gehopt bier "van hoge gisting" (tegenover blond bier "van lage gisting").* **Ale** *bevat meer alcohol dan blond bier en wordt op kamertemperatuur gedronken. Elke pub serveert verschillende soorten* **ale***; de meest gevraagde daarvan wordt* **bitter** *genoemd. Ook blond bier,* **lager** *[la-aGe] wordt fel geapprecieerd. Men serveert bier per* **pint** *(0,568 liter) of per* **half-pint** *(halve pint). Let op: bestel in een pub nooit gewoon "een biertje", maar bepaal eerst de hoeveelheid, dan het soort bier en zelfs de brouwer of het merk.*

Cheers!, *Gezondheid!*

U ziet het, met een paar structuren en wat basiswoordenschat weet u zich te redden in een eenvoudige, maar toch reële situatie! Doorzetten, dus!

Achttiende les

Een kopje koffie

1 – Wat dacht je van *(Hoe over)* een kopje *(van)* koffie?

Aanwijzingen bij de uitspraak
(1) Blijf erop letten dat de f in **of** uitgesproken wordt als *[v]* en dat in zinsverband de **o** veelal verzwakt van *[o]* naar doffe *[e]*.

2 How about...? is een idiomatische wending (lett. "Hoe over... ?") om iemand iets voor te stellen, aan te bieden: **How about a cup of tea?**, *Zullen we een kopje thee drinken?*; **How about some crisps?**, *Zin in (wat) chips?* (Met deze vraag wil men niet te weten komen of iets er is, maar wordt er iets aangeboden, dus is niet **any** maar **some** van toepassing.)

18 / Eighteenth lesson

2 – White [3] with two **su**gars, please.
3 – I'm a**fraid** [4] I **hav**en't got **an**y [5] milk.
4 – No [6] **prob**lem. Black **cof**fee's fine.
5 – **He**re you are. [7]
6 – Thanks **ve**ry much. [8]

*2 wajt wiTH toe **sjoe**Gez pliez 3 ajm e**freejd** aj **hæv**ent Got **è**nie milk 4 noo^w **prob**lem. blæk **kof**fiez fajn 5 **hie**-e joe a-a 6 THænks **vè**rie mütsj*

Aanwijzingen bij de uitspraak

Blijf in het achterhoofd houden dat we, om verwarring te vermijden, in ons klankschrift steeds als volgt werken:

(2), (4) de doffe e zoals in "de" met *[e]*, bv. sugars *[**sjoe**Gez]*, a problem *[e **prob**lem]*;

een soort gerekte versie ervan zoals in "euh…" met *[e-e]*, bv. first *[fe-est]*, girl *[Ge-el]*;

(3), (6) de open e zoals in "hek/crème" met *[è]*, bv. any *[**è**nie]*, very *[**vè**rie]*

(3) en de gesloten e(e) met *[ee]*, bv. afraid *[e**freejd]*, flavour *[**fleej**ve]*.

Opmerkingen

3 White, *wit*. (U kent The White House, *het Witte Huis*, de officiële woonplaats van de president van de Verenigde Staten.) Neemt u *koffie met melk*, vraag dan gewoon **a white coffee** (lett. "een witte koffie") eerder dan **with milk**, *met melk* te zeggen; wilt u hem *zwart*, dan vraagt u **black**.

4 Afraid, *bang*; **to be afraid** betekent letterlijk *bang zijn*, maar wordt veel gebruikt om spijt uit te drukken: *bang zijn dat, vrezen dat*, bv. **I'm afraid we haven't got any crisps**, *Ik vrees dat we geen chips hebben*.

5 Hier zien we **any** een niet nader bepaalde hoeveelheid inleiden in een ontkennende zin (dus wat **some** doet in een bevestigende zin): **I've got some milk**, *Ik heb melk* → **I haven't got any milk**, *Ik heb geen melk*.

***

Exercise 1 – Translate

❶ How about a cup of tea? ❷ White with one sugar, please. ❸ Tea's fine. ❹ We haven't got any milk. ❺ Thanks very much.

Achttiende les / 18

2 – Met melk *(Wit)* [en] met twee suiker[tje]s, graag.
3 – Ik ben bang [dat] ik geen melk heb.
4 – Geen probleem. **Zwart***(e koffie)* is oké.
5 – **Hierzo** *(Hier je bent)*.
6 – Dank je wel *(Bedankt heel veel)*.

Geheugensteuntje om te onthouden dat **some** in een bevestigende en **any** in een ontkennende zin staat: de **s** van **some** komt alleen in "bevestigend" voor en de **n** van **any** komt vooral in "ontkennend" voor.

6 **No** is *nee*, maar ook *geen*: **No problem**, *Geen probleem*; **No, no milk, thank you**, *Nee, geen melk, dank u*.

7 Wanneer men iets overhandigt, zegt men veelal **Here you are**, *Hier is het*, *Hierzo*.

8 **Thanks very much**, *wel bedankt*; **thank you very much**, *dank je wel*, *dank u zeer*.

***

Oplossing van oefening 1

❶ Zin in een kopje thee? ❷ Met melk en één suikertje, alsjeblieft. ❸ Thee is prima. ❹ We hebben geen melk. ❺ Wel bedankt.

19 / Nineteenth lesson

Exercise 2 – Fill in the missing words
❶ Ik heb geen suiker.
I .... sugar.

❷ Zin in frietjes?
... . chips?

❸ Ziezo.
.... you ....

❹ Zwarte koffie is prima.
Black ....

Nineteenth lesson [najntienTH lèsen]

A nice ¹ present

1 – It's **Lau**ra's ² **birth**day next week.
2   Let's ³ buy her ⁴ **some**thing nice.

Uitspraak
e najs prèzent 1 its lo-orez be-eTHdeej nèkst wiek 2 lèts baj he-e sümTHing najs

Opmerkingen

1 **Nice** is een polyvalent en heel handig bijvoeglijk naamwoord voor iets positiefs, kijk maar: **a nice day**, *een aangename dag*; **a nice guy**, *een aardige kerel*; **a nice city**, *een leuke stad*... terwijl **nice** historisch gezien "dom, stom" betekent!

2 Hier is **'s** de bezitsvorm (zie les 16, opm. 4) en niet de samentrekking van **is**. Zo zeg je i.p.v. **the birthday of Laura**, *de verjaardag van Laura*: **Laura's birthday**.

3 **Let's** is de samentrekking van **let us**, *laat ons, laten we*: **Let's buy her a present**, *Laten we (voor) haar een cadeau kopen*. Merk op dat Engelse zinnen minder vaak afgesloten worden met een werkwoord dan in het Nederlands.

❺ Geen melk? Geen probleem.
    .. milk? .. problem.

Oplossing van oefening 2
❶ – haven't got any – ❷ How about some – ❸ Here – are ❹ – coffee's fine ❺ No – No –

Negentiende les

Een leuk cadeau

1 – Het is Laura's verjaardag volgende week.
2   Laten we *(ons)* haar iets *(enig-ding)* leuks kopen.

4   Het persoonlijk voornaamwoord als meewerkend voorwerp volgt altijd op het werkwoord: **He buys her a camera**, *Hij koopt (voor) haar een fototoestel*; **Let's buy him a new phone**, *Laten we (voor) hem een nieuwe telefoon kopen*.

19 / Nineteenth lesson

3 – She **has**n't got **a**nything [5] **pret**ty to wear [6].
4 How a**bout** a scarf?
5 – Good i**de**a!
6 That's a **ve**ry nice **pres**ent. And cheap!

*3 sjie **hæz**ent Got **è**ni**THing pri**tie toe **wè**e 4 haw e**baut** e ska-af 5 Goed aj**die**e 6 DHæts e **vè**rie najs **prè**zent. ænd tsjiep*

Opmerkingen

5 Met **some** en **any** worden bepaalde samenstellingen gevormd, hier **something** en **anything** (*a thing, een ding*), die dezelfde regels volgen als **some** en **any**, dus **something** in een bevestigende zin en **anything** in een vraag of een ontkennende zin: **Let's buy something nice**, *Laten we iets leuks kopen* (bevestigend), maar **She hasn't got anything nice**, *Ze heeft niets leuks* (ontkennend).

***

Exercise 1 – Translate
❶ It's Laura's birthday. ❷ Let's buy her something pretty. ❸ Steve's a very nice guy. ❹ I haven't got anything to wear. ❺ A new scarf is a good idea. And cheap!

***

Exercise 2 – Fill in the missing words
❶ Dit is Laura's sjaal.
   This is ....

❷ Ze heeft niets leuks.
   She .... nice.

❸ Ik heb iets moois om aan te trekken.
   .... pretty to wear.

❹ Laten we een koffie nemen.
   .... a coffee.

❺ Het is Steves verjaardag volgende week.
   It's .... next week.

3 – Ze heeft niets *(niet iets)* **mooi[s] om aan te trekken** *(dragen)*.
4 Wat denk je van een sjaal?
5 – Goed idee!
6 Dat is een heel leuk cadeau. En goedkoop!

Aanwijzingen bij de uitspraak
(3) Deze **wear** wordt op dezelfde manier uitgesproken als **where**: *[wèe]*.
(4) De **ou** in woorden als **about, our** is vergelijkbaar met de **ow** in **how** en met onze uitroep "au!": *[au/aw]*.
• Onthoud dat we, om twijfel te vermijden, in ons klankschrift steeds een open/korte o weergeven met *[o]* (bv. **got, problem**), een soort verlengde versie hiervan met *[o-o]* (bv. **Laura, all**) en de gesloten/lange o(o) met *[oo]* (bv. **no, broken**).

6 To **wear** is het werkwoord *dragen* m.b.t. kleren enz.: **She wears a pretty scarf**, *Ze draagt een mooie sjaal/sjerp*. In zin 3 betekent **to** *om te*: **something to wear**, *iets om aan te trekken*; **something to drink**, *iets om te drinken*; **It's nice to wear**, *Het is leuk om te dragen*.

***

Oplossing van oefening 1
❶ Het is Laura's verjaardag. ❷ Laten we iets moois voor haar kopen. ❸ Steve is een heel aardige kerel. ❹ Ik heb niets om aan te trekken. ❺ Een nieuwe sjaal is een goed idee. En goedkoop!

***

Oplossing van oefening 2
❶ – Laura's scarf ❷ – hasn't got anything – ❸ I've got something – ❹ Let's have – ❺ – Steve's birthday –

Het klankschrift is als een reddingsvest: u kunt ermee drijven, maar het zit wel lastig. Naarmate u zelfverzekerder wordt, zullen wij het lichter maken.
De aanwijzingen bij de uitspraak helpen u de valstrikken te vermijden en vestigen de aandacht op elementen die uit het geschreven woord niet altijd duidelijk blijken.
Vertrouw op ons en beluister aandachtig de opnamen!

Twentieth lesson [twènti-eTH lèsen]

Have you got any change [1]?

1 – Have you got **a**ny change?
2 – No, I **hav**en't.
3 – Please. I **hav**en't got **a**ny **mo**ney [2].
4 And I **hav**en't got **a**ny friends.
5 I **hav**en't got **a**nything... ex**cept** this small gun.
6 Now [3], have you got **a**ny change?

Uitspraak
*hæv joe Got ènie tsjeejndzj **1** hæv joe Got ènie tsjeejndzj **2** noo^w aj **hæv**ent **3** pliez. aj **hæv**ent Got ènie **mü**nie **4** ænd aj **hæv**ent Got ènie frèndz **5** aj **hæv**ent Got èniTHing ik**sèpt** DHis smo-ol Gün **6** naw hæv joe Got ènie tsjeejndzj*

Opmerkingen

1. **Change,** van het werkwoord **to change**, *wisselen, veranderen*, betekent hier (zonder lidwoord) *wisselgeld, kleingeld, munt(stuk)jes*. **Have you got any change?** hoor je aan de kassa, maar ook... bij bedelaars.

2. "Geld" in het algemeen is **money**.

3. **Now**, *nu*: **Now I live in Southampton**, *Nu woon ik in Southampton*. Als aanzet van een zin kan **Now**,... vertaald worden met *Nou...* , *Wel...*

***

Exercise 1 – Translate

❶ Has she got any change? ❷ We haven't got any friends in this city. ❸ I live in Southampton now. ❹ Have you got any money? – No, I haven't. ❺ Please help me.

Twintigste les

Hebt u een paar muntjes?

1 – Hebt u een paar muntjes *(enig wissel[geld])*?
2 – Nee *(ik heb niet)*.
3 – Alstublieft. Ik heb geen geld.
4   En ik heb geen vrienden.
5   Ik heb niets... behalve dit geweertje.
6   Nou, hebt u een paar muntjes?

Aanwijzingen bij de uitspraak
(titel) De **g** wordt veel als *[G]* uitgesproken, maar soms ook als *[dzj]*, bv. hier in **change** (onthoud ook dat **ch** als *[tsj]* klinkt en de eind-**e** "wegvalt").
(4), (5) Laat u niet misleiden door de Nederlandse uitspraak: **friend** wordt uitgesproken als *[frènd]* en **small** als *[smo-ol]*.
(6) De **ow** in **now** klinkt zoals die in **how**: *[aw]*.

***

Oplossing van oefening 1
❶ Heeft ze wisselgeld ? ❷ We hebben geen vrienden in deze stad. ❸ Ik woon nu in Southampton. ❹ Hebt je geld? – Nee. ❺ Help me, alsjeblieft.

Exercise 2 – Fill in the missing words

❶ Ik heb niets behalve dit geweertje.
I .... this small gun.

❷ Hebt u (wat) wisselgeld?
.... you ... ... change?

❸ Heeft ze een nieuwe sjaal? – Nee.
... ... a new scarf? – No, ...

❹ Ze heeft vrienden in Southampton.
.... in Southampton.

❺ Ze hebben geen geld.
They ....

Twenty-first lesson *[twènti fe-est lèsen]*

Revision – Herhaling

1 *Some* en *any*

Hier gaan we een eerste keer in op deze woordjes die iets in een niet nader bepaalde hoeveelheid (wat, enige, enkele,…) inleiden. De basisregels voor hun gebruik zijn:

• **some** staat in een bevestigende zin:
I have some milk but no sugar, *Ik heb melk maar geen suiker.*

• **any** staat in een ontkennende zin:
I haven't got any change, *Ik heb geen wisselgeld.*
en is ook van toepassing in een vraag die als doel heeft te weten te komen of iets er is of bestaat:
Is there any coffee?, *Is er koffie?*

Something en **anything** volgen dezelfde regels:
I have something for you, *Ik heb iets voor jou/u/jullie.*
We haven't got anything, *We hebben niets (= niet iets).*

Oplossing van oefening 2

❶ – haven't got anything except – ❷ Have – got any – ❸ Has she got – she hasn't ❹ She's got some friends – ❺ – haven't got any money

Eenentwintigste les

2 Can

Voor het modale hulpwerkwoord **can**, *kunnen* of *mogen* staat nooit **to**. Het is een defectief werkwoord, d.w.z. dat het niet alle vormen van de vervoeging heeft.
(Voor de volledigheid: het "gewone" werkwoord **to can** bestaat en betekent *inblikken*, wat een ander verhaal oplevert!)

I can, you can, he can,...: zelfde vorm voor alle personen.

Ontkennen gebeurt met **not**, maar dan in één woord: **cannot**, of samengetrokken tot **can't**.

In les 17 zagen we de vraag **Can I help you?** die veel wordt gebruikt door verkopers, kelners, enz. om op uw bestelling te anticiperen. Ook als u naar een dienstverlenend bedrijf (verhuurfirma, luchtvaartmaatschappij, enz.) telefoneert, zal men u wellicht meteen vragen **How can I help you?** - *Hoe kan ik u helpen / van dienst zijn?*

Good morning. MacCarthy and Company, how can I help you?,
Goedemorgen. MacCarthy en Co, waarmee kan ik u verder helpen?

3 Got

Laat u niet van de wijs brengen door de constructie **have + got**, ze is heel logisch en vrij eenvoudig.

De samengetrokken vormen van **have/has** (**I've**, **she's**,...) kunnen voor het gehoor minder duidelijk en misschien verwarrend overkomen, al was het maar omdat de **'s** van de 3e persoon enkelvoud zowel op **is** als op een bezitsvorm kan slaan (zie verderop). Om problemen te vermijden, voegt men **got** toe.
I have a camera. → **I've a camera.** → **I've got a camera.**
Ik heb een fototoestel.

In dergelijke structuren fungeert **to have** als hoofdwerkwoord (dus niet als hulpwerkwoord) en heeft **got** geen verdere betekenis (hoewel dit het voltooid deelwoord is van het werkwoord **to get,** dat nog vaak zal terugkomen, in verschillende betekenissen): het had net zo goed "gxz" kunnen zijn.
Maar waarom iets samentrekken en er daarna wat aan toevoegen? Laten we stellen dat dit deel uitmaakt van de charme van de Engelse taal!

Het staat in bevestigende, ontkennende én vragende zinnen:
I've got a camera, *Ik heb een fototoestel.*
I haven't got a camera, *Ik heb geen fototoestel.*
Have you got a camera?, *Heb je een fototoestel?*

Houd er evenwel rekening mee dat het om een wending gaat die vooral mondeling en in de omgangstaal gebruikt wordt.

Eenentwintigste les / 21

4 Bezits- of genitiefvorm

Je kan zeggen "de broer van Steve", maar ook "Steves broer".
Zo ook in het Engels: **the brother of Steve** of **Steve's brother.**

Dus met apostrof en **s**? Ja, maar...

• **-'s** → apostrof tussen de "bezitter" en de bezitsuitgang **-s**:
the birthday of Steve/Laura → Steve's/Laura's birthday
the school of my children → my children's school

• **-s'** → als het woord dat de "bezitter" aanduidt al op een **s** eindigt (bijvoorbeeld een regelmatige meervoudsvorm), dan komt er alleen een apostrof bij:
the house of my friends → my friends' house

Toch eenvoudig, niet?

Sommigen opperen dat deze bezitsvorm alleen gebruikt wordt voor levende wezens (mensen, dieren) of zaken met een "persoonlijkheid" (landen, bedrijven, enz.), maar in dit boek zal blijken dat het moderne Engels hem in veel bredere zin aanwendt.

5 *Please* en *thank you*

Dit zijn de meest gebruikte beleefdheidsformules.

Thank you wordt soms in één woord als **thankyou** geschreven, maar in gesproken taal hoort u bijna altijd **thanks**.

Om misverstanden te vermijden, zegt u nooit alleen **please** of **thanks** om op een aanbod in te gaan of om het af te wijzen. Een Brit zou het tegengestelde kunnen begrijpen!
Coffee? – Yes, please, *Koffie? – Ja, graag*.
Tea? – No, thanks, *Thee? – Nee, dank u*.

Revision dialogue

1 – Is there any coffee for breakfast?
2 – No, but I've got some tea.
3 I'm afraid I haven't got any milk.
4 – No problem, I'm not really thirsty.
5 – Hey, is that Steve's camera?
6 – Yes, and it's broken.
7 And I've got a big problem!
8 – What's wrong?
9 – I haven't got any money.
10 – Here you are.

22

Twenty-second lesson

This is Simon Barnes

1 This man's [1] name is **Si**mon Barnes.
2 He lives [2] in **Sal**ford, a **sub**urb [3] of **Man**chester.

Uitspraak

De meeste regels i.v.m. de uitspraak zijn aan bod gekomen, dus zullen we ons vanaf nu voor het klankschrift beperken tot de nieuwe woorden en constructies die op een of andere manier bijzonder zijn.
Ieder woord wordt afzonderlijk beschouwd: in vet staan de letters die in het woord beklemtoond worden; of de eind-[r] hoorbaar is, hangt af van de beginklank van het volgende woord, vandaar (r).
*… **saj**men ba-anz 2 … livz in **so**-olfed e **sü**be-eb … **mæn**tsjèste*

Opmerkingen

1 **Man's**: merk op dat het hier gaat om een bezitsvorm, geen samentrekking. Trouwens, deze les is niet gebaseerd op een dialoog, dus gebruiken we geen samengetrokken vormen.

2 Dit is de **present simple**, de "gewone, enkelvoudige" tegenwoordige tijd, die een handeling of een toestand in het heden, of een gewoonte of een regelmatig weerkerende handeling m.b.t. het heden uitdrukt (**he**

Vertaling

1 Is er koffie bij het ontbijt? **2** Nee, maar ik heb thee. **3** Ik vrees dat ik geen melk heb. **4** Geen probleem, ik heb niet zo'n dorst. **5** Hé, is dat Steves fototoestel? **6** Ja, en het is stuk. **7** En ik heb een groot probleem! **8** Wat is er aan de hand? **9** Ik heb geen geld. **10** Hierzo.

Misschien hebt u de indruk dat er nogal wat grammatica op u afkomt. Eigenlijk zit u nu in het meest complexe deel van de studie: het beheersen van de basisstructuren, waarin alles nieuw is. Laat het even aan ons over. We gaan stapsgewijs tewerk zodat u deze wendingen op een vlotte manier - met andere woorden, zonder moeite - kunt assimileren!

Tweeëntwintigste les

Dit is Simon Barnes

1 De naam van deze man *(Deze man zijn naam)* is Simon Barnes.
2 Hij woont in Salford, een voorstad van Manchester.

Aanwijzingen bij de uitspraak

(titel), (2) Luister goed naar de opnamen voor de uitspraak van de klanken in **Barnes** *[ba-anz]* (vergelijkbaar met een lange versie van de a in "bad"), **Salford** *[so-olfed]* (vergelijkbaar met een lange versie van de o in "bol"), **suburb** *[sübe eb]* (vergelijkbaar met de gerekte doffe e in "euh..."). Onthoud ook dat de eindklanken *-b*, *-d*, *-v* en *-z* stemhebbend blijven (dus niet afzwakken tot *-p*, *-t*, *-f* en *-s*): **pub** *[püb]*, **and** *[ænd]*, **live** *[liv]*, **is** *[iz]*.

> **lives**, *hij woont/leeft*; **he works**, *hij werkt*, **he likes**, *hij vindt leuk*). Deze tegenwoordige tijd komt voor bijna alle werkwoorden overeen met de infinitief en dit voor alle personen behalve, zoals in onze voorbeelden, de 3e pers. ev., die er **-s** (of soms **-es**) bij krijgt... nog makkelijker dan ons Nederlands! **To work: I/you/we/they work** en **he/she/it works**.

3 A **suburb**, *een voorstad, buitenwijk*. In een treinstation zijn er **main line trains**, *hoofdlijnen* en **suburban trains**, *pendeltreinen*.

3 He's a **sec**ondary school [4] **tea**cher.
4 He works in a school near his home.
5 **Si**mon **tea**ches **En**glish [5], **his**tory and com**pu**ting [6].
6 He likes [7] his job [8] **ve**ry much.

*3 … **sèk**enderie skoel **tie**tsje 4 … we-eks … hoo^wm
5 … **tie**tsjiz … **his**terie … küm**pjoe**ting 6 … lajks … dzjob …*

Opmerkingen

4 Groot-Brittannië heeft **primary schools**, *lagere scholen* voor kinderen tussen 5 en 11 en **secondary schools** voor 12- tot 16-jarigen. Het woord **teacher** betekent *onderwijzer/-es, leraar/lerares* (meestal aangevuld met het niveau, bv. **a primary (school) teacher**); **to teach** is *onderwijzen, lesgeven*.

5 **English**, *Engels*; **Dutch**, *Nederlands*; **French**, *Frans*; **Spanish**, *Spaans*; **German**, *Duits*. Let erop dat bijvoeglijk gebruikte woorden in het Engels onveranderlijk zijn: **an English school**, *een Engelse school;* **an English breakfast**, *een Engels ontbijt;* **the Dutch language** *[**læn**Gwidzj]*, *de Nederlandse taal;* **a Dutch** *[**düt**sj]*/**Belgian** *[**bèl**dzji-en]*/**Flemish** *[**flè**misj] girl/boy*, *een Nederlands/Belgisch/Vlaams meisje / Nederlandse/Belgische/Vlaamse jongen.*

***

Exercise 1 – Translate

❶ This man's name's Simon. ❷ He lives in Manchester. ❸ Maggie teaches in a primary school. ❹ She likes her job very much. ❺ I work near my home.

***

Exercise 2 – Fill in the missing words

❶ De naam van deze man is Roger.
   . . . . is Roger.

❷ Ik vind mijn lerares heel leuk.
   . . . . . my teacher . . . .

❸ De school is dichtbij huis.
   The school . . . .

❹ Ze woont en geeft les in een voorstad van Manchester.
   She . . . . . and . . . . a . . . . . . of Manchester.

Tweeëntwintigste les / 22

3 Hij is leraar in het secundair/voortgezet onderwijs *(een secundaire school leraar)*.
4 Hij werkt in een school dichtbij huis *(zijn (t)huis)*.
5 Simon onderwijst Engels, geschiedenis en informatica.
6 Hij doet zijn job heel erg graag.

Aanwijzingen bij de uitspraak

(3)-(6) Blijf letten op de uitspraak van de werkwoordsuitgang **-s** in de 3e pers. ev.: **works** *[we-eks]*, **likes** *[lajks]*, **it's** *[its]* → *[s]* na een stemloze klank; **he's** *[hiez]*, **lives** *[livz]* → *[z]* na een stemhebbende klank (onthoud dat **-es** als *[iz]* uitgesproken wordt na een sisklank: **teaches** *[tietsjiz]*).

6 **A computer**, *een computer*, van **to compute**, *(be-/uit)rekenen*. Voor *informatica* gebruikt het Engels **computing**, **computer science**, *computerwetenschap*) of **data processing**, *gegevensverwerking*. **ICT** of **information and communications technology**, *informatie- en communicatietechnologie*.

7 **To like** heeft veel vertalingen, bv.: *leuk/fijn/... vinden, graag doen/hebben/...*

8 **A job**, *een job, baan*: **She's got a new job**, *Ze heeft een nieuwe job/baan*.

***

Oplossing van oefening 1

❶ De naam van deze man is Simon. ❷ Hij woont in Manchester. ❸ Maggie geeft les in een lagere school. ❹ Ze vindt haar baan heel leuk. ❺ Ik werk dichtbij huis.

***

❺ Er zijn Engelse, Belgische en Nederlandse kinderen in mijn school.
...., ... and .... at my school.

Oplossing van oefening 2

❶ This man's name – ❷ I like – very much ❸ – is near my home ❹ – lives – teaches in – suburb ❺ There are English, Belgian – Dutch children –

Manchester, dat net als **Birmingham** dingt naar de titel van tweede metropool van Groot-Brittannië (na Londen), is een groot commercieel en kunstcentrum. Het ligt in het graafschap **Lancashire** in het noordwesten van Engeland. In het midden van de 17e eeuw was er, met de nieuwe technologieën, de belangrijkste katoenindustrie ter wereld gevestigd. De stad heeft deze dynamische geest behouden en is vandaag niet alleen op handelsvlak aantrekkelijk, maar is ook wat popmuziek, voetbal en multiculturaliteit betreft populair. Een van de grootste Chinese gemeenschappen buiten China leeft er. Kortom, zoals een beroemde **Mancunian** (uit **Manchester**) groep ooit zei: "Manchester heeft alles... behalve een strand!".

Twenty-third lesson

And this is his wife [1]

1 **Ca**thy Barnes is **Si**mon's wife.
2 She is a **ve**ry **tal**ented **per**son.
3 She speaks four **lan**guages **flu**ently [2];
4 she sings and plays the gui**tar** [3];
5 and she writes **bus**iness **soft**ware [4].

Uitspraak

*1 **kæ**THie ba-anz ... **saj**menz wajf 2 ... **tæ**lentid pe-**e**sen 3 sjie spieks fo-o **læn**Gwidzjiz **floe**entlie 4 ... singz ... pleejz ... Gi**ta-a** 5 ... rajts **biz**nis **soft**wèe*

Opmerkingen

1 His wife, *zijn vrouw/echtgenote*; her husband, *haar man/echtgenoot*.

2 Om van een bijvoeglijk naamwoord een bijwoord af te leiden, voegt men het suffix **-ly** toe, bv. fluent → fluently: They speak Dutch fluently, *Ze spreken vloeiend Nederlands*. Makkelijk!

3 Let op het gebruik van het bepaald lidwoord wanneer het over het bespelen van een muziekinstrument gaat: **He plays the sax**, *Hij speelt sax(ofoon)*.

Drieëntwintigste les

En dit is zijn vrouw

1 Cathy Barnes is Simons vrouw.
2 Ze is een zeer getalenteerd iemand *(persoon)*.
3 Ze spreekt vloeiend vier talen,
4 ze zingt en speelt *(de)* gitaar
5 en ze schrijft zakelijke software.

Aanwijzingen bij de uitspraak
(1), (3) Ook de meervouds- en genitiefuitgang -s klinkt als *[s]* na een stemloze klank (**Jack's wife's talents** *[dzjæks wajfs **tæ**lents]*), maar als *[z]* na een stemhebbende klank (**Simon's guitars/songs** *[**saj**menz Gi**ta**-az/songz]*).
(5) De **w** in **wr-** wordt niet uitgesproken, zoals we het ook al zagen bij **wrong**.

4 Ware, *waar, waren*. Zo is **hardware**, lett. "harde waar", de *apparatuur* en staat **software**, lett. "zachte waar", voor de *programmatuur*. Omdat **software** als soortnaam geen meervoudsvorm heeft, gebruikt men voor één *programma* het woord **programme** of **program**.

6 But at the **mo**ment she does not [5] have a job. □

6 … moo^wment … düz not hæv e dzjob

Opmerking

5 Voor de ontkennende vorm in de **present simple** wordt gebruik gemaakt van **not** + het hulpwerkwoord **to do** + de infinitiefvorm van het hoofdwerkwoord: **They live in Salford** → **They do not live in Salford**, *Ze wonen / wonen niet in Salford*; in de 3e persoon verhuist de **-s** a.h.w. van het hoofd- naar het hulpwerkwoord: **She lives in Salford** → **She does not live in Salford**, *Ze woont / woont niet in Salford* of zoals in zin 6: **She has a job** → **She does not have a job**, *Ze heeft / heeft geen* (lett. "niet een") *job* (ook mogelijk: **She hasn't got a job**).

***

Exercise 1 – Translate

❶ We speak German fluently. ❷ She is a very talented person. ❸ She does not play the guitar. ❹ I do not have a job. ❺ This is Simon and this is his wife, Cathy.

***

Exercise 2 – Fill in the missing words

❶ Ze wonen in een buitenwijk genaamd Salford.
They . . . . . . a suburb . . . . . . Salford.

❷ Ze wonen niet in Manchester.
They . . . . Manchester.

❸ Hij schrijft geen software.
He . . . . software.

❹ We spreken niet vloeiend Spaans.
We . . . . Spanish . . . .

❺ Ze heeft geen baan op dit ogenblik.
She . . . . a job . . . . . moment.

De Britten korten voornamen graag in, en de Amerikanen nog liever. Zo heet de vrouw van Simon **Catherine**, *maar deze naam voluit gebruiken, zou wat te formeel klinken. Dus noemen we haar, net als de meeste meisjes/vrouwen die* **Catherine** *heten,* **Cathy**. *Hier volgen nog een paar courante (verkorte) voornamen:*

6 Maar op dit *(het)* moment heeft ze geen werk *(doet niet hebben een baan)*.

Oplossing van oefening 1
❶ We spreken vloeiend Duits. ❷ Ze is een zeer getalenteerd iemand. ❸ Ze speelt geen gitaar. ❹ Ik heb geen baan. ❺ Dit is Simon en dit is zijn vrouw, Cathy.

***

Oplossing van oefening 2
❶ – live in – called – ❷ – do not live in – ❸ – does not write – ❹ – do not speak – fluently ❺ – does not have – at the –

Edward → Ted *of* **Ed**
James → Jim
Richard → Dick
Robert → Bob
Elizabeth → Betty *of* **Beth / Liz**
Christine → Chris
Margaret → Maggie *of* **Meg**
Susan → Sue.
U wordt al snel bij de voornaam aangesproken, wat niet op ongepaste familiariteit wijst, maar eerder een warm onthaal aantoont. Zegt u, zelfs in een professionele omgeving, uw naam en voornaam: **Hello, my name's Simon Barnes***, dan wordt dit waarschijnlijk beantwoord met:* **Hi Simon, pleased to meet you** *(*aangenaam, blij u/je te ontmoeten*).*
Wij raden u af hiervoor zelf het initiatief te nemen, ook al is uw Engels vloeiend.

24

Twenty-fourth lesson

Never?

1 – **Ca**thy, where are the car keys [1]?
2 – I don't [2] know, dear.
3   Are they in your coat **po**cket [3]?
4 – Of course not. I **ne**ver [4] put them in my coat.
5 – In that case, what are these [5]?
6 – Those [5] are… the car keys.
7   I, er, **some**times put them there!
8 – You're like [6] your **fa**ther!

Uitspraak

1 … ka-a kiez *2* … doo^wnt noow *3* … koo^wt **po**kit *4* ev ko-os not … **nè**ve poet … *5* … keejs … DHiez *6* DHoo^wz … *7* … **süm**tajmz … *8* … **fa-a**DHe

Aanwijzingen bij de uitspraak

(2) Een **k** als eerste letter voor een **n** wordt niet uitgesproken: know *[noow]*.
(5) Case, met **s** als *[s]*, *[keejs]*; meervoud cases *[keejsiz]*.
(1), (3), (4), (5) Nog even herhalen dat op een *k-, p-* en *t-*beginklank doorgaans een korte h volgt, dus bv. pocket a.h.w. als *[pʰokʰit]*.

Opmerkingen

1 Samengestelde zelfstandige naamwoorden worden in het Engels vaak van elkaar geschreven, bv. **car keys**, *autosleutels;* **the village school**, *de dorpsschool.*

2 Dit is de samentrekking van de ontkennende vorm **do not → don't** (het weglatingsteken vervangt de weggelaten klinker): **I play the guitar → I don't play the guitar** *(Ik speel / speel geen gitaar).* De 3e persoon enkelvoud **does not** wordt **doesn't**: **She doesn't play the guitar.**

3 **Your coat pocket**, *jouw/je* (en uiteraard ook *uw* en *jullie*) *jas-* of *mantelzak.*

Vierentwintigste les

Nooit?

1 – Cathy, waar zijn de autosleutels?
2 – Ik weet [het] niet *(doe niet weten)*, schat.
3   Zitten *(zijn)* ze in je jaszak?
4 – Natuurlijk niet. Ik stop ze nooit in mijn jas.
5 – In dat geval, wat is dit *(zijn deze)*?
6 – Dat *(Die)* zijn... de autosleutels.
7   Ik, euh, stop ze daar soms!
8 – Je bent zoals je vader!

4 Het ontkennende **never** staat voor het werkwoord: **I never put my keys in my pocket**, *Ik stop mijn sleutels nooit in mijn zak*. (Andere ontkennende woorden komen de volgende weken aan bod.)

5 **This** *(dit, deze)* en **that** *(dat, die)* (zie ook les 16, zin 4 en 6) hebben als meervoud **these** *(deze)* resp. **those** *(die)*: **this key** *(deze sleutel)* → **these keys** *(deze sleutels)*; **that coat** *(die mantel)* → **those coats** *(die mantels)*.

6 Met **like**, *zoals* kunnen we een vergelijking maken: **You're like your sister**, *Je bent zoals je zus*. In les 10, zin 4 zagen we de wending **What's it like?**, *Hoe is het, ziet het eruit?* → *Waar lijkt het op?* (Maar het werkwoord **to like** betekent *leuk vinden,...*.)

Exercise 1 – Translate

❶ She doesn't know where they are. ❷ He doesn't have a coat. ❸ I never put them in my pocket. ❹ Of course not. I never sing. ❺ These are my keys and those are your keys.

***

Exercise 2 – Fill in the missing words

❶ Hij woont niet in Schotland.
. . . . in Scotland.

❷ In dat geval, wat zijn dit (deze)?
In that case, ... ?

❸ Ze stopt ze nooit in haar mantel.
She . . . . in her coat.

❹ Ik weet het niet, schat.
I . . . . , ...

❺ Ik stop de sleutels soms in mijn zak.
I . . . . the keys in . . . .

Twenty-fifth lesson

A lazy weekend

1 **Si**mon **does**n't [1] work at the **week**end.
2 **Ev**ery **Sat**urday, he and **Ca**thy get up late and make brunch [2].

Uitspraak

1 ... düzent ... wiekènd 2 èvrie sætedeej ... leejt ... meejk brüntsj

Opmerkingen

1 Merk op hoe in de ontkennende vorm de **-s** van de 3e persoon (**he works**, *hij werkt*) naar het hulpwerkwoord verhuist (**he does not work**, of in de samentrekking **doesn't**) en er tussen **do** en de 3e persoonsuit-

Oplossing van oefening 1

❶ Ze weet niet waar ze zijn. ❷ Hij heeft geen mantel. ❸ Ik stop ze nooit in mijn zak. ❹ Natuurlijk niet! Ik zing nooit. ❺ Dit/Deze zijn mijn sleutels en dat/die zijn jouw sleutels.

***

Oplossing van oefening 2

❶ He doesn't live – ❷ – what are these ❸ – never puts them – ❹ – don't know, dear ❺ – sometimes put – my pocket

*Angelsaksen zijn heel gemoedelijk en gebruiken veel "lieve woordjes", ook tegenover onbekenden! Niet alleen tegenover hun partner zullen Britten dus de gebruikelijke koosnaampjes (**dear** of **darling**, liefste) gebruiken; ook u zult wellicht meer dan eens aangesproken worden met **dear** (beste), **mate** (maat), **love** (liefje, lett. "liefde") of zelfs **duck** (eend). Net als bij voornamen (zie les 23) gaat het hier niet om vrijpostigheid, maar wel om het aardig behandelen van zijn gesprekspartner. Een mogelijke reden voor deze voor een beginneling ietwat misleidende gewoonte is misschien het feit dat het Engels geen "afgebakende" jij- of u-vorm heeft, waarmee makkelijk de grens tussen vlot en vormelijk kan getrokken worden. Hoe dan ook, zoals we al eerder zegden, neem zelf niet het voortouw – vooral niet met **love** of **duck**!*

Vijfentwintigste les

Een lui weekend

1 Simon werkt niet in het weekend.
2 Elke zaterdag staan hij en Cathy laat op en maken ze [de] brunch [klaar].

gang **-s** een **-e-** ingelast wordt omwille van de uitspraak.

2 **Brunch** brengt **breakfast**, *ontbijt* en **lunch**, *middagmaal* samen. De meervoudsuitgang is **-es** (dus niet alleen **-s**), uitgesproken als *[iz]*, zoals bij alle naamwoorden die eindigen op **-ch** of een andere sisklank: brunches *[**brün**tsjiz]*, lunches *[**lün**tsjiz]*, sixes *[**sik**siz]*, buses *[**bü**siz]*, changes *[**tsjeejn**dzjiz]*. *Brunchen* is **to have brunch**.

eighty-six *[eejti siks]*

3 then **Si**mon does [3] the **shop**ping
4 and **Ca**thy goes to [4] the gym.
5 In the **eve**ning, they don't do **a**ny **cook**ing.
6 They **us**ually [5] go to the **mo**vies [6]
7 and then to a **res**taurant for **din**ner.

*3 … düz … sjopping 4 … Goo^wz … dzjim 5 … ievning … koeking
6 … joezjelie Goo^w … moeviez 7 … rèstront … dine*

Aanwijzingen bij de uitspraak

(3), (4) Geschreven lijken **does** en **goes** erg op elkaar, maar de uitspraak is heel verschillend: *[düz]* en *[Goo^wz]*;
(6) zo ook bij **do** en **go**: *[doe]* en *[Goo^w]*.
(6) Let op de uitspraak van **usually**, waar de **s** en de erop volgende klinkers vervormen tot *[zje]*: *[joezjelie]*.

Opmerkingen

3 To do is niet alleen een hulpwerkwoord, maar ook het gewone werkwoord *doen*, dat dikwijls met een "gesubstantiveerd werkwoord" (infinitief + -ing) staat: **to do the shopping** (van **to shop**), *de boodschappen doen*; **to do the cooking** (van **to cook**), *het eten klaarmaken, koken*; **to do the washing up** (van **to wash up**), *de afwas/vaat doen, afwassen*.

4 To go to, *gaan naar*: **They go to the supermarket every week**, *Ze gaan elke week naar de supermarkt.* De 3e pers. ev. wordt gevormd zoals bij **to do** (zie opm. 1): infinitief + -e- + -s, bv. **She goes to the theatre**, *Ze gaat naar het theater.*

5 Het bijvoeglijk naamwoord **usual** betekent "gebruikelijk", "gewoon",… Je kan er een ander werkwoord dan **to be** mee uitsparen: **Is that his**

***

Exercise 1 – Translate

❶ I get up late and have brunch. **❷** I do the shopping and she goes to the gym. **❸** We usually go to the movies at the weekend. **❹** We go to the supermarket every week. **❺** He doesn't do the washing-up on Saturday.

Vijfentwintigste les / 25

3 Dan doet Simon de boodschappen
4 en gaat Cathy naar de gym[les].
5 's Avonds *(In de avond)* **koken ze niet** *(ze doen niet doen enig koken)*.
6 Ze gaan gewoonlijk naar de film*(s)*
7 en daarna naar een restaurant voor [een] avond-eten[tje].

usual car?, *Is dat de auto waar hij gewoonlijk mee rijdt?* Het bijwoord **usually** duidt op een gewoontehandeling: **I usually go to the gym on Friday**, *Ik ga gewoonlijk naar de gymles op vrijdag*. Let erop dat **go** en **to** naast elkaar blijven staan.

6 **A movie**, samentrekking van **a moving picture** (lett. "bewegend beeld", van **to move**, *(zich) bewegen)*, is de Amerikaanse term voor *een film*; de meervoudsvorm **the movies** betekent *de bioscoop*. Deze woorden zijn ook gebruikelijk in Groot-Brittannië, i.p.v. **a film** resp. **the cinema**: **Let's go to the movies = Let's go to the cinema**, *Laten we naar de film/bioscoop gaan*.

***

Oplossing van oefening 1

❶ Ik sta laat op en brunch. ❷ Ik doe de boodschappen en zij gaat naar de gymles. ❸ We gaan gewoonlijk naar de film in het weekend. ❹ We gaan elke week naar de supermarkt. ❺ Hij doet de vaat niet 's zaterdags.

eighty-eight *[eejti eejt]* • 88

Exercise 2 – Fill in the missing words

❶ Ze werkt niet in het weekend.
She . . . . the weekend.

❷ Ze staat laat op en gaat naar de gym(les).
She . . . . and . . . . . . the gym.

❸ Ze koken niet 's avonds.
They . . . . . . any cooking in the . . . .

❹ Ze gaan naar een restaurant voor een avondetentje.
They . . . . a restaurant . . . .

❺ Hij doet de afwas en de boodschappen.
He . . . . the . . . . and the . . . .

26

Twenty-sixth lesson

Fully booked

1 – Hi there. **Wel**come to "**Berr**ies" [1].
2 – A table for two, please.
3 Find [2] us a **qui**et place.
4 We want to be not too far from the door

Uitspraak

foelie boekt 1 ... **wèl**kem ... **bèr**iez 2 ... **tee**jbel ... 3 ... fajnd üs e **kwaj**et pleejs 4 ... wont ... toe fa-a ... do-o

Aanwijzingen bij de uitspraak

(titel), (3) Let op de uitspraak van u: in **fully** als *[oe]*, maar in **us** als een afgezwakte u *[ü]*; de Engelse u klinkt dus nooit als in "dus" of als in "tureluurs"!

(titel) De uitgang -ed klinkt als *[t]* na een stemloze medeklinker: **booked** *[boekt]*.

(3) Spreek in **quiet** duidelijk de twee lettergrepen uit: *[kwajet]*.

Oplossing van oefening 2

❶ – doesn't work at – ❷ – gets up late – goes to – ❸ – don't do – evening ❹ – go to – for dinner ❺ – does – washing-up – shopping

*Voor de Britse middenklasse vormt **dinner** de avondmaaltijd, maar in veel arbeidersgezinnen – vooral in het noorden van Engeland – is dit het middagmaal. Het avondeten is dan **supper** of zelfs **tea**. In sommige streken vindt men nog een lichte maaltijd genaamd **high tea**, die op het einde van de namiddag genuttigd wordt. Wordt u bij een Brit thuis uitgenodigd om te eten, spreek dan duidelijk het tijdstip af!*

Zesentwintigste les

Vol(zet)

1 – Goeienavond. Welkom bij "Berries".
2 – Een tafel voor twee, alstublieft.
3 Vind ons een rustig plaats[je].
4 We willen niet te ver van de deur zitten *(zijn)*,

Opmerkingen

1 **Berries** is het meervoud van **berry**, *bes*. Bij een woord op **-y** voorafgegaan door een medeklinker, verandert de **y** in **ie** voor de meervouds-**s**: **party** → **parties**; **lady** → **ladies**, *dame/dames* (wat in Groot-Brittannië op de deur van een damestoilet staat, en bij de heren… even geduld tot volgende week!). Bij fruitsoorten die uit "besjes" bestaan, zit **berry** vaak in hun naam verwerkt: **strawberry**, *aardbei*; **raspberry**, *framboos*, enz.

2 Hier hebben we een imperatief (of gebiedende wijs): **Find us a quiet table, please**, *Vind ons een rustige tafel, alstublieft*. Hij dook al op in les 9, zin 1: **Tell me…**, *Zeg / Zegt u / Zeggen jullie me…* Merk op dat deze vorm gewoon de infinitief is.

ninety *[najnti]* • 90

5 but near the **kit**chen – and close to [3] the bar!

6 – I'm **so**rry [4], sir, but we're **ful**ly booked [5] this **eve**ning.

5 … **kit**sjen … kloo^ws … ba-a **6** … ajm **so**rie se-e …

Opmerkingen

3 Close to, *vlak bij*: Salford's close to Manchester, *Salford ligt vlakbij Manchester*. In deze context is het een synoniem van **near**. Maar **close to** kan ook een "emotionele" betekenis hebben, wat bij **near** niet het geval is: She's very close to her brother, *Ze heeft een nauwe band / is heel close met haar broer*. Spreek deze **close** duidelijk met een eind-*[s]* uit *[kloo^ws]* en verwar niet met het werkwoord to close dat op een *[z]*-klank uitgaat *[kloo^wz]*: This restaurant closes *[kloo^wziz]* at the weekend, *Dit restaurant sluit in het weekend*. Luister goed naar de opnamen!

4 **Sorry** is het courante woordje om z'n excuses aan te bieden en z'n spijt uit te drukken. **I'm sorry** betekent *Het spijt me*: I'm sorry I'm late, *Het spijt me dat ik (te) laat ben*; Can you help me? – I'm sorry, I can't (*Kunt u me helpen? – Nee, het spijt me*).

***

Exercise 1 – Translate

❶ Good evening and welcome. **❷** I want to be close to the kitchen. **❸** In big cities, restaurants never close at the weekend. **❹** We're fully booked this evening. **❺** I'm very sorry I'm late.

***

Exercise 2 – Fill in the missing words

❶ Vind ons een rustig plaatsje, alstublieft.
. . . . a quiet place, ...

❷ Hij heeft een nauwe band met zijn kinderen.
He's very . . . . children.

❸ Reserveert u me een tafel voor acht.
. . . . . . a table for . . . . . .

Zesentwintigste les / 26

5 maar dichtbij de keuken – en vlakbij de bar!
6 – Het spijt me *(Ik ben bedroefd)*, meneer, maar we zijn vanavond vol(zet) *(volledig geboekt deze avond)*.

5 A book, *een boek*, maar **to book**, *boeken, reserveren*: **Book me a table for four**, *Reserveert u me een tafel voor vier*. In een theater of een station kunt u voor tickets of kaartjes terecht in het **booking office**. Is er in een restaurant of hotel geen plaats meer, dan is het **fully booked**. **Fully** is als bijwoord afgeleid van **full**, *vol*.

***

Oplossing van oefening 1
❶ Goedenavond en welkom. ❷ Ik wil dichtbij de keuken zitten. ❸ In grote steden sluiten restaurants nooit in het weekend. ❹ We zijn volzet vanavond. ❺ Het spijt me erg dat ik (te) laat ben.

***

❹ Ik wil niet te ver van de deur zitten.
. . . . not . . . . the door.

❺ Zegt u me, hoe oud zijn ze?
. . . . . ., how old . . . .?

Oplossing van oefening 2
❶ Find us – please ❷ – close to his – ❸ Book me – eight ❹ I want to be – too far from – ❺ Tell me – are they

ninety-two *[najnti toe]* • 92

Twenty-seventh lesson

A terrible restaurant

1 **Si**mon and **Ca**thy can't find a free [1] **ta**ble **a**nywhere [2],
2 so they **try** a new wine bar near their house.
3 – This place is **real**ly **ter**rible [3]. And **so** [4] ex**pen**sive!
4 The food's **dread**ful [3], and the **por**tions are so small!
5 – Hey, **wait**er [5], your thumb's on my steak!
6 – Oh don't **wor**ry, sir. It's not **ve**ry hot.
7 – And the plate's **dir**ty.

Uitspraak
1 ... ka-ant fajnd e frie ... *2* ... traj e njoew wajn ba-a ... *3* ... iks**pèn**siv *4* ... foedz **drèd**fel ... **po-o**sjenz a-a soo^w ... *5* heej **weej**te ... THümz on maj steejk *6* oo^w doo^wnt **wü**rie ... *7* ... pleejts **de-e**tie

Aanwijzingen bij de uitspraak
(3) In het begin van een woord wordt de **e** in **ex-** veelal uitgesproken als *[i]*.
(6) Worry als *[würie]*, maar sorry als *[sorie]*.

Opmerkingen

1 **Free**: *gratis* of *vrij*: **I've got three free tickets**, *Ik heb drie gratis tickets/ toegangskaartjes*; **Is this table free?** *Is deze tafel vrij?* Het komt ook voor in samenstellingen zoals **lead-free**: **lead-free petrol**, *loodvrije benzine*.

2 In les 19, opm. 5 zagen we **some** en **any** als woorddelen. Hier opnieuw in **anywhere** (*(n)ergens*) in vragen en ontkennende zinnen en de tegenhanger **somewhere** (*ergens*) in bevestigende structuren: **They live somewhere near Manchester**, *Ze wonen ergens in de buurt van Manchester*.

3 **Terrible** (zie ook les 10, zin 2) en **dreadful** wijzen altijd op iets heel negatiefs: **a terrible restaurant**; **The food/weather/music is dreadful**, *Het eten/weer / De muziek is vreselijk/afschuwelijk/verschrikkelijk*.

Zevenentwintigste les

Een vreselijk restaurant

1   Simon en Cathy kunnen nergens *(niet ergens)* een vrij tafel[tje] vinden,
2   dus proberen ze een nieuwe wijnbar dichtbij *(hun)* huis [uit].
3 – Deze plek is werkelijk vreselijk. En zo duur!
4   Het eten is afschuwelijk en de porties zijn zo klein!
5 – Hé, ober, uw duim zit *(is)* op mijn steak!
6 – Oh, maak u geen zorgen, meneer. Hij *(Het)* is niet erg heet.
7 – En het bord is vuil.

4   **So**, *zo* versterkt een bijvoeglijk naamwoord: **It's so terrible/expensive/dreadful/small/hot/dirty**, *Het is zo...* Andere toepassingen van **so** volgen.

5   **Waiter**, *ober*, van het werkwoord **to wait**, *wachten*: de ober wacht tot de klant zijn keuze maakt... In een chic restaurant is er ook een **wine waiter**, *sommelier* en een **head waiter**, *maître d'hôtel*, in Amerika **maître d'** *[meejtre die]* genoemd. De vrouwelijke vorm van **waiter** is **waitress**.

Exercise 1 – Translate

❶ Is this table free? – No, I'm sorry. **❷** She lives somewhere near you. **❸** The food in this restaurant's dreadful. **❹** I can't find them anywhere. **❺** Don't worry. They're OK.

***

Exercise 2 – Fill in the missing words

❶ Ik heb drie gratis tickets.
.... three ....

❷ Ik kan nergens een tafel vinden.
.... a table ....

❸ Ze proberen een wijnbar vlakbij huis (uit).
.... a wine bar .... house.

Twenty-eighth lesson

Revision – Herhaling

1 *Present simple* ("gewone, enkelvoudige" tegenwoordige tijd)

1.1 Vorming

In het Engels zijn er twee vormen van de tegenwoordige tijd. In deze les behandelen we de onlangs aangebrachte **present simple**.

• Hij komt voor alle personen overeen met de infinitiefvorm, behalve de 3e pers. ev. waar een **s** toegevoegd wordt:

to work, werken		
I work	you work	we work
he/she/it work**s**		they work

Oplossing van oefening 1

❶ Is deze tafel vrij? – Nee, het spijt me. ❷ Ze woont ergens in jouw buurt. ❸ Het eten in dit restaurant is vreselijk. ❹ Ik kan ze nergens vinden / vind ze nergens. ❺ Maak je geen zorgen. Ze zijn ok.

***

❹ De porties in dat restaurant zijn zo klein!
The portions at that restaurant . . . .!

❺ Maak je geen zorgen, het is niet vuil.
. . . ., it's . . . .

Oplossing van oefening 2

❶ I've got – free tickets ❷ I can't find – anywhere ❸ They try – near their – ❹ – are so small ❺ Don't worry – not dirty

Achtentwintigste les

• De 3e pers. ev. krijgt er dus een **s** bij, die in **-es** verandert bij werkwoorden eindigend op **-s, -z, -sh, -ch** en **-x**:

I wash, ik was	**he washes**
I teach, ik onderwijs, geef les	**he teaches**

• Bij werkwoorden op **-y** verandert deze bij de 3e pers. ev. in **-ies**:
I worry → she worries
tenzij er een klinker voor de **-y** staat:
I play → she plays.

Deze **-es**-regel is ook van toepassing bij de werkwoorden **to go** en **to do**:
I go → she goes
I do → he does.

• Ontkennend:
Zet **do not** (3e pers. ev. **does not**) voor de infinitiefvorm van het hoofdwerkwoord:
I work in a bar. → I do not work in a bar.
You work in a bar. → You do not work in a bar.
He works in a bar. → He does not work in a bar.
We work in a bar. → We do not work in a bar.
They work in a bar. → They do not work in a bar.

De samengetrokken vormen zijn:
do not → don't en **does not → doesn't** (met apostrof i.p.v. **o**).

Volgende week hebben we het over de vragende vorm.

1.2 Gebruik

De **present simple** drukt een handeling of een toestand in het heden of een gewoonte of een regelmatig terugkerende handeling m.b.t. het heden uit:
We get up late at the weekend, *We staan laat op in het weekend*.
She likes her job, *Ze vindt haar baan leuk*.
Salford is near Manchester, *Salford ligt bij Manchester*.
It always rains in May, *Het regent altijd in mei*.

Volgende week zien we een andere vorm van de tegenwoordige tijd, welke gebruikt wordt voor handelingen die gaande zijn op het tijdstip dat men spreekt.

2 Ontkennende vormen

Let steeds op het volgende:

• een zin mag geen dubbele ontkenning bevatten:
I haven't got anything *(Ik heb-niet iets)* **to eat** / **I have nothing** *(Ik heb niets)* **to eat** = *Ik heb niets te eten*.
I can't find them anywhere *(Ik kan-niet ergens)* / **I can find them nowhere** *(Ik kan nergens)* = *Ik kan ze nergens vinden*.

• **never** staat voor het werkwoord:
I never put the keys in my pocket, *Ik stop de sleutels nooit in mijn zak*.

3 *This/these* en *that/those*

	dichtbij de spreker:	verwijderd van de spreker:
enkelvoud:	**this**, *deze/dit*	**that**, *die/dat*
	this man, *deze man*	**that man,** *die man*
	this child, *dit kind*	**that child,** *dat kind*
meervoud:	**these**, *deze*	**those**, *die*
	these men, *deze mannen*	**those men,** *die mannen*

Merk op dat in het Engels bij het aanwijzen strikt rekening gehouden wordt met het onderscheid enkelvoud/meervoud:
These are my keys and those are your keys, *Dit (Deze) zijn mijn sleutels en dat (die) zijn de jouwe*.

4 Meervoudsvormen

• Meestal wordt het meervoud van een zelfstandig naamwoord gevormd door toevoeging van een **s**:
a teacher → teachers, **a school → schools**.

• Woorden op **-s, -z, -sh, -ch** en **-x** (en sommige op **-o**) lassen een **e** in voor de meervouds-**s** (zie ook punt 1):
a sandwich → two sandwiches, a tomato *(tomaat)* **→ two tomatoes**.

• Woorden op **-y** veranderen deze uitgang in **-ie** voor de meervouds-**s**, behalve wanneer voor de **-y** een klinker staat:
city → cities maar **key → keys**.

• Soms doet zich een klinkerwijziging voor, bv.:
man → men *(man - mannen)*, **woman → women** *(vrouw - vrouwen)*, **foot → feet** *(voet - voeten)*, **tooth → teeth** *(tand - tanden)*.

• Bij een tiental woorden op **-f(e)** verandert de **f** in **v**, bv.:
wife → wives *(echtgenote - echtgenotes)*, **thief → thieves** *(dief - dieven)*.

• Er zijn ook totaal onregelmatige vormen, bv.:
child → children *(kind - kinderen)*, **a penny → pence** *(een penny is een honderdste van een pond sterling)*.

5 De dagen van de week

Merk op dat de *dagen*, **days** van de *week*, **week** *[wiek]* altijd met een hoofdletter geschreven worden.

▶ Revision dialogue

1 – David lives near Manchester and teaches computing.
2 – He likes his job, but he doesn't like his school.
3 – This morning, he's late for work.
4 – Where are the car keys, dear?
5 – I can't find them anywhere.
6   They're not in my pocket.
7   And I haven't got a coat.
8 – In that case, what are these?
9 – Of course! I sometimes put them there.

Achtentwintigste les / 28

Monday	[**mün**deej]	maandag
Tuesday	[**tjoez**deej]	dinsdag
Wednesday	[**wènz**deej]	woensdag
Thursday	[**THe-ez**deej]	donderdag
Friday	[**fraj**deej]	vrijdag
Saturday	[**sæt**edeej]	zaterdag
Sunday	[**sün**deej]	zondag

Vertaling

1 David woont vlakbij Manchester en geeft informaticalessen. **2** Hij vindt zijn baan leuk, maar hij vindt zijn school niet leuk. **3** Vanmorgen is hij te laat voor zijn werk. **4** Waar zijn de autosleutels, schat? **5** Ik kan ze nergens vinden. **6** Ze zitten niet in mijn zak. **7** En ik heb geen mantel. **8** In dat geval, wat is dit? **9** Natuurlijk! Ik leg ze soms daar.

Thursday, *genaamd naar **Thor**, in de Noorse mythologie de god van de... donder, vanwaar "donderdag". En zo zitten er wel meer goden in die namen van dagen!*

Twenty-ninth lesson

Exercise

1 **Ca**thy is a **ve**ry **ac**tive **wo**man [1].
2 She likes [2] **swim**ming, **climb**ing and **cy**cling [3].
3 **Si**mon is **dif**ferent from his wife.
4 He does not like ener**get**ic ac**ti**vities [4].
5 His **fa**vourite sport is **play**ing **on**line games.

Uitspraak
èksesajz 1 ... **æk**tiv **woe**men 2 ... **swi**ming **klaj**ming ... **saj**kling 3 ... **di**frent ... 4 ... **è**ne**dzjè**tik æk**ti**vitiez 5 ... **feej**vrit spo-ot iz **plee**jing **on**lajn Geejmz

Aanwijzing bij de uitspraak
(1), (4) Let op het verspringen van de klemtoon in ac**tive** en ac**ti**vities. Let erop dat v als eindklank stemhebbend blijft: active *[æktiv]*, have *[hæv]*, live *[liv]*, love *[lüv]*.

Opmerkingen

1 Man en woman, *man en vrouw* hebben een onregelmatige meervoudsvorm: man → men: Three men work at that wine bar, *Drie mannen werken in die wijnbar*; woman → women: Four women work at that restaurant, *Vier vrouwen werken in dat restaurant*. Let op de spelling én de uitspraak: *[mæn]* → *[mèn]*; *[woemen]* → *[wimin]*!
(Het herentoilet is herkenbaar aan het bordje "Men" of "Gentlemen", soms afgekort tot "Gents".)

2 *Houden van* kan met twee verschillende werkwoorden weergegeven worden: to like, *houden van (iets of iemand)* in de zin van "leuk vinden", "graag hebben/doen", en to love, *houden van* eerder als "liefhebben", "beminnen". Merk op dat als het onderwerp van deze affectie een activiteit is, deze uitgedrukt wordt met een gesubstantiveerd werkwoord (infinitief + -ing), gerund genoemd: She likes climbing, *Ze houdt van klimmen, klimt graag* (van to climb, *klimmen*); of swimming (van to swim, *zwemmen*); He likes playing online games, *Hij vindt online spel-*

Negenentwintigste les

[Lichaams]Oefening

1 Cathy is een heel actieve vrouw.
2 Ze houdt van zwemmen, klimmen en fietsen.
3 Simon is anders dan *(verschillend van)* zijn vrouw.
4 Hij houdt niet van energieke activiteiten.
5 Zijn lievelingssport is online spelletjes spelen.

letjes spelen leuk, speelt graag online spelletjes. (Natuurlijk kan in dergelijke wendingen ook voor **to love** gekozen worden: **We love skiing**, *We zijn dol op skiën, skiën dolgraag.*)

3 **Cycling**, van **to cycle**, *fietsen*: **She cycles to work**, *Ze fietst / gaat met de fiets naar het werk*. Voor **a bicycle**, *een fiets* zijn er twee verkorte vormen: **a cycle** in vormelijk taalgebruik (bv. het bord met **Cycle Lane** dat een *fietspad* aanwijst) en het courante **a bike**. Beide kunnen gecombineerd worden met **motor** voor *motor(fiets)*, waarbij **a motorcycle** vormelijker klinkt dan **a motorbike**. En dan is er nog **cycling** dat als zelfstandig naamwoord slaat op "het fietsen" en "het wielrennen".

4 Nog even herhalen dat in het meervoud de eind-**y** verandert in **-ie**: **activity → activities**; tenzij er een klinker voor de **-y** staat: **boy → boys**.

6 – Oh **Si**mon, you don't take **a**ny **ex**ercise.
7 – Yes I do [5]. I have **break**fast in bed on **Sun**days. □

*6 ... teejk ... 7 ... **sün**deejz*

Opmerking

5 Dit mechanisme is al in les 5, opm. 2 en 5 voorgesteld: de gesprekspartner antwoordt niet gewoon met **Yes** of **No**, maar gebruikt het passende persoonlijk voornaamwoord en herhaalt het hulpwerkwoord. Hier is het de bedoeling het gezegde tegen te spreken: Simons partner verwijt hem luiheid (**You don't take any exercise**), wat hij ontkent aan de hand van de structuur **Yes, I do**, daarbij ook het hulpwerkwoord benadrukkend = *Dat doe ik wel*. Nog een voorbeeld: **Simon doesn't play computer games. – Yes, he does** *(Simon speelt geen computerspelletjes. – Dat doet hij wel).*

***

Exercise 1 – Translate

❶ Cathy's a very active woman. ❷ He likes climbing and swimming. ❸ You don't take any exercise. – Yes I do. ❹ Simon's very different from his wife. ❺ I love skiing. It's my favourite sport.

***

Exercise 2 – Fill in the missing words

❶ Hij speelt graag online spelletjes.
   . . . . online games.

❷ Ze houdt niet van activiteiten die veel energie vergen.
   . . . . energetic . . . .

❸ Vier mannen en drie vrouwen werken in die wijnbar.
   . . . . and . . . . in that wine bar.

❹ Maar je skiet niet graag. – Toch wel.
   But you . . . . – . . . .

❺ Ze is heel anders dan haar echtgenoot.
   She's very different . . . .

6 – O Simon, jij beweegt nooit *(neemt niet enige oefening)*.
7 – Toch wel *(Ja ik doe)*. Ik *(heb)* ontbijt in bed 's zondags *(op Zondagen)*.

Aanwijzing bij de uitspraak
(7) Luister naar de zinsintonatie, met de nadruk op **yes** en **do**.

***

Oplossing van oefening 1
❶ Cathy is een zeer actieve vrouw. ❷ Hij houdt van klimmen en zwemmen. ❸ Je neemt geen beweging. – Toch wel. ❹ Simon is helemaal anders dan zijn vrouw. ❺ Ik ski dolgraag. Het is mijn lievelingssport.

***

Oplossing van oefening 2
❶ He likes playing – ❷ She doesn't like – activities ❸ Four men – three women work – ❹ – don't like skiing – Yes I do ❺ – from her husband

30
Thirtieth lesson

By the way...

1 – **Sa**rah, do you like [1] **mu**sicals?
2 – Why do you ask?
3 – Be**cause** I've got two **tick**ets to a show [2].
4   Are you free this **eve**ning?
5 – No, I'm not. I'm **ve**ry **bu**sy [3].
6   And by the way [4], I hate [5] **mu**sicals.

Uitspraak
1 sère ... mjoezikelz 2 waj ... a-ask 3 bikoz ... tikits ... sjoo^w
4 ... frie ...5 ... bizie 6 ... baj DHe weej ... heejt ...

Aanwijzingen bij de uitspraak
(1) Musicals en music, met de **u** als *[joe]*: *[mjoezik(elz)]*.
(2) Why als *[waj]*, maar who als *[hoe]* (en "hoe" is how *[haw]*!).
(3) Tickets, in het Engels uitgesproken als *[tikits]*!
(5) Busy en zijn afleidingen (zie opm. 3), met de **u** uitgesproken als *[i]*: *[bizie]*.

Opmerkingen

1 Om een vraag te stellen in de **present simple** moet **do** of **does** (in de 3e pers. ev. verhuist de **-s** van het hoofd- naar het hulpwerkwoord) voor het onderwerp gezet worden: **These women like music. → Do they like music?** (*Deze vrouwen houden van muziek. → Houden ze van muziek?*); **Sarah likes climbing. → Does she like climbing?** (*Sarah klimt graag. → Klimt ze graag?*).

2 **To show**, *tonen*, dus **a show**, *een vertoning, show,...*

3 **Busy** houdt verband met "drukte, bedrijvigheid, bezig/bezet zijn" (het was al herkenbaar in **business**, *zaken* en **to be busy**): **She's very busy**, *Ze is druk bezet*. Het komt ook voor in een structuur met een **gerund**

Dertigste les

Terloops...

1 – Sarah, hou je van *(doe je houden-van)* musicals?
2 – Waarom vraag je [dat] *(doe je vragen)*?
3 – Omdat ik twee tickets heb voor *(naar)* een show.
4   Ben je vrij vanavond?
5 – Nee. Ik heb het heel druk *(ben heel bezig/bezet)*.
6   En terloops *(via de weg)*, ik haat musicals.

(**-ing**-vorm): **She's busy cooking**, *Ze is aan het koken (bezig [met] koken)*. **A busy street**, *een drukke straat*; **a busy time of year**, *een drukke periode in het jaar*. Let op de uitspraak!

4 **The way**, *de weg*: **I don't know the way to my hotel**, *Ik ken de weg naar mijn hotel niet.* In **by the way** wordt het idiomatisch gebruikt: **By the way, where do you live?**, *Terloops / Tussen haakjes / A propos, waar woon je / woont u / wonen jullie?*

5 **To hate**, *haten, een hekel hebben aan*: **She hates techno**, *Ze heeft een hekel aan techno*. Net als bij het tegengestelde **to love**, volgt er vaak een gerund (**-ing**-vorm) op: **I hate cooking**, *Ik heb een hekel aan koken*.

Exercise 1 – Translate

❶ By the way, do you like skiing? ❷ She's not very busy this Saturday. ❸ Why do they like house music? ❹ I don't know the way to my hotel. ❺ Are you free this evening?

***

Exercise 2 – Fill in the missing words

❶ Ze is aan het koken.
   She's ....

❷ Houden ze van musicals? – Waarom vraagt u dat?
   .. .. musicals? – ... ... ask?

❸ Bent u vrij vanavond? – Nee.
   ... ... this evening? – No, ...

❹ We hebben twee tickets voor een show.
   .... two tickets .. a ..... .

❺ Ze kent de weg niet.
   She .... the .... .

Thirty-first lesson

I'm starving [1]

1 – I'm **star**ving. Let's have [2] **some**thing to eat.
2 – What do you **u**sually eat for lunch?

Uitspraak
... **sta-a**ving 1 ... iet 2 ... **joe**zjelie ...

Opmerkingen

[1] To be starving, van to starve (*uit-, verhongeren*), wordt vooral figuurlijk gebruikt: **We're starving!**, *We scheuren van de honger!* (Uit les 15 weet u nog dat "honger hebben" = **to be hungry**.)

Oplossing van oefening 1

❶ À propos, ski je graag? ❷ Ze heeft het niet erg druk deze zaterdag. ❸ Waarom vinden ze housemuziek goed? ❹ Ik ken de weg naar mijn hotel niet. ❺ Ben je vrij vanavond?

***

Oplossing van oefening 2

❶ – busy cooking ❷ Do they like – Why do you – ❸ Are you free – I'm not ❹ We've got – to – show ❺ – doesn't know – way

ARE YOU FREE THIS EVENING?

Eenendertigste les

Ik scheur van de honger

1 – Ik scheur van de honger *(ben uithongerend)*. Laten we iets eten *(iets te eten hebben)*.
2 – Wat eet u gewoonlijk als *(voor)* middagmaal?

2 **To have** wordt veel gebruikt m.b.t. een activiteit of een handeling, bv. **to have lunch**, *lunchen*; **to have a holiday**, *vakantie nemen* (let op het gebruik van het onbepaald lidwoord!); **to have a shower/bath**, *douchen / een bad nemen*. Het staat in bepaalde beleefde uitdrukkingen in de imperatiefvorm, bv. **Have a nice day!**, *Nog* (lett: Heb) *een fijne dag!*

3 I mean, what sort of food do you like? Lamb? Beef?
4 – **Ac**tually ³, I'm on a **di**et ⁴,
5 and I don't have much time ⁵.
6 – All right, let's just have a **cu**rry.

  3 … aj mien … foed … læm bief **4 æk**tsjelie … on e **daj**et **5** … tajm … **6** o-ol **rajt** … dzjüst …

Aanwijzingen bij de uitspraak
(3) Merk op dat de eind-**b** na **m** niet uitgesproken wordt: **lamb** *[læm]*.
(4) • **Actually** toont weer hoe lettergrepen soms vervormd kunnen worden: de klemtoon valt op de eerste lettergreep, waardoor de volgende twee klinkers **u** en **a** samensmelten: *[æktsjelie]*.
• Spreek **diet** duidelijk in twee lettergrepen uit: *[dajet]*.

Opmerkingen
3 Actually heeft niets te maken met "actueel". Het leidt veelal een zin in om de aandacht van de gesprekspartner te trekken of om bijkomende informatie te verstrekken: **Have a beer. – Actually, I'm not thirsty.** (*Neem een biertje! – Eigenlijk heb ik geen dorst* → bijkomende informatie: ik drink niet omdat ik geen dorst heb).

4 A diet, *een dieet*; **to go on a diet**, *op dieet gaan* en **to be on a diet**, *op dieet staan/zijn* (beide met onbepaald lidwoord!). *Een dieet-, reform-, natuurvoedingswinkel* heet **a health food shop** (lett. "gezondheid voeding winkel").

***

Exercise 1 – Translate
❶ I'm starving! Let's have lunch. ❷ Actually, we haven't got much time. ❸ Can I have a shower, please? ❹ What does she usually eat? ❺ Have a nice day. – Thanks.

Eenendertigste les / 31

3 Ik bedoel, wat voor *(soort van)* eten lust u? Lam[svlees]? Rund[vlees]?
4 – Eigenlijk ben ik op *(een)* dieet
5 en heb ik niet veel tijd.
6 – Goed dan *(Alles juist)*, laten we gewoon een curry nemen.

5 Ook mogelijk is **I haven't got much time**, zonder verschil. (Weet dat Amerikanen minder dan Britten gebruik maken van deze structuren met **got**.)

***

Oplossing van oefening 1
❶ Ik scheur van de honger! Laten we lunchen! ❷ Eigenlijk hebben we niet veel tijd. ❸ Kan/Mag ik douchen, alsjeblieft? ❹ Wat eet ze gewoonlijk? ❺ Fijne dag nog! – Bedankt.

Exercise 2 – Fill in the missing words

❶ Laten we vakantie nemen.
Let's ....

❷ Van welke soort muziek houdt u?
.... of music .. ..?

❸ Ze hebben niet veel tijd vandaag.
They .... much time ......

❹ Eigenlijk staat hij op dieet.
.... he's ... diet.

Thirty-second lesson

Too many [1] calories

1 – Do you want some [2] **ta**sty fish and chips?
2 – No thanks, there are too **ma**ny **ca**lories.
3 – Then have [3] some bread and cheese.
4 – Not for me. There's too much fat [4].

Uitspraak
… **mè**ni **kæ**leriez **1** … **tee**jstie fisj ænd tsjips … **3** … brèd ænd tsjiez **4** … fæt

Aanwijzingen bij de uitspraak
(titel) Calories, met de klemtoon op de eerste lettergreep: *[kæleriez]*.
(1) Chips, met de ch als *[tsj]*: *[tsjips]*; de *[sj]*-klank komt overeen met **sh**, zoals in **fish** (onthoud ook dat **sch** als *[sk]* klinkt, zoals in **school**).

Opmerkingen
1 Om "veel" van iets aan te geven, moeten we het onderscheid maken tussen "telbare" en "niet-telbare" zelfstandige naamwoorden. Calorieën kunnen we "tellen" → **many**: There are too many calories, *Er zitten te*

❺ Wat eten ze gewoonlijk als middag-/avondeten?

.... usually ... for dinner?

Oplossing van oefening 2

❶ – have a holiday ❷ What sort – do you like ❸ – don't have – today
❹ Actually – on a – ❺ What do they – eat –

Tweeëndertigste les

Te veel calorieën

1 – Wil je *(enige)* heerlijke *(smakelijke)* vis met *(en)* frieten/patat?
2 – Nee bedankt, er zitten *(zijn)* te veel calorieën [in].
3 – Neem *(heb)* dan (wat) brood met *(en)* kaas.
4 – Niet voor mij. Daar zit *(is)* te veel vet [in].

---

veel calorieën in. Bij een zelfstandig naamwoord in het meervoud hoort altijd **many** te staan. **Too** = *te*, dat wist u al. (Noteer dat het enkelvoud van **calories** onregelmatig is: **calorie**.)

2 Hier gebruiken we **some** (en niet **any**) omdat de bedoeling van de vraag niet is te weten of iets bestaat (zie les 13, opm 4), maar om iemand iets aan te bieden.

3 Merk op hoe hier het "actieve" **have** (zie vorige les, opm. 2) gebiedend wordt gebruikt: **Have some cheese**, *Neem (wat) kaas*.

4 **Fat**, *vet* is niet-telbaar, dus moet "veel" ervan aangeduid worden met **much**: **It contains too much fat**, *Het bevat te veel vet*. **Much** staat altijd bij een zelfstandig naamwoord in het enkelvoud. Onthoud goed het onderscheid tussen **much** en **many**. Met betrekking tot een persoon betekent **fat** "dik": **Dave's very fat**, *Dave is heel dik*.

one hundred and twelve • 112

5 – What about ⁵ a mixed **sa**lad with**out dres**sing ⁶?
6 There aren't many **ca**lories in that!
7 – No, but there **is**n't much ⁷ taste **ei**ther. ☐

 5 ... mikst **sæ**led wi**DH**aut **drè**sing 7 ... teejst **aj**DHe

Aanwijzingen bij de uitspraak
(5) De uitgang -ed klinkt als *[t]* na een stemloze klank *[f, k, p, s, sj, tsj]*, bv. divorced *[dievo-ost]*, booked *[boekt]*, mixed *[mikst]*.
(6) Luister hoe **that** benadrukt wordt.

Opmerkingen
5 **What about...** is een variant op **How about...** (zie les 18, opm. 2), zonder verschil tussen beide.
6 **With**, *met* en **without**, *zonder*: a salad with/without dressing, *een slaatje met/zonder slasaus*. **Dressing**, van *to dress*, *(zich) (aan)kleden*, is de keukenterm voor "slasaus", bv. **French dressing**, *vinaigrette*. Het

Exercise 1 – Translate
❶ What about some fish and chips? ❷ There are too many calories! ❸ Then have some salad without dressing. ❹ There isn't much dressing on this salad. ❺ This cheese is very tasty. – It's English.

***

Exercise 2 – Fill in the missing words
❶ Er zitten te veel calorieën in en er zit te veel vet in.
  .... too .... calories and .... too .... fat.

❷ Neem een gemengd slaatje. – Niet voor mij.
  .... a mixed salad. – ... ...

❸ Er zit niet veel smaak in die saus.
  .... in that sauce.

Tweeëndertigste les / 32

5 – Wat dacht je van *(Wat over)* een gemengde salade zonder slasaus?
6   Daar zitten niet veel calorieën in *(dat)*!
7 – Nee, maar er zit ook niet veel smaak in.

woord **sauce** *[soos]* gebruiken de Engelsen bij gerechten in/met een room-, chocolade- of andere saus.

7   Smaak is niet-telbaar, dus **much**: There isn't much taste maar There aren't many calories.

***

Oplossing van oefening 1
❶ Zin in vis met frieten? ❷ Er zitten te veel calorieën in! ❸ Neem dan (wat) salade zonder slasaus. ❹ Er is niet veel slasaus op dit slaatje. ❺ Deze kaas heeft veel smaak. – Het is Engelse.

***

❹ Ramona is te dik. – Nee, dat is ze niet.
   Ramona's ... . – No, ...

❺ Trek in een koffietje? – Ja, graag.
   .... a coffee? – Yes, please.

Oplossing van oefening 2
❶ There are – many – there is – much – ❷ Have – Not for me ❸ There isn't much taste – ❹ – too fat – she isn't ❺ What about –

one hundred and fourteen • 114

*Met "Engels eten" werd meer dan eens gelachen! Maar de tijden zijn veranderd en de Britten doen het goed in de keuken. Op de televisie zijn kookprogramma's met **celebrity chefs** legio en kookboeken verkopen als zoete broodjes.*
*Geleidelijk aan gaf Groot-Brittannië vanaf de Tweede Wereldoorlog zijn culinaire tradities op en stelde het zich resoluut open voor de "vreemde" keuken - de Franse en Italiaanse, uiteraard, maar ook de Chinese, Thaise, Griekse, Turkse en vooral die uit India... in die mate dat **chicken tikka massala** (kip in een gekruide yoghurtsaus) nu het "nationaal" gerecht bij uitstek is!*
*Toch zijn er nog steeds Britse specialiteiten te vinden (dikwijls vernieuwde, verbeterde en lichter gemaakte versies). Een ervan is **fish and chips** (lett. vis en frieten/patat), vaak verkocht als meeneemgerecht, bestaande uit gebakken visfilets met frieten/patat, origineel verpakt in krantenpapier. Doe er zout en azijn (moutazijn!) bij en eet met de handen! Heerlijk!*

Thirty-third lesson

The UK game show

1 – How **ma**ny¹ **coun**ties are there in Great **Bri**tain?
2 – I think that there are **eigh**ty-six.
3 – You're right²! How much³ tea do the **Bri**tish drink each **ye**ar?

 Uitspraak
… joe keej … **1** … **kaun**tiez … **2** … THink … **eej**ti-siks **3** … rajt … drink ietsj **jie**e

 Opmerkingen

1 How many, *hoeveel* bij een telbare hoeveelheid (**counties** is het meervoud van **county** - zie verder in de les -, zoals **cities** dat is van **city**, *stad*).

2 Right kwam al voor in les 11, opm. 2: **You're right**, *U hebt gelijk / het juist*. Het tegengestelde (les 16, opm. 1) is **wrong**: **You're wrong**, *U hebt ongelijk / het fout, bent verkeerd*.

Merkwaardig toch dat Amerikanen **chips** *zoals wij als* chips *(dunne aardappelschijfjes) zien, terwijl ze onze frieten/patat* **french fries** *(zonder hoofdletter aan* **french***) of gewoon* **fries** *noemen. Door de opgang van* **fast food** *(lett. snelle voeding) hebben sommige jonge Britten deze Amerikaanse gewoonte overgenomen - maar zelfs deze cultuurbarbaren hebben het nooit over* **fish and fries**...

In een pub vergeet u beter de min of meer exotische gerechten en bestelt u een **ploughman's lunch** *[**plau**menz lüntsj] (lett. ploegers-, boerenmiddagmaal): Engelse kaas, sla, brood en* **pickles** *(in azijn ingemaakte groenten), doorgespoeld met* **bitter** *(zie les 17). Eenvoudig, lekker en goedkoop. Weet evenwel dat deze – o zo regionale – specialiteit eigenlijk in de jaren 1970 uitgevonden werd door een marketing boy. Een authentiek Brits recept ontdekt u achterin dit boek.*

Drieëndertigste les

De "Verenigd Koninkrijk-spelshow"

1 – Hoeveel graafschappen zijn er in Groot-Brittannië?
2 – Ik denk dat er 86 zijn.
3 – U hebt het *(bent)* juist! Hoeveel thee drinken de Britten elk jaar!

3 Voor alle duidelijkheid: **how much** = "hoeveel" als de hoeveelheid niet-telbaar is: **How much coffee do you want?**, *Hoeveel koffie wilt u?* Inderdaad, thee of koffie is niet-telbaar, maar het aantal liter, kopjes,... is dat wel: **How many cups of coffee do you want?**

4 – I'm not sure. Around **eigh**ty **thou**sand ⁴ **gal**lons?
5 – Cor**rect** ⁵! How **ma**ny **peo**ple ⁶ live in the **Lon**don **a**rea?
6 – Too **ma**ny. There's too much pol**lu**tion!
7 – Con**grat**ulations. You win our star prize ⁷!

*4 … sjoe-e … **eeji THau**zend **Gæ**lenz 5 ke**rèkt** … **pie**pel … **lün**den **è**rie-e 6 … pe**loe**sjen 7 ken**Græt**joeleejsjenz … sta-a prajz*

Aanwijzing bij de uitspraak
(5) Area, met in het begin een beklemtoonde en op het einde een onbeklemtoonde a: *[èrie–e]*.

Opmerkingen
4 (A) thousand, *1.000*; ten thousand, *10.000*; a gallon, *4.546 liter*; hoewel Groot-Brittannië in de jaren 1980 officieel het metriek stelsel heeft aangenomen, blijven sommigen voor afmetingen of grote hoeveelheden het oude systeem hanteren. Zie les 35 voor meer details.

***

Exercise 1 – Translate
❶ How many counties are there in Wales? ❷ How much tea do they drink in England? ❸ You're right, that's a very reasonable salary. ❹ He really wants to win a prize. ❺ Prices in London are too high.

***

Exercise 2 – Fill in the missing words
❶ Hoeveel steden zijn er in Groot-Brittannië?
 … … … cities … … … in Great Britain?

❷ Je hebt gelijk, er is te veel volk.
 … … … … , there are … … … … .

❸ Hoeveel mensen wonen er in het gebied?
 … … … … … … in the area?

Drieëndertigste les / 33

4 – Ik ben niet zeker. Ongeveer 80.000 gallon(s)?
5 – Correct! Hoeveel mensen wonen in de zone Londen?
6 – Te veel. Er is te veel pollutie!
7 – Gefeliciteerd *(Gelukwensen)*! U wint onze hoofdprijs *(sterprijs)*!

---

5 **Correct** is een synoniem van **right**: **the right/correct answer**, *het juiste/correcte antwoord*. "Correct" in de betekenis van "redelijk", zoals in "een correct salaris" wordt eerder door **reasonable** vertaald: **a reasonable salary**.

6 **People**, *mensen* is in courant taalgebruik het meervoud van **person**, *persoon*: **a young person** → **young people**, *een jongere* → *jongeren*. De meervoudsvorm **persons** behoort tot een eerder vormelijk register. Onthoud de uitdrukking **too many people**, *te veel mensen, te veel volk*.

7 "Prijs" heeft twee Engelse vertalingen: **price** *[praajs]*, bv. **Prices in London are very high**, *De prijzen in Londen liggen heel hoog*; **prize** *[praajz]*, bv. **He really wants to win a prize**, *Hij wil absoluut een prijs winnen*. Luister aandachtig naar de tekst van de oefening!

***

Oplossing van oefening 1
❶ Hoeveel graafschappen zijn er in Wales? ❷ Hoeveel thee drinken ze in Engeland? ❸ Je hebt gelijk, dat is een heel redelijk salaris. ❹ Hij wil werkelijk een prijs winnen. ❺ De prijzen in Londen zijn te hoog.

***

❹ Ik denk dat er ongeveer 10.000 zijn.
 . . . . . . that . . . . ten . . . .

❺ Er is te veel vervuiling in Londen.
 . . . . pollution . . London.

Oplossing van oefening 2
❶ How many – are there – ❷ You're right – too many people ❸ How many people live – ❹ I think – there are around – thousand ❺ There's too much – in –

one hundred and eighteen • 118

34 / Thirty-fourth lesson

Er bestaat een betreurenswaardige neiging - vooral bij de Engelsen - om over "Engeland" te spreken als het geheel van de grote natie aan de overzijde van het Kanaal. U zou snel mensen tegen u in het harnas jagen, mocht u hetzelfde doen! Officieel heet het land **United Kingdom of Great Britain and Northern Ireland** *(Verenigd Koninkrijk van Groot-Brittannië en Noord-Ierland), dat Engeland, Schotland, Wales en de zes provincies van Noord-Ierland omvat. Het hele land ligt binnen het gebied van de* **British Isles** *(Britse Eilanden). In het dagelijks leven gebruikt men* **Britain** *voor het geheel, al lijken de media te opteren voor de afkorting* **UK** *(***United Kingdom***), uitgesproken als [joekeej]. Noem een Schot of iemand uit Wales vooral nooit een Engelsman!*

Thirty-fourth lesson

The West End

1 – The West End is a **ve**ry **pop**ular ¹ part of **Lon**don.
2 There are lots of ² **the**atres, **ci**nemas and **res**taurants.
3 **Thou**sands of ³ **peo**ple come to the **a**rea by car,

 Uitspraak
… **wès**tènd *1* … **pop**joele pa-at … *2* … lot**s** ev **THie**etez … *3* … küm … **èri**-e … ka-a

 Opmerkingen

1 In het Engels wijst **popular** op alles wat "geapprecieerd" wordt, "in trek", "geliefd", "succesvol",… is: **She's very popular with her colleagues**, *Ze is heel geliefd bij haar collega's*; **His new album is very popular**, *Zijn nieuwe album heeft veel succes*.

119 • **one hundred and nineteen**

Het Verenigd Koninkrijk is onderverdeeld in **counties** *(enkelvoud:* **county***, graafschap). De definitie en het tracé van deze locale gemeenschappen kan variëren, maar het aantal bedraagt 86, waarvan 39 voor Engeland, 13 voor Wales en 34 voor Schotland. Ze genieten een grote autonomie inzake onderwijs, openbare diensten, wegen en politie (er is geen nationaal politieapparaat in Groot-Brittannië). Bovendien hebben zeven grote Engelse agglomeraties (waaronder Londen en Manchester) een bijzondere administratieve structuur. Regionale identiteit en decentralisatie zitten diep ingeworteld in de psychologie van de Britten.*

Vierendertigste les

(Het) **West End**

1 – West End *(Het Westelijk Einde)* is een heel populair deel van Londen.
2 Er zijn veel *(tallen van)* theaters, bioscopen en restaurants.
3 Duizenden *(van)* mensen komen naar de buurt met de *(per)* auto,

---

2 Nu u het verschil kent tussen **many** (meervoud, telbaar) en **much** (enkelvoud, niet-telbaar) dient u ook te weten dat deze woorden in een bevestigende zin in de gesproken taal niet zoveel gebruikt worden, en dat ze beide vervangen worden door **lots of** of **a lot of** (zie zin 4). Zo verdwijnt het onderscheid telbaar/niet-telbaar: **a lot of theatres** én **a lot of traffic**. We komen hier in les 35 op terug.
3 Zoals er **thousands** *(duizenden)* zijn, bestaan er ook **hundreds** *(honderden)* en **millions** *(miljoenen)*: **Hundreds of thousands of people**, *honderdduizenden mensen...* Let op het gebruik van het voorzetsel **of** na "tallen": **a lot of, millions of,**...

one hundred and twenty • 120

4 so there is **al**ways a lot of ² **traf**fic,
5 es**pe**cially **du**ring ⁴ the rush hour ⁵.
6 – I don't under**stand** why they call it the "rush hour".
7 No one ⁶ can move!
8 – That's why they take the Tube.

*4 ... **o-ol**weejz e **lot** ev **træ**fik 5 es**pè**sjelie **djoe**ring DHe rüsj **aue**
6 ... ünde**stænd** ... 7 **noo**wün kæn moev*

Aanwijzingen bij de uitspraak
(5) Rush hour: beide woorden lopen in elkaar over, met de klemtoon op het eerste *[rüsjaue]*; hour is een van de woorden waar de h- niet aangeblazen wordt: *[aue]*.
(7) No one klinkt eigenlijk als *[noowün]*.

Opmerkingen
4 During, *tijdens/gedurende*: **We don't go out during the week**, *Tijdens/Gedurende de week gaan we niet uit*.

5 To rush, *zich haasten, razen*; **the rush hour** (lett. "het raasuur") is *het spits-, piekuur*. Rush kan ook bijvoeglijk gebruikt worden: **rush-hour traffic**, *spitsuurverkeer* (let op het koppelteken!).

6 No one, *niemand* kan met of zonder streepje geschreven worden: **No-one / No one can move**. Een variant is **nobody** (lett. "geen-lichaam"): **Nobody can move**.

***

Exercise 1 – Translate
❶ There's always a lot of traffic during the rush hour. ❷ We don't understand why they call it the West End. ❸ There are lots of theatres and cinemas. ❹ It's a very popular area. ❺ Hundreds and thousands of people come by car.

4 dus is er altijd veel *(een tal van)* verkeer,
5 vooral tijdens het spitsuur *(raas-)*.
6 – Ik begrijp niet waarom ze het het "spitsuur" noemen
7 Niemand *(Niet één)* kan (zich) bewegen!
8 – Daarom *(Dat is waarom)* nemen ze de metro *(Buis)*.

***

Oplossing van oefening 1
❶ Er is altijd veel verkeer tijdens het piekuur. ❷ We begrijpen niet waarom ze het "the West End" noemen. ❸ Er zijn heel wat theaters en bioscopen. ❹ Het is een zeer populaire buurt. ❺ Honderden en duizenden mensen komen met de auto.

Exercise 2 – Fill in the missing words

❶ Er zijn veel restaurants.
.... restaurants.

❷ Er zijn zo veel mensen dat niemand kan (zich) bewegen.
.... that .. ... / .... move.

❸ Er is altijd veel verkeer, vooral in het weekend.
.... always . ... traffic, ... the weekend.

❹ Waarom noemen ze het "het piekuur"?
... . "the rush hour"?

❺ Het is een heel populair deel van de stad.
.... a .... of the city.

Thirty-fifth lesson

Revision – Herhaling

U merkt ongetwijfeld hoeveel vooruitgang u al hebt geboekt in een vijftal weken. Maakt u zich geen zorgen als in dit stadium ALLES nog niet duidelijk overkomt: onze bedoeling is u om te helpen gestaag en gedoseerd vooruit te gaan. Vergeet niet dat door dagelijks een beetje te werken uw natuurlijk assimilatietalent ten volle functioneert.
Laten we nu samen de hoofdzaken uit de studie van vorige week op een rijtje zetten.

Oplossing van oefening 2

❶ There are lots of – ❷ There are so many people – no one/nobody can – ❸ There is – a lot of – especially at – ❹ Why do they call it – ❺ It's – very popular part –

The West End ("het Westelijke Uiteinde") *is de buurt in het westelijke centrum van Londen waar zich de belangrijkste winkelstraten bevinden (***Oxford Street** *en* **Regent Street***), alsook vele theaters, bioscopen en grote hotels. De pleisterplaatsen zijn er* **Piccadilly Circus** *en* **Leicester** *[lèste]* **Square**. *Daar ook, rond* **Gerrard Street***, is de Chinese buurt –* **Chinatown** *– gevestigd.*

Het andere uiteinde van de stad is **East End,** *de traditionele Londense volksbuurt, die van de "arbeiders", de "werkende klasse":* **The East End is the working class district of London**. *Het ligt geconcentreerd rond de* docks *(dokken) en werd in de jaren 1980 gerenoveerd; herdoopt tot* **Docklands** *werd het een zakenkwartier en financieel centrum.*

Zich verplaatsen in Londen kan gemakkelijk met **the Underground** *(lett. ondergrondse), de metro, beter bekend als* **the Tube** *(lett. de Buis). Als eerste ondergrondse spoorweg ter wereld werd hij in 1863 geopend; hij dekt een uitgebreid grondgebied met zowat 400 kilometer spoor en een 270-tal stations. Het logo is een rode cirkel met een blauwe band er over heen.*

Vijfendertigste les

1 Vragen in de *present simple*

Om in de **present simple** een vraag te stellen, zet men het hulpwerkwoord **do/does** voor het onderwerp, waarop dan het hoofdwerkwoord in de infinitiefvorm volgt:
You like skiing. → Do you like skiing?

In de 3e persoon enkelvoud verhuist de **-s** van het hoofd- naar het hulpwerkwoord:
She likes climbing. → Does she like climbing?

Een samentrekking is hier uiteraard niet mogelijk.

Nu u (bijna) alles weet over de **present simple**, kunnen we even samenvatten:

(**to**-)infinitief	**(to) like**
bevestigend	**I like**
	he/she/it likes
vragend	**Do I like?**
	Does he/she/it like?
ontkennend	**I don't like**
	he/she/it doesn't like

2 Het bepaald lidwoord (*the*)

De volgende aanwijzingen i.v.m. het gebruik van het bepaald lidwoord zijn voor een Nederlandstalige heel herkenbaar:

• bij een veralgemening heeft een bepaald lidwoord uiteraard geen zin:
She likes music, *Ze houdt van muziek*.
ook niet als er een bijvoeglijk naamwoord voor het zelfstandig naamwoord staat:
She likes house music, *Ze houdt van housemuziek*.
maar wel als de (house)muziek nader bepaald wordt:
She likes the house music that they play on Capital FM, *Ze houdt van de housemuziek die ze op Capital FM draaien*.

• sommige zaken zijn uniek (de zon, de maan, het weer, enz.) en bijgevolg bepaald:
Don't go out in the sun without a hat, *Ga niet uit/buiten in de zon zonder hoed*.
The weather's terrible in January, *Het weer is vreselijk in januari*.

• ook als de context aangeeft dat hetgene waarover men spreekt uniek is, wordt **the** gebruikt:
Pass me the salt, please, *Geef me het zout door, alsjeblieft* (er staat maar één zoutvaatje op de tafel).
She's in the garden, *Ze is in de tuin* (er hoort maar één tuin bij het huis).

- geen **the** voor landsnamen, tenzij bij een meervoudsvorm :
England, *Engeland*, maar **the USA**, *de VSA* en **the British Isles**, *de Britse Eilanden* en ook **the Netherlands**, *Nederland* en **the UK**, *het VK*.

Maar let op: in het Engels moet bij muziekinstrumenten **the** staan!
She plays the guitar, *Ze speelt gitaar*.

3 *Much, many* en *a lot of, lots of*

De algemene regel luidt dat **much** en **many** gebruikt worden in ontkennende en vragende zinnen, **much** voor een niet-telbaar of in het enkelvoud staand zelfstandig naamwoord en **many** voor een telbaar in het meervoud:

- **much** - niet-telbaar:
There isn't much traffic today, *Er is niet veel verkeer vandaag*.
Is there much traffic today?, *Is er veel verkeer vandaag?*

- **many** - telbaar:
There aren't many cars this evening, *Er zijn niet veel auto's vanavond*.
Are there many cars this evening?, *Zijn er veel auto's vanavond?*

Dezelfde regel geldt om een teveel aan iets uit te drukken:
There are too many calories and there's too much fat in hamburgers, *Er zitten te veel calorieën en er zit te veel vet in hamburgers*.

- **a lot of** of **lots of**
In de omgangstaal wordt **much/many** in bevestigende zinnen meestal vervangen door **a lot of** of **lots of** en verdwijnt het onderscheid telbaar/niet-telbaar:
There are a lot of cars./There's a lot of traffic.

A lot of is ook in ontkennende of vragende zinnen mogelijk:
There aren't a lot of cars this evening, *Er zijn niet veel auto's vanavond*.

Is there a lot of traffic this evening?, *Is er veel verkeer vanavond?*
We zullen deze wendingen evenwel vermijden om het verschil tussen telbaar en niet-telbaar te benadrukken.

4 Iets aanbieden of voorstellen

We kennen de uitdrukking **How about...?** om iemand iets voor te stellen (les 18, opm. 2).
In les 32 zagen we andere wendingen om iets aan te bieden of voor te stellen:

• Gemakkelijk is de vraagvorm **Do you want...?**
Do you want some chips?, *Wil je / Wilt u / Willen jullie (wat) frietjes?*
Does she want some dressing on her salad?, *Wil ze (wat) slasaus op haar salade?*
In dergelijke wendingen gebruiken we **some** i.p.v. **any** (dat gewoonlijk voorkomt in vragen die moeten bepalen of iets er is of bestaat).

• Dan is er het "actieve" **have** (les 31, opm. 2) dat als beleefde imperatief de zin inleidt:
Have a cup of coffee, *Neem een kopje koffie.*
If not, have some tea, *Neem anders thee.*

• En ten slotte **What about...?** als synoniem van **How about...?**
What about a salad? (of **How about a salad?**), *Wat dacht je van een slaatje?*
Is het voorgestelde een activiteit (bv. *Zullen we morgen lunchen?*) dan kan die met een "gesubstantiveerd werkwoord", **gerund** genoemd (infinitief + **-ing**), uitgedrukt worden:
What about having lunch tomorrow?

5 Maten en gewichten

In de jaren 1980 werd in Groot-Brittannië het eigen systeem vervangen door het metriek stelsel, dat moeizaam ingeburgerd raakte: benzine wordt niet meer per **gallon** maar per liter getankt, **bacon** niet meer per **pound** (*pond*) maar per kilo gewogen. Sommigen blijven echter gebruik maken van de vroegere maten en gewichten, vooral bij grote hoeveelheden en bij afstanden. **Two miles** zal nog

Vijfendertigste les / 35

lang de afstand blijven tussen twee Londense metrostations!
Het zal nog enkele generaties duren voor deze omschakeling volledig geïntegreerd is in de omgangstaal. Vandaar dat wij u toch nog even de belangrijkste gegevens hierover meegeven, die ook nuttig zijn mocht u naar de Verenigde Staten gaan!

Wat de temperatuur betreft, hebben graden Celsius de graden Fahrenheit vervangen in weerberichten, maar niet in dagelijkse gesprekken. Zo bedoelt men met **the temperature is in the nineties** dat de temperatuur meer dan 90° graden Fahrenheit, of 32 van de onze bedraagt.

Ook typisch Brits (Amerikanen kennen dit niet) is over je gewicht praten in **stone** (lett: steen!), dat dan geen meervoudsvorm aanneemt...

Dit zijn de belangrijkste maten en gewichten:

an ounce, *ons*	28,35 gram
a pound	453,6 gram (wat bijna overeenkomt met ons "pond" van 500 g)
a stone, 14 pounds	6,348 kilo
a pint, *pint*	0,57 liter
a gallon, *gallon*	4,546 liters
an inch, *duim*	2,54 centimeter
a foot, *voet*	30,48 centimeter
a mile, *mijl*	1,609 kilometer
a yard, *yard*	0,914 m

Om het nog ingewikkelder te maken, verschillen bepaalde Amerikaanse maten van die in Groot-Brittannië!

(Bericht aan de wiskundeknobbels onder u: om Celsius om te zetten in Fahrenheit rekent u 9/5 van de temperatuur in Celsius en voegt u 32 toe.)

one hundred and twenty-eight

Revision dialogue

1 – Do you like the West End?
2 – No, I don't. There's too much traffic
3 and too many people, especially during rush hour.
4 – But there are lots of theatres and cinemas.
5 And there are also lots of good restaurants.
6 – Hey, I'm starving! Let's have lunch.
7 – I'm on a diet and I don't have lots of time.
8 – All right, let's have some bread and cheese.
9 Or what about a mixed salad?
10 – No thanks. Not for me.

***

Vijfendertigste les / 35

Vertaling

1 Vind je West End leuk? **2** Nee. Er is te veel verkeer **3** en te veel volk, vooral tijdens het spitsuur. **4** Maar er zijn veel theaters en bioscopen. **5** En er zijn ook veel goede restaurants. **6** Hé, ik scheur van de honger! Laten we lunchen. **7** Ik sta op dieet en ik heb niet veel tijd. **8** Goed dan, laten we (wat) brood en kaas nemen. **9** Of wat dacht je van een gemengd slaatje? **10** Nee, bedankt. Niet voor mij.

***

U zult merken dat we minder letterlijke vertalingen geven. Geleidelijk aan kunnen we de idee achter een zin vertalen, en niet zozeer meer de woorden waaruit hij is samengesteld. Ook u zult dit beetje bij beetje leren doen, door spontaan een Nederlandse uitdrukking of wending te vinden die zoveel mogelijk met de Engelse overeenkomt.

Thirty-sixth lesson

I'm looking [1] for a bank

1 – Excuse me, [2] I'm **look**ing for [3] a bank.
2 – Let's see, I know [4] there's one **ne**ar **he**re.
3   Go down to the **but**cher's [5] and turn left.
4   I think the bank's next to [6] the post **of**fice.
5 – That's too far. Can you lend me some **mo**ney [7]?

Uitspraak
*... **loe**king ... bænk **1** iks**kjoez** mie ... **2** ... **nie**e **hie**e **3** ... **boet**sjez ...
4 ... toe DHe poo^wst **of**fis **5** ... toe*

Aanwijzingen bij de uitspraak
(2) Near en **here**: hoewel het hier om verschillende schrijfwijzen gaat, klinken -ear en -ere beide als *[iee]*.

(4), (5) Too en **to** worden allebei als *[toe]* uitgesproken, de eerste nadrukkelijker dan de tweede.

(1), (3) Excuse met de u als *[joe]*, maar **butcher** met de u als *[oe]*.

Opmerkingen

1 De **present simple** drukt een handeling of een toestand in het heden, een gewoonte of een regelmatig weerkerende handeling m.b.t. het heden uit. Ziehier de **present continuous** (de progressieve of duratieve vorm van de tegenwoordige tijd) voor een handeling/gebeurtenis van bepaalde duur die op het ogenblik dat men spreekt/schrijft aan de gang is. Hij bestaat uit de gewone tegenwoordige tijd van **to be** + het onvoltooid deelwoord (zelfde vorm als een **gerund**: infinitief + **-ing**) van het hoofdwerkwoord. Deze tijd zal de hele week lang aan bod komen. Noteer nu al dat wij in het Nederlands de **present continuous** veelal met een O.T.T. weergeven als het duratieve aspect niet duidelijk blijkt (aan het... zijn, staan/zitten/liggen te...).

2 Met **Excuse me...** vraagt men om de aandacht van een onbekende: *Excuseer / Excuseer me / Excuseert u mij...*

Zesendertigste les

Ik ben op zoek naar een bank

1 – Excuseer me, ik ben op zoek *(zoekend)* naar een bank.
2 – Even kijken *(Laat ons zien)*, ik weet [dat] er een is hier dichtbij.
3   Loop door *(Ga neer)* naar de slagerij en sla links[af].
4   Ik denk [dat] de bank naast het postkantoor is.
5 – Dat is te ver. Kunt u me (wat) geld lenen?

---

3 **To look** is *kijken*, bv. **They're looking at the bank**, *Ze kijken naar de bank;* met **for** erachter verandert echter de betekenis van **to look** in *zoeken (naar):* **They're looking for the bank**, *Ze zijn op zoek naar / zoeken de bank.* Opletten dus, bij die werkwoorden met een voorzetsel!

4 **I know (that) there's one near here**, *Ik weet dat er een is hier vlakbij*: in een vlot register valt het betrekkelijk voornaamwoord **that** weg na bepaalde courante werkwoorden zoals **to think** *(denken)*, **to know** *(weten, kennen)*, **to hope** *(hopen)*. Dit is geen regel (u hoeft **that** niet weg te laten), maar een gebruik. De structuur dook eerder al op, in de tweede zin van les 33.

5 **Butcher**, *slager* en **butcher's**, *slagerij*: dit is een bijzondere toepassing van de bezits- of genitiefvorm (zie les 16, opm. 4 en les 21, punt 4) om het te hebben over o.a. handelszaken, restaurants, enz. U dient onder **'s** te verstaan "zijn/haar winkel", waarbij "zijn/haar" dan verwijst naar de uitbater/-baatster (slager, apotheker/-es,...).

6 Uit les 8 weet u nog dat **next to** *naast* betekent en **next** alleen *volgend(e)* (zoals ook bleek in les 19): **next Tuesday**, *volgende dinsdag*. De **to** maakt het verschil!

7 **To lend**, *lenen*: **He never lends me money**, *Hij leent me nooit geld*. **Can you lend me some money?** met **some** omdat niet gevraagd wordt of iets er is, maar een verzoek geformuleerd wordt.

36 / Thirty-sixth lesson

6 – But I don't **e**ven know you!
7 – **Exact**ly. That's why I'm **ask**ing you.

6 ... **ie**ven ...

***

Exercise 1 – Translate
❶ Excuse me, we're looking for the post office. ❷ Go down to the bank and turn right. ❸ That's why we're asking you. ❹ I think it's next to the butcher's. ❺ But we don't even know her. – Exactly.

***

Exercise 2 – Fill in the missing words
❶ Kunt u me (wat) geld lenen?
  … … … me … money?

❷ Ik ben op zoek naar een bank. – Ik weet dat er een hier vlakbij is.
  … … … … … a bank. – I … (…) … … … here.

❸ Waarom vraagt ze u om hulp?
  Why … … … … you … help?

❹ Hij leent me altijd geld. Hij is heel sympathiek.
  He … … … money. He's … …

❺ De slagerij is naast het postkantoor.
  The … is … … the … …

6 – Maar ik ken u zelfs niet!
7 – Precies. Daarom vraag ik het aan u *(Dat is waarom ik ben vragend u)*.

***

Oplossing van oefening 1
❶ Excuseer(t u) me, we zijn op zoek naar het postkantoor. ❷ Loop(t u) door naar de bank en sla(at u) rechtsaf. ❸ Daarom vragen we het aan u. ❹ Ik denk dat het naast de slagerij is. ❺ Maar we kennen haar niet eens. – Precies.

Oplossing van oefening 2
❶ Can you lend – some – ❷ I'm looking for – know (that) there's one near – ❸ – is she asking – for – ❹ – always lends me – very nice ❺ – butcher's – next to – post office

Stilaan worden de zinnen in onze lessen langer en krijgt u meer complexe constructies te verwerken. Verwacht niet meteen alles helemaal te begrijpen. Laat uw aangeboren assimilatietalent zijn werk doen: door onze progressie te volgen, leert u bijna ongemerkt de taal!

Thirty-seventh lesson

I'm looking for a job

1 – Hi **Da**vid, nice to **see** you a**gain** [1].
2 What are you doing [2] these days?
3 – I'm still **work**ing at that school in **Sal**ford.
4 What a**bout** you? What are you up to? [3]
5 – I'm not **work**ing [4] at the **mo**ment, as **us**ual [5].
6 In fact, I'm **look**ing for a job.
7 I want one [6] that doesn't take too much time. □

Uitspraak
*1 ... e**Gèn** 3 ... **we-e**king ... 5 ... **moo**ʷment æz **joe**zjoe-el*

Aanwijzing bij de uitspraak
(5) Let erop **moment** op z'n Engels uit te spreken, met de klemtoon op de eerste lettergreep en een doffe e in de laatste: *[**moo**ʷment]*.

Opmerkingen

1 **Again,** *opnieuw*; samen met een werkwoord wijst het op herhaling: *terug, weer, her-*, bv. **She never wants to see you again**, *Ze wil je nooit [meer] terugzien.* **Again** staat niet voor, maar achter het werkwoord waar het op slaat: **It's nice to see someone again**, *Het is fijn om iemand terug te zien.*

2 Hier hebben we een vraag in de **present continuous** met inversie van een vorm van **to be** en het onderwerp: **You're working hard → Are you working hard?** (*Je bent hard aan het werken. → Ben je hard aan het werken?*). Een vraagwoord (**who, when, what,**...) leidt de zin in: **Who's working hard?**, *Wie is hard aan het werken?*

Zevenendertigste les

Ik ben op zoek naar werk

1 – Hallo David, leuk om je terug te zien *(om-te zien jou terug)*.
2 Wat doe je tegenwoordig *(ben je doende deze dagen)*?
3 – Ik werk nog altijd *(ben nog-altijd werkend)* op die school in Salford.
4 En jij *(Wat over jou)*? Wat doe jij zoal *(ben jij op naar)*?
5 – Ik werk niet *(ben niet werkend)* op dit ogenblik, zoals gewoon[lijk].
6 In feite ben ik op zoek *(zoekend)* naar werk *(een job)*.
7 Ik wil [er] een die niet te veel tijd [in]neemt.

---

3 **What are you up to?** vraagt naar "wat er van iemand wordt", "waar iemand mee bezig is",... **What's Sarah up to these days?**, *Wat doet Sarah zoal tegenwoordig?* Verwar dit niet met **What's up with you/him/...?** dat vraagt "wat er aan de hand is met iemand": **What's up with Sarah?**, *Wat scheelt er met Sarah?*

4 Ontkennen gebeurt in de **present continuous** volgens dezelfde regels als die bij de **present simple** van **to be**, dus met **am/are/is + not**, bv. **She's working in Birmingham at the moment.** → **She's not working in Birmingham at the moment.** (*Ze is momenteel aan de slag in Birmingham.* → *Ze werkt momenteel niet in Birmingham.*)

5 We kennen het bijwoord **usually**, *gewoonlijk* en het bijvoeglijk naamwoord **usual**, *gewoon, gebruikelijk* (les 25, opm. 5). Hier hebben we de handige uitdrukking **as usual**, *zoals gewoonlijk*.

6 **Do you want a coffee? – I've got one, thanks**, (*Wil je een koffietje? – Ik heb [er] een, dank je.*) Om in dergelijke constructies herhaling van een woord te vermijden, wordt **one** (nooit **a/an**!) ingelast. De Engelse versie is ook eenvoudiger omdat ze onze "er" niet nodig heeft: **Do you have a car? – No, I want one.** (*Heb jij een auto? – Nee, ik wil er een*).

one hundred and thirty-six

Exercise 1 – Translate

❶ Hi, nice to see you again. ❷ What's David up to these days? ❸ Is he still looking for a job? ❹ Do you want a coffee? – I've got one, thanks. ❺ What's up with Sarah? – She's sick, as usual.

***

Exercise 2 – Fill in the missing words

❶ Zijn ze hard aan het werken tegenwoordig?
... ... these days?

❷ Naar wat zijn ze aan het kijken?
What ... ...?

❸ Ze is niet aan het werken in Birmingham momenteel.
.... Birmingham at the moment.

❹ Hij wil er een die/dat niet te veel tijd inneemt.
.. .. that doesn't take ... ...

❺ Ze willen ons nooit meer terugzien.
They .... to ... ...

38

Thirty-eighth lesson

The perfect [1] job

1 – Do you re**mem**ber [2] Steve? He's got the **per**fect job.

Uitspraak
... pe-e**fè**kt ... **1** ... re**mèm**be ...

Opmerkingen

1 A perfect job, *een perfecte* en bijgevolg *ideale job*.

Oplossing van oefening 1

❶ Hoi, fijn je terug te zien. ❷ Wat doet David zoal tegenwoordig? ❸ Is hij nog steeds op zoek naar werk? ❹ Wil je een koffietje? – Ik heb er een, dank je. ❺ Wat is er aan de hand met Sarah? – Ze is ziek, zoals gewoonlijk.

***

Oplossing van oefening 2

❶ Are they working hard – ❷ are they looking at ❸ She's not working in – ❹ He wants one – too much time ❺ – never want – see us again

Bent u werkloos of op zoek naar een baan in Groot-Brittannië, dan kunt u terecht in een **Jobcentre Plus**, tewerkstellingsbureau *of op* **JobCentre Online**.

Achtendertigste les 38

De ideale job

1 – Herinner jij [je] Steve? Hij heeft de ideale job.

2 To remember, *zich herinneren*: I'm sorry, I don't remember your name, *Het spijt me, ik herinner me uw naam niet.* (In Groot-Brittannië heet *Wapenstilstand,* **Remembrance Day**, de dag van 11 november waarop men de doden van de twee wereldoorlogen en andere gewapende conflicten herdenkt.)

2 He works **on**ly at **week**ends and bank **ho**lidays.
3 He ne**ver** [3] works **du**ring the **week**.
4 He **of**ten travels a**broad** [4] and **vi**sits ex**ci**ting **coun**tries.
5 For ex**am**ple, he **some**times sends me **post**cards from Ta**hi**ti!
6 – Wow, that sounds [5] great. What does he do [6]?
7 – He robs [7] banks.

*4 ... o**fen træ**velz e**bro-od** ... ik**saj**ting **kün**triz   5 ... i**Gza-am**pel ... **pooʷst**ka-adz frem te**hie**tie   7 ... robz ...*

Aanwijzingen bij de uitspraak
(4) • In **of**ten spreken de meeste Engelstaligen de **t** niet uit: *[ofen]*.
• Countries, met de **ou** als een **u** die naar een doffe **e** neigt: *[küntriz]*.

Opmerkingen
3 Never kan alleen bij een werkwoord in de bevestigende vorm staan: **He never remembers my birthday**, *Hij onthoudt nooit mijn verjaardag.*

4 Abroad, *naar/in het buitenland*: **He travels abroad**, *Hij reist naar het buitenland*; **Steve's abroad**, *Steve is in het buitenland.*

5 A sound, *een klank*; **to sound**, *klinken*: **That sounds great**, *Dat klinkt fantastisch*. Waargenomen met een ander zintuig kunnen we zeggen **That looks great**, *Dat ziet [er] heel goed uit* (merk op dat in deze uitdrukking **to look** zonder voorzetsel staat).

***

Exercise 1 – Translate
❶ I'm sorry, I don't remember your name. ❷ That looks great. But what is it? ❸ He's got the perfect job. – It sounds great. ❹ I want to travel abroad and visit exciting countries. ❺ What does she do? – Actually, she robs banks!

Achtendertigste les / 38

2 Hij werkt alleen in het weekend *(op weekends)* en op feestdagen *(bank vakanties)*.
3 Hij werkt nooit tijdens de week.
4 Hij reist dikwijls naar het buitenland en bezoekt boeiende landen.
5 Bijvoorbeeld, hij stuurt me soms kaartjes *(postkaarten)* uit Tahiti!
6 – Wauw, dat klinkt geweldig. Wat doet hij?
7 – Hij overvalt banken.

6 U hebt gemerkt dat alle werkwoorden in deze les in de **present simple** staan, omdat het om toestanden, gewoonte- en herhaalde handelingen m.b.t. het heden gaat, herkenbaar aan bijwoorden van frequentie zoals **only** *(alleen)*, **never** *(nooit)*, **often** *(dikwijls, vaak)*, **sometimes** *(soms)* (terwijl de **present continuous** nodig is bij "aan de gang zijnde" handelingen).

7 **To rob**, *overvallen, (be)roven*; er schuilt altijd geweld of braak achter dit werkwoord, vandaar ook dat het gebruikt wordt in de context van overvallen op een bank, een geldtransport enz. Voor *(be)stelen* is er het onregelmatig werkwoord **to steal**.

***

Oplossing van oefening 1

❶ Het spijt me, ik herinner me uw naam niet. **❷** Dat ziet er fantastisch uit. Maar wat is het? **❸** Hij heeft de perfecte baan. – Het klinkt fantastisch. **❹** Ik wil naar het buitenland reizen en boeiende landen bezoeken. **❺** Wat doet ze? – Eigenlijk... overvalt ze banken!

one hundred and forty

Exercise 2 – Fill in the missing words

① Ze werken alleen in het weekend en op feestdagen.
  .... at weekends and ....

② We reizen nooit naar het buitenland.
  .. .. abroad.

③ Ze stuurt me soms kaartjes uit Tahiti.
  .... postcards from Tahiti.

④ Ze brengen vaak een bezoek aan hun moeder.
  .... their mother.

⑤ Herinnert u zich mij? – Ja, hoor.
  .. ..? – Yes, ...

39

Thirty-ninth lesson

A postcard from Steve

1 Hi everyone [1]. I'm **hav**ing a great time [2] in Bermuda.
2 The sun is **shin**ing and the **tem**perature is **per**fect.

Uitspraak
*1 ... **è**vriwün ... ber**mjoe**de 2 ... **sjaj**ning ... **tèm**pretsje ...*

Aanwijzing bij de uitspraak
(2) Temperature heeft zoals andere drie- of vierlettergrepige woorden onbeklemtoonde en bijgevolg ingeslikte lettergrepen: *[**tèm**pretsje]*.

Opmerkingen

1 **Every**, *ieder(e), elk(e)* en **everyone**, *iedereen*: **Everyone knows that Salford is near Manchester**, *Iedereen weet dat Salford dichtbij Manchester ligt*. **Everyone** of **everybody** (lett. "elk-lichaam"): **Everybody knows that Salford is near Manchester**.

Oplossing van oefening 2

❶ They work only – bank holidays ❷ We never travel – ❸ She sometimes sends me – ❹ They often visit – ❺ Do you remember me – I do

Groot-Brittannië kent geen vrije dagen toe voor het vieren van religieuze feesten (met uitzondering van Pasen, **Easter** *en* Kerstmis, **Christmas**). *Het is evenwel een land met een lange handelstraditie, waar handelaars, vooral bankiers ook rust verdienen. Zo hebben de Britten drie keer per jaar, telkens op een maandag, twee in mei en één in augustus, een vrije dag die ze* **bank holiday** *(lett. "bankvakantie") noemen. En zo is ook 26 december een feestdag (***public holiday***),* **Boxing Day** *genaamd: vroeger bood de burgerij die dag zijn personeel en handelaars een kerstbonus aan die dikwijls in een* doos(je) *(***box***) zat.*

Negenendertigste les

Een kaartje van Steve

1 Hoi, iedereen. Ik beleef *(ben hebbend)* **een geweldige tijd op** *(in)* **Bermuda**.
2 De zon schijnt *(is schijnend)* en de temperatuur is perfect.

---

2 To have a good/great time, *een leuke/geweldige tijd hebben/beleven, zich vermaken, zich goed amuseren*: I hope that you're having a good time on holiday, *Ik hoop dat jullie je amuseren op vakantie.*
Op het kaartje beschrijft Steve wat hij aan het doen is en dus gebruikt hij de **present continuous**.

39 / Thirty-ninth lesson

3   I'm **ly**ing ³ on a beach **drink**ing a gin and **ton**ic
4   and **think**ing a**bout** you all at work.
5   I'm **stay**ing in a **lux**ury ho**tel** with a view of the **o**cean.
6   I go **swim**ming four times a day ⁴.
7   And I don't pay for **a**nything!
8   If I want **some**thing, I just ⁵ ask for it ⁶.
9   I don't want to go back to ⁷ the **of**fice! ☐

 *3 ... **laj**ing on e bietsj ... dzjin ænd **to**nik   5 ... **steej**ing in e **lük**sjerie ... vjoew ev DHi **oo**ʷsjen   7 ... peej ...*

Aanwijzingen bij de uitspraak
(3) Gin, met de g als *[dzj]*, dus *[dzjin]*.
(5) Ocean, met een beklemtoonde eerste lettergreep vervaagt de **ea** tot een doffe, zelfs ingeslikte e: *[ooʷsj(e)n]*.

Opmerkingen

3 **To lie**, *liggen*. Let op de spelling bij een aantal werkwoorden waarvan de infinitiefuitgang **-ie** verandert in **-y** in het onvoltooid deelwoord (om drie opeenvolgende klinkers te vermijden): **He lies on the beach → He's lying on the beach. To lie** betekent eveneens *liegen*, maar de context zorgt wel voor duidelijkheid: **I know he's lying: he hasn't got any money**, *Ik weet dat hij liegt* (en niet "ligt"!): *hij heeft geen geld*. Het bijbehorende voorzetsel is **to: Don't lie to me!**, *Lieg niet tegen mij!*

4 **I go swimming four times a day**, *Ik ga vier keer per dag zwemmen*. Het betreft een gewoonte- of herhaalde handeling, dus gebruikt Steve de present simple: **I go swimming** (en niet de duurvorm **I'm going...**). Het systeem wordt u ongetwijfeld duidelijk.

5 In les 31, zin 6 kwam **just** al voor: *gewoon, alleen (maar)*. **I just want a gin. No tonic** *(Ik wil alleen (een) gin. Geen tonic)*; **Just tell me what you want**, *Zeg me gewoon wat je wil*.

Negenendertigste les / 39

3 Ik lig *(ben liggend)* op een strand een gin- *(en)* tonic te drinken *(drinkend)*
4 en te denken aan *(denkend over)* jullie allen aan [het] werk.
5 Ik logeer *(ben verblijvend)* in een luxe hotel met *(een)* uitzicht op *(van)* de oceaan.
6 Ik ga vier keer *(keren)* per dag zwemmen.
7 En ik betaal nergens voor *(betaal niet voor iets)*
8 Als ik iets wil, vraag ik er *(het)* gewoon om.
9 Ik wil niet terugkeren naar *(het)* kantoor!

6 **To ask**, *vragen (aan)* (zoals in les 36, zin 7), waar dan een persoon of persoonlijk voornaamwoord op volgt. Vragen we "om, naar" iets, dan volgt op **to ask** het voorzetsel **for**: **Steve asked for a tonic**, *Steve vroeg om een tonic*.

7 We zullen er blijven op aandringen om een werkwoord altijd met het juiste voorzetsel te onthouden. Het werkwoord **to go** staat veel met het voorzetsel **to** *(gaan naar)*: **They go to the cinema every Saturday**, *Ze gaan iedere zaterdag naar de bioscoop*. In zin 9 wordt **back** aan **to go to** toegevoegd *(teruggaan, terugkeren naar)*: **I go back to the office**, *Ik keer terug naar het kantoor*; **I don't want to go back to the office**, *Ik wil niet terugkeren naar het kantoor* (waarbij ons *terugkeren* overeenkomt met **to go back** als "volledige of **to**-infinitief").

Exercise 1 – Translate

❶ Everyone knows that Manchester is an exciting city. ❷ She's lying on the beach and drinking tea. ❸ We don't want to go back to the office. ❹ Sharon and Steve are having a great time in Bermuda. ❺ They go swimming four times a day.

***

Exercise 2 – Fill in the missing words

❶ We weten dat hij staat te liegen: hij heeft geen geld.
We . . . .: he hasn't . . . . . . money.

❷ Ik hoop dat ze een leuke tijd beleven op vakantie.
I hope . . . . a . . . . on holiday.

❸ Laten we terugkeren naar Cornwall dit jaar.
Let's . . . . Cornwall this year.

❹ Ze verblijven in een luxe hotel met uitzicht op de oceaan.
. . . . a luxury hotel with . . . . the ocean.

Fortieth lesson

Following a bank robber [1]

1 – **We**'re **fol**lowing the bank **rob**ber, **ser**geant.
2   He's **sit**ting [2] at the bar in his ho**tel**.

Uitspraak
*1 … **fol**oowing … **sa-a**dzjent 2 … ba-a … hoo*ʷ**tèl**

Opmerkingen

[1] Van een werkwoord kan een zelfstandig naamwoord afgeleid worden, vaak door toevoeging van **-er** (en eventuele verdubbeling van de medeklinker), bv.: **to rob** (*overvallen, beroven*) → **a robber** (*een overvaller, rover*), **to teach** (*onderwijzen*) → **a teacher** (*een onderwijzer/-es, leraar/lerares*).

Veertigste les / 40

Oplossing van oefening 1

❶ Iedereen weet dat Manchester een boeiende stad is. ❷ Ze ligt op het strand en is thee aan het drinken. ❸ We willen niet naar het kantoor terugkeren. ❹ Sharon en Steve beleven een fantastische tijd op Bermuda. ❺ Ze gaan vier keer per dag zwemmen.

***

❺ Als je iets wil, vraag er dan gewoon naar.
   If you want something, ... it.

Oplossing van oefening 2

❶ – know he's lying – got any – ❷ – they're having – good time – ❸ – go back to – ❹ They're staying in – a view of – ❺ – just ask for –

Veertigste les 40

Een bankovervaller achterna *(volgend)*

1 – We zitten *(zijn volgend)* de bankovervaller achterna, inspecteur.
2   Hij zit *(is zittend)* aan de bar in zijn hotel.

Aanwijzing bij de uitspraak

(1), (2) Sergeant, bar en **hotel** worden in het Engels anders uitgesproken dan in het Nederlands: *[sa-adzjent]*, *[ba-a]* en *[hoo^wtèl]*.

2 To sit, zitten: **She's sitting at the bar**, *Ze zit aan de bar*. **To sit down**, *neerzitten, (gaan) zitten*: **Sit down next to me**, *Ga/Kom naast me zitten*.

one hundred and forty-six • 146

3 – Is there **an**yone [3] with him, **con**stable?
4 – There's a **beau**tiful girl **stand**ing [4] next to him.
5 But she's not **talk**ing to him; she's **read**ing the **pa**per [5].
6 I think they know we're **watch**ing [6] them.
7 It must [7] be be**cause** I'm **wear**ing my **uni**form. □

*3 ... **èn**iwün ... **kün**stebel   4 ... **bjoe**tifel ... **stænd**ing ...*
*5 ... **to-o**king ... **rie**ding DHe **peej**pe   6 ... **wot**sjing ...*
*7 ... **wè**ring maj **joe**nifo-om*

Aanwijzingen bij de uitspraak
(3) Constable, met omvorming van de o in een zwakke u: *[künstebel]*.
(4) • Beautiful, met de eau als *[joe]*: *[bjoetifel]*.
• Standing, met de a als *[æ]*: *[stænding]*.
(5) Talking, met de al als *[o-o]*: *[to-oking]*.
(7) Uniform, met de u in de beklemtoonde eerste lettergreep als *[joe]*: *[joenifo-om]*.

Opmerkingen

3 In les 21, punt 1 zagen we samenstellingen met **some** en **any** die allemaal dezelfde regel volgen. Zo dus ook **anyone**, *(n)iemand* (vragende of ontkennende vorm) en het synoniem **anybody**: Is there anyone with her?, *Is er iemand bij haar?*; I don't know anybody, *Ik ken niemand*; en de "tegenhanger" **someone** (bevestigende vorm) met als synoniem **somebody**: Someone/Somebody is watching me, *Iemand houdt me in de gaten*.

4 To stand, *(rechtop) staan*; to stand up, *gaan staan, rechtstaan*: Stand up when I'm talking to you!, *Sta recht wanneer ik tegen je praat!* Andere

***

Exercise 1 – Translate
❶ Excuse me, I'm looking for a newsagent. ❷ Is there anybody with him? ❸ He's standing next to his wife. ❹ Hi, you must be Anne. I'm Rob. ❺ My kids watch television only at the weekend.

Veertigste les / 40

3 – Is er iemand bij *(met)* hem, agent?
4 – Er staat *(is staande)* een mooi meisje naast hem.
5   Maar ze praat niet met *(is niet pratend tegen)* hem; ze is de krant aan het lezen *(lezend)*.
6   Ik denk [dat] ze weten [dat] we hen aan het gadeslaan zijn.
7   Dat *(Het)* moet zijn omdat ik mijn uniform aanheb *(ben dragend)*.

werkwoorden die een houding weergeven: **to sit** (zin 2) en **to lie** (les 39, zin 3), bv. **She's sitting/lying on the beach**, *Ze zit/ligt op het strand*.

5 Paper, *papier*: **a paper cup**, *een kartonnen bekertje*. Maar **a paper** is *een krant*, gegroeid uit **newspaper** (lett. "papier met nieuws"), gekocht bij **a newsagent**, *een krantenverkoper* (die in Groot-Brittannië tevens de rol van "buurtwinkel" vervult, met in het aanbod niet alleen kranten en tijdschriften, maar ook een gamma voedingswaren, drank, sigaretten,...).

6 **To watch**, *kijken (naar), bekijken* voor een langere periode, dus ook *gadeslaan, in de gaten houden*: **My children watch television only at the weekend**, *Mijn kinderen kijken alleen in het weekend naar televisie*; **I think they know we're watching them** (hier zonder **that** na het werkwoord **to think** - zie les 36, opm. 4). **A watch** is *een horloge*: **She's wearing her new watch**, *Ze heeft haar nieuwe horloge aan/om*.

7 **Must**, *moeten* is net als **can** een belangrijk modaal hulpwerkwoord, met dezelfde eigenschappen, bv. het feit dat het partikel **to** er nooit voor staat en dat er een infinitiefvorm op volgt: **Hi, you must be Steve**, *Hoi, jij moet Steve zijn*. Het drukt hier een conclusie, logisch gevolg uit.

***

Oplossing van oefening 1
❶ Excuseert u* me, ik ben op zoek naar een krantenverkoper. ❷ Is er iemand bij hem? ❸ Hij staat naast zijn vrouw. ❹ Hoi, jij moet Anne zijn. Ik ben Rob. ❺ Mijn kinderen kijken alleen in het weekend televisie.

*U weet dat **you** overeenkomt met *jij/je, u* en *jullie* en hebt al lang begrepen dat we niet telkens alle mogelijke vertalingen vermelden...

one hundred and forty-eight

41 / Forty-first lesson

Exercise 2 – Fill in the missing words

❶ Ze zitten aan de bar in hun hotel.
 .... the bar in ..... hotel.

❷ Ik denk dat ze weten dat we hen in de gaten houden.
 I .... that .... them.

❸ Het moet zijn omdat hij zijn uniform draagt.
 It ..... because .... uniform.

❹ Sta alstublieft recht wanneer ik tegen u praat.
 Please .... when ... . you.

❺ Hij is niet naar haar aan het kijken, hij is de krant aan het lezen.
 .... her; .... the paper.

41

Forty-first lesson

Meeting a friend at the airport

1 – **Ca**thy, Mike's **bro**ther is a**rri**ving ¹ from **Tex**as this **af**ternoon.

Uitspraak
*mie*ting ... **1** ... majks ... e*raj*ving ... **tèk**ses ...

Opmerking
1 De **present continuous** wordt ook gebruikt voor iets dat in de (nabije) toekomst zeker zal gebeuren, dat men van plan is of dat afgesproken

Oplossing van oefening 2

❶ They're sitting at – their – ❷ think they know – we're watching – ❸ – must be – he's wearing his – ❹ – stand up – I'm talking to – ❺ He's not looking at – he's reading –

Er is geen nationaal politiekorps in Groot-Brittannië; elke **county** *of graafschap is verantwoordelijk voor de eigen ordehandhaving (zie les 33). Grote steden als Londen, Birmingham, enz. beschikken over een eigen politiedienst.*
Een politieagent *is* **a police officer**. *Wilt u hem de weg of iets anders vragen, dan spreekt u hem aan met* **Excuse me, officer...** *(U hebt doorheen de lessen wellicht gemerkt dat men in het Engels onbekenden niet zozeer aanspreekt met vormen als "meneer" of "mevrouw".) De "laagste" politiegraad is* **constable** *(en dan kan uw vraag beginnen met* **Excuse me, constable...** *); daar boven staat de* **sergeant**.
Vroeger - en nu soms nog - luidde de bijnaam van een politieagent **bobby** *(mv.* **bobbies***). Het komt van de verkorte voornaam (zie les 23) van* **Sir Robert Peel**, *die in 1829 de eerste georganiseerde politie in de moderne werelde oprichtte: de* **Metropolitan Police** *of de nog steeds bestaande* Londense politie.
Doorgaans dragen Britse politieagenten geen vuurwapens, een seculiere traditie die ze proberen in stand te houden.

Eenenveertigste les

Een vriend afhalen *(afhalend)* op de luchthaven

1 – Cathy, Mikes broer komt aan *(is aankomend)* uit Texas deze namiddag.

werd (waar wij alweer een O.T.T. zouden gebruiken): **She's arriving tomorrow**, *Ze komt morgen aan* (nabij); **They're going on holiday in June**, *Ze gaan op vakantie in juni* (gepland). Doorgaans wordt in dergelijke constructies een tijdstip vermeld.

41 / Forty-first lesson

2 Can you meet ² him at the **air**port?
3 – But I don't know him. How can I **re**cognise him?
4 – You'll ³ **re**cognise him as soon as he gets off ⁴ the plane.
5 He's at least six feet tall ⁵ and weighs **twen**ty stone ⁶.
6 He's got long grey hair ⁷, blue eyes and a white **be**ard.
7 He **al**ways wears a **ye**llow and black ⁸ shirt,

3 ...**rè**ke**G**najz ... 4 ... Gèts of ... pleejn 5 ... liest ... fiet to-ol ... weejz ... stoo^wn 6 ... long Greej **hè**e bloe ajz ... wajt **bie**ed 7 ... **wè**ez ... **jè**loow ... sje-et

Aanwijzingen bij de uitspraak
(5) Let op de uitspraak van **weighs**: *[weejz]*.
(5), (6), (7), (8) Ea: in least, beard als *[ie]*, maar in wears, leather (zin 8) als *[è]*.

Opmerkingen

2 **To meet**, *ontmoeten*: **I'm meeting her this evening**, *Ik ontmoet haar vanavond*. Het kan ook als "afspreken" geïnterpreteerd worden: **We're meeting in front of the cinema**, *We hebben afgesproken voor* (lett. "in front van") *de bioscoop*. Hier betekent het dan weer *afhalen*: **Can you meet me at the airport, please?**, *Kan je me afhalen op de luchthaven, alsjeblieft?* De idee van "ontmoeting" is telkens aanwezig.

3 Met **you'll** zien we voor het eerst de "echte" toekomende tijd. Meer hierover over een tweetal weken.

151 • one hundred and fifty-one

Eenenveertigste les / 41

2 Kan jij hem afhalen op de luchthaven?
3 – Maar ik ken hem niet. Hoe kan ik hem herkennen?
4 – Je zal hem herkennen zodra *(zo spoedig als)* hij uit het vliegtuig stapt.
5 Hij is minstens l,80m *(zes voeten)* lang en weegt 127 kilo *(twintig steen)*.
6 Hij heeft lang grijs haar, blauwe ogen en een witte baard.
7 Hij draagt altijd een geel- *(en)* zwart overhemd,

---

4 To get off, *af-, uitstappen*: **Get off the bus at Trafalgar Square**, *Stap de bus uit aan/bij Trafalgar Square*. Het tegengestelde is **to get on**, *op-, instappen*: **Pay the driver when you get on the bus**, *Betaal de chauffeur wanneer je de bus opstapt.* Er zijn idiomatische toepassingen van afgeleid die verderop aan bod zullen komen.

5 **Tall** is *lang, groot* m.b.t. een persoon, *hoog* m.b.t. een gebouw,...: **Suzie's brother is very tall**, *Suzies broer is heel lang/groot*; **He's six feet tall**, *Hij is 1,80m lang/groot*; **How tall is it?**, *Hoe hoog/groot is het?*

6 **Twenty stone**, met **stone** in het enkelvoud m.b.t. een gewicht en als equivalent van 6,348 kg (les 35, punt 5).

7 Met **hair** in het enkelvoud bedoelt men "hoofdhaar": **Her hair is black**, *Haar haar is zwart*; **Your hair's too long/short**, *Je haar is te lang/kort*. De meervoudsvorm **hairs** slaat op "andere haren". Houd rekening met dit onderscheid, want verkeerd gebruik levert gegarandeerd gelach (of schaamte) op!

8 Kleuradjectieven staan altijd net voor het naamwoord dat ze bepalen, ook al zijn er meer bijvoeglijke naamwoorden: **He's got short black hair**, *Hij heeft kort zwart haar*. Zijn er twee kleuradjectieven, dat komt daar **and** tussen te staan: **a blue and white dress**, *een blauw-witte jurk, blauw-wit kleedje*.

41 / Forty-first lesson

8 red **lea**ther **cow**boy boots and a huge green hat.
9 – Yeah [9], no **prob**lem.

*8 ... rèd lèDHe **kaw**boj boets ... hjoedzj Grien hæt 9 jèe ...*

Aanwijzing bij de uitspraak
(8) Let op de uitspraak van **huge**: *[hjoedzj]*.

Opmerking
9 Ook al leren wij u "correct" Engels aan, u moet er zich van bewust zijn dat autochtonen zich in een informeel register enigszins afwijkend van de regels kunnen uitdrukken. Bij veel Britten, en vooral Amerikanen, wordt **yes** *[jès]* dan eerder **yuh**, **yea** of **yeah**. Imiteer dit liever niet.

***

Exercise 1 – Translate
❶ Mike and Lisa are arriving this afternoon. **❷** How tall is he? – At least six feet. **❸** Her hair is black and her eyes are blue. **❹** You get on at Waterloo and get off at Trafalgar Square. **❺** He always wears red leather cowboy boots.

***

Exercise 2 – Fill in the missing words
❶ Ze heef mooi zwart haar, maar het is te kort.
   .... beautiful ...., but .... short.

❷ Hij is minstens l,80m lang en weegt 127 kilo.
   .... six feet .... and ...... twenty ......

❸ Ze komen morgen aan uit Texas.
   .... Texas tomorrow.

❹ We hebben afgesproken voor de bioscoop.
   .... the cinema.

8 rode lederen cowboylaarzen en een enorme groene hoed.
9 – Ja, geen probleem.

Oplossing van oefening 1
❶ Mike en Lisa komen vanmiddag aan. ❷ Hoe lang/groot is hij? – Minstens 1,80m. ❸ Haar haar is zwart en haar ogen zijn blauw. ❹ U stapt op in het station Waterloo en u stapt uit in dat van Trafalgar Square. ❺ Hij draagt altijd rode, lederen cowboylaarzen.

***

❺ Lisa heeft lang zwart haar.
   Lisa has ....

Oplossing van oefening 2
❶ She's got – black hair – it's too – ❷ He's at least – tall – weighs – stone ❸ They're arriving from – ❹ We're meeting in front of – ❺ – long black hair

Forty-second lesson

Revision – Herhaling

Deze week bracht heel wat nieuwigheden aan. Laten we even de tijd nemen om die meer gedetailleerd te bekijken.

1 De *present continuous* (progressieve vorm van de tegenwoordige tijd)

1.1 Vorming

In het Nederlands kennen we deze tijd niet, maar in het Engels is hij heel gebruikelijk. Hij wordt gevormd met de gewone tegenwoordige tijd van **to be** + het onvoltooid deelwoord (infinitief + **-ing**) van het hoofdwerkwoord. Ontkennende en vraagzinnen worden gevormd met **not** resp. door inversie.
Voorbeeld: **to drink**, *drinken* → **drinking** (onvoltooid deelwoord)

Bevestigend	Ontkennend	Vragend
I am drinking	I am not drinking	am I drinking?
you are drinking	you are not drinking	are you drinking?
he/she/it is drinking	he/she/it is not drinking	is he/she/it drinking?
we are drinking	we are not drinking	are we drinking?
they are drinking	they are not drinking	are they drinking?

1.2 Gebruik

• Voor een handeling of gebeurtenis van bepaalde duur die op het ogenblik dat men spreekt/schrijft aan de gang is en dus nog niet afgelopen is:

Tweeënveertigste les

I am drinking zou kunnen vertaald worden met "ik ben aan het drinken", maar het duratieve aspect wordt in het Nederlands niet altijd weergegeven, dus wordt in de meeste gevallen gekozen voor een O.T.T.: *ik drink* (momenteel).

Het verschilt van een herhaalde of gewoontehandeling, waarvoor de **present simple** van toepassing is. Denk maar aan het kaartje van onze bankovervaller die zijn vrienden vertelt:
I'm staying in a luxury hotel, *Ik logeer in een luxe hotel* (nu)
and I go swimming four times a day, *en ik ga vier keer per dag zwemmen* (herhaling).

• Voor een voornemen/afspraak, iets in de nabije toekomst of iets dat naar alle waarschijnlijkheid zal gebeuren:
He's arriving from Texas tomorrow, *Hij komt morgen aan uit Texas* (nabij).
We're visiting Scotland next year, *We bezoeken volgend jaar Schotland* (voornemen).

Sommige werkwoorden worden niet in de progressieve vorm gebruikt. Naast de modale hulpwerkwoorden **can** en **must** (zie punt 2 verderop) gaat het om een reeks werkwoorden van "onvrijwillige zintuiglijke waarneming", zoals **to see**, *zien*, **to hear**, *horen* en **to smell**, *ruiken*. Ze geven geen echte actie aan, maar eerder een reactie, een passieve handeling of toestand van onbepaalde duur.
I hear a noise, *Ik hoor een geluid.*
I see someone/somebody in the house, *Ik zie iemand in het huis.*

In zulke gevallen kan voor het werkwoord het modale hulpwerkwoord **can** geplaatst worden:
→ **I can hear a noise**.
→ **I can see someone in the house**.
dit om het "momenteel gaande zijn" weer te geven.

(Let op: als deze werkwoorden van onvrijwillige zintuiglijke waarneming in een andere betekenis gebruikt worden - bv. **to see** als "een afspraak hebben" - kunnen ze wel in de progressieve vorm vervoegd worden, net als de werkwoorden van vrijwillige waarneming als **to look** (kijken), **to listen** (luisteren),...
Maak u geen zorgen, dit wordt nog geïllustreerd in situaties in de volgende lessen.)

2 *Can* en *must*

Can, *kunnen* of *mogen*
must, *moeten*.

Dit zijn de twee meest courante modale hulpwerkwoorden; als "defectieve" werkwoorden kunnen ze niet in alle vormen en tijden vervoegd worden en vertonen ze bepaalde eigenschappen:

• er staat nooit het partikel **to** voor en ze hebben geen deelwoorden

• er volgt een infinitiefvorm op:
You must go back to the office, *Je/U moet / Jullie moeten terugkeren naar het kantoor*.
They can help you, *Ze kunnen je/u/jullie helpen*.

• de 3e persoon enkelvoud heeft geen **-s**:
He can play the guitar, *Hij kan gitaar spelen*.
She must be at least thirty, *Ze moet minstens 30 zijn*.

• in de ontkennende en vraagvorm gedragen ze zich zoals **to be**:

– ontkennend met **not**:
He can't hear you, *Hij kan je niet horen / hoort je niet*.
We mustn't be late, *We mogen niet te laat zijn/komen* (**must** met de ontkennende vorm = mogen).

– vragend met inversie:
Can you lend me some money?, *Kan je/u me (wat) geld lenen?*
Must we meet him at the airport?, *Moeten we hem oppikken op de luchthaven?*

Vertrekkend van deze basisregels zullen we in de volgende lessen illustreren:
- hoe met **must** verplichting, noodzaak, advies of logisch gevolg uitgedrukt wordt en
- hoe met **can** bekwaamheid, een verzoek of toestemming kan weergegeven worden.

3 Engelse werkwoorden "met een tikkeltje meer" (of "minder")

• Sommige werkwoorden drukken "gewoon" het zintuiglijk waarnemen uit, bv.:

to smell, *ruiken*: **That smells fantastic**, *Dat ruikt heerlijk.*
to taste, *smaken*: **That tastes fabulous**, *Dat smaakt hemels.*

onvrijwillig: **to see,** *zien* – vrijwillig: **to look,** *kijken*
onvrijwillig: **to hear,** *horen* – vrijwillig: **to listen,** *luisteren*

En sommige werkwoorden kunnen naast hun basisbetekenis ook nuances aangeven, bv.:

to look, *kijken* → *ogen, eruitzien*
He looks good, *Hij ziet er knap uit.*

to feel, *voelen* → *aanvoelen*
That feels cold, *Dat voelt koud aan.*

• Sommige werkwoorden drukken echt een "actie" uit, bv.:
to work, *werken*, **to draw**, *tekenen* en **to eat**, *eten*.

En bij andere werkwoorden kan moeilijk of nauwelijks van "actie" sprake zijn, bv.:

to sit, *zitten*, **to stand**, *staan*, **to lie**, *liggen*
to lean, *leunen, steunen,* **to kneel**, *knielen*:

He's standing next to his wife, *Hij staat naast zijn vrouw.*

Myra's sitting at the bar, *Myra zit aan de bar*.

They're lying on a beach in Tahiti, *Ze liggen op een strand in Tahiti.*

4 De bezits- of genitiefvorm 's

Met betrekking tot een professionele of handelsactiviteit, bv. "bij de dokter", "naar de slagerij", gebruikt het Engels een bezitsvorm. Dit lijkt misschien wat verwarrend in het begin, maar is helemaal niet moeilijk:

I must go to the butcher's (lett. *de slager zijn*, waarbij onder "zijn" dient verstaan te worden "zijn winkel/zaak", **the butcher's shop**): *Ik moet naar de slager(ij)*.
I must go the doctor's (d.w.z. naar de praktijk van de dokter).

Bijgevolg is die bezitsvorm niet van toepassing wanneer de "uitbater" niet uit de naam blijkt, bv. bij een supermarkt:
I must go to the supermarket, *Ik moet naar de supermarkt*.

Deze bezitsvorm wordt verder ook gebruikt bij:

- restaurantnamen, bv. **Paul's** of **Giovanni's**

- openbare gebouwen, bv. **St Paul's Cathedral**

- verblijfsplaatsen, bv. **He stays at his aunt's**, *Hij logeert bij zijn tante*.

5 Voorzetsels en bijwoorden

Laten we de voorzetsels en bijwoorden die de voorbije week aan bod kwamen even in een ander verband bij elkaar brengen:

I think the bank's near here. Yes, it's next to the butcher's. I never go to the bank on Tuesday, there are always too many people. I sometimes go on Mondays, but only if it's not a bank holiday. And it's often closed in the afternoon. In that case, can you lend me some money?

Ik denk dat de bank hier vlakbij is. Ja, die is naast de slagerij. Ik ga nooit naar de bank op dinsdag, er is altijd te veel volk. Ik ga soms 's maandags, maar alleen als het geen feestdag is. En het is dikwijls gesloten in de namiddag. In dat geval, kunt u me (wat) geld lenen?

6 Werkwoorden met voorzetsels of bijwoordelijke partikels

Net als in het Nederlands wordt hiermee de basisbetekenis van het werkwoord uitgebreid of zelfs gewijzigd. Sommige Engelse werkwoorden kunnen met een vast voorzetsel of bijwoordelijk partikel staan. We zagen hier al voorbeelden van:

- **to look**, *kijken*

to look + at, *kijken naar, bekijken*:
He's looking at your cowboy boots, *Hij kijkt naar je cowboylaarzen*.

to look + for, *zoeken*:
He's looking for his boots, *Hij is op zoek naar zijn laarzen*.

- **to go**, *gaan*

to go + to, *gaan naar*:
She goes to the bank on Monday, *Ze gaat 's maandags naar de bank*.

to go + back (to), *teruggaan, terugkeren (naar)*:
I want to go back to the hotel, *Ik wil naar het hotel terugkeren*.

- **to come**, *komen*

to come + to, *komen naar:*
A lot of people come to London, *Heel wat mensen komen naar Londen.*

to come + back, *terugkomen, terugkeren:*
I want to come back to London one day, *Ik wil ooit* (lett: een dag) *naar Londen terugkeren.*

- **to ask,** *vragen*

to ask + zelfstandig naamwoord of persoonlijk voornaamwoord → vragen, een vraag stellen:
She asked us a question, *Ze stelde ons een vraag.*
He asked me to lend him some money, *Hij vroeg me om hem (wat) geld te lenen.*

to ask + for → (om/naar iets) vragen:
Steve asked for a gin and tonic, *Steve vroeg (om) een gin-tonic*.
en als er een meewerkend voorwerp is, staat dat tussen **ask** en **for**:
Steve asked me for a gin and tonic, *Steve vroeg me (om) een gin-tonic*.

Revision dialogue

1 – Can anyone help me?
2 I'm looking for a bank.
3 – There's one next to the butcher's.
4 Go back to the post office and turn left.
5 – That's too far. Can you lend me some money?
6 – Of course. If you want some, just ask for it.
7 – Thanks. Hey, I recognise you!
8 You must be Dave.
9 – Yea, how do you know?
10 It must be because I'm wearing a uniform.

43

Forty-third lesson

The general election (Part 1)

1 – Vote [1] Con**ser**vative! We're **go**ing [2] to change **Brit**ain.
2 We're **go**ing to cut [3] **tax**es for **ev**erybody.
3 We're **go**ing to spend more on health care [4]

Uitspraak
... **dzjè**nerel e**lèk**sjen ... **1** voo^wt ken**se-e**vetiv ... **Goow**ing toe tsjee**jn**dzj ... **2** ... küt **tæk**sis fo(r) **è**vribodie **3** ... spènd ... hèlTH **kèè**

Aanwijzing bij de uitspraak
(2) Everybody, met de klemtoon op de eerste lettergreep, waardoor de tweede **e** ingeslikt wordt: *[èvribodie]*. Dit geldt voor alle woorden waar **every** deel van uitmaakt.

Opmerkingen

1 U herinnert zich uit les 26 dat de imperatief overeenkomt met de infinitiefvorm: **Vote Conservative!**, *Stem Conservatief!*

2 Met de progressieve vorm van **to go** (am/are/is going) + de **to**-infinitief van het hoofdwerkwoord kan een "activiteit" die men zich voorgenomen heeft, die verwacht wordt of een subjectieve zekerheid uitgedrukt worden en gaat het over iets in de (nabije) toekomst: **It's going** (*Het*

Vertaling

1 Kan iemand mij helpen? **2** Ik ben op zoek naar een bank. **3** Er is een naast de slagerij. **4** Keer terug naar het postkantoor en sla linksaf. **5** Dat is te ver. Kunt u me (wat) geld lenen? **6** Natuurlijk. Als u er wil, vraagt er gewoon om. **7** Bedankt. Hé, ik herken u! **8** U moet Dave zijn. **9** Ja, hoe weet u dat? **10** Dat moet zijn omdat ik een uniform draag.

Drieënveertigste les

De algemene verkiezing[en] (Deel 1)

1 – Stem Conservatief! Wij gaan [Groot-]Brittannië veranderen.
2 Wij gaan [de] belastingen voor iedereen verlagen *(snijden)*.
3 Wij gaan meer besteden aan gezondheidszorg

---

gaat) **to rain** *(regenen)*; **We're going** *(We gaan)* **to change** *(veranderen)* **Britain**.

3 **To cut**, *(af)snijden*: **Cut me a piece of cheese, please**, *Snijd (voor) me een stuk kaas af, alsjeblieft*. Het kan ook in de betekenis van "verlagen, naar beneden halen" aangewend worden: **The government's going to cut petrol prices**, *De regering gaat de benzineprijzen verlagen*.

4 **Health**, *gezondheid*: **How's your health?**, *Hoe gaat het met je gezondheid?* **Care**, *zorg, verzorging*, van **to care**, *zorg dragen*, en met **about** erbij *geven om*: **He cares only about his job**, *Hij geeft alleen om zijn baan*; in les 1 zagen we **to take care (of)**, *zorgen, zorg dragen (voor)*: **Take care!** of **Take care of yourself!**, *Verzorg je, Hou je goed!*
Health care (soms in één woord) is *gezondheidszorg*.

43 / Forty-third lesson

    4 and we're **go**ing to in**crease pen**sions ⁵.
    5 Don't **lis**ten ⁶ to the **curr**ent **gov**ernment.
    6 They say they want **pro**gress, change and inno**va**tion.
    7 And they do ⁷. But not yet ⁸!

*4 ... in**kries pèn**sjenz   5 ... **li**sen ... **kü**rent **Gü**venment
6 ... seej ... **proo**ʷ**Grès** ... ine**veej**sjen   7 ... jèt*

Aanwijzingen bij de uitspraak
(4) Pension wordt uitgesproken als *[pènsjen]*.
(5) In **listen** wordt de **t** niet uitgesproken: *[lisen]*.

Opmerkingen

5 **A pension**, *een pensioen, een uitkering aan een gepensioneerde*, **a pensioner**. Soms hoort men nog **old-age pension**, *ouderdomspensioen* (en **old-age pensioner** of **OAP**), maar deze termen kunnen pejoratief overkomen.

6 Voor de ontkennende vorm van de imperatief maakt men gebruik van **Don't...**: **Don't listen to him!**, *Luister niet naar hem!*; **Don't spend all your money!**, *Geef niet al je geld uit!*

7 Al van in les 6 zien we het mechanisme van het herhaalde (hulp)werkwoord. Hier hebben we iets gelijkaardigs in een bevestiging om het betrokken werkwoord niet te hoeven herhalen: i.p.v. **They say they want change and it is true that they want change** (*Ze zeggen dat ze verandering willen en het is waar dat ze verandering willen*) kan het tweede

***

Exercise 1 – Translate

❶ Take care of yourself. ❷ Listen, don't spend all your money. ❸ Oh no, it's going to rain. ❹ Cut her a piece of cheese, please. ❺ They're going to cut petrol prices. But not yet.

Drieënveertigste les / 43

4 en we gaan [de] pensioenen verhogen.
5 Luister niet naar de huidige regering.
6 Ze zeggen [dat] ze vooruitgang, verandering en vernieuwing willen.
7 En [dat] willen *(doen)* ze. Maar [nu] nog niet!

zinsdeel vervangen worden door het persoonlijk voornaamwoord + het hulpwerkwoord: **They say they want change and they do** (*Ze zeggen dat ze verandering willen en dat doen/willen ze*). Zo ook: **It's important to have a good breakfast, and I always do** (*Het is belangrijk om goed te ontbijten en dat doe ik ook altijd*).

8 **Yet**, *(tot) nog (toe)*, *al* en **not yet**, *(nu) nog niet*: **We're going to cut taxes, but not yet**, *We gaan de belastingen verlagen, maar nu nog niet*.

***

Oplossing van oefening 1

❶ Hou je goed! ❷ Luister, geef niet al je geld uit! ❸ O nee, het gaat regenen. ❹ Snijd (voor) haar een stuk kaas af, alsjeblieft. ❺ Ze gaan de benzineprijzen verlagen. Maar nu nog niet.

43 / Forty-third lesson

Exercise 2 – Fill in the missing words

① De regering gaat meer besteden aan gezondheidszorg.
The government's .... on health care.

② En ze gaan de pensioenen verhogen.
And .... increase ....

③ Het is belangrijk om goed te ontbijten en dat doet ze ook altijd.
It's important ...... a ...., and ....
.....

④ Luister niet naar hem! Hij geeft alleen om zijn baan.
.... him. He .... his job.

⑤ Ze zeggen dat ze verandering willen en dat willen ze ook.
They .... change and ....

---

*Groot-Brittannië is onderverdeeld in 650 kiesdistricten (**constituencies**), die ieder een parlementslid (**Member of Parliament** of **MP**) kiezen om te zetelen in het Lagerhuis (**House of Commons**) in het Londense paleis van Westminster. Er is ook een Hogerhuis (**House of Lords**), waarvan de leden niet worden verkozen, maar benoemd door de monarch na advies van de eerste minister. Schotland en Wales hebben ieder hun eigen parlement (het **Scottish Parliament** en de **Welsh National Assembly**) met een vrij uitgebreide wetgevende macht.*

*Er zijn drie grote politieke strekkingen in Groot-Brittannië: de conservatieven (**the Conservative Party**, ook wel de **Tory Party** genoemd), de arbeiderspartij (**the Labour Party**) en de sociaal-democraten (**the Liberal Democrats**, in 1987 ontstaan uit de fusie*

Oplossing van oefening 2

❶ – going to spend more – ❷ – they're going to – pensions ❸ – to have – good breakfast – she always does ❹ Don't listen to – cares only about – ❺ – say they want – they do

van **the Liberal Party** *en* **the Social Democrats***). Schotland en Wales hebben daarnaast hun nationalistische partijen:* **the Scottish National Party** *resp.* **Plaid Cymru***. In Noord-Ierland zijn er vier belangrijke partijen. Sinds het begin van de jaren 2010 winnen ook andere, kleinere formaties, bijvoorbeeld* **the Green Party** *(de groenen),* **the United Kingdom Independence Party** *(rechts en voorstander van een onafhankelijk VK) meer plaats op het politieke strijdtoneel.*

De leider van de grootste partij wordt benoemd tot regeringsleider of **Prime Minister** *(eerste minister); het staatshoofd is de koning(in), die wat staatszaken betreft eerder een erefunctie bekleedt. Een regeringsmandaat duurt 5 jaar, maar de eerste minister kan voor die termijn* verkiezingen *(***a general election***, in het enkelvoud) uitschrijven.*

Forty-fourth lesson

Mums

1 – My son's **big**ger and **strong**er than [1] your son,
2 and he's also **slim**mer [2] and **ni**cer.
3 – Yes, but my son's more in**tel**ligent [3]
4 and he's much more **int**eresting.
5 – So what? [4] I **re**ally don't care [5]
6 be**cause** my son's **go**ing to be [6] a brain [7] **sur**geon.

Uitspraak
mümz 1 ... **bi**Ge ænd **strong**Ge ... 2 ... **sli**me ... **naj**se
3 ... mo-o(r) in**tel**idzjent 4 ... **int**resting 5 ... **rie**lie doo^wnt **kè**e
6 ... breejn **se-e**dzjen

Aanwijzingen bij de uitspraak
(4) Interesting wordt in slechts drie lettergrepen uitgesproken: *[intresting]*.
(6) Let op de uitspraak van **surgeon**: *[se-edzjen]*.

Opmerkingen

1 De comparatief (vergelijkende trap) van eenlettergrepige bijvoeglijke naamwoorden wordt net als in het Nederlands gevormd met de uitgang **-er**: **strong** (*sterk*) → **stronger** (*sterker*). Eindigt het adjectief op een klinker + een medeklinker, dan wordt deze laatste verdubbeld: **big** (*groot*) → **bigger** (*groter*). Ook vergelijken gebeurt zoals in het Nederlands met **than**, *dan*: **She's bigger and stronger than me**, *Ze is groter en sterker dan ik*.

2 **Slim**, *slank*; **to slim**, *afslanken, lijnen*: **No lunch for me, I'm slimming**, *Voor mij geen middagmaal, ik ben aan 't lijnen*. Daarnaast is er **thin**, *dun, mager*: **The ice is very thin**, *Het ijs is heel dun*. (Ons "slim" = **smart**!)

3 De comparatief van een meerlettergrepig bijvoeglijk naamwoord wordt gevormd met **more**, *meer*: **interesting** → **more interesting**, **This book is more interesting than that one**, *Dit boek is interessanter dan dat daar*.

Vierenveertigste les

Mama's

1 – Mijn zoon is groter en sterker dan jouw zoon,
2 en hij is ook slanker en aardiger.
3 – Ja, maar mijn zoon is intelligenter *(meer intelligent)*
4 en hij is veel interessanter *(meer interessant)*.
5 – En dan *(Zo wat)*? Dat kan me echt niet schelen *(ik echt geef niet om)*
6 omdat mijn zoon *(een)* hersenchirurg wordt *(gaat zijn)*.

4 **So what?** kan vertaald worden met "(Nou,) En (wat) dan (nog)?".

5 Hier hebben we een idiomatische uitdrukking met de ontkennende vorm van **to care** (les 43, opm. 4): **I don't care**, *Het kan me niet schelen*, **He's late but he doesn't care**, *Hij is te laat, maar dat kan hem niet schelen*.

6 **He's going to be...** voor het uitdrukken van een verwachting, subjectieve zekerheid (les 43, opm. 2), in deze context vertaald met *worden*.

7 **Brain** (enkelvoud), *verstand, hersenen*; de meervoudsvorm past in uitdrukkingen zoals **She's got brains**, *Ze heeft (een stel) hersenen, is verstandig* of met een ervan afgeleid bijvoeglijk naamwoord: **She's brainy**.

7 – But he's **on**ly [8] eight **mon**ths old!
8 – **May**be [9], but he's more am**bi**tious than **o**ther **chil**dren.

7 ... münTHs ... 8 meejbie ... æmbisjes

Opmerkingen

8 **Only** betekent hier *maar, slechts, pas, amper*.

9 **Maybe** of **perhaps**, *misschien*: **Maybe/Perhaps he can help you**, *Misschien kan hij je helpen*; **Are you interested? – Maybe/Perhaps** (*Zijn jullie geïnteresseerd? – Misschien*).

***

Exercise 1 – Translate

❶ Perhaps he knows the answer: he's very brainy. ❷ He's stronger than you. – I don't care. ❸ Do you think they're interested? – Maybe. ❹ So what? I'm more ambitious than other women. ❺ Her daughter's going to be a mum.

***

Exercise 2 – Fill in the missing words

❶ Hun zoon is groter en intelligenter dan jouw zoon.
..... son is ...... and .... your son.

❷ Ze is slanker en aardiger dan haar zus.
She's .... and .... her sister.

❸ Misschien kunnen zij je (wat) geld lenen.
.... some money.

❹ Ze zijn arm maar het kan hun echt niet schelen.
They're poor but they ....

❺ Mijn boek is veel interessanter dan jouw krant.
My book is .... your paper.

Vierenveertigste les / 44

7 – Maar hij is pas acht maanden oud!
8 – Misschien, maar hij is ambitieuzer dan andere kinderen.

Aanwijzingen bij de uitspraak

(7) Let er in **months** op de eind-**s** na een stemloze **th** als *[s]* uit te spreken: *[münTHs]*.
(8) Een eind-**e** wordt niet uitgesproken, op een paar uitzonderingen als **maybe, me, he, she, we** na.

***

Oplossing van oefening 1

❶ Misschien kent hij het antwoord: hij is heel verstandig. ❷ Hij is sterker dan jij. – Dat kan me niet schelen. ❸ Denk je dat ze geïnteresseerd zijn? – Misschien. ❹ En dan? Ik ben ambitieuzer dan andere vrouwen. ❺ Haar dochter wordt mama.

***

Oplossing van oefening 2

❶ Their – bigger – more intelligent than – ❷ – slimmer – nicer than – ❸ Perhaps they can lend you – ❹ – really don't care ❺ – much more interesting than –

one hundred and seventy • 170

45

Forty-fifth lesson

What's on television?

1 – What's on [1] **tel**evision this **eve**ning?
2 – I don't know. Look in [2] the TV [3] **list**ings.
3 – The news [4] starts at **se**ven o'**clock** on **cha**nnel **nine**ty-two,
4   and there's a good **mo**vie at nine [5].
5 – Yes, but what time is the **foot**ball?
6 – Oh **Si**mon, you know I can't stand [6] sports.

Uitspraak
… **tè**levizjen … 2 … tievie … 3 … njoewz … e**klok** … **tsjæ**nel
4 … **moe**vie … 6 … stænd spo-ots

Aanwijzingen bij de uitspraak
(2) TV wordt uitgesproken als *[tievie]*, met twee volwaardige lettergrepen.
(6) Sports klinkt als *[spo-ots]* omdat een r voor een medeklinker niet wordt uitgesproken.

Opmerkingen

1 What's on…?, *Wat is/loopt er… ? Wat spelen ze…?*: **What's on television?**; **What's on at the movies this week?**, *Wat loopt er deze week in de bioscoop?*; ook in overzichten van culturele evenementen past de titel **What's on… ?**, bv. in het gidsje van de stad Cardiff: **What's on in Cardiff?**, *"Deze week in Cardiff"*.

2 To look at, *kijken naar, bekijken;* to look for, *zoeken (naar);* **Look in the dictionary**, *Kijk (Zoek het op) in het woordenboek*. Werkwoorden met een vast voorzetsel kunnen (helaas) niet altijd letterlijk vertaald worden!

3 Television, *televisie* of **TV**, *tv*: **What's on TV?** Of ook telly *[tèli]* of the box, *de "doos"*.

Vijfenveertigste les

Wat is er op de televisie?

1 – Wat is [er] op [de] televisie vanavond?
2 – Ik weet [het] niet. Kijk in de tv-gids *(listings)*.
3 – Het nieuws begint om 7 uur op kanaal 92
4 en er is een goeie film om 9 [uur].
5 – Ja, maar hoe laat *(wat tijd)* is het voetbal?
6 – Oh Simon, je weet [dat] ik een hekel heb aan sport*(en)*.

---

4 New, *nieuw*; news, *nieuws*: **The news is good: he's got a job**, *Het is goed nieuws: hij heeft een baan*; **Good evening, here is the six o'clock news**, *Goedenavond, dit is het nieuws van 6 uur*. Hierin kan er sprake zijn van **politics**, *politiek*: **Politics is the art of the possible**, *Politiek is de kunst van het mogelijke*. Ook al eindigen **news** en **politics** op **-s**, het zijn enkelvoudsvormen.

5 Om een "vol" uur, "klokslag" (9.00 uur, 15.00 uur) aan te duiden, voegt men **o'clock** (ontstaan uit **of the clock**, *van het horloge*) toe na het getal: **It's six o'clock**, *Het is 6/18 uur*. (Het 24-urensysteem wordt in Groot-Brittannië vooral bij "officiële" aanduidingen gebruikt, veel minder in het dagelijks leven.) In de omgang valt **o'clock** soms weg: **The meeting's at nine**, *De vergadering is om 9 uur*. Zie ook les 49.

6 We zagen **to stand** in les 40 als *staan*. Hier hebben we een idiomatisch gebruik in de ontkennende vorm: **She can't stand my mum**, *Ze kan mijn mama niet uitstaan*

7 – Well, there's a **coo**king show at **quar**ter past ten on the Food **Cha**nnel.
8 – That's a much **be**tter [7] **i**dea. A bit of [8] **cul**ture. ☐

🔴 *7 ... **kwo-o**te pa-ast tèn ... 8 ... mütsj **bè**te ... bit ev **kül**tsje*

Opmerkingen

7 Het onregelmatige **good** → **better** (*goed* → *beter*) komt ons bekend voor: **Manchester is better than London for restaurants**, *Manchester is beter dan Londen wat restaurants betreft*; **I have a better idea**, *Ik heb een beter idee*. Er zijn slechts een vijftal van die onregelmatige vormen.

8 **A bit (of)**, *een beetje*, *wat*: **a bit of culture**, *wat cultuur*; **Cut me a bit of cheese**, *Snijd (voor) me wat kaas af* (**bit** klinkt vlotter dan **piece** uit les 43, opm. 3); **I'm a bit hungry, pass me a bit of that cheese**, *Ik heb een beetje honger, geef me wat van die kaas door*. Let er dus telkens op om, zoals bij **a cup/slice/piece...** , tussen "maat" en ontelbare "inhoud" het voorzetsel **of** in te lassen!

▶ Exercise 1 – Translate
❶ What's on telly tonight? – I don't know. ❷ I can't stand your mum. – She doesn't care. ❸ I have a much better idea: let's go home. ❹ The news starts at six and there's a movie at a quarter past nine. ❺ I'm a bit hungry. Pass me a sandwich.

***

Exercise 2 – Fill in the missing words
❶ Er is een leuk programma op de radio vanavond.
   .... good show   .. .. this evening.

❷ Je weet wat ze zeggen: "Politiek is de kunst van het mogelijke".
   You know .... they ...: " .... of the possible".

❸ Manchester is beter dan Londen voor nachtclubs.
   Manchester .. .. London ... night clubs.

Vijfenveertigste les / 45

7 – Wel, er is een kookprogramma om kwart over *(voorbij)* tien op het Kookkanaal *(Eten-)*.
8 – Dat is een veel beter idee. Een beetje *(van)* cultuur.

Aanwijzing bij de uitspraak
(8) Culture, met de klemtoon op de eerste lettergreep en **-ture** vervormd tot *[tsje]*: *[**kül**tsje]*.

Oplossing van oefening 1
❶ Wat is er op tv vanavond? – Ik weet het niet. ❷ Ik kan je mama niet uitstaan. – Dat kan haar niet schelen. ❸ Ik heb een veel beter idee: laten we naar huis gaan. ❹ Het nieuws begint om 18 u en er is een film om 21.15 u. ❺ Ik heb een beetje honger. Geef me een sandwich door.

***

❹ Ik begrijp dit woord niet. – Kijk in het woordenboek.
I don't .... this word. – .... dictionary.

❺ Je weet heel goed dat ik een hekel heb aan kookprogramma's.
You know .... that .... cooking shows.

Oplossing van oefening 2
❶ There's a – on the radio – ❷ – what – say – Politics is the art – ❸ – is better than – for – ❹ – understand – Look in the – ❺ – very well – I can't stand –

*Britse kijkers kunnen op honderden televisiekanalen terecht en het audiovisuele landschap breidt voortdurend uit. Toch is de publieke omroep nog steeds de **British Broadcasting Corporation** (Britse omroepvereniging) of **BBC**, een echt en eerbiedwaardig instituut, in die mate dat het ook wel **Auntie** (Tantetje) wordt genoemd.*
*Al sinds 1922 speelt de **BBC** een heel belangrijke rol in het dagelijks leven van de Britten, en exploiteert televisiekanalen, nationale en lokale radiostations evenals een prestigieus internationaal station, **World Service** (Wereldomroep) en websites. Hoewel het een staatsomroep is, geniet die de reputatie ernstig en vooral onpartijdig te zijn, m.a.w. rechtse regeringen beweren dat de linksen bevoordeeld worden en vice versa!*

Forty-sixth lesson

Whose is this?

1 – Whose [1] pen [2] is this?
2 – It's mine [3]. It's got my name on it.
3 – Can I **bo**rrow it to write a **le**tter?
4 – I hate **len**ding [4] things! Where's yours [5]?

Uitspraak
*1 … hoez pèn … 2 … majn … 3 … **bo**roow … **lè**te 4 … **lèn**ding …*

Aanwijzing bij de uitspraak
(1) Whose: net als bij **who** (zie les 5), wordt de **w** niet uitgesproken: *[hoez]*.

Opmerkingen

1 **Whose…?**, *wiens, van wie*: **Whose is this?**, *Van wie is dit?*; **Whose coat is this?** of **Whose is this coat?**, *Wiens jas is dit / Van wie is deze jas?*; Verwar niet met **who's** = **who is** dat ook als *[hoez]* uitgesproken wordt.

2 **A pen**, *een pen*: **Whose is this pen?**, *Van wie is deze pen? Een balpen* heet ook wel **a biro** *[**baj**roo^w]*, wat een merknaam is, zoals "een bic". Schrijven kan eveneens met een **a pencil**, *een potlood*. Er bestaan veel uitdrukkingen met **pen** en **pencil**, maar met de opkomst van de tekstverwerker en de elektronische post zouden die over een aantal jaar wel eens kunnen verdwijnen!

*Om te vermijden dat de **BBC** het monopolie zou behouden, richtte de regering in 1954 een tweede autoriteit op voor het diversifiëren van het televisieaanbod. Vandaag beheert deze onafhankelijke operator een vijftiental regionale televisiemaatschappijen en een vijftigtal radio's. De financiering gebeurt alleen via reclame, in tegenstelling tot de **BBC** die uitsluitend door kijkgeld betoelaagd wordt.*
*Met de opkomst van de kabel en satellieten in de jaren 1980, het internet in de jaren 1990 en dan ook de onlinediensten, veranderde het Britse audiovisuele landschap drastisch - maar **Auntie** geldt nog steeds als morele referentie!*

Zesenveertigste les

Van wie is dit?

1 – Wiens pen is dit?
2 – Het is [de] mijne. Mijn naam staat erop *(Het heeft mijn naam op het)*.
3 – Mag ik ze/hem lenen om een brief te schrijven?
4 – Ik heb een hekel aan dingen uitlenen! Waar is [de] jouwe?

---

3 **Mine**, *de/het mijne, (die/dat) van mij*; **my**, *mijn*: **Whose are these pens? – They're mine / They're my pens** *(Van wie zijn deze pennen? – Het zijn de mijne / die van mij of Ze zijn van mij / Het zijn mijn pennen)*.

4 **To lend**, *(uit)lenen*: **Please lend me some money**, *Leen me wat geld, alstublieft.*; **Lend the money to George**, *Leen het geld aan George*. **A loan** *[loo^n]*, *een lening*. Het tegengestelde van **to lend** is **to borrow** (zie zin 5): **I need to borrow a pen**, *Ik moet een pen lenen*; **You can borrow a biro from Kate**, *Je kan een balpen lenen van Kate*. (In het Nederlands brengt bij "lenen" het voorzetsel uitsluitsel.)

5 **Yours**, *de/het jouwe/uwe, (die/dat) van jou/u/jullie*; **your**, *jouw/uw/jullie*. Wat een besparing! **These are mine and those are yours**, *Deze zijn de mijne / (die) van mij en die zijn de jouwe/uwe / die van jou/u/jullie*.

5 Ask Kate if you can **bo**rrow hers [6].
6 Or **may**be **Si**mon can lend you his [7].
7 – You're **jo**king [8]: he's got more sense! ☐

 5 ... he-ez 7 ... *dzjoo^w king* ... sèns

Opmerkingen

6 **Hers**, *de/het hare, (die/dat) van haar*; **her**, *haar*: **Ask Kate, it's hers / her pen**, *Vraag het aan Kate, 't is de hare / die van haar / haar pen.*

7 **His** is de mannelijke vorm van het bezittelijk voornaamwoord bij zelfstandig en bijvoeglijk gebruik: **Ask Simon, it's his / his pen**, *Vraag het aan Simon, het is de zijne / ze is van hem / zijn pen.*

8 **To joke**, *een grapje maken, schertsen*: **He's always joking about his age**, *Hij maakt altijd grapjes over zijn leeftijd.* Met **You're joking / You must be joking!** bedoelt men *Dat meen je niet!*, *Maak je nu een grapje?*: **Lend**

***

Exercise 1 – Translate

❶ Lend me some money. – You must be joking! ❷ Whose is this pen? – I think it's mine. ❸ She hates lending her things but I need to borrow a pencil. ❹ Where's yours? – It's at home. ❺ Ask Simon. – He's got more sense.

***

Exercise 2 – Fill in the missing words

❶ Wiens balpen is dit? – Wie stelt de vraag?
..... biro is this? – .... the question?

❷ Deze kaartjes zijn van mij en die zijn van jou.
..... postcards are .... and ..... are ......

❸ Ze maakt altijd grapjes over haar leeftijd.
She's .... her age.

❹ Van wie zijn deze sleutels? – Vraag het aan Kate. Ik denk dat het de hare zijn.
..... are these keys? – Ask Kate. ....

Zesenveertigste les / 46

5 Vraag Kate of je [de] hare mag lenen.
6 Of misschien kan Simon je [de] zijne lenen.
7 – Je maakt een grapje *(bent grappend)*: hij heeft meer [gezond] verstand!

money to George? You must be joking!, *Geld lenen aan Georges? Dat kan je niet menen!* **A joke**, *een grap, een mop*: **She's always telling jokes**, *Ze vertelt altijd mopjes.*

Oplossing van oefening 1
❶ Leen me wat geld. – Dat kan je niet menen! ❷ Van wie is deze pen? – Ik denk dat het de mijne is / ze van mij is. ❸ Ze haat het haar spullen uit te lenen, maar ik moet een potlood lenen. ❹ Waar is het jouwe / dat van jou? – Het ligt thuis. ❺ Vraag het aan Simon. – Hij heeft meer gezond verstand.

***

❺ Ze zijn van hem, maar je mag ze lenen.
   They're ... , but you ... ...

Oplossing van oefening 2
❶ Whose – Who's asking – ❷ These – mine – those – yours ❸ – always joking about – ❹ Whose – I think they're hers ❺ – his – can borrow them

one hundred and seventy-eight • 178

47

Forty-seventh lesson

The general election (Part 2)

1 – Be**fore** you de**cide** to vote Con**ser**vative,
2 com**pare** their **prom**ises with ours [1].
3 **La**bour's the **great**est [2] party in **Brit**ain.
4 We're the **big**gest, the **strong**est and the most in**tell**igent [3].
5 And our **pol**icies [4] are **cer**tainly more demo**cra**tic than theirs [5].
6 Re**mem**ber: **cap**italism means that one man ex**ploits** a**no**ther.
7 But **so**cialism's e**xact**ly the **op**posite!
8 Vote **La**bour: the best [6] choice for **Brit**ain.

Uitspraak

1 bi**fo**-o joe di**sajd** … 2 küm**pèè DHèè prom**isiz … **au**ez 3 **leej**bez DHe **Greej**tist **pa**-atie … 4 … bi**G**ist … **strong**Gist … moo^wst … 5 … **pol**isiez … **se**-etenlie mo-o dème**kræ**tik DHæn **DHèè**z 6 … **kæ**pitelizem mienz … iks**plojts** e**nü**DHe 7 … **soo**^w**sje**lizem … **o**pezit 8 … **bèst tsjojs** …

Opmerkingen

1 **Ours**, *de/het onze, (die/dat) van ons*; **our**, *onze/ons*: **Whose is that big black car? – It's ours** (*Van wie is die grote, zwarte auto? – Het is de onze / Hij is van ons*).

2 Hier hebben we de superlatief (overtreffende trap) bij eenlettergrepige bijvoeglijke naamwoorden: + **-est** (of **-st** als er al een eind-**e** is), bv. great → greatest. **Great**, *groot(s), fantastisch,…*: **Tony Benn was a great man**, *Tony Benn was een groot man*; **My friend Karim's a great guy**, *Mijn vriend Karim is een toffe kerel*; **That's a great idea!**, *Dat is een geweldig idee!*

Zevenenveertigste les

De algemene verkiezingen (Deel 2)

1 – Voor u beslist Conservatief te stemmen,
2 vergelijk hun beloftes met [de] onze.
3 Labour is de grootste partij in [Groot-]Brittannië.
4 Wij zijn de grootste, de sterkste en de intelligentste *(meest intelligente)*.
5 En onze beleidslijnen zijn zeker democratischer *(meer democratisch)* dan [de] hunne.
6 Onthoud: kapitalisme betekent dat één man een andere uitbuit.
7 Maar socialisme is precies het tegengestelde!
8 Stem Labour: de beste keuze voor [Groot-]Brittannië.

---

3 Superlatief bij meerlettergrepige adjectieven: + **most**: Suzie's the most talented person I know, *Suzie is de meest getalenteerde persoon die ik ken*.

4 **Politics** is een enkelvoudsvorm, ondanks de eind-**s** (zie les 45, opm. 4); **a policy**, *een beleid(slijn)*: What is the government's health policy?, *Welk beleid volgt de regering inzake gezondheid?*; **a politician**, *een politicus/politica*.

5 **Theirs**, *de/het hunne, (die/dat) van hen*; **their**, *hun*: Our ideas are more original than theirs, *Onze ideeën zijn origineler dan de hunne / die van hen*.

6 **Good - better - best**, *goed - beter - best*: Ziggy's is the best restaurant in Nottingham, *Ziggy is het beste restaurant in Nottingham*. **The best**, *de/het beste*.

one hundred and eighty • 180

Exercise 1 – Translate
① I want to compare their car with ours before I buy a new one. ② Karim's the biggest and strongest child in the school. ③ What's the best restaurant in Nottingham? ④ That's a great idea. Let's compare our policies with theirs. ⑤ Politics is much more important than politicians.

***

Exercise 2 – Fill in the missing words
① Wie is de grootste bokser ter wereld? – Ik!
.... boxer in the world? – ..!

② Labour is de beste partij in Groot-Brittannië, behalve voor de Conservatieven.
Labour is ... ... in Britain except for the
....

③ Zij zijn de intelligentste en zeker de meest democratische.
They're ... ... and certainly ... .
....

④ Het is belangrijk om onze beloften te vergelijken met die van hen.
It's important to compare ... .

⑤ Wat is het gezondheidsbeleid van de regering?
What is the ....?

Zevenenveertigste les / 47

Oplossing van oefening 1
❶ Ik wil hun auto met de onze vergelijken voor ik een nieuwe koop. ❷ Karim is het grootste en sterkste kind in de school. ❸ Wat is het beste restaurant in Nottingham? ❹ Dat is een geweldig idee. Laten we onze beleidslijnen vergelijken met die van hen. ❺ Politiek is veel belangrijker dan politici.

***

Oplossing van oefening 2
❶ Who's the greatest – Me ❷ – the best party – Conservatives ❸ – the most intelligent – the most democratic ❹ – our promises with theirs ❺ – government's health policy

48

Forty-eighth lesson

Booking a flight

1 – Good **mor**ning. **Al**pha **Tra**vel. How can I help you?
2 – I want to book a flight [1] to **Glas**gow, please.
3 – **Cer**tainly. When do you want to fly?
4 – I don't mind [2]. **A**ny time [3] next week.
5 – I'm **so**rry, we have **no**thing [4] be**fore** the **twen**ty-eighth of Oc**to**ber [5].
6 **Ev**erything [6] is **fu**lly booked.
7 – Do you have **a**ny [7] flights to **E**dinburgh?
8 – Yes, but you have to **tra**vel **vi**a New York.

Uitspraak

*1 ... ælfe trævel ... 2 ... flajt toe **Gla-as**Goow ... 3 ... flaj 4 ... doo^wnt majnd ... 5 ... nüTHing ... okt**oo**^wbe 6 èvriTHing ... 7 ... èdinbre 8 ... vaje njoe **jo-ok***

Aanwijzingen bij de uitspraak

(2) -ight wordt doorgaans uitgesproken als *[ajt]*: flight *[flajt]*.
(5) Nothing *[nüTHing]*, met de o als *[ü]*, net als bij something *[sümTHing]*.
(5), (8) October als *[oktoo^wbe]* en via als *[vaje]*.
(7) Let op de uitspraak van Edinburgh als *[èdinbre]*.

Opmerkingen

1 A flight, *een vlucht*, van **to fly**, *vliegen*, wat ook kan vertaald worden met "het vliegtuig nemen": **When do you want to fly?** Let op: **a fly** = *een vlieg* (die vliegt immers ook...).

2 Les 44, opm. 5 toonde ons de uitdrukking **I don't care** en **I don't mind** is er een variant van: **Do you want coffee or tea? – I really don't care/mind** (*Wil je koffie of thee? – Dat is me helemaal om het even*).

3 **Any** wordt hier gebruikt als *eender, om het even*: **When are you free? – Any time next week** (*Wanneer ben je vrij? – Om het even wanneer volgende week*); **Any bus can take you to the city centre**, *Eender welke bus kan je naar het stadscentrum brengen*.

183 • one hundred and eighty-three

Achtenveertigste les

Een vlucht boeken *(boekend)*

1 – Goedemorgen. Alpha Travel. Waarmee *(Hoe)* kan ik u helpen?
2 – Ik wil een vlucht boeken naar Glasgow, alstublieft.
3 – Zeker. Wanneer wilt u het vliegtuig nemen *(vliegen)*?
4 – Dat maakt me niet uit. Eender wanneer volgende week.
5 – Het spijt me, we hebben niets voor de 28e *(van)* oktober.
6   Alles is volzet.
7 – Hebt u vluchten naar Edinburgh?
8 – Ja, maar u moet *(hebt te)* reizen via New York.

---

4 **Nothing**, *niets* (lett: "geen ding"): **What do you want? – Nothing** (*Wat wil je? – Niets*). We herinneren ons de zin **She hasn't got anything to wear** (*Ze heeft niets om aan te trekken*) uit les 19, zin 3; het werkwoord kan ook in de bevestigende vorm staan: **She's got...** waarbij **anything** vervangen wordt door **nothing**: **She's got nothing to wear**. (Net zoals in het Nederlands kunnen er geen twee ontkennende vormen in eenzelfde zin staan.)

5 Denk er bij het opgeven van een datum in het Engels aan het voorzetsel **of** te gebruiken tussen het rangtelwoord en de maand: **the twenty-eighth of October**. Vergeet de maand niet met een hoofdletter te schrijven!

6 **Nothing**, *niets* en **everything**, *alles* (lett. "elk ding"): **Everything is full**, *Alles is vol*.

7 Let op het gebruik van **any** in de vraag om te weten te komen of er vluchten zijn (zie les 21, punt 1): **Do you have any flights to New York?**, *Hebben jullie vluchten naar New York?*

one hundred and eighty-four

Exercise 1 – Translate

❶ I want to book a flight to Glasgow, please. ❷ You can come any time next week. ❸ Do you want coffee or tea? – I don't mind. ❹ I'm sorry, but everything is fully booked. ❺ What do you want for breakfast? – Nothing. I'm not hungry.

***

Exercise 2 – Fill in the missing words

❶ Ze heeft niets om aan te trekken.
   She's ... . to wear.

❷ Hebben jullie vluchten naar New York?
   .. .. New York?

❸ Eender welke bus kan u naar het stadscentrum brengen.
   ... bus can .... the city centre.

❹ Hij heeft niets te doen.
   He hasn't ... . to do.

❺ Jill is geweldig; ze denkt aan alles.
   Jill is ..... ; she thinks of ....

Achtenveertigste les / 48

Oplossing van oefening 1
❶ Ik wil een vlucht naar Glasgow boeken, alstublieft. ❷ U kunt komen eender wanneer volgende week. ❸ Wilt u koffie of thee? – Dat is me gelijk. ❹ Het spijt me, maar alles is volgeboekt. ❺ Wat wilt u als ontbijt? – Niets. Ik heb geen honger.

***

Oplossing van oefening 2
❶ – got nothing – ❷ Do you have any flights to – ❸ Any – take you to – ❹ – got anything – ❺ – great – everything

De grootste stad van Schotland, **Glasgow**, *is een enorme industriepool. Het is ook een van de belangrijkste handelshavens van Groot-Brittannië, met een speciale traditie van scheepsbouwindustrie. (Een andere, fel gewaardeerde activiteit is het mengen - of* **blending** *- van whisky.) De stad bleef lang in verval na de Tweede Wereldoorlog, maar sinds de jaren 1980 is alles aan het hernieuwen.*
Edinburgh, *de tweede grootste stad, is de hoofdstad. Het Schotse parlement zetelt er en het is tevens het financieel en cultureel centrum, met een kunstenfestival dat jaarlijks miljoenen bezoekers aantrekt.*
Er heerst een (vriendschappelijke) rivaliteit tussen beide steden – **Glasgow** *is bedrijvig en alledaags,* **Edinburgh** *artistiek en frivool. Eigenlijk vullen ze elkaar perfect aan!*

one hundred and eighty-six

Forty-ninth lesson

Revision – Herhaling

In de voorbije zes lessen kwamen verschillende, belangrijke grammaticale elementen aan bod. Deze herhalingsles wordt dan ook iets zwaarder dan gewoonlijk. Zo kunnen we immers alles "assimileren"!

1 Nabije toekomst met *to be going to*...

We gebruiken de **present continuous** van **to go (am/are/is going)** + **to-**infinitief van het hoofdwerkwoord:

• om een "activiteit" in de nabije toekomst uit te drukken:

It's going to be hot and sunny tomorrow.
Het wordt (lett. "gaat zijn") *heet en zonnig morgen*.
They're going to meet Meera at the airport at five.
Ze gaan Meera afhalen / ontmoeten Meera op de luchthaven om 5u.
(Zoals we in les 41, opm. 1 al zagen, kan hiervoor ook de **present continuous** (progressieve tegenwoordige tijd) gebruikt worden: **They're meeting Meera at the airport at five**. In die gevallen wordt meestal een tijdstip vermeld, daar de handeling al gepland is.)

• om een "activiteit" die men zich voorgenomen heeft, een verwachting of subjectieve zekerheid uit te drukken:
I'm going to stop working, *Ik ga stoppen met werken*.
She's going to be famous one day, *Ooit wordt ze beroemd*.
In dit geval dient **going to** om te benadrukken (het voorbeeld van de politicus in les 43 is representatief: **We're going to change Britain**) en kan in de plaats geen **present continuous** gebruikt worden.

Iets over de uitspraak: als ze snel praten, zijn Engelstaligen (en vooral Amerikanen) geneigd de twee woorden van **going to** samen te smelten tot **gonna** (zo wordt het ook wel geschreven, bv. in song- of filmtitels): *[Gone]*. Het leidt geen twijfel dat wij u dit afraden!

(Merk op dat we in het Nederlands de O.T.T. kunnen gebruiken.)

Negenenveertigste les

2 Bezitsvormen

- **Whose...?**, *Wiens/Wier, Van wie...?*

Bij bijvoeglijk gebruik staat **Whose...?** voor het naamwoord (zoals dat het geval is bij de bijvoeglijk gebruikte bezittelijke voornaamwoorden **my**, **your**,...):
Whose pen is this?, *Wiens pen is dit?*
Whose tickets are these?, *Wiens tickets zijn dit?*

Bij zelfstandig gebruik staat **Whose...?** voor het werkwoord:
Whose is this pen? *Van wie is deze pen?*
Whose are these tickets? *Van wie zijn deze tickets?*

(**Whose** kan ook een betrekkelijk voornaamwoord zijn, maar dat zien we later nog.)

En we wijzen er nog even op **whose** niet te verwarren met **who's**, de samentrekking van **who is**, die op dezelfde manier uitgesproken worden: *[hoez]*.

- Bijvoeglijk gebruikte bezittelijke voornaamwoorden:
my, **your**, **his/her/its**, **our**, **their** (*mijn, jouw,...*) – zie les 14, punt 1.

- Zelfstandig gebruikte bezittelijke voornaamwoorden:
de meeste (dus behalve **my**, **his** en **its**) worden gevormd door een **-s** toe te voegen aan de bijvoeglijke vorm, vergelijkbaar met de **-e** in het Nederlands, maar in het Engels is het eenvoudiger omdat "één woord" volstaat: **mine** komt overeen met *de mijne, het mijne, van mij, dat van mij* of *die van mij*.

bijvoeglijk bezittelijk voornaamwoord	zelfstandig bezittelijk voornaamwoord	vertaling	voorbeeld
my	mine	*mijn* *de/het mijne,* *(dat/die) van mij*	It's my pen. It's mine.
your	yours	*jouw/je, jullie, uw* *de/het jouwe/uwe,* *(dat/die) van jou/ u/jullie*	It's your pen. It's yours.
his	his	*zijn* *de/het zijne,* *(dat/die) van hem*	It's his pen. It's his.
her	hers	*haar* *de/het hare,* *(dat/die) van haar*	It's her pen. It's hers.
its	/		
our	ours	*onze/ons* *de/het onze,* *(dat/die) van ons*	They're our tickets. They're ours.
their	theirs	*hun* *de/het hunne,* *(dat/die) van hen*	It's their house. It's theirs.

3 *Everything* en *nothing*

In les 39, opm. 1 zagen we **everyone** en **everybody**, en in les 34, opm. 6 hadden we **no(-)one** en **nobody**.

• **everything** (**every**, *elk(e)/ieder(e)* + **thing**, *ding*), *alles*:

Everything is fully booked, *Alles is volgeboekt.*
She breaks everything I lend her, *Ze breekt alles wat ik haar leen.*

(Wat betreft de uitspraak: de klemtoon valt op de eerste lettergreep en de tweede **e** in **every** wordt "ingeslikt".)

- **nothing** (**no**, *geen* + **thing**, *ding*), *niets*:

There's nothing I can do for them, *Er is niets dat ik voor hen kan doen.*
She's doing nothing at the moment, *Ze doet niets op dit ogenblik.*

Nothing kan ook opgesplitst worden in **not**... **anything**, maar omdat twee ontkennende vormen in een zin tegen de regels ingaat, verandert **no-** in **any-**.
Bovenstaande voorbeelden kunnen bijgevolg, zonder betekenisverschil, ook als volgt uitgedrukt worden:
There isn't anything I can do for them.
She isn't doing anything at the moment.
We zullen dit systeem waar **no-** verandert in **any-** (en vice versa) nog tegenkomen in samenstellingen.

4 Comparatief en superlatief

We moeten het onderscheid maken tussen:
enerzijds de eenlettergrepige bijvoeglijke naamwoorden (zoals **big**, **tall**) en de tweelettergrepige die eindigen op **-y** (zoals **lucky**, **happy**) en
anderzijds de meerlettergrepige adjectieven (zoals **intelligent**, **interesting**) en de tweelettergrepige die niet eindigen op **-y**.

4.1 Bij "korte" bijvoeglijke naamwoorden

Meestal volstaat het achtervoegsel **-er** voor de comparatief (vergelijkende trap) en **-est** voor de superlatief (overtreffende trap):
tall *(groot, lang, hoog)* → **taller** → **the tallest**.
Net als bij ons hoort bij de superlatief een bepaald lidwoord: **the**.

De eind-**y** (na een medeklinker) verandert in een **i**:
happy *(gelukkig, blij)* → **happier** → **the happiest.**

Voor ons ook herkenbaar is dat de eindmedeklinker voor een klinker verdubbeld wordt:
big *(groot)* → **bigger** → **the biggest.**

Er zijn natuurlijk, net als in het Nederlands, een paar uitzonderingen, bv.:
good (*goed*) → **better** → **the best**
bad (*slecht*) → **worse** → **the worst**.

4.2 Bij "lange" bijvoeglijke naamwoorden

Gebruik voor de comparatief **more** *(meer)* en voor de superlatief **the most** *(de/het meest)* voor het bijvoeglijk naamwoord:
intelligent → **more intelligent** → **the most intelligent**.

Vergelijken gebeurt altijd met **than** *(dan)*:
The Eiffel Tower is taller than Nelson's Column, *De Eiffeltoren is hoger dan de Zuil van Nelson.*
She's much more intelligent than her brother, *Ze is veel intelligenter dan haar broer.*

5 Datum en uur

5.1 Datum

- gesproken: lidwoord + rangtelwoord + voorzetsel **of** + maand, bv. *12 april, de 12e april*, **the twelfth of April** ("de twaalfde van april")
- geschreven volstaat de maand met het rangtelwoord in samengetrokken vorm: **12th April.**

What's the date?, *Welke datum hebben we?*

dag	we zeggen...	we schrijven...
28 oktober	**the twenty-eighth of October**	**28th October**
2 april	**the second of April**	**2nd April**
6 juni	**the sixth of June**	**6th June**
30 augustus	**the thirtieth of August**	**30th August**
1 februari	**the first of February**	**1st February**

Voor de maanden, zie les 14, punt 6;
voor de rangtelwoorden, lees de lesnummers.

In geschreven vorm wordt steeds meer de **-th** weggelaten, bv. **28 October, 6 June**, maar mondeling blijft het rangtelwoord gebruikelijk.

Een datum kan ook als volgt weergegeven worden: dag/maand/jaar, bv. 20 oktober 2020 als 20/10/20.
Amerikanen veranderen dag en maand evenwel van plaats: 6/5/08 is dus 6 mei voor een Engelsman, terwijl een Amerikaan het als 5 juni interpreteert – of zoals George Bernard Shaw het ooit formuleerde: de Engelsen en de Amerikanen worden van elkaar gescheiden door eenzelfde taal!

5.2 Uur

Bij een "vol" uur zegt men **o'clock**, samentrekking van **of the clock**, *van de klok*, maar in de omgang wordt het vaak weggelaten.

What time is it?, *Hoe laat is het?*

Het is...

3.00 uur	**It's three o'clock.**
9.00 uur	**It's nine.**
17.00 uur	**It's five.**

De Britten lijken het 24-uren-systeem alleen voor officiële gegevens te gebruiken (dienstregelingen,...). Wil men in de omgang verduidelijken dat het in de voor- of namiddag of 's avonds is, dan voegt men **in the morning**, **in the afternoon** of **in the evening** toe.

They're arriving at..., *Ze komen aan om...*

8.00 uur	**eight (o'clock) in the morning.**
18.00 uur	**six (o'clock) in the evening.**

In officieel taalgebruik voegt men **a.m.** (van ante meridiem, *voor de middag*) of **p.m.** (van post meridiem, *na de middag*) toe:

08.00 u   **8 a.m.**
18.00 u   **6 p.m.**

Let op: **o'clock** en **a.m./p.m.** kunnen niet gecombineerd worden!

- *Voor* = **to** en   *over/na* = **past**:

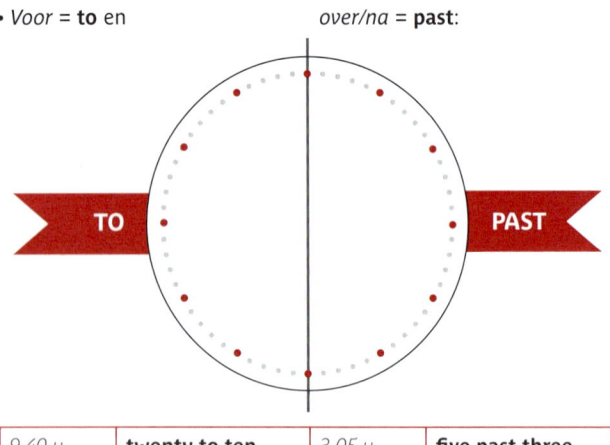

| 9.40 u | twenty to ten | 3.05 u | five past three |
| 16.50 u | ten to five | 18.20 u | twenty past six |

- *Kwart voor* = **quarter to** en   *kwart over/na* = **quarter past**:
  6.45 u   **quarter to seven**   *14.15 u*   **quarter past two**

- Ook opletten bij de halve uren:
in het Engels drukt met een halfuur uit na het voorbije volle uur, dus *om halfnegen* of *8.30 u* is **at half past eight**.

Negenenveertigste les / 49

Om te oefenen, kijkt u af en toe naar uw horloge en leest u het uur... in het Engels, **of course**!

▶ **Revision dialogue**

> **1** – I'm going to buy a new car.
> **2** – You can borrow mine if you like.
> **3** – No thanks. Yours is much too old.
> **4** – Old? It's bigger, better and more comfortable than your car.
> **5**   In fact, anything is better than your car.
> **6** – I don't care: I want the best car money can buy.
> **7**   But not yet!
> **8** – I have a better idea.
> **9**   Let's borrow Kate's car.
> **10** – You're much more intelligent than me!

Vertaling

1 Ik ga een nieuwe auto kopen. **2** Je kan de mijne lenen als je wil. **3** Nee, bedankt. De jouwe is veel te oud. **4** Oud? Hij is groter, beter en comfortabeler dan jouw auto. **5** In feite is eender wat beter dan jouw auto. **6** Het kan me niet schelen: ik wil de beste auto die geld betalen kan. **7** Maar nu nog niet! **8** Ik heb een beter idee. **9** Laten we Kates auto lenen. **10** Je bent veel intelligenter dan ik.

De "tweede golf"
Ziezo, onze week zit erop. Tijd om in een "hogere versnelling" te schakelen met de actieve fase van uw studie: de tweede golf, die we in de inleiding al even aanhaalden. Het principe ervan leggen we u in de volgende les uit. Beluister/Bekijk onze herhalingsdialoog nogmaals en vergewis u van de enorme vorderingen die u in enkele weken gemaakt hebt!

Fiftieth lesson

Time flies

1 – So tell [1] me, how was [2] your **ho**liday?
2 – We **vi**sited [3] my aunt [4] in **Port**smouth last Ju**ly**. It was fun [5].
3 We stayed in a nice bed and **break**fast a**bove** a pub near her flat
4 and we ex**plored** the **tou**rist at**trac**tions.

Uitspraak
*2 … **vi**zitid … a-ant in **po-ot**smeTH … fün 3 … steejd … 4 … iks**plo-od** DHe **toe**rist e**træk**sjenz*

Aanwijzingen bij de uitspraak
(2) Aunt wordt op bijna dezelfde manier uitgesproken als aren't: *[a-ant]*.
(2), (3), (4) De e in de uitgang -ed: klinkt na een t of een d als een zwakke i *[i]*, bv. visited *[vizitid]*; wordt na een stemhebbende klank niet uitgesproken, bv. stayed *[steejd]*, explored *[iksplo-od]*. (Zie les 56 voor meer details over de uitspraak van de uitgang van de **past simple**.)
(4) Tourist, met de klemtoon op de eerste lettergreep: *[toerist]*.

Opmerkingen

1 To tell, *zeggen, vertellen* (zie les 9, opm. 1). In les 43, zin 6 hadden we voor *zeggen* ook **to say**. Er zitten verschillen tussen beide werkwoorden, maar onthoud voorlopig alleen dat **to tell** altijd t.o.v. een persoon gebruikt wordt: **Tell me where you live**, *Zeg me waar u woont*; **Tell Matt where the restaurant is**, *Vertel Matt waar het restaurant is*.

2 Deze week zullen we het over de **past simple** (de "gewone, enkelvoudige" verleden tijd) hebben. Zoals dat in de meeste talen het geval is, zijn ook courante Engelse werkwoorden onregelmatig. Het belangrijkste is **to be**, *zijn*: **I, he/she/it was** *[woz]* en **you, we, they were** *[we-e]*): **I was on holiday in Portsmouth**, *Ik was op vakantie in Portsmouth*.
In de grammaticale bijlage vindt u een lijst met de belangrijkste onregelmatige werkwoorden.

Vijftigste les

[De] tijd vliegt

1 – Vertel me 's, hoe was jullie vakantie?
2 – We hebben een bezoek gebracht aan *(bezochten)* mijn tante in Portsmouth in *(laatste)* juli. Het was leuk.
3 We hebben in een fraai gastenverblijf gelogeerd *(verbleven in een bed en ontbijt)* boven een pub dichtbij haar appartement
4 en we hebben *(verkenden)* de toeristische trekpleisters verkend.

---

3 To visit, *bezoeken, een bezoek brengen aan, bezichtigen*; **visited** is de **past simple**, die voor alle regelmatige werkwoorden gevormd wordt door aan de infinitiefvorm (zonder **to**) de uitgang **-ed** toe te voegen (of als die al op **-e** eindigt, alleen + **-d**): to visit → visited; to stay (zin 3) → stayed; to explore (zin 4) → explored. Deze regel geldt voor alle personen. De Engelse **past simple** lijkt qua vorm op de Nederlandse onvoltooid verleden tijd (O.V.T.), maar kan ook vertaald worden met de voltooid tegenwoordige tijd (V.T.T.). Weet al dat de uitgang **-ed** (of **-d**) ook die is van het voltooid deelwoord van regelmatige werkwoorden.

4 **Aunt**, *tante* (in les 45 zagen we **auntie**, *tantetje,* de bijnaam van de BBC). De gezinsleden kennen we: **mother**, *moeder*; **father**, *vader*; **sister**, *zus* en **brother**, *broer*. De andere familieleden zijn: **uncle** *[ünkel]*, *oom*; **nephew** *[nèfjoew]*, *neef* (oom-/tantezegger) en **niece** *[nies]*, *nicht* (oom-/tantezegster), **grandfather** *[Graenfa-aDHe]*, *grootvader* en **grandmother** *[GraenmüDHe]*, *grootmoeder*, dus de **grandparents** *[Graenpèrents]*, *grootouders*. Opgelet: **a cousin** *[küzen]* is ook *een neef/nicht*, maar dan als zoon/dochter van oom/tante: **He/She's my cousin**, *Hij/zij is mijn neef/nicht*.

5 **Fun** *plezier, pret; leuk,...* (zie les 3) is een handig en veel gebruikt woordje. Een paar voorbeelden: **Our holiday was good fun**, *We hebben een heel toffe vakantie gehad;* **The Victory is a fun thing to visit**, *De Victory is iets leuks om te bezichtigen;* **We're going to the beach. – Have fun!** *(We gaan naar het strand. – Amuseer je!)*
Funny, *grappig*: **The film was very funny**, *De film was heel grappig.*

50 / Fiftieth lesson

5 You know, the **Vic**tory, the **D**-Day Mus**eum**, the beach – that kind of thing.
6 The **wea**ther was warm and it rained only once ⁶.
7 We **wan**ted to **go** to the Isle of Wight but it **wa**sn't ⁷ **po**ssible.
8 We **on**ly had ⁸ a week, and time flies when you're **ha**ving fun.

*5 … DHe **vik**terie … **die**deej mjoe**zie**em … bietsj … 6 … wo-om … reejnd … wüns 7 … **won**tid … ajl ev wajt … **wo**zent … 8 … wiek …*

Aanwijzingen bij de uitspraak
(6) Once, afgeleid van **one**, dus beide met de klank *[ü]*, die nogal op een doffe e lijkt: *[wüns]*.
(6), (7) Rained met -ed als *[d]* (na stemhebbende n) en wanted met -ed als *[id]* (na t).
(6), (7), (8) Let op de uitspraak van **warm** *[wo-om]*, **isle** *[aajl]* en **week** *[wiek]*.

Opmerkingen

6 Once, *één keer, eenmaal, eens*; twice, *twee keer, tweemaal*: I went to Belgium once and to Germany twice, *Ik ben één keer naar België gegaan en twee keer naar Duitsland*. Helaas kan dit alleen voor een- en tweemaal; thrice voor *driemaal* is in onbruik en dus is het vanaf drie het aantal + **times**, zoals bleek in les 39, zin 6 met **four times**, *vier keer*.

7 De ontkennende vorm van **was/were** wordt gevormd met **not**: I was not (of wasn't) on holiday, *Ik was niet met vakantie*; We were not (of weren't) in a hotel, *We waren niet in een hotel*.

***

Exercise 1 – Translate
❶ They were really lucky with the weather. ❷ Sally goes to the gym once or twice a week. ❸ The show really wasn't funny. ❹ He stayed in a bed and breakfast above my flat. ❺ Time flies when you're on holiday.

Vijftigste les / 50

5 Je weet [wel], de Victory *(Overwinning)*, het D-Daymuseum, het strand, dat soort zaken *(van ding)*.
6 Het was warm weer *(Het weer was warm)* en het heeft *(regende)* maar één keer geregend.
7 We wilden naar het eiland *(van)* Wight gaan, maar dat *(het)* was niet mogelijk.
8 We hadden maar een week en [de] tijd vliegt als je je amuseert.

8 To have, *hebben* is een ander belangrijk onregelmatig werkwoord, met **had** als **past simple** voor alle personen en opnieuw **had** als voltooid deelwoord: **I'm not hungry: I had breakfast at 11 o'clock**, *Ik heb geen honger: ik heb om 11 uur ontbeten* (lett. "had ontbijt").

***

Oplossing van oefening 1
❶ Ze hadden echt geluk met het weer. ❷ Sally gaat een- of tweemaal per week naar de gymles. ❸ De show/vertoning / Het programma was echt niet grappig. ❹ Hij logeerde in een gastenverblijf boven mijn flat. ❺ De tijd vliegt als je op vakantie bent.

one hundred and ninety-eight • 198

Fiftieth lesson

Exercise 2 – Fill in the missing words

❶ Zeg me de naam van je grootmoeders restaurant.
.... the name of .... restaurant.

❷ Ze logeerden in een hotel en bezochten de stad.
.... a hotel and .... the city.

❸ Nee, ik was niet op vakantie en we waren niet in Portsmouth.
No, I ...... on holiday and we .... Portsmouth.

❹ We wilden naar het eiland Wight gaan, maar het heeft de hele dag geregend.
We .... the Isle of Wight but .. .. all day.

❺ De hele familie was daar: mijn oom, mijn tante, mijn neef/nicht (zoon/dochter van oom/tante), **mijn neef** (oom-/tantezegger) **en mijn nicht** (oom-/tantezegster).
All the family ... there: .. .., ..., ...,
.. .. and .. ..

Portsmouth, *aan de zuidkust van Engeland, is een van de belangrijkste kuststeden van Groot-Brittannië. Het is niet alleen een basis van de* **koninklijke zeemacht** *(***Royal Navy***), maar ook een handelshaven en een havenstation voor de* **car ferries**. *In 1496 werd er de eerste scheepswerf gebouwd. Deze lange traditie wordt gesymboliseerd in een museum waar het wrak van de* **Mary Rose**, *het in 1545 gezonken vlaggenschip van koning Henry VIII, te zien is, alsook de* **Victory**, *het admiraalsschip waarmee Horatio Nelson in 1805 de Engelse vloot naar de overwinning tegen de Fransen voer bij de Slag om Trafalgar. Nog een museum herdenkt de rol van Portsmouth als inschepingshaven voor de geallieerde strijdkrachten op 6 juni 1945:* **D-Day**, *D-Dag.*
Tegenover de stad ligt een eilandje, **the Isle of Wight**, *dat dankzij het zachte klimaat en de mooie landschappen heel wat toeristen aantrekt. In de zomer heeft er een bekend muziekfestival plaats.*

Oplossing van oefening 2

❶ Tell me – your grandmother's – ❷ They stayed in – visited – ❸ – wasn't – weren't in – ❹ – wanted to go to – it rained – ❺ – was – my uncle, my aunt, my cousin, my nephew – my niece

Bed and breakfast *(lett.* bed en ontbijt*) is een Brits instituut: eerder dan in een onpersoonlijk hotel te verblijven, huurt een toerist in Groot-Brittannië een kamer bij particulieren, die tegen matige prijs logies en ontbijt aanbieden. Deze wijdverbreide formule, gemeenzaam* **B&B** *[bie-'n-bie] genoemd, gaat van een kamertje in een privé-woning tot meer luxueuze verblijven. Hoe dan ook, als u goedkoop wil reizen en daarbij autochtonen wil ontmoeten, dan zoekt u de* **B&B**-*lijst op internet of vraagt u ernaar bij de toeristische dienst van de streek die u wenst te bezoeken.*

De "tweede golf"
Vandaag vat u de actieve fase *in uw studie van het Engels aan. De bedoeling van deze "tweede golf" is uw basiskennis te consolideren naarmate u in dit boek vordert. Hoe gaat u tewerk? Dat is eenvoudig: nadat u zoals gewoonlijk uw dagelijkse les hebt doorgenomen, keert u systematisch terug naar een eerder behandelde les (we zullen aanduiden welke), te beginnen met de eerste. Deze keer moet u de Nederlandse tekst van de dialoog en van oefening 1* hardop vertalen in het Engels*. Wees niet bescheiden. Spreek luid, articuleer goed en herhaal een klank zo nodig meermaals.*
Deze bijkomende opdracht is helemaal niet vervelend, maar helpt u na te gaan wat u in de voorbije lessen allemaal hebt geleerd zonder daar echt bij stil te staan. Bovendien wordt hiermee uw natuurlijk assimilatievermogen verhoogd. **Are you ready for the second wave?** *(*Bent u klaar voor de tweede golf?*)*

Tweede golf: 1e les

51

Fifty-first lesson

A famous citizen of Portsmouth

1. Charles **Di**ckens, the great **wri**ter, was born [1] in **Por**tsmouth in 1812 (**eigh**teen twelve) [2].
2. He had a **ve**ry un**ha**ppy [3] **child**hood: the **fam**ily was poor,
3. the **fa**ther went [4] to **pri**son and the young Charles worked in a **fac**tory.
4. **La**ter he went to **Lon**don and **star**ted a job as a re**por**ter.

Uitspraak
*1 tsja-alz **di**kinz … **raj**te … bo-on … **eej**tien twèlv 2 … ün**hæ**pie **tsjajld**hoed … poo-e 3 … **pri**zen … we-ekt … **fæk**terie 4 … **leej**te … wènt … **sta**-atid … ri**po**-ote*

Aanwijzingen bij de uitspraak
(3), (4) Worked met **-ed** als *[t]* (na de stemloze **k**) en started met **-ed** als *[id]* (na een **t** of een **d**). (Zie les 56 voor meer details over de uitspraak van de uitgang van de **past simple**.)

Opmerkingen

1. **To be born**, *geboren zijn*: **She was born in Edinburgh**, *Ze werd geboren in Edinburgh*. Het zelfstandig naamwoord **birth**, *geboorte* kwam al voor in les 19 in **birthday**, *verjaardag* (lett. geboortedag).

2. Om jaartallen uit te spreken, splitst u ze in twee: 1812 wordt zo 18-12, dus **eighteen twelve**. Dit geldt niet voor eeuwen: 1800 is **eighteen hundred**. Voor de eerste negen jaren van een eeuw wordt 0 uitgesproken als de letter o: 1802 luidt *[**eej**tien oo^w toe]*. 2000 is **two thousand** en 2020 wordt *[**twèn**ti **twèn**ti]*. Afspraak bij de oefeningen…

Eenenvijftigste les

Een bekende burger van Portsmouth

1 Charles Dickens, de grote schrijver, werd geboren in Portsmouth in 1812.
2 Hij had een heel ongelukkige jeugd: het gezin was arm,
3 de vader ging naar [de] gevangenis en de jonge Charles werkte in een fabriek.
4 Later ging hij naar Londen en ging aan de slag *(startte een baan)* **als** *(een)* **reporter**.

3 Het prefix (*of voorvoegsel*) **un-** is vergelijkbaar met ons *on-* en geeft dus het tegengestelde van het basiswoord aan, bv.:
happy, *gelukkig* ≠ **unhappy**, *ongelukkig*
real, *werkelijk* ≠ **unreal**, *onwerkelijk*
interesting, *interessant* ≠ **uninteresting**, *oninteressant*.
Dit kan soms ook met het prefix **in-** of **im-**, bv.:
possible, *mogelijk* ≠ **impossible**, *onmogelijk*.

4 Nog een veel gebruikt onregelmatig werkwoord: **to go** → **went**: **They went to the Isle of Wight on Saturday**, *Ze zijn (gingen) zaterdag naar het eiland Wight gegaan*.

5 He **pub**lished his first book when he was **on**ly **twen**ty-four.
6 It was **ve**ry suc**cess**ful and **Dic**kens was im**me**diately **fa**mous.
7 He pro**duced** a**round** ⁵ **twen**ty books, **main**ly **no**vels and **tra**vel books.
8 Charles **Dic**kens died ⁶ in 1870 (**eigh**teen **se**venty) and was **bu**ried in **West**minster **A**bbey. ☐

*5 … **pü**blisjt … 6 … sük**sès**fel … i**mie**di-etlie **feej**mes
7 … pred**joest** … **meejn**lie **no**velz … 8 … dajd … **eej**tien **sè**venti
… **bè**ried … **wèst**minste(r) **æ**bie*

Aanwijzingen bij de uitspraak
(5), (7) Published, produced, met -ed als *[t]* (na de stemloze *[sj]*- en *[s]*-klank).
(8) Let op de uitspraak van buried *[bèried]* en Abbey *[æbie]*.

***

Exercise 1 – Translate
❶ Three important dates in British history are 1702, 1800 and 1939. ❷ We have around seven hundred books. ❸ They went to the cinema at the weekend. ❹ He worked in a factory and then started a job as a reporter. ❺ Is she unhappy? – No, just unlucky.

Eenenvijftigste les / 51

5 Hij publiceerde zijn eerste boek toen hij pas 24 was.
6 Het was heel succesvol en Dickens werd *(was)* meteen beroemd.
7 Hij schreef *(produceerde)* een twintigtal *(ongeveer twintig)* boeken, vooral romans en reisverhalen *(-boeken)*.
8 Charles Dickens stierf in 1870 en werd *(was)* begraven in de abdij van Westminster.

Opmerkingen

5 **Around** zagen we al in les 33. **Round** is *rond*: **Another famous monument is the Round Tower**, *Een ander beroemd monument is de Ronde Toren*. **Around** kan als voorzetsel fungeren: **She moved slowly around the room**, *Ze bewoog zich langzaam de kamer rond*; of als bijwoord: **I have around three hundred books**, *Ik heb ongeveer 300 / een 300-tal boeken*. Als equivalent voor "tiental", "vijftiental",... maakt men in het Engels gebruik van **around: around ten, around fifteen**,... (*Een dozijn* is **a dozen**.)

6 **To die**, *overlijden, sterven* is een regelmatig werkwoord met infinitief op **-e**, dus voegt men voor de verleden tijd alleen **-d** toe: **He died in nineteen twenty**, *Hij stierf / is gestorven in 1920*. Het zelfstandig naamwoord is **death** *[dèTH]*, *dood* en het bijvoeglijk **dead** *[dèd]*, *dood*.

***

Oplossing van oefening 1

❶ Drie belangrijke data in de Britse geschiedenis zijn 1702, 1800 en 1939. ❷ We hebben een zevenhonderdtal boeken. ❸ Ze gingen in het weekend naar de bioscoop. ❹ Hij werkte in een fabriek en ging daarna aan de slag als reporter. ❺ Is ze ongelukkig? – Nee, ze heeft gewoon geen geluk.

two hundred and four • 204

Exercise 2 – Fill in the missing words

❶ Ze bewogen zich langzaam de kamer rond.
They .... the room.

❷ Charles Dickens werd geboren in Portsmouth en stierf in Londen.
Charles Dickens ... . Portsmouth and .... London.

❸ Ik heb geen honger. Ik heb ontbeten om 11 uur.
... ...I ... breakfast ... .

❹ Hoe gaat het met Malcom? Is hij ongelukkig ? – Nee, hij is dood.
How's Malcom? .. he ....? – No, ...

❺ Ze gaf haar eerste boek uit toen ze pas 34 was.
She .... first book when she ... ...

52

Fifty-second lesson

Rivals

1 – **Ma**ggie, **how come** ¹ you like **A**drian more than me?

Uitspraak
*raj*velz **1** *mæ*Gie... *ee*jdri-en ...

Opmerking

1 Als idiomatische wending komt **How come...?** overeen met ons *Hoe komt het dat...?*: **How come they're always unlucky?**, *Hoe komt het dat ze altijd pech hebben?*; **How come you don't like me?**, *Hoe komt het dat je me niet mag?*

Oplossing van oefening 2

❶ – moved slowly around – ❷ – was born in – died in – ❸ I'm not hungry – had – at eleven ❹ – Is – unhappy – he's dead ❺ – published her – was only thirty-four

Charles Dickens (1812-1870) is een van de grootste schrijvers uit de Engelse literatuur. Hij was erg getekend en geïnspireerd door zijn ongelukkige jeugd. Met zijn indrukwekkend oeuvre boezemde hij ontzag in als criticus en werd hij een bijzonder invloedrijk sociaal hervormer. Nu nog geniet hij bekendheid door zijn romans en zijn onvergetelijke personages.

Tweede golf: 2e les

Tweeënvijftigste les

Rivalen

1 – Maggie, hoe komt het dat *(komen)* je Adrian liever hebt dan mij?

52 / Fifty-second lesson

2 OK, he's very good-**look**ing [2], but so am I [3].
3 – **A**drian's very **gen**erous. He buys me a**ma**zing **pre**sents.
4 – **A**ha, but did you know [4] that I'm **re**ally rich?
5 – Him too [3]. He in**her**ited a **for**tune from his **grand**parents.
6 – I'm much **ri**cher than him [5]: I in**ves**ted my **mo**ney in the stock **mar**ket [6].
7 – Ah, but **A**drian has a big ad**van**tage **o**ver you.

3 ... dzjèneres ... emeejzing ... 5 ... inhèritid ... fo-otjoen ... 6 ... ritsje ... stok ma-akit 7 ... edva-antidzj ...

Aanwijzingen bij de uitspraak

(3) Generous: door de klemtoon op de eerste lettergreep verzwakt -ous: *[dzjèneres]*.
(2), (3), (5), (7) Blijf letten op de uitspraak van de g: **good, grandparents, big** met *[G]* en **generous, advantage** met *[dzj]*.

Opmerkingen

2 **Good-looking**, *knap, mooi*. Er is ook **a handsome man** en **a beautiful woman** die dus allebei **good-looking** zijn. Let op: daar de comparatief en superlatief van **good** onregelmatig zijn (zie les 45, opm. 7), zijn afleidingen dat eveneens: **good-looking, better-looking, best-looking**.

3 In plaats van een constructie zoals **So am I**, *ik ook* kan een met **too** gebruikt worden, bv. met een persoonlijk voornaamwoord in de niet-onderwerpsvorm, zoals in zin 5: **I'm American. – Me too** (*Ik ben Amerikaan/-se. – Ik ook*); **She's very generous. – Him too** (*Ze is erg gul. – Hij ook*).

4 Dit is de vragende vorm in de **past simple**, voor alle personen gevormd met **did** (verleden tijd van **do/does**) + onderwerp + infinitiefvorm van het hoofdwerkwoord.

Tweeënvijftigste les / 52

2 Ok, hij oogt heel goed *(is goed-eruitziend)*, maar ik ook.
3 – Adrian is heel gul. Hij koopt (voor) me ongelofelijke *(verbazingwekkende)* geschenken.
4 – Ach zo, maar wist je *(deed je weten)* dat ik echt rijk ben?
5 – Hij *(Hem)* ook. Hij erfde een fortuin van zijn grootouders.
6 – De ben veel rijker dan hij *(hem)*: ik heb *(investeerde)* mijn geld geïnvesteerd op de beurs *(in de aandelen-markt)*.
7 – Ach, maar Adrian heeft een groot voordeel op jou.

5 In vergelijkingen waarin geen eigennaam gebruikt wordt, staat het Engels persoonlijk voornaamwoord in de niet-onderwerpsvorm: **I'm better-looking than him,** *Ik ben knapper dan hij*; **She's richer than them,** *Ze is rijker dan zij* (mv.). (Deze constructie is gebruikelijk in de omgangstaal; later krijgen we een andere, meer verheven wending te zien.)

6 **A market**, *een markt*. Steeds minder mensen kopen verse producten op de markt, maar doen hun boodschappen in **a supermarket or a hyper-market**. En dan is er **the stock market**: *de aandelenmarkt* of *beurs* (**stock** is hier het oude woord voor "staatsobligaties").

8 – Oh yeah? [7] And what's that? Is he more fun than me?

9 – No, it's not that. He's **sin**gle [8] and you're not.

*9 ... **sing**Gel ...*

Opmerkingen

[7] **Oh yeah?** is een sardonisch antwoord, hetzij uit ongeloof: **He's really very nice. – Oh yeah?** (*Hij is echt heel aardig. – Meen je dat?*), hetzij om iets te ontkrachten: **Paul's very sick. – Oh yeah? How come he was in the pub last night?** (*Paul is erg ziek. – Dat denk je! Hoe kon hij dan gisteravond in de pub zitten?*)

***

Exercise 1 – Translate

❶ Tim's very rich. How come he's so unlucky? ❷ He's very handsome. – Me too. ❸ How can I help you? – Two singles to Exeter please. ❹ Did you know that she's richer than them? ❺ He's very generous. – That's because he inherited a fortune.

***

Exercise 2 – Fill in the missing words

❶ Ik hou van Dave omdat hij beter oogt dan jij.
   I love Dave .... he's ....

❷ 4.000 mensen bezochten het museum in een enkele dag.
   Four thousand .... the museum .. ..
   ....

❸ Hoe komt het dat Paul in de pub was gisteravond?
   ... . Paul was in the pub ....?

❹ Hij heeft een groot voordeel op mij. Hij is vrijgezel.
   He ... a big .... He's ....

❺ Ze is heel gul. – Ik ook. En hij ook.
   .... generous. – So .. ... And ... .

8 – O ja? En wat is dat? Is hij grappiger dan ik *(mij)*?
9 – Nee, dat is het niet. Hij is vrijgezel en jij niet.

8 Single, *enkel(e)*: **Three thousand people visited the museum in a single day**, *3.000 mensen hebben het museum bezocht in een enkele dag*; **A single ticket to Exeter, please**, *Een kaartje enkel naar Exeter, alstublieft (***a single ticket**, verkort tot **a single**, *een enkel[tje]*). **Single** betekent ook *alleenstaand, vrijgezel*: **Is she married or single?**, *Is ze getrouwd of vrijgezel?*; **She's a single mother**, *Ze is een alleenstaande/ ongehuwde moeder*. Tal van clubs, pubs, enz. organiseren **singles nights**, *avondjes voor vrijgezellen*.

***

Oplossing van oefening 1

❶ Tim is heel rijk. Hoe komt het dat hij zo ongelukkig is / zo weinig geluk heeft? ❷ Hij is heel knap. – Ik ook. ❸ Wat kan ik voor u doen? – Twee enkeltjes naar Exeter, alstublieft. ❹ Wist je dat ze rijker is dan zij (mv.). ❺ Hij is heel gul. – Dat is omdat hij een fortuin heeft geërfd.

***

Oplossing van oefening 2

❶ – because – better-looking than you ❷ – people visited – in a single day ❸ How come – last night ❹ – has – advantage over me – single ❺ She's very – am I – him too

Tweede golf: 3e les

53

Fifty-third lesson

A few [1] drinks [2]

1 – **Dar**ling, there's no **but**ter or **yo**ghurt in the fridge [3].
2 – **So**rry [4], love. I **did**n't go [5] **sho**pping **yes**terday [6].
3 – But I asked you to go to the **su**permarket after work.
4 – I know, but I **did**n't leave the **o**ffice un**til** [7] nine.
5 Then I went for a drink with some of the guys from the **o**ffice.

Uitspraak
1 … **jo**Get … fridzj *2* … **jès**tedeej *3* … a-askt … **soe**pema-akit …

Aanwijzing bij de uitspraak
(1) Let op de uitspraak van **yoghurt** *[joGet]*.

Opmerkingen

1 **A few**, *een paar, enige, enkele*: **Do you have any friends in Dorchester? – A few** (*Heb je vrienden in Dorchester? – Een paar*) of voluit **I have a few friends in Dorchester**, *Ik heb een paar vrienden in Dorchester*. **A few** staat altijd met een telbaar element in het meervoud.

2 **A drink**, *een (meestal alcoholisch) drankje*: **We're invited to Steve's house for a drink**, *We zijn uitgenodigd bij Steve thuis voor een drink/borrel*; **Let's go for a drink**, *Laten we iets gaan drinken*. Met **Do you want a drink?**, *Wilt u een glaasje?* stelt men u waarschijnlijk iets alcoholisch voor, anders zou men zeggen **Do you want something to drink?**, *Wilt u iets te drinken?*, bv. **orange juice**, *sinaasappelsap*.

3 **Fridge**, van **refrigerator**, *koelkast* (cf. "frigo"). **A freezer**, *een (diep)vriezer*, van **to freeze**, *(in)vriezen*.

Drieënvijftigste les

Een paar drankjes

1 – Schat, er is geen boter of yoghurt in de frigo/ koelkast.
2 – Het spijt me, liefje. Ik ben *(deed-niet gaan)* geen boodschappen gaan doen gisteren.
3 – Maar ik heb je gevraagd *(vroeg)* om naar de supermarkt te gaan na [het] werk.
4 – Ik weet [het], maar ik heb het kantoor pas verlaten na *(deed-niet verlaten het kantoor tot)* negen [uur].
5 Dan ben ik iets gaan drinken *(ging ik voor een drankje)* met enkele *(van de)* jongens van [het] kantoor.

4 Sorry, van *I'm sorry*.
5 Hier hebben we een ontkennende vorm in de **past simple**, voor alle personen gevormd met **did** (verleden tijd van do/does) + **not** + infinitiefvorm van het hoofdwerkwoord: **I didn't go, he didn't go,** enz
6 Today, *vandaag*; yesterday, *gisteren*; tomorrow, *morgen*.
7 Until, *tot*: **I'm here until nine**, *Ik ben hier tot 9 uur*. Dit voorzetsel heeft alleen betrekking op tijd, niet op afstand. In een ontkennende constructie benadrukt het het voorbijgaan van de tijd, zoals in "niet voor" of "pas om/na": **I didn't leave home until ten**, *Ik ben pas na 10 uur thuis vertrokken* (lett. "huis niet verlaten tot"). Soms, vooral gesproken, wordt **until** verkort tot **till** (met verdubbelde eindmedeklinker): **I don't get paid till Friday**, *Ik word niet betaald voor vrijdag*.

53 / Fifty-third lesson

6 – You **did**n't **go** to the Red **Li**on, did you? [8]
7 – I'm a**fraid** I did. But I **on**ly had a few beers, **ho**nestly.
8 And I had a **lit**tle [9] **whis**ky, too. In fact, four **whis**kies.

 6 ... rèd **la**jen ... 7 ... e**freejd** ... fjoew ... **o**nestlie   8 ... **li**tel ...

Aanwijzing bij de uitspraak
(7) Honest(ly) is een van de weinige woorden waarvan de begin-**h** niet aangeblazen wordt: *[onest]*. Zo ook **honour** *[one]*, *eer*.

Opmerkingen

8 De gewoonte van Engelstaligen om in een antwoord het (hulp)werkwoord dat de gesprekspartner in de vraag gebruikte te herhalen, kennen we al (**Are you happy? – Yes, I am**). Een andere eigenaardigheid van het Engels zijn de **question-tags**, vraagconstructies aan het eind van een zin, die een bevestiging of enige andere reactie (verbazing, ongeloof,...) uitlokken. Met de vraag **You didn't go to the Red Lion, did you?** vraagt de vrouw om bevestiging daar ze quasi zeker is van het bezoek van haar man aan de desbetreffende pub. Ga in de volgende lessen op zoek naar meer **question tags**.

***

Exercise 1 – Translate
❶ Do you want something to drink? – Orange juice please. ❷ The kitchen has a fridge but no freezer. ❸ I'm afraid I can't come with you tomorrow. ❹ I have a few childhood friends in Dorchester. ❺ She didn't leave the office till nine last night.

Drieënvijftigste les / 53

6 – Je bent *(deed niet gaan)* [toch] niet naar de Rode Leeuw gegaan *(deed je)*?
7 – Ik vrees van wel *(ben bevreesd ik deed)*. Maar ik heb *(had)* maar een paar biertjes [gedronken], echt waar *(eerlijk)*.
8 En ik dronk *(had)* ook wat whisky. Eigenlijk vier whisky's.

9 A little, *een beetje, wat*: **Do you speak Spanish? – A little** *(Spreekt u Spaans? — Een beetje)*; **I have a little time tomorrow**, *Ik heb morgen even tijd*. **A little** staat altijd met een niet-telbaar element in het enkelvoud. Vergelijk nu **a little** met **a few** (opm. 1) en u merkt dat het verschil hem zit in het telbaar/niet-telbaar aspect, zoals bij **much** en **many**. We hebben het hier later nog over.

***

Oplossing van oefening 1

❶ Wil je iets te drinken? – Sinaasappelsap, alsjeblieft. ❷ De keuken heeft een koelkast maar geen diepvriezer. ❸ Ik vrees / Het spijt me dat ik niet met je kan meekomen morgen. ❹ Ik heb een paar jeugdvrienden in Dorchester. ❺ Ze is pas na 9 uur van kantoor weggegaan gisteravond.

Exercise 2 – Fill in the missing words

❶ We zijn bij Steve thuis uitgenodigd voor een drankje.
We're .... Steve's house ....

❷ Hij is gisteren niet gaan werken. Hij was ziek.
He .... work .... He ... sick.

❸ Neem een paar chips en wat van deze heerlijke kaas.
Have .... crisps and .... this delicious cheese.

❹ Ik word niet voor vrijdag betaald.
I don't get .... Friday.

❺ Ik spreek een beetje Spaans en ik ken een paar woorden Duits.
I speak . ... and I know .... of ....

54

Fifty-fourth lesson

A terrible memory

1 – Where did I put **¹** my blue **trou**sers **²**? I can't find them **a**nywhere.
2 I had them **yes**terday, so they must be **some**where.

Uitspraak
*1 ... poet ... **trau**zez ...*

Aanwijzing bij de uitspraak
(1) Put, met de u als *[oe]*: *[poet]*.

Opmerkingen

1 To put, *leggen, zetten*, is een onregelmatig werkwoord (to put - put - put). De vragende vorm in de past simple is voor alle personen **did** (verleden tijd van **do/does**) + onderwerp + infinitief van het hoofdwerkwoord. Op het vraagwoord (**when, where,...**) volgt meteen **did** en dan het onderwerp: **Where did you put my keys?**, *Waar heb je mijn sleutels*

Oplossing van oefening 2

❶ – invited to – for a drink ❷ – didn't go to – yesterday – was –
❸ – a few – a little of – ❹ – paid until – ❺ – a little Spanish – a few
words – German

Tweede golf: 4e les

Vierenvijftigste les

Een vreselijk geheugen

1 – Waar heb ik mijn blauwe broek gelegd? Ik kan ze nergens vinden.
2 Ik had ze gisteren, dus moet ze ergens zijn.

gelegd?; **When did she arrive?**, *Wanneer kwam ze aan / is ze aangekomen?* Onthoud dat de **past simple** in het Nederlands weergegeven wordt met een O.V.T. of een V.T.T.

2 Sommige woorden die in het Nederlands in het enkelvoud staan, duiken in het Engels op in het meervoud. Meestal gaat het om zaken die uit twee met elkaar verbonden gelijke delen bestaan, bv.: **trousers**, *lange broek, pantalon*; **shorts**, *korte broek, short*; **pyjamas**, *pyjama*; **tights**, *panty* en ook: **Where are my glasses?**, *Waar is/ligt mijn bril?* Wil men toch een aantal aanduiden, dan kan dat met **a pair of**, *een paar*: **He has only one pair of jeans**, *Hij heeft maar één jeans/spijkerbroek*. Of misschien heeft hij toch **two pairs of trousers?**

54 / Fifty-fourth lesson

3 – Did you look in the **war**drobe ³ in the **bed**room ⁴?
4 – Of course. I looked **ev**erywhere ⁵. Oh here they are!
5 – You **re**ally have a **ter**rible **mem**ory ⁶, **ha**ven't you?
6 – I do. Once I for**got** ⁷ my **mo**ther's **birth**day and she was **re**ally **ang**ry.
7 – I'm sure she was. What did she say?
8 – She said ⁸ **no**thing at all. For ⁹ six months.

*3 ... **wo-od**rooʷb ... **bèd**roem   4 ... loekt **èv**riwèe ...
5 ... **mè**merie ... 6 ... fe**Got** ... **æng**Grie   8 ... sèd ...*

Aanwijzing bij de uitspraak
(8) Let op de uitspraak van said: *[sèd]*.

Opmerkingen

3 A **wardrobe** is *een kleerkast* (cf. "garderobe").

4 A **room**, *een kamer*; **bedroom** (lett. "bedkamer"), *slaapkamer*; **bathroom**, *badkamer*; **living room**, *woonkamer*; **dining room**, *eetkamer* (de laatste twee worden van elkaar geschreven) en verder **the kitchen**, *de keuken* en **the toilet**, *het toilet*.

5 We hadden al **somewhere** en **anywhere**, nu **everywhere**, *overal*: **There are photos of her everywhere**, *Er zijn overal foto's van haar*; **Everywhere you look, you see fast food restaurants**, *Waar je ook kijkt, zie je fastfood-restaurants*. De tegenhanger is **nowhere**, *nergens*: **I have nowhere to go**, *Ik kan nergens heen*; **Where did you go yesterday? – Nowhere** (*Waar ben je gisteren heen gegaan? – Nergens*).

6 **Memory**, *geheugen*: **I have a good memory for names and dates**, *Ik heb een goed geheugen voor namen en data*. Het woord is ook gebruikelijk in de informatica: **How much memory does this computer have?**, *Hoeveel geheugen heeft deze computer?*

7 **To forget**, *vergeten* is een onregelmatig werkwoord (**to forget - forgot - forgotten**): **I'm sorry that I forgot your birthday**, *Het spijt me dat ik je verjaardag heb vergeten*.

Vierenvijftigste les / 54

3 – Heb je in de kleerkast in de slaapkamer gekeken?
4 – Natuurlijk. Ik heb overal gekeken. O, hier is ze!
5 – Je hebt werkelijk een vreselijk geheugen, niet?
6 – Inderdaad. Ooit vergat ik de verjaardag van mijn moeder en ze was echt boos.
7 – Dat zal wel *(Ik ben zeker ze was)*. Wat zei ze?
8 – Ze zei helemaal niets. Gedurende zes maanden.

8 To say, *zeggen* is onregelmatig, zoals u ziet. Hoezo? Wel, normaal wordt de **past simple** van een werkwoord op **-ay** (denk aan **to stay** in les 50) gevormd met **-ed** (**stayed**) maar bij **to say** is het **said**, dus **to say** - **said** - **said**.

9 For six months, *gedurende zes maanden*. "Gedurende" vertaalden we in les 34 al met **during**. Wat is het verschil? **During** geeft aan gedurende/ tijdens welke periode, wanneer iets gebeurt of gebeurd is (**during the winter**, *gedurende/tijdens de winter*), terwijl **for** zegt hoelang iets duurt of geduurd heeft (**for two weeks**, *gedurende twee weken, twee weken lang*). Vergelijk: **She said nothing during the film**, *Ze zei niets gedurende/tijdens de film*, maar **She said nothing for six months**, *Ze zei gedurende 6 maanden / 6 maanden lang niets.*

two hundred and eighteen • 218

54 / Fifty-fourth lesson

Exercise 1 – Translate
1. Did you look in the bathroom? – Yes, and in the living room. 2. Everywhere you look, you see tourist attractions. 3. She has a terrible memory for names and dates, hasn't she? 4. Once I forgot my fathers's birthday. But only once! 5. Are you angry? – No, I'm hungry.

***

Exercise 2 – Fill in the missing words
1. Waar heb je mijn sleutels gelegd? – In de eetkamer.
 .... my keys? – In the ....

2. Ik heb maar twee jeans/spijkerbroeken, één short en één panty.
 I have only ... ., ... and
 ... .

3. Waar ben je gisteravond heen gegaan ? – Nergens.
 .... last night? – ....

4. Ze zei helemaal niets gedurende de film.
 She .... at all ...... the movie.

5. Hij heeft gedurende zes maanden in een fabriek gewerkt.
 He .... a factory ... six ....

Oplossing van oefening 1
❶ Heb je in de badkamer gekeken? – Ja, en in de woonkamer. ❷ Waar je ook kijkt, zie je toeristische trekpleisters. ❸ Ze heeft een vreselijk geheugen voor namen en data, of niet soms? ❹ Ik vergat ooit de verjaardag van mijn vader. Maar slechts één keer! ❺ Ben je boos? – Nee, ik heb honger.

***

Oplossing van oefening 2
❶ Where did you put – dining room ❷ – two pairs of jeans, one pair of shorts – one pair of tights ❸ Where did you go – Nowhere – ❹ – said nothing – during – ❺ – worked in – for – months

Tweede golf: 5e les

Fifty-fifth lesson

Stop worrying

1 – *(At the airport)* At last [1] we're off [2] on **ho**liday for three whole [3] weeks!
2 – Frank, I'm **wo**rried a**bout** [4] **lea**ving the house **emp**ty.
3 Did you turn off [5] all the lights and the **cen**tral **hea**ting?
4 – Of course I did, love. Stop **wor**rying.
5 – Did you lock [6] all the doors?

Uitspraak
*1 … la-ast … hoo^wl … 2 … **èmp**tie … 3 … te-en of … lajts … **sèn**trel **hie**ting*

Aanwijzing bij de uitspraak
(1) Whole wordt uitgesproken als *[hoo^wl]*.

Opmerkingen

1 Last betekent *vorig(e)*: **What did you do last night?**, *Wat heb je gisteravond (vorige nacht) gedaan?* en ook *laatst(e)*: **The last train leaves at ten**, *De laatste trein vertrekt om 10 uur*. At last is *eindelijk*: **He arrived at last**, *Hij kwam eindelijk aan*; **Fred's arrived. At last!**, *Fred is aangekomen. Eindelijk!* (Verwar **at last** niet met **at least** uit les 13 en 41, *ten minste, minstens*.)

2 To be off, *vertrekken, weg zijn, (weg)gaan*: **They're off to Brighton for the weekend**, *Ze zijn weg naar Brighton voor het weekend*; **We're off to Greece this year**, *We gaan naar Griekenland dit jaar*. Het wordt vooral m.b.t. vakantie, uitjes enz. aangewend.

3 Whole, *heel*: **The whole school is connected to the Internet**, *Heel de school heeft internetconnectie (De hele school is geconnecteerd met het Internet)*; **He worked during the whole summer**, *Hij heeft (gedurende) de hele zomer gewerkt*; **three whole weeks**, *drie volle weken, weken lang*.

Vijfenvijftigste les

Hou op met je zorgen te maken

1 – *(Op de luchthaven)* Eindelijk vertrekken we op vakantie voor drie volle *(hele)* weken!
2 – Frank, ik ben er niet gerust op het huis leeg [achter te] laten.
3 Heb je alle lichten uitgedaan en de centrale verwarming afgezet?
4 – Natuurlijk heb ik dat gedaan, lieveling. Hou op [met] je zorgen [te] maken.
5 – Heb je alle deuren op slot gedaan?

4 We kennen de uitdrukking **Don't worry** (les 27, zin 6). **To worry about** betekent *zich zorgen maken om/over* (iets of iemand): **I worry about Nigel; he doesn't have a job**, *Ik ben bezorgd om Nigel; hij heeft geen werk*. Is het onderwerp van de zorgen een activiteit, dan staat die in de vorm van een **gerund** (-ing-vorm): **He's worried about leaving on holiday**, *Hij is er niet gerust op met vakantie te gaan*.

5 **To turn** was in les 36 "afslaan, van richting veranderen". Hier, met **off** als equivalent van ons *af-* of *uit-*, betekent **to turn off** *afzetten, uitdoen,...* (m.b.t. een toestel, het licht, de stroom,...): **He turned off the lights and left the room**, *Hij deed de lichten uit en verliet de kamer;* **They turned off the electricity and gas before they went on holiday**, *Ze schakelden de elektriciteit en het gas uit voor ze op vakantie gingen*.

6 *Op slot doen* is **to lock** (**a lock**, *een slot*): **Remember to lock the door before you leave**, *Vergeet niet de deur op slot te doen voor je vertrekt*. Uit les 26 kennen we "gewoon" *sluiten*, **to close** *[kloo^{w}z]*: **I close the door slowly**, *Ik doe langzaam de deur dicht* (en het bijwoord **close** *[kloo^{w}s]*, *dichtbij*.

6 – Yes, I did. And I said good**bye** [7] to the **neigh**bours [8].
7 – And did you make sure [9] the **win**dows [10] were closed?
8 – What? Do you think I'm **ab**sent-**min**ded [11]?
9 – Good **mor**ning. Can I see your **ti**ckets and **pass**ports, please.
10 – Oh no! I left [12] my **hand**bag on the **ki**tchen **ta**ble.

 6 ... Goedbaj ... neejbez 7 ... klooʷzd 8 ... æbsent majndid 9 ... pa-aspo-ots ...

Aanwijzing bij de uitspraak
(6) Neighbour: de groep **eigh** wordt meestal uitgesproken als *[eej]*, zoals de klank in **day**.

 ### Opmerkingen

7 **Goodbye** (soms **good-bye**), *tot ziens, dáág*: **Goodbye. See you tomorrow**, *Dáág, tot morgen*. Het komt van **God be with ye**, *God weze met jullie* (**ye** is de vroegere meervoudsvorm van **you**).

8 **Neighbour**, *buur(man, -vrouw)*; voor de *naaste buurman* zegt men veelal **next-door neighbour** (buurman van de volgende deur); **neighbourhood** *[neejbehoed]*, *buurt*: **They live in a very pretty neighbourhood**, *Ze wonen in een heel mooie buurt*.

9 **To make sure** betekent *nagaan of, zich verzekeren van*. Het werkwoord **to make** is onregelmatig (**to make - made - made**).

10 Elke computergebruiker weet dit: **a window** is *een venster, raam*. Het wordt ook m.b.t. *een loket* aangewend: **The man at the ticket window** (lett. "kaartjesraam") **said the museum closes at five**, *De loketbediende zei dat het museum om 17 uur sluit*. En dan een favoriete bezigheid: **window shopping**, *windowshoppen, etalages-kijken*: **They love to go window shopping but they never buy anything**, *Ze gaan graag etalages-kijken, maar ze kopen nooit iets*.

Vijfenvijftigste les / 55

6 – Ja. En ik heb tegen de buren dag gezegd.
7 – En heb je nagegaan of *(maakte je zeker)* de ramen gesloten waren?
8 – Wat? Denk je dat ik er met m'n gedachten niet bij ben?
9 – Goedemorgen. Mag ik uw kaartjes en paspoorten zien, alstublieft?
10 – O, nee! Ik heb mijn handtas op de keukentafel laten staan *(gelaten)*.

11 Nog een samenstelling die voor zich spreekt (zie ook les 52, opm. 2): **absent** *(afwezig)* - **minded** (**the mind,** *de geest*), dus "afwezig van geest", *verstrooid, er met z'n gedachten niet bij zijnde.*

12 **To leave** is onregelmatig: **to leave - left - left**: **Mr Singh left last week,** *M. Singh is vorige week vertrokken*. (U weet nog dat **left** ook *links* kan betekenen...)

Exercise 1 – Translate

❶ The guy at the ticket window said the museum was closed. ❷ I said goodbye to my next-door neighbour. ❸ Don't forget to close all the windows and lock the doors. ❹ She's worried about leaving the house empty. ❺ Sandra loves to go window shopping. She never buys anything.

***

Exercise 2 – Fill in the missing words

❶ Heb je de lichten uitgedaan? En heb je de deuren op slot gedaan?
 . . . . the lights? And . . . . the doors?

❷ Ze liet haar handtas op de eetkamertafel staan.
 She . . . . her . . . . on the . . . .

❸ Heeft ze haar paspoort daar ook gelaten?
 . . . . her passport . . . . . too?

❹ Hij werkte de hele zomer lang in een pub.
 He . . . . . . in a pub . . . . summer.

❺ We vertrekken morgen op vakantie. Eindelijk!
 . . . . tomorrow. . . . . . !

Fifty-sixth lesson

Revision – Herhaling

1 *Past simple* ("gewone, enkelvoudige" verleden tijd)

Deze tijd wordt gebruikt voor een handeling of toestand in het verleden die afgelopen is. Hij wordt in het Nederlands vertaald door een onvoltooid verleden tijd of door een voltooid tegenwoordige tijd.

Oplossing van oefening 1

❶ De kerel aan het loket zei dat het museum gesloten was. ❷ Ik heb afscheid genomen van mijn naaste buurman. ❸ Vergeet niet alle ramen te sluiten en de deuren op slot te doen. ❹ Ze is er niet gerust op het huis leeg achter te laten. ❺ Sandra gaat graag etalages-kijken. Ze koopt nooit wat.

***

Oplossing van oefening 2

❶ Did you turn off – did you lock – ❷ – left – handbag – dining room table ❸ Did she leave – there – ❹ – worked – during the whole – ❺ We're off on holiday – At last

Tweede golf: 6e les

Zesenvijftigste les

1.1 Regelmatige werkwoorden

Typisch bij de regelmatige (of zwakke) werkwoorden is de uitgang **-ed** (vergelijkbaar met de o.v.t.-uitgang *-de/-te* in het Nederlands).

- Vorming:

- infinitief op een medeklinker → bij alle personen + **-ed**:
to visit → I visited, he/she/it visited,...
to look → I looked, he/she/it looked,...

- infinitief op **-e** → bij alle personen + **-d**:
to hope → **I hoped, he/she/it hoped**,...
to love → **I loved, he/she/it loved**,...

- infinitief op **-y**, dan zijn er twee mogelijkheden:
– op klinker + **y** → **+ -ed**:
to stay → **I stayed, he/she/it stayed**,...
– op medeklinker + **y** → **y** verandert in **i + -ed**:
to worry → **I worried, he/she/it worried**,...

- verdubbeling van de eindmedeklinker + **-ed**:

– bij een eenlettergrepig werkwoord dat eindigt op één medeklinker:
to rob → **robbed**

– bij een werkwoord dat eindigt op één klinker + **l**:
to travel → **travelled** (in de Verenigde Staten wordt deze eindmedeklinker niet verdubbeld: **traveled**)

– bij een werkwoord met twee of meer lettergrepen, waarvan de laatste lettergreep beklemtoond is en eindigt op één klinker + één medeklinker:
to permit → **permitted** (maar **to enter** → **entered**, omdat de klemtoon op de eerste lettergreep valt *[ènte]*).
Deze derde regel lijkt ingewikkeld – en u zult er in het begin ongetwijfeld fouten bij maken – maar toont ook aan hoe belangrijk het is de juiste uitspraak aan te leren. (Weet dat ook de Britten het er soms moeilijk mee hebben...)

• Uitspraak van de uitgang **-ed**

We geven u de regels, maar vertrouw ook op uw gehoor. Ook dringen we erop aan in de "tweede golf" de teksten hardop te lezen.

- *[id]* na **-d** of **-t**:
bv. **ended, visited**
- *[t]* na een stemloze klank [f, k, p, s, sj, tsj]:
bv. **coughed, worked, picket, published**
- *[d]* na alle andere klanken (klinker of stemhebbende klank):
bv. **stayed, considered, loved**.

Zesenvijftigste les / 56

Als de zin geen hulpwerkwoord bevat, wordt voor de ontkennende en de vraagvorm gebruik gemaakt van **did**, de (onregelmatige) verleden tijd van **to do (did)** + de infinitiefvorm van het hoofdwerkwoord: **did** komt dus a.h.w. in de plaats van de uitgang **-ed**:

• Vragende vorm met **did** + onderwerp + infinitief

She visited her aunt → Did she visit her aunt?
They wanted to go to the Isle of Wight → Did they want to go to the Isle of Wight?

Bij een interrogatief met een vraagwoord (**what**, **when**, **who**, enz.) leidt dit de zin in en volgt daar meteen **did** op: **When did you go?**

• Ontkennende vorm met **did not** + infinitief

I visited my aunt → I did not visit my aunt.
She wanted to go to the Isle of Wight → She did not want to go to the Isle of Wight.

In de omgang wordt **did not** samengetrokken tot **didn't**:
I didn't visit my aunt.
She didn't want to go to the Isle of Wight.

1.2 Onregelmatige werkwoorden

Jawel, ook in het Engels zijn er onregelmatige (of sterke) werkwoorden, en maken net belangrijke werkwoorden daar deel van uit. Maar gelukkig zijn ze niet zo talrijk en duikt er een zekere regelmatigheid op in hun onregelmatigheid.

Laten we ons eerst concentreren op het veel gebruikte **to be**:
to be › **I was, you were, he/she/it was, we were, they were**.

Zoals in de **present simple**:
• vraagvorm met inversie:
he was → was he?, they were → were they?
• ontkenning met **not**, samengetrokken tot **n't**:
I was → I was not / wasn't; we were → were we?

(tenzij men wil benadrukken:

two hundred and twenty-eight • 228

He was born in York. – No he was not!
Hij werd geboren in York. - Nee, hoor!)

De voorbije week doken een paar onregelmatige werkwoorden op (waarvan we u ook het voltooid deelwoord meegeven, dat ons van nut zal zijn voor een andere vorm van de verleden tijd):

to have	had	had	*hebben*
to forget	forgot	forgotten	*vergeten*
to go	went	gone	*gaan*
to put	put	put	*zetten, leggen,...*
to say	said	said	*zeggen*

Een lijst met de belangrijkste onregelmatige werkwoorden vindt u in de grammaticale bijlage. Leer ze niet uit het hoofd! Telkens wanneer u een nieuw onregelmatig werkwoord tegenkomt, gaat u desnoods even naar de lijst en leert u er de verleden tijd en/of het voltooid deelwoord van. Ook tijdens de "tweede golf". Zo leert u ze zonder moeite.

2 *A little* en *a few*

We weten dat om "veel" aan te duiden het Engels het onderscheid maakt tussen telbaar (bv. auto's) en niet telbaar (bv. verkeer). Dezelfde regel is van toepassing bij "weinig" (wat, een beetje/paar):

- **Have a few crisps**, *Neem een paar chips.* → telbaar: **a few**
- **Have a little milk**, *Neem een beetje melk.* → niet telbaar: **a little**

Do you speak Greek? – A little.
Do you have any friends in Brighton? – A few.

3 Tijdsaanduidingen: *for*, *during* en *until*

3.1 *For* en *during*

Beide woorden worden gebruikt als men het heeft over een tijdsperiode in het verleden, het ene m.b.t. de duur ervan, het andere m.b.t. een bepaald moment:

- **for** geeft antwoord op "hoelang?":

He worked in a factory for six years.
Hij werkte (gedurende) zes jaar in een fabriek.
→ duur:
How long did he work there? – For six months.

- **during** geeft antwoord op de vraag "wanneer?":

He worked in a factory during the summer.
Hij werkte gedurende/tijdens de zomer in een fabriek.
→ moment:
When did he work in a factory? – During the summer.

3.2 *Until*

Dit voorzetsel vertaalt ons *tot* met betrekking tot tijd:

He worked until ten, *Hij werkte tot 10 uur.*
You can stay until Tuesday, *Je/U kan / Jullie kunnen tot dinsdag blijven*.

(Het wordt nooit gebruikt om een afstand aan te geven:
Hij wandelde tot het einde van de straat, **He walked to the end of the street**.)

Het drukt ook *niet voor...* of *pas om/na...* uit:

I didn't arrive until ten, *Ik ben pas na 10 uur aangekomen.*
I don't get paid until Friday, *Ik word niet voor vrijdag betaald.*

In gesproken Engels wordt **until** dikwijls verkort tot **till**, met dubbele **ll**!

4 *To tell* of *to say*?

Beide werkwoorden betekenen *zeggen*, maar er is een nuance:

• **to tell** staat doorgaans voor een zelfstandig naamwoord, een persoonlijk voornaamwoord of een eigennaam, en veelal in een zin met een lijdend en een meewerkend voorwerp, in het kader van "informatie verstrekken":

You have to tell the neighbours we're off, *Je moet tegen de buren zeggen / de buren vertellen dat we weg zijn.*
Tell me where she lives, *Zeg/Vertel me waar ze woont.*
Tell Sarah where you live, *Zeg tegen / Vertel Sarah waar je woont.*

***

▶ Revision dialogue

1 – Last month, we went to Portsmouth to see my aunt.
2 We visited the town. It was good fun.
3 – Where did you stay? In a hotel?
4 – No, we stayed in a nice bed and breakfast near the D-Day Museum.
5 – Did you go to the Isle of Wight? It's very famous.
6 – No, I'm afraid we didn't have time.
7 We didn't leave London until Tuesday and we only had a week.
8 But I forgot my aunt's birthday and she was very angry.
9 – I didn't know you were so absent-minded!

Zesenvijftigste les / 56

- **to say** staat meestal voor wat gezegd wordt (of, meestal in geschreven vorm, erachter):

He says that he lives in Brighton, *Hij zegt dat hij in Brighton woont.*
She said: "I want to explore the town", *Ze zei: "Ik wil de stad verkennen".*

We komen hierop terug wanneer we de indirecte rede behandelen, naar het einde van de cursus toe.

***

Vertaling

1 Vorige maand zijn we naar Portsmouth gegaan om een bezoekje te brengen aan mijn tante. **2** We hebben de stad bezocht. Het was keileuk. **3** Waar hebben jullie gelogeerd? In een hotel? **4** Nee, we verbleven in een gezellig gastenverblijf vlakbij het D-Daymuseum. **5** Zijn jullie naar het eiland Wight gegaan? Het is heel bekend. **6** Nee, het spijt me dat we geen tijd hadden. **7** We zijn pas dinsdag uit Londen vertrokken en we hadden maar een week. **8** Maar ik vergat mijn tantes verjaardag en ze was heel boos. **9** Ik wist niet dat je zo verstrooid was!

Maakt u zich geen zorgen: de tweede golf neemt niet veel tijd in beslag. Wel levert hij een belangrijke bijdrage tot uw studie door stelselmatig uw verworven kennis te consolideren. Tijd dus om de herhalingsdialoog van de hieronder aangeduide les te vertalen van Nederlands naar Engels.

Tweede golf: 7e les

57

Fifty-seventh lesson

A job interview

1 – **Sal**ford 779-3601 (**dou**ble **se**ven nine three six oh one). He**llo**? [1]

2 – Could I [2] speak to **Cath**erine **Barnes**, please?

3 – This is **Ca**thy Barnes **spea**king [3]. Who is this?

4 – My name's A**ni**ta **Gup**ta. I'm **hu**man re**sour**ces **ma**nager at **Com**Sys.

5 I'd [4] like you to come [5] for an **in**terview with our **com**pany.

Uitspraak
... **in**tevjoew   2 ... **koe**d aj ...   4 ... e**nie**te **Goep**te ... **hjoe**men **rie**so-osiz **ma**nedzje ... **kom**sis   5 ajd ... **küm**penie

Aanwijzingen bij de uitspraak
(2) In *could* wordt de *l* niet uitgesproken: *[koed]*.
(4) Let op de *[joe]*-klank na de *h* in *human*: *[hjoemen]*.

Opmerkingen

1 Bij het opnemen van de telefoon zeggen veel Britten hun oproepnummer, cijfer per cijfer. Bij herhaling van een cijfer zeggen ze **double** *[dübel]*, **double eight** en bij drie keer hetzelfde cijfer **triple** *[tripel]*. Gewoon **Hello?** is uiteraard ook mogelijk.

2 In dergelijke structuren is **could** de voorwaardelijke vorm van **can** die in vraagzinnen beleefder overkomt dan **can**: **Can I speak to Steve?**, *Kan ik Steve spreken?* → **Could I speak to Mr Barnes, please?**, *Zou ik M. Barnes kunnen spreken, alstublieft?*; **Can you help me?**, *Kunt u me helpen?* → **Could you help me?**, *Zou u me kunnen helpen?* (**Could** als verleden tijd van **can** komt later aan bod).

3 Op de vormelijke toon van haar gesprekspartner antwoordt Mevr. Barnes: **This is Cathy Barnes speaking**. In een losser register zou het volstaan met **Speaking**.

Zevenenvijftigste les

Een sollicitatiegesprek

1 – Salford 779-3601. Hallo?
2 – Zou ik *(tegen)* Catherine Barnes kunnen spreken, alstublieft?
3 – U spreekt met Cathy Barnes *(Dit is Cathy Barnes sprekend)*. Wie heb ik aan de lijn *(is dit)*?
4 – Mijn naam is Anita Gupta. Ik ben personeels- *(menselijke middelen)* directeur bij ComSys.
5   Ik zou graag hebben dat u [langs]komt voor een gesprek met ons bedrijf.

4 'd is voor alle personen de samengetrokken vorm van **would**, *zou(den)*: **I'd like to speak to Cathy**, *Ik zou Cathy willen spreken*; **We'd like to see you**, *We zouden u willen zien/ontmoeten*.

5 Om op een beleefde manier z'n wil uit te drukken, gebruikt men **to like** of **to want** + persoonlijk voornaamwoord in de niet-onderwerpsvorm (**me, him, her**,...) + **to**-infinitief van het hoofdwerkwoord: **We'd like her to come for an interview**, *We zouden graag hebben dat ze langskomt voor een onderhoud*; **I want them to come home**, *Ik wil dat ze naar huis komen*.

57 / Fifty-seventh lesson

6 – But I sent [6] you an appli**ca**tion and a CV more than six months a**go** [7]!
7 – I know. I a**po**logise, but we're **al**ways **bu**sy at this time of **ye**ar.
8   Are you still [8] **in**terested in a job with us?
9 – Of course I am. When would [9] you like me to come?
10 – As soon as **pos**sible. How a**bout** next **Thurs**day?

*6 ... sènt ... en æpli**kee**jsjen ... sievie ... siks münTHs e**Goo**ʷ
7 ... e**po**ledzjajz ... 9 ... woed ... 10 ... soen ...*

Aanwijzing bij de uitspraak
(9) In **would** wordt, net als in **could**, de l niet uitgesproken: *[woed]*.

Opmerkingen

6 To send, *(ver)zenden, (ver-, op-, toe)sturen* is een onregelmatig werkwoord (- sent - sent). Deze onregelmatigheid treedt ook op bij andere eenlettergrepige werkwoorden op **-end**, bv. **to spend**, *doorbrengen, uitgeven, besteden* en **to lend**, *(uit)lenen*: **They lent me a lot of money but I spent it all**, *Ze hebben me veel geld geleend, maar ik heb het allemaal uitgegeven*. Dus onregelmatige werkwoorden waar een zekere regelmaat in zit...

7 Ago, *geleden* staat als bijwoord met een **past simple** en een tijdsaanduiding: **I sent you a letter six weeks ago**, *Ik stuurde u zes weken geleden een brief*; **Dickens died more than one hundred and fifty years ago**, *Dickens stierf meer dan 150 jaar geleden*. **A long time ago**, *(een) lang(e tijd) geleden*.

***

Exercise 1 – Translate

❶ Salford 998-3401. Hello? ❷ Could I speak to Cathy Barnes, please? – Speaking. ❸ I'd like you to come next Monday. ❹ Is he still working at ComSys? – Of course he is. ❺ I apologise, but we're always very busy during the summer.

Zevenenvijftigste les / 57

6 – Maar ik stuurde u meer dan zes maanden geleden een sollicitatiebrief en een cv!
7 – Ik weet het. Ik verontschuldig [me], maar we hebben het altijd druk op dit tijdstip van [het] jaar.
8 Bent u nog geïnteresseerd in een baan bij *(met)* ons?
9 – Natuurlijk. Wanneer zou u willen dat ik kom *(me te komen)*?
10 – Zo snel [als] mogelijk. Wat dacht u van volgende donderdag?

---

8 Still, *nog (steeds, altijd)* (les 37, zin 3): **Are you still interested?**, *Bent u nog geïnteresseerd?*; **They still live in Salford**, *Ze wonen nog altijd in Salford*. Verwar het niet met **always** dat ook met *altijd* vertaald wordt: **We're always busy during the summer,** *We hebben het altijd druk tijdens de zomer*.

9 Voor vragen met **would** is inversie nodig: **He would like... → Would he like...?** Vraagwoorden als **when, where,...** kunnen de vraag inleiden: **When would you like me to come?**, *Wanneer zou je willen dat ik langskom?* In een vraag is de samengetrokken vorm van **would** (**'d**) niet mogelijk, doch wanneer Britten of Amerikanen snel praten, lijken ze **would** deels in te slikken, zodat **when would** als *[wèned]* i.p.v. *[wèn woed]* gaat klinken. Dit is in het begin wat verwarrend, maar u went eraan; we raden u wel af om dit zelf te doen.

***

Oplossing van oefening 1

❶ Salford 998-3401. Hallo? ❷ Zou ik Cathy Barnes kunnen spreken, alstublieft? – Spreekt u mee. ❸ Ik zou graag hebben dat u volgende maandag langskomt. ❹ Werkt hij nog steeds bij ComSys? – Dat doet hij natuurlijk nog. ❺ Excuseert u me (Ik verontschuldig me), maar we hebben het altijd heel druk tijdens de zomer.

Exercise 2 – Fill in the missing words

❶ Charles Dickens stierf lang geleden.
Charles Dickens ....

❷ Ze leenden haar veel geld, maar ze gaf het allemaal uit.
They .... money but she ....

❸ Wanneer zou u willen dat ik langskom?
When .... like ... .?

❹ Zou u me kunnen helpen, alstublieft?
.... please?

❺ Met Cathy Barnes.
.... Cathy Barnes ....

Fifty-eighth lesson

Good news

1 – **He**llo? I must speak to **Si**mon Barnes. It's **re**ally im**por**tant.

2 – I'm a**fraid** he's **bu**sy at the **mo**ment. **Can** I take a **mess**age?

3 – Yes. Could you tell him that his wife called, please?

4 – *(Later)* Hi **dar**ling. You **want**ed me to call you back? [1] What's **happ**ening?

Uitspraak
*2 … **mè**sidzj 3 … ko-old …*

Opmerking

[1] **Back** komt overeen met ons *terug*, bv. **to call**, *bellen*, **to call back**, *terugbellen*: **I forgot to call her back**, *Ik vergat haar terug te bellen*. Let op de gebruikelijke woordvolgorde **call** + zelfstandig naamwoord/eigennaam/

Oplossing van oefening 2

❶ – died a long time ago ❷ – lent her a lot of – spent it all ❸ – would you – me to come ❹ Could you help me – ❺ This is – speaking

Uw kennis breidt zich uit en u voelt de Engelse taalmechanismen steeds beter aan, dus kunnen we u meer realistische situaties beginnen voor te stellen. Hierin wordt sneller over de grammatica heen gegaan, wetende dat het meestal om het consolideren van uw opgedane basis gaat. **Ready? Let's go!**, Klaar? Daar gaan we!

Tweede golf: 8e les

Achtenvijftigste les

Goed nieuws

1 – Hallo? Ik moet Simon Barnes spreken. Het is echt belangrijk.
2 – Het spijt me, hij is op dit ogenblik bezet. Kan ik een boodschap aannemen?
3 – Ja. Zou u hem kunnen zeggen dat zijn vrouw gebeld heeft, alstublieft?
4 – *(Later)* Dag, schat. Je wou dat ik je terugbelde *(mij hellen jou terug)*? Wat is er aan de hand *(is gebeurend)*?

Aanwijzing bij de uitspraak

(3) Maak duidelijk een onderscheid tussen **called** *[ko-old]* (met een soort gerekte open o) en **cold** *[koo^wld]* (met lange gesloten o gevolgd door een korte w-klank).

persoonlijk voornaamwoord in de niet-onderwerpsvorm + **back**: **call Cathy back** of **call her back** (voor een voorbeeld met **to go back**, zie les 39, opm. 7).

58 / Fifty-eighth lesson

5 – **Guess** [2] what? I've got an **in**terview with **Com**Sys.
6 – That's **won**derful news! Hel**lo**? Speak **lou**der [3]. The **sig**nal's bad.
7 – You know I sent my CV to them six months a**go**?
8 Well, this **mor**ning I was **do**ing [4] the **house**work when my **mo**bile [5] rang.
9 It was the person**nel ma**nager her**self** [6].
10 She said she wants me to go to York next week.

5 … Gès … 6 … wündefel … laude … 8 … hauswe-ek … mooʷbajl ræng 9 … pe-esenèl … he-esèlf 10 … jo-ok …

Aanwijzingen bij de uitspraak
(5) Guess: gu- wordt uitgesproken met een "harde g" *[G], dus [Gès]*.
(6) De eerste lettergreep van **wonderful** klinkt zoals **one**, *dus [wün]*.

Opmerkingen

2 *To guess, raden*: **Can you guess how old I am**, *Kunt u raden hoe oud ik ben?*; **Guess what happened?**, *Raad 's wat er is gebeurd?*; **Guess who?**, *Raad eens wie?*

3 *Spreken,* **to speak** (zie ook zin 1) en **to talk** (*praten, spreken*, dat ook op de inhoud van het gesprek duidt): **I must speak to my wife**, *Ik moet mijn vrouw spreken*; **We speak Dutch**, *Wij spreken Nederlands*; **We talked for ten minutes about the new teacher**, *We praatten 10 minuten lang over de nieuwe leraar*. **A loudspeaker**, *een luidspreker*.

4 We kennen de **present continuous** (**I am reading this page**, *Ik ben deze bladzijde aan het lezen / lees deze bladzijde*). Hier hebben we de **past continuous**, waarvan de vorm vergelijkbaar is met de progressieve tegenwoordige tijd, maar dan met de verleden tijd van **to be** (**was/were**) + onvoltooid deelwoord (**-ing**-vorm), ook voor de ontkennende en de vraagvorm: **I was(n't) working at home yesterday**, *Ik werkte (niet) thuis / was (niet) thuis aan het werken gisteren*; **Were you working at home yesterday?**, *Was je gisteren thuis aan het werken?* De **past**

Achtenvijftigste les / 58

5 – Raad [eens] wat? Ik heb een gesprek met ComSys.
6 – Dat is fantastisch nieuws! Hallo? Spreek luider. Het signaal is slecht.
7 – Je weet dat ik hun *(naar hen)* zes maanden geleden mijn cv stuurde?
8 Wel, vanmorgen was ik het huishouden aan het doen *(doende)* toen mijn mobiele [telefoon] rinkelde.
9 Het was de personeelsdirectrice *(haar)*zelf.
10 Ze zei dat ze wil dat ik *(ze wil mij gaan)* naar York ga volgende week.

---

continuous wordt vaak gebruikt in een structuur met de **past simple** en de tijdsaanduiding **when**: I was working at home when Sarah called, *Ik was thuis aan het werken toen Sarah belde*.

5 Mobile phone, *mobiele telefoon*, in de omgang meestal verkort tot **mobile**: Call me on my mobile, *Bel me op mijn mobieltje/gsm*. Er is ook het Amerikaanse woord **cellphone** of **cell**, samentrekking van **cellular telephone** (het signaal wordt binnen de "cellen" uitgezonden). Opgelet: **a portable** slaat op een draagbaar elektronisch toestel (computer, televisie,...), hoewel een draagbare computer **a notebook** (lett. "notitieboek"), **a laptop** (die "op schoot" past) of **a netbook** (ultra-draagbaar) genoemd wordt.

6 In Engelse wederkerende voornaamwoorden komt steeds het element "zelf" voor (**-self** in het enkelvoud, **-selves** in het meervoud), bv. **himself**, *hij-, hem-, zichzelf*: It was the manager himself who called, *Het was de manager zelf die belde*; He/She himself/herself called, *Hijzelf/Zijzelf belde*. Alle vormen staan in de volgende herhalingsles.

two hundred and forty

11 I'm so ex**ci**ted! I **rea**lly **was**n't ex**pec**ting [7] this.
12 – **Dar**ling, I must go. Tell [8] me all a**bout** it this **eve**ning. Good**bye**.

*11 … ik**saj**tid … iks**pèk**ting …*

Opmerkingen

[7] De ontkennende vorm in de **past continuous**: **I wasn't expecting this**, *Ik verwachtte dit niet*.
To expect, *verwachten*: **We're expecting rain tomorrow**, *We verwachten morgen regen*; **Learning English is not as difficult as I expected**, *Engels leren is niet zo moeilijk als ik verwachtte*; **She's expecting a baby**, *Ze verwacht een baby*.
Wachten is **to wait**, dat vaak **met for** gebruikt wordt: **I'm waiting for the bus**, *Ik wacht op de bus*; **We waited for three hours**, *We hebben (gedurende) drie uur gewacht*.

[8] **To tell** (zie ook zin 3), *zeggen, vertellen* t.o.v. een persoon: **Tell him I called**, *Zeg hem dat ik gebeld heb*; **Tell me about your daughter**, *Vertel me over uw dochter*; **Tell me all about your new job**, *Vertel me alles over uw nieuwe baan*.

***

Exercise 1 – Translate

❶ I'm afraid she's busy at the moment. Can I take a message? ❷ Please ask her to call me back on my mobile. ❸ Tell me all about it this evening. ❹ Goodbye. See you tomorrow. ❺ Can you guess what we talked about?

Achtenvijftigste les / 58

11 Ik ben zo opgewonden! Ik verwachtte *(was niet verwachtend)* dit echt niet.

12 – Schat, ik moet gaan. Vertel me er alles over *(alles over het)* vanavond. Dáág.

***

Oplossing van oefening 1
❶ Het spijt me, ze is bezig op dit ogenblik. Kan ik een boodschap aannemen? ❷ Vraag haar alstublieft om me terug te bellen op mijn mobieltje. ❸ Vertel me er alles over vanavond. ❹ Dààg. Tot morgen. ❺ Kan je raden waar we het over hadden?

Exercise 2 – Fill in the missing words

❶ Heb je het goede nieuws gehoord? Sarah verwacht een baby!
... ... the good ....? Sarah's ....!

❷ O jee, ik vergat hem terug te bellen.
Oh dear, I ...... to ....

❸ Hij was het huishouden aan het doen toen de telefoon rinkelde.
He ... . the .... when the ....

❹ Het was de manager (m.) zelf die belde.
.. ... the manager ....

❺ Hij was gisteren niet thuis aan het werken.
He .... at home ....

59

Fifty-ninth lesson

The right ¹ clothes

1 – How are you **go**ing to get to ² York for the **in**terview?

Uitspraak
... *kloo^wDHz*

Aanwijzing bij de uitspraak
(titel) Clothes wordt uitgesproken in één lettergreep, waarbij de stemhebbende th en -es ineenvloeien tot *[DHz]*: *[kloo^wDHz]*.

Opmerkingen

1 Right: *recht, juist, pal* (les 11), to be right *het juist, gelijk hebben* (les 33); *rechts* (les 11) en hier *"gepast"*: **Is this the right direction?**, *Is dit de juiste richting?*; **It's important to use the right software**, *Het is belangrijk om de gepaste software te gebruiken*. Het tegengestelde is, zoals u weet, **wrong**: **You're wrong**, *U bent verkeerd / hebt ongelijk / hebt het mis*; **Don't take the wrong direction**, *Neem de verkeerde richting niet*; **I had the wrong software**, *Ik had de verkeerde software*.

Oplossing van oefening 2

❶ Did you hear – news – expecting a baby ❷ – forgot – call him back ❸ – was doing – housework – phone rang ❹ It was – himself who called ❺ – wasn't working – yesterday

__York__ is een van de oudste (gesticht in de eerste eeuw) en mooiste steden van Engeland. Het is een industrieel en agrarisch centrum, een transportknooppunt en een belangrijke toeristische bestemming, met een prachtige 12e-eeuwse kathedraal – __York Minster__ – en originele musea. Met de ontwikkeling van biotechnologie en informatica op het einde van de 20e eeuw verbindt York geschiedenis met moderniteit.

Tweede golf: 9e les

Negenenvijftigste les

De gepaste kledij

1 – Hoe ga je naar York reizen voor het sollicitatiegesprek?

2 Voor het werkwoord **to get** zijn er tal van toepassingen! Met het voorzetsel **to** erbij betekent het *gaan, komen, reizen, zich begeven naar, geraken in*, en kan het in een vlot register **to arrive** of **to travel** vervangen: **How are you going to travel to York? = How are you going to get to York?**, *Hoe ga je naar York reizen?*; **The train arrives in London at ten = The train gets to London at ten**, *De trein komt in Londen aan om 10/22 uur.* Tracht gewoon het gebruik van **to get** in situ te onthouden; later besteden we een hele les aan dit veelzijdige werkwoordje!

two hundred and forty-four • 244

59 / Fifty-ninth lesson

2 – Right now ³, I'm more **wo**rried about how I'm **go**ing to dress ⁴.
3 – Why don't you wear what ⁵ you were **wear**ing **ye**sterday?
4 – What, the brown suit? No way! ⁶ It makes me look ⁷ too old.
5 – Then why not wear a pair of jeans and a **sweat**er ⁸?
6 – Don't be silly. I can't wear jeans for an **in**terview!

4 ... soet ... 5 ... **swè**te

Aanwijzingen bij de uitspraak
(4) Suit heeft, net als fruit, een *[oe]*-klank: *[soet]*.
(5) Sweater, net als sweat, met ea als een korte *[è]*: *[swèt(e)]*.

Opmerkingen

3 Nogmaals **right**: **right now**, *momenteel* of *onmiddellijk*, *meteen*, waarbij **right** het huidige benadrukt. De uitdrukking wordt veel gebruikt in reclame: **Our new international service is available right now**, *Onze nieuwe internationale dienst is meteen beschikbaar*.

4 **To dress**, *(zich) (aan)kleden* (les 32, opm. 6). Het Engels maakt minder gebruik van wederkerende werkwoorden, vooral voor dagelijkse handelingen (zich kleden, wassen, scheren,...) waar wederkerigheid aanduiden overbodig is. Zo betekent **to wash** zowel *wassen* als *zich wassen*: **He washed his socks**, *Hij heeft z'n sokken gewassen*; **He washed and dressed in the bathroom**, *Hij waste en kleedde zich in de badkamer*.

5 **What** wordt hier betrekkelijk gebruikt: **I like the clothes you were wearing yesterday**, *Ik vind de kleren die je gisteren droeg leuk* → **I like what you were wearing yesterday**, *Ik vind wat je gisteren droeg leuk*. In zin 4 is **what** een tussenwerpsel.

6 **No way!**, *Niets van! Uitgesloten!* Nog een amerikanisme dat zich in het Britse Engels heeft genesteld: **Could you lend me some money? – No way!** (*Zou je me (wat) geld kunnen lenen? – Geen sprake van!*).
No way kan ook in een zin staan met **there**: **There's no way I'm going to lend you any money**, *Er is geen sprake van dat ik je geld ga lenen*.

Negenenvijftigste les / 59

2 – Momenteel *(Juist nu)* zit ik meer in met hoe ik [me] ga kleden.
3 – Waarom draag je niet wat je gisteren aanhad?
4 – Wat, het bruine [mantel]pak? Geen sprake van *(weg)*! Het maakt me te oud *(lijken)*.
5 – Waarom dan geen *(paar van)* jeans en een trui dragen?
6 – Wees niet mal! Ik kan geen jeans dragen voor een onderhoud!

7 **To look**, *kijken; ogen, eruitzien* (les 42, punt 3): **She looks old**, *Ze ziet er oud uit, lijkt oud*, bijgevolg: **That hat makes him look tall**, *Met die hoed lijkt hij groot*.

8 **To sweat** is *zweten*, maar **a sweater** is geen "zweter", wel *een (wollen) trui* of *pull*, van **a pullover**, letterlijk een kledingstuk dat men **over** het hoofd *trekt* (*trekken* = **to pull**). Beide woorden bestaan naast elkaar: **pullover** is eerder Brits en **sweater** is aan weerszijden van de Atlantische Oceaan verstaanbaar. **A sweatshirt** is *een* (katoenen) *sporttrui*.
Merk op dat het woord **suit** zowel voor een *herenpak* als een *dames- of mantelpak* geldt.

59 / Fifty-ninth lesson

7 – Why not? I thought [9] IT [10] **com**panies were very re**laxed**.
8 – **Ve**ry **fun**ny. **A**nyway, it's much **ea**sier for men [11].
9 You have a suit for **e**very [12] day of the year, don't you?
10 – Yes I do. The one I'm **wear**ing now!

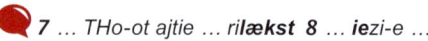
*7 ... THo-ot ajtie ... ri**læ**kst 8 ... ie*zi-e ...

Aanwijzing bij de uitspraak
(7) Thought: de groep **ought** klinkt als *[o-ot]*, dus *[THo-ot]*.

Opmerkingen
9 Thought is de onregelmatige **past simple** van **to think**, *denken*: I thought you were wearing a suit, *Ik dacht dat je een pak droeg*.
10 IT *[ajtie]* is de afkorting van **information technology**, *informatietechnologie* of *informatica* (zie les 22, opm. 6).

***

Exercise 1 – Translate
❶ I think the train gets to London at ten. ❷ Could you lend me some money? – No way! ❸ Right now I'm worried about how I'm going to dress tomorrow. ❹ Don't be silly. You can't wear jeans and a sweater for an interview! ❺ I thought IT companies were very relaxed.

Negenenvijftigste les / 59

7 – Waarom niet? Ik dacht dat informaticabedrijven heel ongedwongen waren.
8 – Heel grappig. Hoe dan ook, het is veel gemakkelijker voor mannen.
9 Jij hebt een pak voor alle dagen van het jaar, toch?
10 – Jawel. Dat wat *(Het ene)* dat ik nu aanheb!

Voor een *informaticus* zegt men **computer scientist** (*wetenschapper*) of **computer engineer** (*ingenieur*), en ook **IT expert** of **IT specialist**.

11 Onthoud: **One man** *[mæn]* - **two men** *[mèn]* en **one woman** *[**woe**men]* - **two women** *[**wi**min]*.

12 **Every** kan ook vertaald worden met *alle* + meervoudsvorm.

***

Oplossing van oefening 1

❶ Ik denk dat de trein in Londen aankomt om 10 uur. **❷** Zou je me (wat) geld kunnen lenen? – Geen sprake van! **❸** Op dit ogenblik ben ik bezorgd om hoe ik me ga kleden morgen. **❹** Doe niet onnozel. Je kan geen jeans en een trui dragen voor een onderhoud! **❺** Ik dacht dat informaticabedrijven heel ongedwongen waren.

Exercise 2 – Fill in the missing words

❶ Dit pak doet haar er oud uitzien.
   This suit .... old.

❷ Vrouwen zijn intelligenter dan mannen.
   ..... are .... intelligent ....

❸ Hij waste en kleedde zich in de badkamer.
   He ...... and .... in the ....

❹ Wat had je gisteren aan?
   What .... yesterday?

❺ Dit is de verkeerde weg. Dat is de juiste weg.
   .... is the ..... way. ...... the ..... way.

60

Sixtieth lesson

Give me a lift to York

1 – You could drive [1], but it's quite [2] a long way.

Uitspraak
1 ... drajv ... kwajt ...

Aanwijzing bij de uitspraak
(1) Vergelijk even de uitspraak van **quite** *[kwajt]* met die van **quiet** *[kwajet]* uit les 26.

Opmerkingen

1 **To drive**, *(auto)rijden*: **My mother can't drive**, *Mijn moeder kan niet autorijden*; of zoals hier *de auto nemen, met de auto gaan*: **She drives to work every day**, *Ze gaat alle dagen met de auto naar het werk*; **Would you drive me to the station?**, *Zou je me naar het station willen brengen (met de auto)?* Let op, het is een onregelmatig werkwoord: **to drive - drove - driven** *[driven]*.

Oplossing van oefening 2

❶ – makes her look – ❷ Women – more – than men ❸ – washed – dressed – bathroom ❹ – were you wearing – ❺ This – wrong – That's – right –

Tweede golf: 10e les

Zestigste les

Geef me een lift naar York

1 – Je zou de auto kunnen nemen *(rijden)*, maar het is een vrij lange rit *(nogal een lange weg)*.

2 Quite, *nogal, vrij*. Het kan voor een bijvoeglijk naamwoord staan: **It's quite cold**, *Het is vrij koud*; voor een bijwoord: **He talks quite slowly**, *Hij praat vrij langzaam*; of voor een werkwoord: **I quite like this suit**, *Ik vind dit pak eigenlijk wel leuk*.
Het komt voor in de uitdrukking **quite a lot**, *vrij veel, nogal wat*: **There were quite a lot of people at the concert**, *Er was vrij veel volk voor het concert*. **Quite** kan ook vertaald worden met *volledig, helemaal* in uitspraken als **I quite agree**, *Ik ga helemaal akkoord*. De context zorgt voor duidelijkheid.

two hundred and fifty • 250

60 / Sixtieth lesson

2 – How far [3] is it from here? **About** a **hun**dred and **fif**ty miles [4]?

3 – No, it's more like **ei**ghty. You could take the train.

4 – I sup**pose** so. How long does it take, do you think?

5 – **Nor**mally two hours or so [5], but there are **of**ten de**lays** [6] on the **Man**chester-York line.

6 There's **al**ways the ex**press** coach [7] **ser**vice. That's **pre**tty [8] re**li**able.

7 Wait. I've got an i**de**a. **Bri**an goes to York **e**very week on **bus**iness.

8 I'm sure he would give you a lift [9].

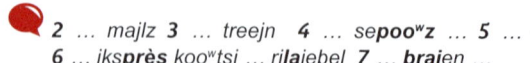

*2 ... majlz 3 ... treejn 4 ... sepooʷz ... 5 ... dileejz ... lajn
6 ... iksprès kooʷtsj ... rilajebel 7 ... brajen ...*

Opmerkingen

3 How far is it from Salford to York?, *Hoe ver is het van Salford naar York?* peilt naar de afstand tussen beide steden; met **How long does it take from Salford to York?** (zie zin 4) vraagt men hoelang de verplaatsing zal duren.

4 Herinner u dat een **mile** overeenkomt met 1,609 km (zie les 35, punt 5). Merk in het Engels de meervoudsvorm op boven 1 mijl: **150 miles**.

5 In deze les zien we twee manieren om iets bij benadering uit te drukken, nl. met **about** voor de geschatte hoeveelheid, periode,...: **about two hours**; met **or so** achter die gegevens: **two hours or so**.

6 Delay, *vertraging*: **We apologise for this delay, which is due to bad weather,** *We verontschuldigen ons voor deze vertraging, welke/die te wijten is aan het slechte weer*

Zestigste les / 60

2 – Hoe ver is het hiervandaan? Ongeveer 150 mijl?
3 – Nee, het is eerder *(meer zoals)* 80. Je zou de trein kunnen nemen.
4 – Ik denk het *(veronderstel zo)*. Hoelang doe je erover *(neemt het)*, denk je?
5 – Normaal twee uur of zo[iets], maar er zijn dikwijls vertragingen op de lijn Manchester-York.
6 Er is altijd [nog] de snelbusdienst. Dat is vrij betrouwbaar.
7 Wacht. Ik heb een idee. Brian gaat iedere week naar York voor zaken.
8 Ik ben [er] zeker [van dat] hij je een lift zou geven.

---

7 A **coach**, *een coach* of *bus voor langere afstanden*. Groot-Brittannië beschikt over een uitgebreid bustransportnet, dat bij velen de voorkeur geniet op verplaatsingen met de trein (zie les 61).

8 In les 8 zagen we **pretty** in de betekenis van "mooi, knap". In vlot taalgebruik kan **pretty** ook overeenkomen met **quite** als *vrij, nogal*, dit echter alleen voor een bijvoeglijk naamwoord of bijwoord: **It's pretty cold**, *Het is tamelijk koud*; **He talks pretty slowly**, *Hij praat vrij langzaam*.

9 A **lift** is *een lift*: **There are no lifts in this building**, *Er zijn geen liften in dit gebouw*, en met **to give someone a lift** bedoelt men "iemand een lift geven, ergens heen brengen met de auto". Zo kan de vraag in opm. 1 **Would you drive me to the station?** vervangen worden door **Would you give me a lift to the station?** Ander voorbeeld: **Can you give me a lift home?**, *Kan je me naar huis brengen?* (Let erop dat "naar" in "naar huis" niet vertaald wordt.)

two hundred and fifty-two • 252

9 – **Bri**lliant. Would you mind [10] **ask**ing him for me?
10 – Of course not. I'll call [11] him right now.

*9 **bril**jent ... **a-as**king ... 10 ... ajl ...*

Aanwijzing bij de uitspraak
(10) I'll: deze samengetrokken vorm bestaat eigenlijk uit de "lettergrepen" *[aj]* en *[el]*, maar klinkt eerder als *[ajl]*.

Opmerkingen

10 **Would you mind...?**, *Zou het je storen...?, Zou je het erg vinden...?* Hier wordt het werkwoord **to mind** (les 48, opm. 2) aangewend in een vraag waarin het beleefde nog versterkt wordt door de voorwaardelijke wijs. Er zijn twee constructies mogelijk, de ene met **if** + onderwerp (persoonlijk voornaamwoord): **Would you mind if I sat here?**, *Zou het u storen als ik hier ging zitten?*; de andere met een activiteit in de **-ing**-vorm: **Would you mind asking him?**, *Zou u het erg vinden het hem te vragen?* (dezelfde persoon is onderwerp van **to mind** en **to ask**). Het klinkt minder vormelijk als **would** vervangen wordt door de gewone vraagvorm: **Do you mind if I sit here?, Do you mind asking him?**

***

Exercise 1 – Translate
❶ There were quite a lot of people at the concert: five hundred or so. **❷** Can you give me a lift home? **❸** There are often delays on that line. **❹** I'll call him right now if you want. **❺** Would you mind if I sit here?

Zestigste les / 60

9 – Schitterend! Zou je het erg vinden [om het] hem [te] vragen voor me?
10 – Natuurlijk niet. Ik zal hem meteen bellen.

11 Voor een beslissing die genomen wordt op het moment dat men ze uitspreekt, gebruikt men in het Engels de toekomende tijd (dat kan in het Nederlands ook met een tegenwoordige tijd), bv. wanneer er aangebeld wordt: **I'll go** (waar wij zouden zeggen *Ik ga (wel)*. **'ll** is de samentrekking van **will** dat als hulpwerkwoord fungeert om de toekomende tijd te vormen (vgl. met ons *zal/zullen*).

***

Oplossing van oefening 1
❶ Er was vrij veel volk voor het concert: een 500-tal personen. ❷ Kan je me naar huis brengen? ❸ Er zijn vaak vertragingen op die lijn. ❹ Ik zal hem meteen bellen als je wil. ❺ Zou het u storen als ik hier ga zitten?

Exercise 2 – Fill in the missing words

① Hoe ver is het hiervandaan? Ongeveer 240 km[1].
   . . . . from here? About . . . . and . . . . .
   . . . . . .

② Mijn vrouw gaat iedere dag met de auto naar het werk.
   My wife . . . . every day.

③ Zou het u storen hem te vragen om me een lift te geven?
   . . . . him to give me a . . . . ?

④ Hoelang doe je erover om van Manchester naar York te gaan?
   . . . . to go from Manchester to York?

⑤ Neem de trein. Het is een vrij lange rit.
   Take the train. . . . . a . . . .

[1] *(In miles a.u.b.!)*

61

Sixty-first lesson

Travelling [1] around Britain

1 Travelling around Britain today is very easy and convenient [2].

Uitspraak
træveling ... 1 ... kenvienjent

Opmerkingen

1 In les 29, opm. 2 zagen we het gebruik van de gerund met **to like**: **She likes painting**, *Ze houdt van schilderen*, of vlotter: *Ze schildert graag*. De **-ing**-vorm kan in de zin de functie van onderwerp aannemen: **Travelling around Britain is easy**, *Groot-Brittannië rondreizen is gemakkelijk* of die van voorwerp: **She hates travelling**, *Ze haat reizen*. Hij komt veel voor in signalisatie: **No smoking**, *Verboden te roken*; **Parking not permitted**, *Parkeren niet toegelaten*.

Oplossing van oefening 2

❶ How far is it – a hundred – fifty miles ❷ – drives to work – ❸ Would you mind asking – lift ❹ How long does it take – ❺ – It's quite – long way

Tweede golf: 11e les

Eenenzestigste les

Groot-Brittannië rondreizen

1 Groot-Brittannië rondreizen is tegenwoordig *(vandaag)* heel gemakkelijk en comfortabel.

2 Convenient kan op verschillende manieren vertaald worden, o.a.: **Their new house is very convenient for the shops**, *Hun nieuwe huis is heel goed gelegen voor de winkels*; of in een beleefd verzoek: **Would tomorrow be convenient?**, *Zou morgen passen/schikken?* Het zelfstandig naamwoord **convenience** komt voor in samenstellingen als **convenience store** = buurtwinkel die dag en nacht open is, of **convenience foods** = kant-en-klaar-gerechten. In Groot-Brittannië vindt u achter het bord **Public Conveniences**... de openbare toiletten!

two hundred and fifty-six • 256

2   The **rail**way **sys**tem is **gen**erally fast, **mo**dern and e**fi**cient.
3   It used to [3] be **na**tionalised but now it is under **pri**vate **man**agement.
4   There are **in**ter-**ci**ty trains for long-**dis**tance **jour**neys [4]
5   and co**mmu**ter [5] **ser**vices for **peo**ple who **tra**vel to work **dai**ly [6].
6   But a lot of **peo**ple pre**fer** to go by car, bus or coach.

 *2 ... **reejl**weej **sis**tem ... **dzjè**nerelie fa-ast **mo**den ... e**fi**sjent 3 ...**joest**toe ...**næ**sjenelajzd ...**praj**vet **mæ**nedzjment 4 ...**in**te-**si**tie ... long **dis**tens **dzje-e**niz 5 ... ke**mjoe**te ... 6 ... **pri**fe-e ... **koo**ʷtsj*

Aanwijzing bij de uitspraak
(3) Used to vloeit in elkaar tot *[joestoe]* en **nationalised** klinkt eerder als *[næsjnelajzd]*.

 Opmerkingen

3 Met de (onscheidbare) constructie **used to** + infinitief (vergelijkbaar met "plachten te + infinitief") beschrijft men een situatie of een gewoonte in het verleden die nu niet meer bestaat. In het Nederlands gebruiken we hiervoor meestal een O.V.T. in combinatie met een woord als "vroeger, toen": **They used to live in York**, *Ze woonden vroeger in York*; **I used to smoke but I stopped ten years ago**, *Ik rookte vroeger, maar ik ben tien jaar geleden gestopt*. **To use** *[joez]* betekent op zich *gebruiken*.

4 *Reis/reizen* kan op verschillende manieren vertaald worden in het Engels, bv. **travel** (in de abstracte betekenis): **Rail travel is very efficient**, *Met de trein reizen is heel efficiënt*; **a journey** (het parcours zelf): **The**

2 Het spoorwegsysteem is in het algemeen snel, modern en efficiënt.
3 Het was vroeger genationaliseerd, maar nu staat *(is)* het onder privébeheer.
4 Er zijn intercitytreinen voor langeafstandsreizen
5 en pendeldiensten voor mensen die dagelijks naar [hun] werk sporen *(reizen)*.
6 Maar heel wat mensen verkiezen met de auto, bus of coach te gaan.

journey was very long and uncomfortable, *De reis was heel lang en oncomfortabel*; **a trip** (meestal van korte duur): **We went on a day/business trip to York**, *We maakten een daguitstap / gingen op zakenreis naar York.*

5 **To commute**, *pendelen, zich verplaatsen naar het werk (en terug)*. Het gebeurt veel door mensen die in een voorstad wonen en in een grote stad werken: **She lives in the suburbs and commutes to Manchester**. *Een pendelaar* is **a commuter** en *een pendeltrein* **a commuter train** (zie ook les 22, opm. 3); **commuter traffic**, *pendelverkeer*, enz.

6 **Daily** *dagelijks, alle dagen*, van **day**, *dag*, hoort men ook in de wending **on a daily basis**, met exact dezelfde betekenis, maar waarom vier woorden gebruiken als het ook in één kan?!

7 So al**though** [7] the **coun**try has an ex**ten**sive **net**work of **mo**torways and roads,
8 there are **al**ways huge **tra**ffic jams [8].
9 In fact, there are **real**ly two sorts of roads in Great **Bri**tain:
10 those that are **be**ing built [9] and those that are **be**ing re**pai**red.

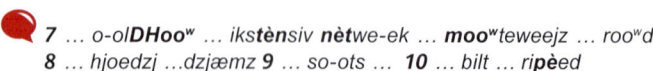
7 ... o-ol**DHoo**ʷ ... iks**tèn**siv **nèt**we-ek ... **moo**ʷteweejz ... rooʷdz
8 ... hjoedzj ...dzjæmz 9 ... so-ots ... 10 ... bilt ... ri**pè**ed

Aanwijzingen bij de uitspraak
(7) Although, met de klemtoon op de tweede lettergreep: *[o-ol**DHoo**ʷ]*. Beide klanken zitten ook in also *[o-ol**soo**ʷ]*, hier weliswaar met de klemtoon op de eerste lettergreep.
(10) In built en afleidingen ervan wordt de u niet uitgesproken: *[bilt]*, building *[**bil**ding]*.

Opmerkingen

7 Although of though, *(al)hoewel*: Although/Though the trains are efficient, many people travel by coach, *Alhoewel/Hoewel de treinen efficiënt zijn, reizen veel mensen met de coach*. Om te benadrukken, kan even aan though toegevoegd worden: Even though the trains... , *Zelfs al...* (dit kan niet met although).

8 Jam, *jam, confituur*: Do you want some jam on your toast?, *Wil je (wat) jam op je toast / geroosterd brood?* A traffic jam is *een verkeersopstopping* en komt van to jam, *vast (blijven) zitten* - zoals jam op brood!

***

Exercise 1 – Translate
❶ He lives in the suburbs and commutes to the city daily.
❷ Even though the trains are efficient, many people prefer the coach.
❸ How was your business trip? – The journey was very long.
❹ I really hate travelling by train. It's so uncomfortable.
❺ Our new flat is very convenient for the shops.

7 Dus, alhoewel het land een uitgebreid net*(werk)* van autosnelwegen en [andere] wegen heeft,
8 zijn er altijd enorme verkeersopstoppingen.
9 Eigenlijk zijn er [in] werkelijk[heid] twee soorten *(van)* wegen in Groot-Brittannië:
10 die die *(gebouwd zijn zijnde)* aangelegd worden en die die hersteld worden.

9 Het werkwoord voor *bouwen* is onregelmatig: **to build - built - built**; **a building** is *een gebouw* terwijl ons "leenwoord" *building* in het Engels eerder **a tower block** heet, m.a.w. *een torengebouw...*

***

Oplossing van oefening 1

❶ Hij woont in de buitenwijken en pendelt dagelijks naar de stad. ❷ Zelfs al zijn de treinen efficiënt, veel mensen verkiezen de coach. ❸ Hoe was uw zakenreis? – De reis was heel lang. ❹ Ik heb een grondige hekel aan reizen met de trein. Het is zo oncomfortabel. ❺ Onze nieuwe flat is heel goed gelegen voor de winkels.

Exercise 2 – Fill in the missing words

❶ Er zijn pendeltreinen voor mensen die naar hun werk sporen.
There are .... trains for ....

❷ Groot-Brittannië rondreizen is heel gemakkelijk, maar parkeren is moeilijk.
.... Britain is very easy, but .... is difficult.

❸ Zou morgen u schikken?
..... tomorrow .. .. you?

❹ Vroeger rookten we, maar we zijn 10 jaar geleden gestopt.
We .... but we ....

❺ Er zijn twee soorten wegen: die die aangelegd worden en die die hersteld worden.
There are two sorts of roads: ....
and those ....

Oplossing van oefening 2

❶ – commuter – people who travel to work ❷ Travelling around – parking – ❸ Would – be convenient for – ❹ – used to smoke – stopped ten years ago ❺ – those that are being built – that are being repaired

In de jaren 1990 werden de Britse spoorwegen – de oudste ter wereld – geprivatiseerd. De volledige spoorinfrastructuur wordt nu beheerd door **Network Rail***, een maatschappij die verantwoordelijk is voor het onderhoud van de sporen alsook voor de coördinatie van de treinbewegingen en de uurregelingen. Meer dan twintig regionale bedrijven vervoeren passagiers en vrachten. Zo kan een reiziger, op eenzelfde spooras, kiezen tussen verschillende operatoren, wat niet eenvoudig is m.b.t. uurregelingen en tarieven!*

Voor het transport over de weg werden de buslijnen geprivatiseerd in de jaren 1980, waardoor Groot-Brittannië vandaag beschikt over een heel dicht en doeltreffend net van langeafstandsbussen, dat bij veel reizigers de voorkeur geniet. Deze dienst wordt verzekerd door de firma **National Express***.*

Het meest gebruikte vervoermiddel blijft echter de auto. In de jaren 1960 begonnen de Britten, ter aanvulling van de nationale wegen, een autowegen*net,* **motorways** *uit te bouwen, die een nooit meer aflatende voorliefde voor de personenauto deed ontstaan. Op een uitzondering na is het gebruik van* **motorways** *vooralsnog gratis, maar door de toenemende verkeersproblemen verschijnt de vraag om een tolsysteem in te voeren regelmatig op de agenda.*

Tweede golf: 12e les

62

Sixty-second lesson

Planning a journey

1 – Thank you for **ca**lling **Ea**stern Rail. Press "1" to speak to an ad**vis**er [1].
2 Your call is now in a queue [2] but we will **an**swer [3] you soon [4].
3 – Thanks for **be**ing **pa**tient. What can I do for you?
4 – I'd like some infor**ma**tion on trains to York, please.

Uitspraak
1 ... **ies**ten ... ed**vaj**ze   *2* ... kjoe ... **a-an**se ...
3 ... **peej**sjent ...

Aanwijzingen bij de uitspraak
(2) Let op de uitspraak van **queue** *[kjoe]* en van **answer** *[a-anse]* (onhoorbare w).
(3) Patient, met de midden-t als *[sj]*: *[peejsjent]*.

Opmerkingen

1 **Adviser** (soms ook **advisor**), *raadgever/-geefster, adviseur*, van **to advise**, *raad geven, adviseren*. Die *raad* / Dat *advies*, **advice** (niet-telbaar) wordt gegeven aan *klanten,* **customers**.

2 **Queue**, *rij (wachtenden)*; **to queue**, *in de rij (gaan) staan, aanschuiven*: **Please queue here for tickets**, *Schuif hier aan voor tickets, a.u.b.* Voor Britten getuigt het gewoon van burgerzin, ook al zijn er **queue jumpers** (lett. "rijspringers", van **to jump**, *springen*), *voordringers*, dus in het algemeen wacht iedereen in de rij voor de bus, bioscoop of elders netjes zijn beurt af.
(In de telefonie betekent **to be in a queue** *op een wachtlijn zitten*.)

Tweeënzestigste les

Een reis plannen

1 – Bedankt dat u Eastern Rail belt *(voor bellen Oostelijk Spoor)*. Druk "1" om een raadgever te spreken.
2 Uw oproep zit nu op een wachtlijn *(is in een rij)*, maar we zullen u zo dadelijk antwoorden.
3 – Dank u voor uw geduld *(geduldig zijnde)*. Wat kan ik voor u doen?
4 – Ik had graag *(zou graag hebben)* (wat) informatie i.v.m. treinen naar York, a.u.b.

3 Hier hebben we de toekomende tijd voluit (zie les 60, opm. 11). Hij wordt voor alle personen gevormd met het hulpwerkwoord **will** voor de infinitief van het hoofdwerkwoord (zoals in het Nederlands met "zal/ zullen + infinitief"): **we answer** (*we antwoorden*) › **we will answer** (*we zullen antwoorden*). De samengetrokken vorm (in onze zln niet van toepassing door het meer vormelijke register) is, zoals u weet, **'ll: we'll answer**.

4 **Soon**, *binnenkort*, *zo dadelijk*,...: **We'll soon be on holiday,** *Binnenkort zijn we met vakantie*. Bij het afscheidnemen van iemand die men spoedig hoopt terug te zien, zegt men **See you soon,** *Tot binnenkort*. **Soon** is heel polyvalent, met veel nuances, denk maar aan de uitdrukking **as soon as,** *zodra* (les 41, zin 4) of **as soon as possible,** *zo snel mogelijk* (les 57, zin 10), afgekort tot **ASAP**.

two hundred and sixty-four • 264

5 – What **sta**tion are you **lea**ving from [5]?
6 – I want to get from **Sal**ford to York on **Thurs**day **mor**ning.
7 – Bear with me. [6] I'm **che**cking for you.
8 **So**rry about the wait. Right, there's a train that leaves **Sal**ford at 8.10.
9 Change at **Man**chester **Ox**ford Road **sta**tion and you'll get to York at 9.45.
10 – Do you have a low fare [7], like an **off**-peak re**turn** or **some**thing [8]?

7 bèe ... tsjèking ... 9 ... oksfed ... 10 ... fèe ... of-piek ...

Aanwijzing bij de uitspraak
(7), (10) Bear en fare rijmt op hair en there (*[èe]*), maar telkens met een andere spelling!

Opmerkingen

5 Vraagwoorden als **where**, **who**, **when** leiden een zin in; hoort er een voorzetsel bij, dan verhuist dit in de omgangstaal doorgaans naar het zinseinde: **To whom were you speaking?** → **Who were you speaking to?**, *Met wie was je aan het spreken?*; **From where are you leaving?** → **Where are you leaving from?**, *Van waar vertrek je?* Merk op dat **to leave** zowel *verlaten* als *vertrekken* betekent (zie zin 8 en les 53, opm. 7).

6 **To bear**, *verdragen*; in de ontkennende vorm is **to bear** een synoniem van **to stand** (les 45, opm. 6): **I can't bear him! He's so rude**, *Ik kan hem niet uitstaan! Hij is zo grof.*
De uitdrukking "**Bear with me**" is gebruikelijk bij "klantenadviseurs" om ons aan de telefoon of het loket even te laten wachten. Gebruik ze zelf niet, het zou geaffecteerd overkomen.

7 **A fare** is het *tarief*, de prijs voor een (trein-, tram-,...)kaartje of een (taxi) rit: **The fare is shown on the meter**, *De ritprijs staat aangegeven (is getoond) op de teller*; **How much is the fare from Salford to York?**, *Hoeveel is het voor de rit van Salford naar York?*

Tweeënzestigste les / 62

5 – Vanuit welk station vertrekt u?
6 – Ik wil van Salford naar York gaan *(op)* donderdagmorgen.
7 – Een ogenblikje *(Verdraag met mij)*. Ik kijk [het] voor u na.
8   Sorry voor *(over)* het wachten. Nou, er is een trein die [uit] Salford vertrekt *(verlaat)* om 8.10 *(u)*.
9   Stap over in Manchester, station Oxford Road, en u komt aan *(zal aankomen)* in York om 9.45 *(u)*.
10 – Hebt u een verlaagd *(laag)* tarief, zoals een retourtje buiten de piekuren of iets [dergelijks]?

A low fare, *een laag*, dus *verlaagd*, speciaal *tarief*. Een interessante formule bij de spoor- en busmaatschappijen is **the off-peak return**, *de meer voordelige heen- en terugreis buiten de piekuren*.

8 **Something**, *iets* en de uitdrukking *... or something*, *... of zoiets, of iets dergelijks*.

11 – I'm a**fraid** not. Un**less** you leave after the rush hour.

12 – In that case, I won't [9] take the train. I think I'll drive. Bye. [10]

12 ... woo^wnt ... baj

Opmerkingen

9 Ontkennen in de toekomende tijd gebeurt voor alle personen met **not** na het hulpwerkwoord **will**: He will take the train. → He will not take the train. De samengetrokken vorm is **won't**: He won't take the train. Let op want **won't** kan een weigering uitdrukken: **I'll have to drive because my wife won't take the train**, *Ik zal met de auto moeten gaan want mijn vrouw weigert de trein te nemen*. De context helpt u uitmaken of het om een toekomende tijd dan wel een afwijzing gaat.

***

Exercise 1 – Translate

❶ When you take a taxi, the fare is shown on the meter. ❷ Which station are you leaving from? ❸ They don't have an off-peak return – unless you leave after 9.30. ❹ We'll soon be on holiday. – At last! ❺ I can't bear her! She's so rude.

***

Exercise 2 – Fill in the missing words

❶ Met wie was je aan het spreken? – Met een raadgever.
... ... you ... ...? – .. an adviser.

❷ We zullen in York aankomen rond 10 uur.
... ... York at ... ... ten o'clock.

❸ Ik zal de trein niet nemen. Ik zal met de auto gaan.
I ... ... the train. ... ...

❹ Ik had graag (wat) informatie over tarieven, alstublieft.
... ... some ... ... on ... ... please.

11 – Ik ben bang van niet. Tenzij u vertrekt na het spitsuur.
12 – In dat geval zal ik de trein niet nemen. Ik denk dat ik de auto zal nemen. Dáág.

10 **Bye** (of soms **Bye-bye**, dat eerder als *[ba baj]* klinkt), is een informele, doch perfect beleefde verkorting van **Good bye**.

***

Oplossing van oefening 1
❶ Wanneer je een taxi neemt, staat de ritprijs aangegeven op de teller. ❷ Vanuit welk station vertrekt u? ❸ Ze hebben geen "buiten piekuur-retourtje" – tenzij u na 9u30 vertrekt. ❹ Binnenkort zijn we met vakantie. – Eindelijk! ❺ Ik kan haar niet uitstaan! Ze is zo onbeschoft.

***

❺ Ga a.u.b. hier in de rij staan voor kaartjes.
 . . . . here . . . .

Oplossing van oefening 2
❶ Who were – speaking to – To – ❷ We will get to – around – ❸ – won't take – I'll drive ❹ I'd like – information – fares – ❺ Please queue – for tickets

two hundred and sixty-eight • 268

Als we soms zeggen dat we op iets later terugkomen, dan is dat om u niet meteen met alle details te belasten. We willen dat u eerst een stevige grammaticale en lexicale basis opbouwt, die

Sixty-third lesson

Revision – Herhaling

1 *Future Tense* (toekomende tijd)

De **future tense** wordt voor alle personen gevormd met het hulpwerkwoord **will** (vergelijkbaar met ons *zal/zullen*) voor de infinitiefvorm van het hoofdwerkwoord:

	samengetrokken vorm: **'ll**
I will go…	I'll go…
You will go…	You'll go…
He/She/It will go…	He/She/It'll go…
We will go…	We'll go…
They will go…	They'll go…
… to London tomorrow.	… to London tomorrow.

Ontkennen gebeurt met **will not** voor de infinitief:

	samengetrokken vorm: **won't**
I will not go…	I won't go…
You will not go…	You won't go…
He/She/It will not go…	He/She/It won't go…
We will not go…	We won't go…
They will not go…	They won't go…
…to London tomorrow.	…to London tomorrow.

dan beetje bij beetje aangevuld kan worden. U hebt uw moedertaal ook niet geleerd door saaie spraakkunsthandboeken uit het hoofd te leren.

Tweede golf: 13e les

Drieënzestigste les

We kennen nu verschillende manieren om iets in de toekomst uit te drukken:

• de **present continuous** (progressieve tegenwoordige tijd) voor iets dat in de (nabije) toekomst zal gebeuren:
They're going to the movies this afternoon, *Ze gaan vanmiddag naar de bioscoop.*
David's having dinner with us tonight, *David eet vanavond met/bij ons.*

• **to be going** + **to**-infinitief om een voornemen, verwachting,... of subjectieve zekerheid uit te drukken:
Take a coat: it's going to rain, *Neem een jas: het gaat regenen.*
I'm going to live in London, *Ik ga in Londen wonen.*

• **will** + infinitief bij vermoeden, hoop,... of een spontane beslissing op het moment zelf (**the will** = *de wil*):
I'm sure he'll get that job, *Ik ben er zeker van dat hij die baan krijgt.*
We will win that prize!, *We zullen die prijs winnen!*

Er is wel gelijkenis met het Nederlands, maar u hebt al gemerkt dat als het toekomstige duidelijk blijkt, wij eerder een tegenwoordige tijd gebruiken, en ook in het volgende geval: beslis je plotseling iets te doen in de onmiddellijke toekomst, dan geldt in het Engels de toekomende tijd en voor ons eerder de tegenwoordige:
The phone's ringing. – I'll go, *De telefoon rinkelt. – Ik ga al.*
Come on, I'll drive you to the station, *Komaan, ik breng je/jullie wel naar het station.*

2 *Past continuous* (progressieve verleden tijd) en *used to*

• Vorming van de **past continuous**:

– bevestigend → met **was/were** + onvoltooid deelwoord (**-ing**-vorm) van het hoofdwerkwoord: **I was reading, we were driving**, *ik zat te lezen, wij waren aan het rijden*

– ontkennend → met **not** (samengetrokken: **-n't**):
I wasn't reading, we weren't driving

– vragend → met inversie:
Was I reading?, Were we driving?

• Gebruik van de **past continuous**:

Hij geldt voor een handeling/gebeurtenis die op een bepaald tijdstip of tijdens een bepaalde periode in het verleden aan de gang was. Doorgaans wordt hij in het Nederlands vertaald met een O.V.T.
In the 2010s, I was living in London, *In de jaren 2010 woonde ik in Londen.*

De **past continuous** staat vaak samen met de **past simple** in een zin wanneer iets gebeurde terwijl iets aan de gang was:
She was working in the garden when the phone rang, *Ze was aan het werken in de tuin toen de telefoon rinkelde* (hier wordt een aan de gang zijnde handeling onderbroken door een andere actie).
Bevat een zin tweemaal de **past simple**, dan volgt op de eerste handeling een tweede. Vergelijk:
When we arrived, he was making coffee.
Toen we aankwamen, was hij koffie aan het zetten.
When we arrived, he made coffee.
Toen we aankwamen, heeft hij koffie gezet.

Voor een gewoonte of herhaalde handeling in het verleden, bv. *Hij bracht ons vaak een bezoekje,* kan:
– de **past simple**: **He often visited us**.
– de wending **used to** (zie les 61, opm. 3): **He often used to visit us**.

Onthoud dat **used to** (vgl. met "placht(en) te") gebruikt wordt voor een vroegere gewoonte of een situatie die niet meer bestaat op het ogenblik dat men spreekt en dat het Nederlands dit eerder weergeeft met een O.V.T. + een woord als *vroeger, toen*:

I used to smoke but I stopped ten years ago, *Ik rookte vroeger, maar ik ben tien jaar geleden gestopt.*
My parents used to live in York, *Mijn ouders woonden vroeger in York.*

Nu u de regels kent, zullen de voorbeelden in de volgende lessen eenvoudig lijken.

3 Beleefde wendingen met de voorwaardelijke wijs *(could* en *would)*

Als voorbereiding op het gebruik van de voorwaardelijke wijs (conditionalis) in complexe zinnen tonen we u de hulpwerkwoorden **would** en **could**, die ook veel voorkomen in beleefde wendingen.

• **Would** (*zou(den)*) + infinitief:

She would be very happy, *Ze zou heel blij zijn.*
I would like to speak to Cathy Barnes, please, *Ik zou Cathy Barnes willen spreken, alsublieft.*
met als samengetrokken vorm **-'d**:
She'd be very happy, *Ze zou heel blij zijn.*
I'd like to see you at ten o'clock, *Ik zou je willen zien om 10 uur.*

De vraagvorm is met inversie:
you would → would you...? en wordt veel gebruikt voor een beleefd verzoek of om iemand iets aan te bieden (waar het Nederlands niet noodzakelijk een conditionalis gebruikt):
Would you help me, please?, *Zou u me willen helpen, alstublieft?*
Would you like some more wine?, *Wenst u nog wat wijn?*
Deze vorm van beleefdheid is heel gebruikelijk en wordt helemaal niet als "overbeleefd" ervaren.

• **Could** (*zou(den) kunnen/mogen*) + onderwerp + infinitief:

Could, de voorwaardelijke vorm van **can**, wordt gebruikt om op een beleefde manier voor iets toestemming of om een dienst te vragen:
Could I speak to the manager, please?, *Zou ik de directeur kunnen/ mogen spreken, alstublieft?*
Could you pass me the salt?, *Zou u me het zout kunnen doorgeven?*

4 (Graag) willen: *to want/like* + voorwerp + *to*-infinitief

Om te zeggen dat je wenst dat iemand iets doet, zijn de werkwoorden **to want** en **to like** handig in een ietwat speciale constructie.

Op een vorm van het werkwoord **to want** of **to like** volgt het voorwerp (bv. een persoonlijk voornaamwoord in de voorwerpsvorm: **me, him, her**,...) en een **to**-infinitief:

I'd like you to come for an interview.
Ik zou willen / zou graag hebben / had graag dat u langskomt voor een onderhoud.

They want me to lend them some money.
Ze willen dat ik hun geld leen.

Gebruik in dergelijke wendingen nooit **that** na **want**!

5 Wederkerende voornaamwoorden

myself
yourself
himself, herself, itself
ourselves
yourselves
themselves

Merk een van de zeldzame gevallen op waarbij het onderscheid tussen enkelvoud en meervoud in de 2e persoon duidelijk is:

Help yourself, *bedien je/u, bedient u zich*, maar
Help yourselves, *bedienen jullie je*.

I'll do it myself, *Ik zal het zelf doen.*
You told me yourself, *Jijzelf hebt het me verteld.*
They hear themselves, *Ze horen zichzelf.*

In het Engels is het element *self/selves* altijd nodig:
She did it all by herself, *Ze heeft het allemaal zelf/alleen gedaan.*

6 Betrekkelijke voornaamwoorden (deel 1)

- **What** vervangt gegevens:

I liked the things I saw.
Ik vond de dingen die ik zag leuk.
→ **I liked what I saw.**
  Ik vond wat ik zag leuk.

We told him the things we needed.
We hebben hem gezegd welke dingen we nodig hadden
→ **We told him what we needed.**
  We hebben hem gezegd wat we nodig hadden.

- **That** moet i.p.v. **what** gebruikt worden na **all**, **something**, **everything**, **anything** en **only**:

Everything that he says is true.
Al wat hij zegt is waar.
All that I want is to find a job.
Alles wat ik wil, is een baan vinden.
Take anything that you want.
Neem wat je/u maar wil.
(Bij deze drie zinnen kan **that** ook weggelaten worden - zie les 36, opm. 4.)

Later zullen we nog een andere manier zien om ons *wat* te vertalen.

Revision dialogue

1 – Could I speak to Catherine Barnes please?
2   I'd like you to come to York for an interview.
3 – But I sent you my CV more than six months ago.
4   That was when I was working in London.
5 – Tell me how I get to your office.
6 – You could take the train or you could drive.
7 – How long does it take to go from Salford to York by train?
8 – About two hours if there are no delays.
9 – Then I won't take the train. I think I'll drive.
10   Or I could ask my husband to give me a lift.

Sixty-fourth lesson

A shopping expedition

1 – I need a new **ja**cket for my **mee**ting on **Thurs**day.
2   Would you come and help me to choose **some**thing?
3 – But you know I'm not good at [1] **choo**sing clothes.

Uitspraak
... **èks**pedisjen   1 ... nied ... **dzjæ**kit ...   2 ... tsjoez ...
3 ... **tsjoe**zing ...

Opmerking

[1] To be good at, *goed zijn in*: She's good at geography, *Ze is goed in aardrijkskunde*; He's very good at his job, *Hij doet zijn werk heel goed.* Is men goed in een activiteit, dan staat die in de vorm van een **gerund**: I'm good at choosing clothes for my wife, *Ik ben goed in het uitkiezen van kleren voor mijn vrouw.*
De ontkenning, I'm not good at... kan versterkt worden door **not** te vervangen door **no**: I'm no good at choosing clothes, *Ik ben helemaal niet goed in kleren uitkiezen.*

Vertaling

1 Zou ik Catherine Barnes kunnen spreken, alstublieft? **2** Ik had graag dat u naar York komt voor een sollicitatiegesprek. **3** Maar ik heb u meer dan zes maanden geleden mijn cv toegestuurd. **4** Dat was toen ik in Londen aan het werk was. **5** Zegt u me hoe ik naar uw kantoor kom. **6** U zou de trein kunnen nemen of met de auto kunnen komen. **7** Hoelang doet men erover om met de trein van Salford naar York te gaan? **8** Ongeveer twee uur als er geen vertragingen zijn. **9** Dan zal ik de trein niet nemen. Ik denk dat ik met de auto zal gaan. **10** Of ik zou mijn man kunnen vragen mij te brengen.

Tweede golf: 14e les

Vierenzestigste les

Een winkelexpeditie

1 – Ik heb een nieuw jasje nodig voor mijn vergadering *(op)* donderdag.
2 Zou je me willen komen *(en)* helpen iets te kiezen?
3 – Maar je weet dat ik niet goed ben in kleren [uit]-kiezen.

4 – Come on. I'll buy [2] you lunch at **Boo**mer's.
5 – *(At the shop)* Good after**noon ma**dam. How may [3] I help you?
6 – I want a **ja**cket for an **in**terview. **Some**thing smart [4].
7 – I have **some**thing that will suit [5] you **per**fectly.
8 You take a size twelve, don't you?
9 What do you think of this? It's wool and silk.
10 – It's **fa**bulous. May I try [6] it on please?

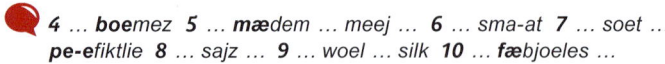

4 ... **boe**mez **5** ... **mæ**dem ... meej ... **6** ... sma-at **7** ... soet ... pe-e**fik**tlie **8** ... sajz ... **9** ... woel ... silk **10** ... **fæ**bjoeles ...

Aanwijzing bij de uitspraak
(5) Madam, uitgesproken als *[mædem]*.

Opmerkingen

2 Iemand iets aanbieden, op iets trakteren of gewoon *betalen* kan uitgedrukt worden met **to buy**: **I'll buy you a beer**, *Ik betaal je een biertje*. Je kan ook iets *geven* **to give**: **What are you going to give her for her birthday?**, *Wat ga je haar geven voor haar verjaardag?*

3 **May** is een modaal hulpwerkwoord en heeft verschillende betekenissen. Meestal komt het voor in beleefde formuleringen, waar het **can** vervangt, zoals hier: **How can I help you?**→ **How may I help you?**, *Hoe kan ik u helpen / van dienst zijn?* of om toestemming te vragen, zoals in zin 10: **May I leave?**, *Mag ik vertrekken?* of om iets voor te stellen: **May we buy you a coffee?**, *Kunnen/Mogen we u een koffietje aanbieden?* Het past dus in eerder vormelijk taalgebruik.

4 Smart, *chic, elegant*: **She was wearing a very smart suit**, *Ze droeg een heel elegant pakje*; **Kora was smartly dressed**, *Kora was elegant gekleed*.

Vierenzestigste les / 64

4 – Komaan. Ik zal je op een etentje trakteren *(lunch betalen)* bij Boomer.
5 – *(In de winkel)* Goede(na)middag, mevrouw. Hoe kan ik u helpen?
6 – Ik wil een jasje voor een sollicitatiegesprek. Iets chic[s]/elegant[s].
7 – Ik heb iets dat u perfect zal staan.
8 U hebt *(neemt een)* maat twaalf, niet?
9 Wat vindt u hiervan *(denk u van dit)*? Het is [van] wol en zijde.
10 – Het is prachtig. Mag ik het [even] aanpassen, alstublieft?

Smart staat ook voor *slim, intelligent*: **He's a smart businessman**, *Hij is een slim zakenman*; **She's one of the smartest girls in the class**, *Ze is een van de intelligentste meisjes in de klas*. En omdat de techniek zelfs levenloze dingen intelligent maakt, vindt men **smart** terug in termen als **a smart card**, *een (bank)kaart met geheugen*; **a smart house**, *een met allerlei domoticasnufjes uitgerust huis*; **a smart bomb**, *een bom die zelf haar doel zoekt*,....

5 A suit, *een pak, kostuum*; to suit, *passen, staan, schikken*: **That coat doesn't suit you**, *Die mantel staat je niet*; **Would Monday suit you?**, *Zou maandag voor u passen?*; **A job in York would suit me perfectly**, *Een baan in York zou me prima uitkomen*.

6 To try, *(uit)proberen* (les 27, zin 2); to try on, *(kleren) (aan)passen* om te kijken of ze zitten: **Here, try on this jacket**, *Hier, pas dit jasje eens aan*; **Try the jacket on for size**, *Pas het jasje aan om de te zien of de maat ok is*.

two hundred and seventy-eight • 278

11 It fits **per**fectly. **Si**mon, does it suit me [7]?
12 – Yes, it does. Please can we go for a **cof**fee now?
13 – How much does it cost? [8]
14 – Two **hun**dred and **fif**ty-three pounds [9].

 11 ... fits ... soet ... 13 ... kost

Opmerkingen

[7] Met betrekking tot kledingstukking betekent het werkwoord **to fit** *passen, goed zitten*: **The coat fits me perfectly**, *De mantel past me perfect*; **The blouse fits perfectly**, *De bloes zit perfect*.
Onthoud dat **to suit** op het esthetische slaat en **to fit** op de maat: **That hat suits you but it doesn't fit**, *Die hoed staat je, maar hij past niet*. Vraag in Groot-Brittannië naar **the fitting room** als u *het pashokje* zoekt.

***

Exercise 1 – Translate
❶ Here, try this jacket on for size. ❷ She's one of the smartest girls in the class. ❸ Good afternoon sir. How may I help you? ❹ How much is this? – Two hundred and fifty-three pounds. ❺ A job in an IT company would suit me perfectly.

***

Exercise 2 – Fill in the missing words
❶ Die hoed staat je, maar hij past niet.
That hat . . . . but . . . .

❷ Wat ga je hem geven voor zijn verjaardag?
. . . . to . . . . him for . . . birthday?

❸ Ze is goed in kleren kiezen voor haar man.
She's . . . . clothes for . . . .

❹ Kunnen we u een koffietje aanbieden?
. . . . a coffee?

Vierenzestigste les / 64

11 Het zit perfect. Staat het me, Simon?
12 – Ja, hoor. Kunnen we nu alsjeblieft een koffietje gaan drinken *(om een koffie gaan)*?
13 – Hoeveel kost het?
14 – Tweehonderddrieënvijftig pond.

8 To cost, *kosten*: **How much does it cost?**, *Hoeveel kost het?* Je kan ook gewoon vragen **How much is this?**
Costly is *kostbaar, duur*.

9 Blijf letten op de constructie van getallen en op het gebruik van de meervoudsvorm bij gewichts-, munt- en andere eenheden.

***

Oplossing van oefening 1
❶ Hier, pas dit jasje aan om te zien of de maat ok is. ❷ Ze is een van de intelligentste meisjes in de klas. ❸ Goedemiddag, meneer. Hoe kan ik u van dienst zijn? ❹ Hoeveel is het? – 253 pond. ❺ Een baan in een informaticabedrijf zou me prima uitkomen.

***

❺ Zou je me willen komen helpen met de afwas?
. . . . with the washing-up?

Oplossing van oefening 2
❶ – suits you – it doesn't fit ❷ What are you going – give – his – ❸ – good at choosing – her husband ❹ May we buy you – ❺ Would you come and help me –

Tweede golf: 15e les

Sixty-fifth lesson

A coffee at Boomer's

1 – A **ta**ble for two, please.
2 – **Cer**tainly. Would you come [1] this way?
3   Are you **rea**dy to **or**der or do you need [2] to see a **me**nu?
4 – I'll just have [3] a **la**tte and a glass of **wa**ter. **No**thing else.
5 – And I'll have a pot of tea and some scones [4] with cream and jam.

Uitspraak
*3 ... **rè**die ... **o-o**de ... **mè**njoe   4 ... **la-a**teej ... Gla-as ... **wo-o**te*
5 ... pot ... skoo^wnz ... kriem ... dzjæm

Aanwijzingen bij de uitspraak
(3) Ready *[rèdie]*, met een korte ea, zoals in head, bread, maar langer in to read *[ried]*!
(5) Scones kan uitgesproken worden als *[skoo^wnz]* of *[skonz]*.

Opmerkingen

1   **Would** wordt gebruikt in een beleefd, vriendelijk verzoek. De volgende uitnodiging hoort u dikwijls in Groot-Brittannië en de Verenigde Staten: **Would you come with me, please?**, *Zou u met we willen meekomen, alstublieft?* Deze vormelijke stijl in de voorwaardelijke wijs kan in het Nederlands vlotter weergegeven worden met een O.T.T.: *Wilt u met me meekomen, alstublieft?* **Would you come to lunch next Tuesday?**, *Zouden jullie willen / Willen jullie komen lunchen volgende dinsdag?* of zelfs *Komen jullie volgende dinsdag lunchen?* Zonder betekeniswijziging kan het werkwoord **to like** toegevoegd worden: **Would you like to come with me? Would you like to come to lunch?**

2   **To need**, *nodig hebben* (les 64, zin 1): **He needs a new suit**, *Hij heeft een nieuw pak nodig*; **We don't need a new car**, *We hebben geen nieuwe auto nodig*. Zie ook zin 8.

Vijfenzestigste les

Een koffie bij Boomer

1 – Een tafel voor twee, alstublieft.
2 – Zeker. Komt u hierlangs *(zou u willen komen deze weg)*?
3 Bent u klaar om te bestellen of moet u de kaart *(een menu)* zien?
4 – Ik neem gewoon een latte en een glas *(van)* water. Niets anders.
5 – En ik neem een pot[je] *(van)* thee en (enkele) scones met room en jam.

Als er een **to**-infinitief op volgt, betekent **to need** *moeten* ("het nodig hebben om te + infinitief") **We need to pay by credit card**, *We moeten met een kredietkaart betalen*. Ontkennen gebeurt dan met het gebruikelijke hulpwerkwoord (**don't/doesn't**) of gewoon met **not**, zoals bij **must** en **can**: **You needn't worry**, *Je hoeft je geen zorgen te maken*; **They needn't come if they don't want to**, *Ze hoeven niet te komen als ze niet willen* en dan staat de infinitief zonder het partikel **to**.

3 Er even aan herinneren dat het Engels voor een beslissing op het moment zelf de toekomende tijd gebruikt waar in het Nederlands eerder voor een O.T.T. gekozen wordt: **I'll have a glass of water**, *Ik neem een glas water*. (En vergeet niet **of** tussen "maat" en "inhoud" te zetten!)

4 **A scone** is een klein, plat, stevig cakeachtig broodje dat veelal in de namiddag gegeten wordt met wat **cream**, *room* en **jam**, *jam, confituur* en een kopje **tea**, *thee*, dus een lichte maaltijd die men **a cream tea** noemt. Thee kunt u bestellen per kopje (**a cup of tea**) of per hele theepot (**a pot of tea**).

Hoewel thee hun nationale drank is, kennen de Britten ook al lang koffie: het eerste **coffee house** opende in 1652 zijn deuren in Londen. Tegenwoordig zijn er allerlei **coffee bars** of **coffee shops** waar van koffie wordt genoten... op z'n Italiaans!

6 – It's **re**ally sweet [5] of you to come **shop**ping with me on a **Sa**turday.

7 – **Ac**tually, I want to make sure you don't spend too much **mo**ney.

8 – You **nee**dn't [2] **wo**rry, **dar**ling. **Mo**ney can't buy **ev**erything.

9 – I know. That's why they [6] in**ven**ted the **cre**dit card.

10 Ex**cuse** me, miss. May we have the bill [7], please?

11 – Here you are. Pay at the cash desk [8] by the **en**trance.

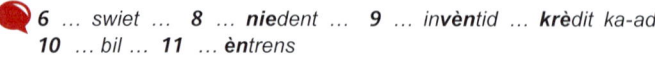

6 ... swiet ... 8 ... **nie**dent ... 9 ... in**vèn**tid ... **krè**dit ka-ad
10 ... bil ... 11 ... **èn**trens

Opmerkingen

[5] Sweet, *zoet*: This tea is too sweet, *Deze thee is te zoet*; The English like sweet white wine, *De Engelsen houden van zoete witte wijn*.
Met betrekking tot een persoon betekent sweet *lief*: She's a really sweet person, *Ze is een echt lief iemand*. In deze context kan sweet vervangen worden door nice: It's really sweet/nice of them to invite us, *Het is werkelijk aardig van ze om ons uit te nodigen*.
A sweet is *een snoepje*.

[6] They wordt hier onbepaald gebruikt: They say money can't buy everything, *Ze zeggen / Men zegt dat geld niet alles kan kopen*; That's why they invented the credit card, *Daarom hebben ze / heeft men de kredietkaart uitgevonden*.

[7] A bill is *een rekening*: Waiter, may we have the bill, please?, *Ober, kunnen we de rekening krijgen, alstublieft?*; a hotel bill, *een hotelrekening*; of *een factuur*: the electricity bill, *de elektriciteitsfactuur/-rekening*.

Vijfenzestigste les / 65

6 – Het is echt lief van je om te komen winkelen met me op een zaterdag.
7 – Eigenlijk wil ik me ervan verzekeren dat je niet te veel geld uitgeeft.
8 – Je hoeft je geen zorgen te maken, schat. [Met] Geld kan [je] niet alles kopen.
9 – Ik weet het. Daarom hebben ze de kredietkaart uitgevonden.
10 Excuseert u me, juffrouw. Mogen we de rekening hebben, alstublieft?
11 – Hierzo. Betaalt u aan de kassa bij de ingang.

8 The cash desk (lett. "cashbalie"), *de kassa*, waar u wellicht te horen krijgt **Cash or credit card?**, *Betaalt u contant / met gereed geld of met een kredietkaart?* **Can I pay by cheque** *[tsjèk]*?, *Kan/Mag ik met een cheque betalen? De kassa in een supermarkt* noemt men **the checkout**, wat echter niets te maken heeft met cheques: al uw aankopen worden gecontroleerd (**checked**) voor u de zaak verlaat.

Exercise 1 – Translate

❶ Would you come with me, please? – Certainly. ❷ Can I pay by cheque? – Sorry, cash or credit card only. ❸ Are you ready to order? – I'll have a cream tea, please. ❹ Excuse me. May we have the bill, please? ❺ It's really sweet of you to invite us.

***

Exercise 2 – Fill in the missing words

❶ Ze hoeven niet te komen als ze niet willen.
They .... if they don't ....

❷ Men zegt dat geld niet alles kan kopen.
.... money can't ... .

❸ Dat is waarom ze de kredietkaart hebben uitgevonden.
.... the credit card.

❹ Betaal aan de kassa bij de ingang.
.... the .... the entrance.

❺ Ik wil me ervan verzekeren dat je niet te veel geld uitgeeft.
I want .. .. you don't spend .... money.

Oplossing van oefening 1

❶ Zou u met me willen meekomen, alstublieft? – Zeker. ❷ Kan ik met een cheque betalen? – Het spijt me, alleen contant of met een kredietkaart. ❸ Bent u klaar om te bestellen? – Ik neem een *cream tea*, alstublieft. ❹ Excuseert u me, kunnen we de rekening krijgen, alstublieft? ❺ Het is echt lief van je om ons uit te nodigen.

***

Oplossing van oefening 2

❶ – needn't come – want to ❷ They say – buy everything ❸ That's why they invented – ❹ Pay at – cash desk by – ❺ – to make sure – too much –

De aanspreekvormen **sir**, *meneer,* **madam**, *mevrouw en* **miss**, *juffrouw komen formeler over in het Engels dan in het Nederlands. Ze worden aangewend in de dienstensector (verkopers, handelaars,...) of in het kader van een hiërarchische relatie. Daarbuiten tracht men ze te vermijden. We zagen al (les 36, opm. 2) hoe met* **Excuse me...** *de aandacht van een onbekende kan getrokken worden. In die context zegt men meestal nooit* **Sir** *of* **Madam**. *De keuze van de wijze waarop men iemand aanspreekt is vrij complex, hangt af van factoren als leeftijd en sociale status en kan alleen geassimileerd worden door in het land te verblijven. (In onze les bevindt Simon zich in een vormelijke context, en getuigt* miss *tegenover de dienster van respect.) Bovendien is er in Groot-Brittannië een trend naar een minder vormelijk taalgebruik in het dagelijks leven, vanwaar de proliferatie van "lieve woordjes" zoals daar sprake van was in les 24. (Eigenaardig is dat in de Verenigde Staten, waar men toch heel ongedwongen omgaat met taal,* **Sir** *en* **Madam** *– of* **Ma'am**, *zoals zij zeggen – minder vormelijk klinkt dan in Groot-Brittannië!)*
Om socio-culturele en andere misverstanden te vermijden, spreekt u een onbekende dus het beste aan met **Excuse me...**

Tweede golf: 16e les

66

Sixty-sixth lesson

The Beatles

1 The **Bea**tles are **pro**bably the most **fa**mous rock band of all time.
2 Two friends, John **Len**non and Paul Mc**Car**tney, **star**ted the group in 19**60**.
3 In the **ear**ly days, [1] they used to **tra**vel around **Liv**erpool and **Ham**burg,
4 where they would [2] play night after night in clubs to earn a **li**ving [3].
5 Then in 19**63** they had their first **num**ber-one hit [4]: "Please Please Me".

Uitspraak

… **bie**telz … 2 … dzjon **lè**nen … po-ol me**ka-a**tnie … Groep … 3 … **e-e**lie … **li**vepoel … **hæm**be-eG 4 … klübz … **li**ving

Opmerkingen

1 Early, *vroeg*: He left early because he had a meeting, *Hij is vroeg vertrokken omdat hij een vergadering had*. In the early days (lett. "in de vroege dagen"), *in het begin, de begindagen* (van een verhaal, een project,…): In the early days, the Beatles were called The Silver Beetles, *In het begin heetten de Beatles "De Zilveren Kevers"*.
(Het tegengestelde van **early**, dat weet u nog, is **late**, *(te) laat*.)

2 We kennen het gebruik van **used to** + infinitief (zie ook zin 3) voor een situatie of een gewoonte in het verleden die zich niet meer voordoet (les 61, opm. 3 en les 63, punt 2). **Would** heeft in deze context een gelijkaardige functie: When we were young, our father would take us swimming every Saturday, *Toen we jong waren, nam (onze) vader ons elke zaterdag mee uit zwemmen*.

Zesenzestigste les

De Beatles

1. De Beatles zijn waarschijnlijk de beroemdste rockband aller *(van alle)* tijd[en].
2. Twee vrienden, John Lennon en Paul McCartney, richtten *(begonnen)* de groep op in 1960.
3. In de begindagen *(vroege dagen)*, toerden *(reisden)* ze in de buurt van *(rond)* Liverpool en Hamburg,
4. waar ze avond aan avond *(nacht na nacht)* in clubs speelden om de kost *(een leven)* te verdienen.
5. Dan, in 1963, hadden ze hun eerste nummer één-hit: "Please Please Me".

3 **Living**, het onvoltooid deelwoord van **to live**, *leven* kan bijvoeglijk gebruikt worden: **a living legend**, *een levende legende* of zoals hier zelfstandig: **What do you do for a living?**, *Wat doe je zoal om te [kunnen] leven, aan de kost te komen?* In dit soort uitdrukkingen mag zeker niet **a life**, *een leven* gebruikt worden!

4 **To hit**, een onregelmatig werkwoord (**to hit - hit - hit**), *slaan, stoten*: **Tom, stop hitting your sister!**, *Tom, hou op met je zus te slaan!*; **She hit her foot on a big stone**, *Ze stootte haar voet aan een grote steen*. **A hit** wordt vooral figuurlijk aangewend voor *iets geslaagds, een succes*: **Her first solo album was a big hit**, *Haar eerste soloalbum was een groot succes*. Ons "leenwoord" *hitparade* is in het Engels **the charts**.

66 / Sixty-sixth lesson

6 The **Bea**tles be**came** an im**me**diate suc**cess**, with **mil**lions of fans **ev**erywhere.
7 What is **int**eresting is that they could [5] play the gui**tar** and com**pose** songs,
8 but none [6] of them could read **mu**sic!
9 Though [7] they were to**ge**ther for only ten years, they are still influ**en**tial to**day**.
10 But in the be**gin**ning, not **ev**eryone be**lieved** [8] in their suc**cess**.
11 **Len**non's aunt said:
12 "It's OK to play the gui**tar**, but you'll **ne**ver get rich!"

6 ... fænz ... **7** ... Gi**ta**-a ... kem**poo**ʷz songz **8** ... nün ...
9 DHooʷ ... infloeè**n**sjel ... **10** ... bi**Gi**ning ... bi**lievd** ...se**ksès**
11 ... a-ant ... **12** ... ritsj

Aanwijzing bij de uitspraak
(9) Influential: merk op hoe de uitgang -tial vervormt tot -*[sjel]*.

Opmerkingen

5 **Could** zagen we als hoffelijke, voorwaardelijke vorm (les 57, opm. 2). Het is ook de **past simple** van can, vooral m.b.t. een vermogen of bekwaamheid die men in het verleden had: **When he was ten, he could play the guitar**, *Toen hij 10 was, kon hij gitaar spelen*.

6 **None**, *niet een, geen (enkel(e))* komt vooral in combinatie met een zelfstandig naamwoord of persoonlijk voornaamwoord voor: **None of my friends live in England**, *Geen van mijn vrienden woont in Engeland*; **I called ten people but none of them were at home**, *Ik heb tien mensen gebeld, maar geen van hen was thuis* (eigenlijk hoort met

Zesenzestigste les / 66

6 De Beatles werden een onmiddellijk succes, met overal miljoenen fans.
7 Wat interessant is, is dat ze konden gitaarspelen en liedjes componeren,
8 maar niet een van hen kon [blad]muziek lezen!
9 hoewel ze maar gedurende tien jaar samen waren, zijn ze vandaag nog steeds invloedrijk.
10 Maar in het begin geloofde niet iedereen in hun succes.
11 Lennons tante zei:
12 "Het is prima gitaar te spelen, maar je zal nooit rijk worden!"

none het werkwoord in het enkelvoud te staan, in de omgang is echter de meervoudsvorm gebruikelijk). **None** is van toepassing in situaties waar er drie of meer elementen zijn; bij twee is het **neither**, *geen van beide(n), de ene noch de andere*.

7 Though *[DHoo^w]* of although *[o-ol**DHoo**^w]* = *(al)hoewel* (zie les 61, opm. 7).

8 To believe *[biliev]*, *geloven*: **I believe everything he says**, *Ik geloof al wat hij zegt*; **Do you believe in God?**, *Gelooft u in God?*

two hundred and ninety • 290

Exercise 1 – Translate

❶ Where's Ruth? – She left early because she had a meeting. ❷ His first film was a big hit. ❸ She could play the guitar and the piano when she was ten. ❹ Do you believe everything she says? ❺ None of our friends live in England.

***

Exercise 2 – Fill in the missing words

❶ Toen we jong waren, ging (onze) vader elke zaterdag met ons zwemmen.
When we ... ..., our father ... ... every Saturday.

❷ We hebben tien mensen opgebeld, maar geen van hen was thuis.
We ...... ten people but ... .

❸ In de begindagen geloofde niet iedereen in hun succes.
.. .., not everyone .... their success.

❹ Ik zal het je niet nog 's zeggen: hou op met je broer te slaan!
I .... you again: .... brother!

❺ Ze zijn waarschijnlijk de bekendste rockband aller tijden.
They're probably the ... . rock band .. ..

Oplossing van oefening 1

❶ Waar is Ruth? – Ze is vroeg vertrokken omdat ze een vergadering had. ❷ Zijn eerste film was een groot succes. ❸ Ze kon gitaar en pianospelen toen ze 10 was. ❹ Gelooft u alles wat ze zegt? ❺ Geen van onze vrienden woont in Engeland.

***

Oplossing van oefening 2

❶ – were young – would take us swimming – ❷ – called – none of them were at home ❸ In the early days – believed in – ❹ – won't tell – stop hitting your – ❺ – most famous – of all time

*De mythische groep **The Beatles** (het woord, zonder betekenis, wordt uitgesproken zoals **beetle**, kever), die nog steeds een recordaantal platen verkoopt, bracht generaties jonge (en minder jonge) mensen aan het dromen van zodra ze in het begin van de jaren 1960 hun carrière startten in de **Cavern** (spelonk) **Club** in Liverpool. De **Fab Four (Fabulous Four)**, opgericht door Lennon en McCartney, bleven een tiental jaren samen en namen een twintigtal albums op, waaronder het bekende **Sergeant Pepper's Lonely Heart's Club Band**, het eerste "conceptalbum". Hun invloed op de populaire muziek blijkt op veel vlakken indrukwekkend; ze inspireerden de ene generatie muzikanten na de andere.*

Tweede golf: 17e les

67

Sixty-seventh lesson

What will you do?

1 – What will you do if they **of**fer [1] you the job at **Com**Sys?
2 – Well, if they **of**fer it to me [2] – and it's not **cer**tain –
3 I'll think [3] a**bout** it **ve**ry **care**fully [4].
4 – Do you **re**alise [5] we'll have to [6] move to York?

Uitspraak
1 ... offe ... 2 ... se-eten 3 ... kèefelie 4 ... rieelajz ... moev ...

Aanwijzing bij de uitspraak
(2) Certain: door de klemtoon op de eerste lettergreep verzwakt de tweede: *[se-eten]*.

Opmerkingen

1 **To offer**, *(aan)bieden:* **They offered me an interesting job**, *Ze boden me een interessante baan aan* (zie les 64, opm. 2).

2 Vergelijk de woordorde in zin 1 met die in zin 2 bij het gebruik van **to offer**. Werkwoorden als **to offer** kunnen twee voorwerpen hebben (hier **me** en **the job**). In dat geval kunnen we zeggen **They offered me the job**, *Ze boden me de baan aan* (onderwerp + werkwoord + meewerkend voorwerp + lijdend voorwerp) of **They offered the job to me** (*Ze boden de job aan mij aan*), waarbij net als in het Nederlands het voorzetsel **to**, *aan* ingelast moet worden (O + WW + LV + **to** + MV).

3 Hier hebben we een eerste manier om de voorwaardelijke wijs uit te drukken, waarbij er een duidelijk verband bestaat tussen twee zaken, nl. "als ...", "dan ....": **If he offers me the job, I will think about it**, *Als hij me de baan aanbiedt, zal ik erover nadenken*. De voorwaardelijke bijzin (de **if**-zin) staat in de tegenwoordige tijd en de hoofdzin in de toekomende tijd (**will** + infinitief); **then** (*dan*) kan ingelast worden: **If Chris comes to the party, (then) I'll come too**, *Als Chris naar het feestje komt, (dan) kom ik ook*.

Zevenenzestigste les

Wat ga je doen?

1 – Wat ga *(zal)* je doen als ze je de baan bij ComSys aanbieden?
2 – Wel, als ze die *(het)* aan mij aanbieden – en dat *(het)* is niet zeker –
3 zal ik er heel ernstig over nadenken *(heel zorgvuldig over het denken)*.
4 – Besef je dat we naar York zullen moeten *(hebben te)* verhuizen?

---

4 **Care**, *zorg, verzorging* (les 43, opm. 4); **careful/carefully,** *zorgvuldig, voorzichtig*: **Gary's a careful driver,** *Gary is een voorzichtige chauffeur*. **Careful** wordt in een imperatiefconstructie met **be** gebruikt om iemand te waarschuwen: **Be careful! The tea's very hot,** *Wees voorzichtig! De thee is erg heet*.
Wanneer u een Britse stad binnenrijdt, heten borden u als volgt welkom: **Welcome to Leeds. Please drive carefully,** *Welkom in Leeds. Rijd alstublieft voorzichtig*.

5 **To realise,** *beseffen, zich realiseren, zich bewust zijn van* (dus niet wederkerig in het Engels!): **I didn't realise that he was your husband,** *Ik realiseerde me niet dat hij je echtgenoot was*; **I realise that it's difficult, but we must try,** *Ik ben er me van bewust dat het moeilijk is, maar we moeten proberen*.

6 **Must,** *moeten* heeft als modaal hulpwerkwoord geen infinitiefvorm en wordt in constructies die een infinitief vereisen, vervangen door **to have to** ("hebben te"): **I'll have to leave tomorrow morning,** *Ik zal morgenochtend moeten vertrekken*; **Will you have to sell your house?,** *Zullen jullie je huis moeten verkopen?*

5 – What's wrong with that? Don't you like [7] York?
6 – That's not the **prob**lem. It's just that if we move,
7   then I'll have to find a new job, too, won't I?
8 – Can't you take [8] a sab**bat**ical year?
9 – What a [9] **mar**vellous i**de**a! I'll ask to**mor**row.
10 – Hold on! [10] After all, it's only an **in**terview!
11 – But if I don't ask for things straight a**way** [11], I **al**ways for**get** them.

*8 ... sebætikel ... 9 ... **ma-a**veles ... 10 hoo^wld ... 11 ... streejt e**weej** ...*

Aanwijzing bij de uitspraak

(8), (9), (10), (11) : Besteed de nodige aandacht aan de juiste uitspraak van de *[a-a]*-klank, vergelijkbaar de de gerekte versie van de a in "bad": **can't** *[ka-ant]*, marvellous *[**ma-a**veles]*, ask *[a-ask]*, after *[a-**af**te]*.

Opmerkingen

7 Let op de zinsbouw in een vraag in de ontkennende vorm (denk hierbij aan de **question-tags** zoals ..., **doesn't he?** / ..., **don't they?**): hulpwerkwoord + **not** + onderwerp + hoofdwerkwoord: **She likes skiing** → **Doesn't she like skiing?** *(Ze skiet graag → Skiet ze niet graag?)*. Meer hierover in les 70.

8 In een vraag in de ontkennende vorm gebruiken we met de defectieve werkwoorden **can** en **must**, net als met **to be**, geen hulpwerkwoord, maar **not** + inversie: **You can take a holiday** → **Can't you take a holiday?** *(Je kan vakantie nemen → Kan je geen vakantie nemen?)*; **They're coming for dinner** → **Aren't they coming for dinner?** *(Ze komen dineren → Komen ze niet dineren?)*.

9 Uitroepen met **What... !** komen veel voor. Met een onderwerp in het

***

Exercise 1 – Translate

❶ What a nice smell! – Yes, I'm making scones. ❷ They didn't offer him the job. They offered it to Kate. ❸ Be careful! The water's very hot! ❹ I realise that it's difficult, but we must try. ❺ Hold on! It's much too early.

5 – Wat is daar mis mee *(met dat)*? Vind je York niet leuk?
6 – Dat is niet het probleem. Het is maar dat als we verhuizen,
7   ik dan ook een nieuwe baan zal moeten vinden, he!
8 – Kan je geen sabbatjaar nemen?
9 – Wat een schitterend idee! Ik zal [het] morgen vragen.
10 – Wacht *(Hou aan)*! Het is nog *(Na alles)* maar een sollicitatiegesprek!
11 – Maar als ik om dingen niet meteen *(recht weg)* vraag, vergeet ik ze altijd.

enkelvoud is het onbepaald lidwoord nodig: **What an idiot!** - *Wat 'n idioot!;* **What a nice smell!**, *Wat 'n lekkere geur!* In het meervoud is dit niet van toepassing: **What nice children!**, *Wat 'n aardige kinderen!*

10 To hold, *houden*: **Can you hold my jacket for a minute?**, *Kan je mijn jasje even bijhouden?* Met **on** erbij in de imperatiefvorm - **Hold on!** - betekent het *wachten*: **Hold on! It's too early**, *Wacht! Het is te vroeg.* Wil men u aan de telefoon even geduld laten oefenen, dan zal men u zeggen **Please hold on**, of gewoon **Please hold**, *Blijft u even aan de lijn.* **To hold** is onregelmatig: **to hold - held - held**.

11 Straight, *recht*: **a straight line**, *een rechte lijn.* De uitdrukking **straight away** (verbind de eind-**t** goed met de erop volgende **a**: *[streejteweej]*) betekent hetzelfde als **immediately**: **You must see a doctor straight away**, *U moet onmiddellijk/meteen een dokter raadplegen.*

***

Oplossing van oefening 1

❶ Wat een lekkere geur! – Ja, ik ben scones aan het bakken. **❷** Ze hebben hem de baan niet aangeboden. Ze hebben die aan Kate aangeboden. **❸** Wees voorzichtig! Het water is erg heet! **❹** Ik ben me ervan bewust dat het moeilijk is, maar we moeten proberen. **❺** Wacht! Het is veel te vroeg.

Exercise 2 – Fill in the missing words

❶ Wat ga je doen als ze je de baan aanbieden ?
 .... if they .... the job?

❷ Als ik een sabbatjaar neem, zullen we moeten verhuizen.
 If I .... a sabbatical year, ... move.

❸ Skiet hij niet graag ? – Nee, hij haat het.
 .... skiing? – No, he ....

❹ Kunt u geen vakantie nemen? – Ik vrees van niet.
 .... a holiday? – I'm ....

❺ Als ik niet meteen om dingen vraag, vergeet ik ze altijd.
 If I .... things straight away, I ....
 them.

68

Sixty-eighth lesson

Disaster!

1 – **To**day's my lucky day. Let's buy a **lot**tery **tic**ket.
2 – Wait ¹ a **min**ute! Are you sure you **re**ally want to?

Uitspraak
di**za**-aste 1 ... **lo**terie ... 2 weejt e **min**it ...

Aanwijzing bij de uitspraak
(2) Minute wordt uitgesproken als *[minit]*.

Opmerking

1 **To wait**, *wachten* (zie les 58, opm. 7). **Wait a minute!** of **Hold on a minute!**, *Wacht even, 'n minuutje!*

Achtenzestigste les / 68

Oplossing van oefening 2

❶ What will you do – offer you – ❷ – take – we'll have to – ❸ Doesn't he like – hates it ❹ Can't you take – afraid not ❺ – don't ask for – always forget –

Leer wat betreft de woordvolgorde in complexe zinsconstructies geen regels uit het hoofd. Bekijk eerst de voorbeelden en de oefeningen; kom daarna op de betrokken zin(nen) terug. Na verloop van tijd raakt u vertrouwd met hun structuur. Vergeet niet dat de tweede golf op natuurlijke wijze uw verworven kennis bevestigt!

Tweede golf: 18e les

Achtenzestigste les

Ramp!

1 – Vandaag is [het] mijn geluksdag. Laten we een loterijbriefje kopen.
2 – Wacht even *(een minuut)*! Ben je er zeker van dat je dat echt wil?

two hundred and ninety-eight • 298

3 – I don't under**stand**. What do you mean?
4 – If we won the **jack**pot, we would need ² to move house ³.
5 And if we moved house, we would have a big **ga**rage.
6 – I su**ppose** we would ⁴. But what's the **prob**lem?
7 – Well, if we had a **ga**rage we'd have to buy a car, wouldn't we? ⁵
8 Then I'd have to take **dri**ving **le**ssons be**cause** I can't drive.
9 And if I took my test ⁶, I **cer**tainly **wou**ldn't pass ⁶,

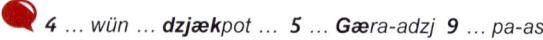
4 ... wün ... **dzjæk**pot ... 5 ... **Gæ**ra-adzj 9 ... pa-as

Opmerkingen

2 **To win** (- won - won), *winnen*. In de zin zien we een tweede manier om de voorwaardelijke wijs uit te drukken. De situatie is hier veel minder zeker dan in zin 2-3 van les 67). De **if**-zin staat nu in de **past simple** en de hoofdzin in de voorwaardelijke wijs (met **would** + infinitief): **If we won the lottery, we would buy a new house**, *Als we de loterij wonnen, zouden we een nieuw huis kopen*. De samengetrokken vorm van **would** = 'd: **If I had a laptop, I'd lend it to you**, *Als ik een laptop had, zou ik hem (aan) je lenen* (het werkwoord dat op **if** volgt, mag niet samengetrokken worden!).

3 **To move** zagen we in les 25 als *(zich) bewegen*: **You can't move in this house**, *In dit huis kan je (je) niet bewegen*; en als *verhuizen* in de vorige les: **My parents moved ten times in twenty years**, *Mijn ouders verhuisden tien keer in 20 jaar*. Voor de duidelijkheid kan **house** (altijd in het enkelvoud) aan het werkwoord toegevoegd worden: **My parents moved house ten times in twenty years**.

Achtenzestigste les / 68

3 – Ik begrijp [het] niet. Wat bedoel je?
4 – Als we de jackpot wonnen, zouden we moeten verhuizen *(huis)*.
5 En als we verhuisden *(huis)*, zouden we een grote garage hebben.
6 – Ik denk het wel. Maar wat is het probleem?
7 – Wel, als we een garage hadden, zouden we een auto moeten kopen, niet?
8 Dan zou ik rijlessen moeten nemen want ik kan niet rijden.
9 En als ik mijn examen *(test)* aflegde, zou ik zeker niet slagen,

4 **We would**: volg dezelfde logica als bij een **question tag**, dus gebruik een persoonlijk voornaamwoord en herhaal het hulpwerkwoord uit de zin ervoor: **Do you like cheese? – Yes, I do** *(Eet je graag kaas? – Ja)*; **Would you like some? – Yes, I would** *(Wil je er (wat)? – Ja)*.

5 Een **question-tag** in de ontkennende vorm van de voorwaardelijke wijs, volgens het gebruikelijke schema, nl. hulpwerkwoord + **not** + persoonlijk voornaamwoord: **We'd have to move house, wouldn't we?**, *We zouden moeten verhuizen, niet?*

6 **Took** is de onregelmatige verleden tijd van **to take**, *nemen* (**to take - took - taken**): **The robbers took all her money**, *De overvallers namen / hebben al haar geld genomen*. **To take a test / an exam**, *een test/examen afleggen*, en **to pass an exam**, *slagen voor een examen*: **I'm taking my final exams next week. – I'm sure you'll pass them** *(Ik leg volgende week mijn eindexamens af. – Ik weet zeker dat je (ervoor) zal slagen)*. *Zakken* voor een examen is **to fail** *[feejl]*.

three hundred • 300

10 so I'd feel **mis**erable [7] and I'd start **drin**king.
11 I'd be**come** an alco**ho**lic and I'd lose my job.
12 – How **aw**ful! [8] OK, let's not [9] buy a **lot**tery ticket **af**ter all.
13 – Too late. I've al**rea**dy bought one [10]!

10 ... **miz**erebel ... 11 ... ælke**ho**lik ... loez ... 12 ... **o**-ofel ...
13 ... o-ol**rè**die

Aanwijzingen bij de uitspraak
(10) Bij veel woorden met meer dan twee lettergrepen wordt een onbeklemtoonde e ingeslikt, dus klinkt **miserable** veeleer als *[**miz**reb(e)l]*.
(11) Lose wordt uitgesproken als *[loez]*.

Opmerkingen
7 Miserable, *ellendig*: Chloe failed her driving test and was miserable for a week, *Chloë zakte voor haar rijexamen en voelde zich (was) een week lang ellendig.*

8 In plaats van een uitroep aan te vatten met **What...!** kan het ook met **How...!** gevolgd door een adjectief: How awful! *Hoe vreselijk!*; Mr Mackin won the jackpot in the National Lottery. – How wonderful! (*M. Mackin heeft de hoofdprijs gewonnen in de Nationale Loterij. – Da's fantastisch!*).

***

Exercise 1 – Translate
❶ Their parents moved ten times in twenty years. ❷ My daughter took her driving test last week. ❸ Did she pass? – No, she failed. ❹ But she won the jackpot. – How wonderful! ❺ Let's not go out. It's already very late.

10 dus zou ik [me] ellendig voelen en zou ik beginnen [te] drinken.
11 Ik zou een alcoholicus worden en ik zou mijn baan verliezen.
12 – Wat vreselijk! Ok, laten we dan maar *(na alles)* geen lot kopen.
13 – Te laat. Ik heb [er] al een gekocht!

9 Met **Let's…** kunnen we een voorstel inleiden: **Let's buy a car**, *Laten we een auto kopen*. Ontkennende vorm: **Let's not buy a car**, *Laten we geen auto kopen*. In zo'n zin wordt **not** beklemtoond. (In de spreektaal hoort u wellicht soms het onjuiste **Don't let's…**, maar imiteer dit niet!)

10 Zie les 37, opm. 6.

***

Oplossing van oefening 1

❶ Hun ouders verhuisden tien keer in twintig jaar. ❷ Mijn dochter heeft vorige week haar rijexamen afgelegd. ❸ Is ze geslaagd? – Nee, ze is gezakt. ❹ Maar ze heeft het groot lot gewonnen. – Da's fantastisch! ❺ Laten we niet uitgaan. Het is al heel laat.

Exercise 2 – Fill in the missing words

❶ Als we de loterij wonnen, zouden we een nieuw huis kopen.
.. .. the lottery, we ... . a new house.

❷ Wacht een minuut! Bent u er zeker van dat u het echt wil?
.... a minute! Are you ... ... really .... ..?

❸ We zouden de auto moeten wassen, niet?
.... wash the car, ...?

❹ Chloe zakte voor haar rijexamen en voelde zich een week lang ellendig.
Chloe ... . driving test and ... . a week.

69

Sixty-ninth lesson

A nation of gamblers?

1 On the whole [1], the **Bri**tish are very keen on [2] bett**ing** [3].

Uitspraak
... **Gæm**blez **1** ... hoo^wl ... kien ...

Aanwijzing bij de uitspraak
(1) Even herhalen dat de **w** in **who, whose, whole** niet uitgesproken wordt.

Opmerkingen

1 Whole, *(ge)heel* (zie ook les 55, opm. 3): **on the whole** *over het geheel genomen, algemeen beschouwd, alles bij elkaar*: **On the whole, the exam results were excellent,** *In het algemeen waren de examenresultaten uitstekend.*

2 De eerste betekenis van **keen** is " fel, scherp, bijtend", maar het is courant in de betekenis van "enthousiast, gepassioneerd": **She's a keen musician,** *Ze is een gepassioneerd muzikante.* Staat het voorwerp van dit enthousiasme in de zin, dan is het voorzetsel **on** nodig: **She's keen**

❺ Zouden we niet moeten verhuizen? – Nee, hoor.
.... move house? – No, ...

Oplossing van oefening 2
❶ If we won – would buy – ❷ Wait – sure you – want to ❸ We'd have to – wouldn't we ❹ – failed her – was miserable for – ❺ Wouldn't we have to – we wouldn't

Tweede golf: 19e les

Negenenzestigste les

Een gokkersvolk?

1 Over het geheel [genomen] zijn de Britten echt dol op wedden[schapsspelen].

on music, *Ze is dol op muziek*; **She's very keen on Mike**, *Ze is gek van Mike*. Is het voorwerp een activiteit, dan verwoorden we die met een **gerund**: **She's very keen on playing the piano**, *Ze speelt dolgraag piano*.

3 To bet, *wedden*: **I bet you can't stop smoking**, *Ik wed dat je niet kan stoppen met roken*. **To place a bet**, *wedden op, een weddenschap aangaan, een een bedrag inzetten op*. Er is ook **to gamble**, *gokken*: **People go to Las Vegas simply to gamble**, *Mensen gaan naar Las Vegas gewoonweg om te gokken*. Onze titel **A nation of gamblers**, *Een gokkersvolk* is een knipoog naar Napoleon, die de Engelsen **a nation of shopkeepers**, *een volk van winkeliers* noemde.

- **2** **Ev**ery week, **mil**lions of **pe**ople buy a **lot**tery **tick**et
- **3** and **mil**lions more bet ³ on the re**sults** of **foot**ball **mat**ches.
- **4** Horse **rac**ing is a**no**ther very **pop**ular sport.
- **5** For **well**-known ⁴ **rac**es like the **Der**by and the Grand **Na**tional,
- **6** at least half the **coun**try **plac**es a bet, **ei**ther ⁵ large or small.
- **7** There are **bet**ting shops, called **book**makers, on most High Streets ⁶,
- **8** where you ⁷ can bet on **al**most anything, from dog **rac**ing to e**lec**tion re**sults**.

 3 ... **bèt** ... ri**zülts** ... **foet**bo-ol **mæt**sjiz 4 ho-os **reej**sing ... 5 ... **wèl**noo^wn **reej**siz ... **da-a**bie ...Grænd **næ**sjenel 6 ... **pleej**siz ... la-adzj ... 7 ... **bè**ting ... **boek**meejkez ... 8 ... doG ...

Aanwijzingen bij de uitspraak
(5) Derby, met de e als [a-a]: [**da-a**bie].
(6) Either (zie les 32) wordt gewoonlijk uitgesproken als [**aj**DHe], maar in sommige streken van Groot-Brittannië, en vooral in de Verenigde Staten, begint de eerste lettergreep met een lange ie-klank: [**ie**DHe].

Opmerkingen

4 Known is het voltooid deelwoord van het onregelmatige to know (- knew - known). Well-known: Quite a lot of Belgian footballers are very well-known in Britain, *Vrij veel Belgische voetballers zijn heel bekend in Groot-Brittannië.*

5 Either... or..., *of/hetzij... of/hetzij...*: He lives either in York or in Manchester, I can't remember, *Hij woont of in York of in Manchester, ik herinner het me niet.* Either kan ook bijvoeglijk gebruikt worden in de betekenis van "eender welke van beide": Do you want to come on Monday or Tuesday? - Either day would suit me (*Wilt u maandag of dinsdag langskomen? - Beide dagen kunnen voor me*).

Negenenzestigste les / 69

2 Elke week kopen miljoenen *(van)* mensen een lot
3 en miljoenen anderen *(meer)* wedden op de uitslagen van voetbalwedstrijden.
4 Paardenwedrennen is een andere, heel populaire sport.
5 Voor welbekende wedrennen zoals de Derby en de Grand National,
6 gaat *(plaatst)* ten minste [de] helft [van] het land een weddenschap aan, *(hetzij)* groot of klein.
7 Er zijn "weddenschapswinkels", "bookmakers" genoemd, in [de] meeste hoofdstraten *(Hoogstraten)*
8 waar je kan wedden op bijna alles, van hondenwedrennen tot verkiezingsuitslagen.

In de ontkennende vorm wordt een **n-** voorgevoegd → **neither... nor ...**: **He lives neither in York nor in Manchester**, *Hij woont noch in York noch in Manchester*; **Neither day would suit me**, *Geen van beide dagen kan voor me* (zie les 66, opm. 6)

6 **High Street** (lett. "Hoogstraat") is de traditionele benaming voor de hoofdstraat van een stad. Nu veel winkelstraten verkeersvrij zijn en de mensen hun boodschappen doen in de supermarkt, wordt de term figuurlijk aangewend, vaak zonder hoofdletters: **You will find an Indian restaurant on every high street in the country**, *Je vindt in elke hoofdstraat in het land wel een Indiaans restaurant*. **High street** kan bijvoeglijk gebruikt worden (dan wel met een koppelteken tussen beide woorden): **a high-street bank** is een grote bank, nl. met een filiaal in elke stad.

7 Weer een onpersoonlijk gebruikt persoonlijk voornaamwoord (zie les 65, opm. 6): **In summer, you can swim and go climbing**, *In [de] zomer kan je/men zwemmen en gaan klimmen*. Iedereen kan dit dus. Zelfde toepassing in de voorbeeldzin in opm. 6: **You will find an Indian restaurant...**, *Je/Men vindt wel...*

three hundred and six • 306

9 In fact, you could say that the **Bri**tish are a **na**tion of **gam**blers.
10 There is a **sto**ry a**bout** a man who left the ca**si**no with a small **for**tune.
11 The **pro**blem is that he went in**to** [8] it with a very large [9] one!

Opmerkingen

8 Into bestaat als voorzetsel uit in en to, en staat meestal met een werkwoord van beweging: **She walked into the room**, *Ze wandelde/liep de kamer binnen*.

***

Exercise 1 – Translate

❶ On the whole, his exam results were excellent. ❷ He's very keen on playing the sax. ❸ I bet you can't stop smoking! – How much? ❹ I'd like a coffee please. – Large or small? ❺ Would you prefer Monday or Tuesday? – Either day would suit me.

***

Exercise 2 – Fill in the missing words

❶ Je zou kunnen zeggen dat de Britten een natie van gokkers zijn.
 .. .. that ... . are a nation of gamblers.

❷ Is jullie slaapkamer groot? – Nee, ze is klein maar breed.
 Is your bedroom .....? – No, it's ..... but .....

❸ Ze wonen noch in York noch in Manchester; ik herinner me niet waar ze wonen.
 They live .... in York ... in Manchester; I .... where they live.

❹ Mensen gaan naar Las Vegas gewoonweg om te gokken.
 .... Las Vegas ...... to ....

❺ Het is het verhaal over een man die het casino verliet met een groot fortuin.
 It's ... . a man who .... the casino with a ..... fortune.

9 Eigenlijk zou je kunnen zeggen dat de Britten een volk *(natie)* van gokkers zijn.
10 Er is een verhaal over een man die het casino verliet met een klein fortuin.
11 Het probleem is dat hij er binnenging met een heel groot *(één)*!

9 Large, *groot*: People place large bets on the Derby, *Mensen zetten grote bedragen in op de Derby*. Het tegengestelde is **small**, *groot*: **I'd like a piece of cake please. – Large or small?** (*Ik zou een stuk cake willen, alstublieft. – Groot of klein?*).
Ons "smal" is **narrow *[næroo"]***, met als tegengestelde **wide *[waajd]***: **Is the Thames very wide?**, *Is de Theems heel breed?*

***

Oplossing van oefening 1
❶ In het algemeen waren zijn examenresultaten uitstekend. ❷ Hij speelt dolgraag sax. ❸ Ik wed dat je niet kan stoppen met roken! – Hoeveel? ❹ Ik had graag een koffie, alstublieft. – Groot of klein? ❺ Had u liever maandag of dinsdag? – Beide dagen kunnen voor me.

Oplossing van oefening 2
❶ You could say – the British – ❷ – large – small – wide ❸ – neither – nor – don't remember – ❹ People go to – simply – gamble ❺ – the story about – left – large –

three hundred and eight

De eerste nationale loterij in Groot-Brittannië werd in 1994 opgericht teneinde kapitaal te verwerven voor het goede doel. De **National Lottery** *(met twee t's), beheerd door een privébedrijf en gecontroleerd door een staatscommissie, werd al snel een maatschappelijk fenomeen, waaraan 70 % van de Britse gezinnen minstens één keer per week deelnam. Tegenwoordig is de* **National Lottery** *een van de meest succesvolle loterijen ter wereld.*

De Britten wachtten evenwel niet tot 1994 om hun passie voor geldspelen te uiten: **football pools** *(een pronostieksysteem voor voetbalwedstrijden) hadden altijd al miljoenen deelnemers, een niet aflatend succes, ondanks de opkomst van de nationale loterij.*

En dan zijn er de paardenwedrennen: de twee bekendste en meest indrukwekkende, **the Derby** *(naar de naam van de oprichter, de hertog van Derby, die de wedren in 1780 opende) en* **the Grand National***, een* **steeple-chase** *die voor het eerst gehouden werd in*

Seventieth lesson

Revision – Herhaling

1 Voorwaardelijke zinnen

We kennen het hulpwerkwoord **would**, dat voor een infinitief staat om een voorwaardelijke wijs te vormen:
I would be happy to meet her, *Ik zou verheugd zijn haar te ontmoeten.*
She would hate to live in a big city, *Ze zou het haten om in een grote stad te wonen.*

We kennen ook de samengetrokken vorm **'d**:
I'd be happy to meet her; **She'd hate to live in a big city**.

Bij voorwaardelijke zinnen treffen we meestal de volgende twee types met **if**, *als, indien* aan:

• zekerheid of grote waarschijnlijkheid (**if**-zin in de tegenwoordige tijd, hoofdzin in de toekomende tijd):
If you come to the party, you will see him.
Als je naar het feestje komt, zal je hem zien.

1839, trekken miljoenen gokkers aan, zowel professionele spelers als gepensioneerden.
In sommige regio's van het land is de meest populaire sport bij het sportbroederschap het windhondenrennen *(***greyhound racing***).*
Dankzij de **bookmakers** *(***to make a book** *betekent* een boek bijhouden*), kunnen de Britten wedden op alles en nog wat: sportresultaten, maar ook de verkiezingsuitslagen, het winnende lied op het Eurovisiesongfestival en zelfs - de traditionele weddenschap - een witte Kerst! Een volk van winkeliers of van gokkers?*

Tweede golf: 20e les

Zeventigste les

She will give you a lift if you ask her.
Ze geeft je wel een lift als je 't haar vraagt.

• hypothese (**if**-zin in de verleden tijd, hoofdzin in de voorwaardelijke wijs):
If I won the lottery, I would / I'd buy a new car.
Als ik in de loterij won, zou ik een nieuwe auto kopen.
If she lived in Flanders / the Netherlands, she would / she'd speak perfect Dutch.
Als ze in Vlaanderen/Nederland woonde, zou ze perfect Nederlands spreken.

De nuance tussen beide zinstypes is vrij subtiel en subjectief (welke is de graad van onzekerheid?), maar:
- in het Engels moet u het tijdsgebruik strikt respecteren (terwijl er in het Nederlands verschillende mogelijkheden zijn)
- **will/would** kan in deze context nooit in de **if**-zin staan.

Voor de volledigheid in dit hoofdstuk herhalen we dat het hulpwerkwoord **would** in de vraagvorm kan gebruikt worden in een hoffelijk, vriendelijk verzoek:

Would you come with me, please?
Komt u even met me mee, alstublieft?

In zo'n constructie is in het Engels de voorwaardelijke wijs gebruikelijk, terwijl wij in het Nederlands eerder voor de O.T.T. kiezen:
Would you come to lunch next Tuesday?
Komt u volgende dinsdag lunchen?

Ziezo! Niet zo moeilijk, toch?
(Zie ook punt 2 hierna voor een andere toepassing van **would**.)

2 *Would* en *used to*

Would kan net als **used to** ("plachten te") gebruikt worden voor het beschrijven van een gewoonte of een handeling die dikwijls of geregeld plaatsvond in het verleden. Vaak staat de periode van het gebeuren vermeld in een bepaling met **when**:

When we were young, our father used to / would take us swimming every Saturday.
Toen we jong waren, nam vader ons elke zaterdag mee uit zwemmen.
When the Beatles were in Hamburg, they used to / would play every night.
Toen de Beatles in Hamburg waren, speelden ze iedere avond.

Betreft het echter een opgegeven gewoonte of een situatie die niet meer strookt met het heden, dan moeten we **used to** gebruiken:

I used to smoke.
Ik rookte vroeger.
She used to go swimming every day, but now she doesn't have time.
Vroeger ging ze alle dagen zwemmen, maar nu heeft ze geen tijd.

Om vergissingen te vermijden, raden wij u aan telkens **used to** te gebruiken, maar ook aandacht te schenken aan deze bijzondere wending met **would**.

3 Vraag in de ontkennende vorm

In de spreektaal wordt dergelijke vraag gevormd door **n't** (samentrekking van **not**) achter het hulpwerkwoord te zetten:
Doesn't he like coffee?, *Lust hij geen koffie?*
Why won't they help you?, *Waarom zullen ze je/jullie niet helpen?*

In verheven of literaire stijl is de samentrekking **-n't** niet gebruikelijk en wordt **not** achter het (voor)naamwoord gezet (bv. **Does he not like coffee?**). Omdat wij het over courant taalgebruik hebben, houden we ons voorlopig aan die samengetrokken vorm.

Weet ook dat de 1e persoon enkelvoud **Am I not...?** alleen voorkomt in de belletrie. Men zegt eerder **Aren't I...?**, ook al is deze wending grammaticaal niet correct.

Met de defectieve werkwoorden **can** en **must** wordt, net als met **to be**, geen hulpwerkwoord, maar inversie gebruikt:
Can't you take a holiday?, *Kan je / Kunnen jullie geen vakantie nemen?*
Aren't they coming for dinner?, *Komen ze niet dineren?*

4 *Question tags*

Question tags zijn typisch Engelse vraagconstructies aan het einde van een zin. Ze vragen om bevestiging van wat net gezegd werd of lokken enige andere reactie (verbazing,...) uit. Ze hebben enigszins dezelfde waarde als ons "niet?", "toch?", "hé?",...

Hier volgen enkele principes, die ons herinneren aan de vragen-en-antwoorden (**Is she your daughter? – Yes she is**) die we al in het begin van dit boek tegenkwamen, want ook in een **question tag** wordt het hulpwerkwoord uit de hoofdzin herhaald:

• is de zin bevestigend, dan is de **question tag** ontkennend...

He's from Yorkshire, isn't he?
Hij komt uit Yorkshire, niet?
You were born in London, weren't you?
Je bent geboren in Londen, toch?

... en vice versa:

She won't take the job, will she?
Ze zal de baan niet aannemen, hé?
He can't swim, can he?
Hij kan niet zwemmen, of toch?

Let op: de 1e persoon enkelvoud **I am** wordt... **aren't I?**:
I'm early, aren't I?, *Ik ben misschien wat vroeg...*

• bevat de zin geen hulpwerkwoord, dan gebruikt men in de **question tag** een vorm van **to do**:

They live in Bradford, don't they?
Wonen ze niet in Bradford?
He didn't come to work yesterday, did he?
Hij is gisteren niet komen werken, of toch?

• in deze constructies is het onderwerp altijd een voornaamwoord; bij **no one**, **nobody** of **anybody** (die negatief zijn) is de **question tag** affirmatief en het voornaamwoord **they**:

No one came, did they?
Niemand is gekomen, hé?

... terwijl **everyone**, **everybody** en **somebody** een negatieve **question tag** krijgen en ook het voornaamwoord **they**:

Everybody arrived safely, didn't they?
Iedereen is toch veilig aangekomen?

Wat betreft de uitspraak van een **question tag**:
verwacht diegene die de vraag stelt gewoon een bevestiging, dan daalt de intonatie;
bij onzekerheid of verbazing stijgt ze.

Dit mechanisme van **question tags** is veel gestructureerder dan ons "niet?" of "hé?", maar omdat het in het Engels zo gebruikelijk is, raden we u aan er vlot te leren mee omgaan.

5 Werkwoorden met twee voorwerpen

We hebben gezien dat op bepaalde werkwoorden, waaronder **to offer, to give, to buy, to send** en **to tell** twee voorwerpen kunnen volgen, een lijdend (wie/wat?) en een meewerkend voorwerp (aan/voor wie/wat?). Heel vergelijkbaar met het Nederlands, dus.

Bij deze werkwoorden is het meewerkend voorwerp normaal een persoon (of een persoonlijk voornaamwoord) en staat het voor het lijdend voorwerp:
They offered me the job.
Ze boden me de baan aan.
He gave Sarah a present.
Hij gaf Sarah een cadeautje.

Het meewerkend voorwerp kan op het lijdend voorwerp volgen als het voorzetsel **to** ingelast wordt om de beweging van iets naar iemand weer te geven:
He gave a present to Sarah.
They offered the job to me.

De keuze voor een constructie is vrij complex en hangt af van de context. Logisch is de constructie onderwerp + werkwoord + lijdend voorwerp + **to** + meewerkend voorwerp als beide voorwerpen persoonlijke voornaamwoorden zijn:
They offered it to me.

Leer deze regel niet uit het hoofd, maar nu u weet dat er werkwoorden zijn met twee voorwerpen, kunt u op de zinsstructuur letten als u er een tegenkomt.

Revision dialogue

1 – Would you help me to choose a new jacket for the interview?
2 I'll buy you a coffee at Boomer's if you come.
3 – How may I help you? Are you ready to order?
4 – We'll have two lattes and two glasses of water.
5 – What will you do if they offer you the job?
6 – I'll buy a car and we'll drive to York every day.
7 – But if we bought a car, I would have to take my driving test!
8 And you know I'm not keen on games of chance!
9 – OK, let's not buy a car. Life'll be so much easier!
10 – Excuse me, miss. May we have the bill, please?

71
Seventy-first lesson

I feel awful!

1 – What's the **ma**tter ¹? You look **aw**ful!

> Uitspraak
> *1 ... mæte ...*

> Opmerking
> **1** The matter, lett. "de materie", komt ook voor in idiomatische uitdrukkingen in de context van een *probleem* of *storing*: **What's the**

Vertaling

1 Zou je me willen helpen om een nieuw jasje te kiezen voor het sollicitatiegesprek? **2** Ik trakteer je op een koffietje bij Boomer als je meekomt. **3** Hoe kan ik u van dienst zijn? Bent u klaar om te bestellen? **4** We nemen twee lattes en twee glazen water. **5** Wat ga je doen als ze je de baan aanbieden? **6** Ik zal een auto kopen en we zullen elke dag naar York rijden. **7** Maar als we een auto kochten, zou ik mijn rijexamen moeten afleggen! **8** En je weet dat ik niet gek ben op kansspelen! **9** Goed, laten we geen auto kopen. Het leven zal heel wat gemakkelijker zijn! **10** Excuseert u me, juffrouw. Mogen we de rekening, alstublieft?

Hoe voelt u zich in dit stadium? Het ritme wordt enigszins opgedreven, de oefeningen worden wat moeilijker, maar dat kunt u ongetwijfeld aan!
Lees aandachtig de opmerkingen – u krijgt er telkens een paar nieuwe woorden in voorgesteld, die we ook in de oefeningen verwerken, teneinde beetje bij beetje uw woordenschat uit te breiden.

Tweede golf: 21e les

Eenenzeventigste les

Ik voel me vreselijk!

1 – Wat scheelt er? Je ziet er vreselijk uit!

matter?, *Wat is er aan de hand?*; **What's the matter with your foot?**, *Wat scheelt er aan je voet?*; **What's the matter with your computer?**, *Wat is er mis met je computer?*

2 – I feel **aw**ful. I didn't sleep a wink [2] last night.
3   My head aches [3], my hands and feet are **free**zing [4],
4   my nose is **ru**nning [5] and my eyes are red.
5   And I've got a sore [6] throat and a high **tem**perature.
6 – We'd **be**tter [7] call the **doc**tor.

*2 ... ... sliep e wink ... 3 ... eejks ... hændz ... fiet ... **frie**zing 4 ... noo^wz ... **rü**ning ... 5 ... **so-o** THroo^wt ... 6 ... **dok**te ...*

Aanwijzingen bij de uitspraak
(2), (3) Let erop de beklemtoonde klinkers voldoende te "rekken". Dit is ook van belang bij het spellen van de letters van het alfabet.
(3) Ache wordt uitgesproken als *[eejk]*.
(1), (3) Let erop dat in woorden als **hand**, **matter**, **match**, **land** de **a** niet zoals in het Nederlands klinkt, maar neigt naar een è-klank: *[æ]*; in zinsverband verzwakt zo'n **a** soms tot gewoon **è** (wat ook veelal het geval is voor bv. **and** *[ènd]*).

Opmerkingen

2 A **wink**, *een knipoog* en to **wink**, *knipogen*; maar m.b.t. slapen en steeds in een negatieve zinsconstructie: **I didn't sleep a wink** of **I didn't get a wink of sleep**, *Ik heb geen oog dichtgedaan*.

3 **Ache**, *pijn*; **to ache**, *pijn doen*: **My back aches**, *Mijn rug doet pijn*; **His whole body was aching**, *Zijn hele lichaam deed pijn*; **I have a bad toothache** *[toeTHeejk]*, *Ik heb erge tand-/kiespijn*; **She has a terrible headache** *[hèdeejk]*, *Ze heeft afschuwelijke hoofdpijn* (merk het ingelaste onbepaald lidwoord op in deze wendingen!).

4 **To freeze**, *(be)vriezen*. Het kan net als bij ons figuurlijk aangewend worden: **The house is freezing**, *Het is om te bevriezen in huis*. Nog kouder lijkt het met het woordje **cold** erbij: **My hands are freezing cold**, *Mijn handen zijn ijskoud*. (U weet het nog: **a freezer** = *een (diep)vriezer*.)

Eenenzeventigste les / 71

2 – Ik voel [me] vreselijk. Ik heb vorige nacht geen *(knip)*-oog dichtgedaan *(geslapen)*.
3 Mijn hoofd doet pijn, mijn handen en voeten zijn bevroren *(vriezend)*,
4 mijn neus loopt en mijn ogen zijn rood.
5 En ik heb keelpijn *(een zere keel)* en *(een)* hoge koorts *(temperatuur)*.
6 – We zouden beter de dokter bellen.

---

5 **To run**, *rennen, lopen*: **The average person can run a mile in ten minutes**, *Een doorsnee mens kan een mijl lopen in 10 minuten*; **I'll run you a nice hot bath**, *Ik zal (voor) je een lekker heet bad [laten vol]lopen*; **She's so cold her nose is running**, *Ze heeft het (is) zo koud dat haar neus loopt*.

6 Met het bijvoeglijk naamwoord **sore** verwijst men naar een "pijnlijk" lichaamsdeel: **I've been working in the garden since this morning and my hands are sore**, *Ik ben al sinds vanmorgen in de tuin aan het werken en mijn handen zijn pijnlijk / doen pijn*. **To have a sore throat**, *keelpijn (een "zere" keel) hebben*.

7 **Better**, comparatief van **good**. **I'd better..**, *Ik zou/kan beter, zou er beter aan doen...*; **We'd better call a doctor**, *We kunnen er beter een dokter bij roepen*; **You'd better do what she says**, *Je doet maar beter wat ze zegt*.

71 / Seventy-first lesson

7 **Hel**lo, is this the health **cen**tre? Is **Doc**tor Pa**tel** in? [8]

8 – No, I'm a**fraid** she's off [9] today. What's the **prob**lem?

9 – It's my wife. I think she's got the flu [10].

10 – I can give you an ap**point**ment with **Doc**tor O'**Co**nnell at e**le**ven.

11 – That would be fine. Her name's Mrs [11] Barnes: B-A-R-N-E-S [12].

12 – Very good, Mr Barnes. See you **la**ter.

13 – No, not me. My wife.

7 ... hèlTH sènte ... petèl ... 9 ... floe 10 ... epojntment ... oowkonel ...
11 ... bie eej a-a èn ie ès

Aanwijzing bij de uitspraak
(9) Flu, met de **u** als lange oe-klank, die wat naar een uu neigt.

Opmerkingen

8 **To be in**, *er zijn, thuis zijn, aanwezig zijn* (d.w.z. in the house, office,...): **Is Simon in?**, *Is Simon er?* Ontkennend antwoorden kan met het tegengestelde van **in**, dus **out**: **I'm afraid he's out**, *Ik vrees dat hij er niet is, afwezig is* (lett. (het huis) *uit* is).

9 **To be off** zagen we in les 55, opm. 2, voor wie klaar staat om te vertrekken: **I'm off to see Jill**, *Ik ben weg naar Jill*. In deze les staat **to be off** voor "vrij hebben": **Dr Patel's off on Tuesdays**, *Dr. Patel werkt niet op dinsdag*. **A day off**, *een vrije dag*: **Tuesday's her day off**, *Dinsdag is haar vrije dag*.

***

Exercise 1 – Translate

❶ Please spell your name. – My name's Alison Walden: W-A-L-D-E-N. ❷ What's the matter with your foot? ❸ He has a headache and a bad toothache. ❹ We didn't sleep a wink last night. ❺ Is Simon in? – No, I'm afraid he's out at the moment.

Eenenzeventigste les / 71

7 Hallo, met *(is dit)* het gezondheidscentrum? Is dokter Patel er *(in)*?
8 – Nee, het spijt me, ze heeft *(is)* vrij vandaag. Wat is het probleem?
9 – 't Is mijn vrouw. Ik denk dat ze *(de)* griep heeft.
10 – Ik kan u een afspraak geven met dokter O'Connell om 11 uur.
11 – Dat zou mooi zijn. Haar naam is *(mw)* Barnes: B-A-R-N-E-S.
12 – In orde, mr Barnes. We zien u dus straks *(later)*.
13 – Nee, niet mij. Mijn vrouw.

10 **Flu** is de gebruikelijke, verkorte vorm van de formele benaming **influenza** voor *griep*: **I'm afraid I've got the flu**, *Ik vrees dat ik griep heb*. Let erop in het Engels het bepaald lidwoord te gebruiken!

11 **Mister** (afkorting: **Mr**), **missus** (**Mrs**) en **miss** (**Miss**) voor *meneer*, *mevrouw* en *juffrouw*.

12 **B** *[bie]*, **A** *[eej]*, **R** *[a-a]*, **N** *[èn]*, **E** *[ie]*, **S** *[ès]*. Zie les 77, punt 4 voor het spellen van alle letters in het Engels. De vertaling van het werkwoord *spellen* is **to spell**: **Please spell your name**, *Spelt u alstublieft uw naam*.

***

Oplossing van oefening 1
❶ Spelt u alstublieft uw naam. – Mijn naam is Alison Walden: W-A-L-D-E-N. ❷ Wat scheelt er aan uw voet? ❸ Hij heeft hoofdpijn en erge tand-/kiespijn. ❹ We hebben de voorbije nacht geen oog dichtgedaan. ❺ Is Simon er? – Nee, het spijt me, hij is er niet op dit ogenblik.

three hundred and twenty

71 / Seventy-first lesson

Exercise 2 – Fill in the missing words

❶ Je zou beter doen wat hij zegt. Het is belangrijk.
.... he says. It's important.

❷ Ik vrees dat hij vandaag vrij heeft. Wat is er aan de hand?
I'm .... today. ...... the ......?

❸ Je ziet er vreselijk uit. – Ik voel me vreselijk.
You .... – I ....

❹ Een afspraak om 11 uur zou mooi zijn.
An .... at eleven ....

❺ Je bent bevroren. Ik zal (voor) je een lekker heet bad laten vollopen.
.... I'll .... a nice ... .

Niet lang na de Tweede Wereldoorlog (1948) was Groot-Brittannië een van de eerste landen in de wereld om een universeel, gratis systeem voor gezondheidszorg te introduceren. Deze **National Health Service**, *bekend onder de initialen* **NHS** *[èn-eetsj-ès], wordt voor zo 'n 80 % gefinancierd door de staat, de rest komt voornamelijk van bijdragen die van de lonen worden afgehouden (***National Insurance**, *nationale verzekering). De* **NHS** *slorpt ongeveer 17 % van de overheidsuitgaven op. Algemeen beschouwd is het systeem gratis, maar sommige prestaties (tandartsbezoek, medicatie, enz.) blijven gedeeltelijk ten laste van de patiënt. Iedereen dient zich in te schrijven bij een huisarts in zijn buurt. (In het Engels wordt hetzelfde woord gebruikt voor de titel "Doctor" en het beroep dokter, arts:* **doctor***.) Deze arts, de* **General Practitioner** *(lett. "algemeen beoefenaar"), doorgaans* **GP** *[dzjiepie] genoemd, werkt in steden samen met andere* **GPs** *binnen een groepspraktijk,* **a group practice** *of* **a surgery** *(chirurgie, heelkunde). Is iemands vaste arts niet beschikbaar, dan kan een van zijn collega's,* **partners** *geraadpleegd worden. In grote agglomeraties hebben deze kabinetten zich met andere partners uit de gezondheidszorg (maatschappelijk werkers, tandartsen, podologen,...) verenigd in* **health centres***.*

Oplossing van oefening 2
❶ You'd better do what – ❷ – afraid he's off – What's – matter ❸ – look awful – feel awful ❹ – appointment – would be fine ❺ You're freezing – run you – hot bath

*Parallel hiermee bestaat er een systeem van privé-geneeskunde, dat vrij duur is. Maar omdat de **NHS** een tamelijk log apparaat is, kunnen interventietermijnen nogal lang uitlopen, waardoor steeds meer mensen een beroep doen op privé-verzorging.*
*Het spreekt voor zich dat de problemen rond de **NHS** en de toekomst ervan onmiskenbare thema's vormen in het Britse politieke debat.*

Geen nieuwe grammaticale constructies deze week; we lassen een consolidatiesessie in met bijkomende informatie over elementen die u al geassimileerd hebt. U leert ook een aantal courante idiomatische wendingen kennen en vult uw woordenschat verder aan. Wees gerust, we zullen er u niet mee overstelpen.

Tweede golf: 22e les

Seventy-second lesson

Do what the doctor says

1 – You're back **¹ ear**ly. What did the GP ² say?
2 – He said I should ³ stay in bed for three days.
3   He told me to take some **med**icine and drink **plen**ty of ⁴ **wa**ter.
4 – Right. Shall ⁵ I bring ⁶ you some soup in bed?

Uitspraak
1 … dzjiepie … *3* … **mèd**sin … **plèn**tie … *4* … soe-oep …

Aanwijzingen bij de uitspraak
(3),(4) In de uitspraak van **medicine** wordt "gesnoeid" tot *[mèdsin]*, terwijl men die van **soup**, in verhouding tot ons woord *soep*, "rekt" *[soe-oep]*.

Opmerkingen

1 Let erop **back** altijd los te schrijven van het werkwoord waar het bij hoort (zie ook les 39, opm. 7: **to go back**, *teruggaan* en les 58, opm. 1: **to call back**, *terugbellen*): **What time will you get back?**, *Hoe laat ben je terug?* **She'll be back at ten**, *Ze zal om 10u terug zijn*.

2 GP *[djiepie]*, van General Practitioner, *dokter* (zie culturele opmerking in les 71): in de omgang gebruikt men eerder het letterwoord dan de volledige titel.

3 Met het modale hulpwerkwoord **should**, waarop doorgaans een infinitief volgt, kan iets aangeraden/aanbevolen worden, een (morele) verplichting of een wenselijkheid uitgedrukt worden (*behoren te, zou(den) moeten*): **You should stop smoking**, *Je zou moeten stoppen met roken*; **We should leave. It's late**, *We zouden moeten vertrekken. Het is al laat*. **Should** is dus minder dwingend dan **must**. (De ontkennende vorm is **should not / shouldn't**, zie zin 12.)

Tweeënzeventigste les

Doe wat de dokter zegt

1 – Je bent vroeg terug. Wat heeft de arts gezegd?
2 – Hij zei dat ik gedurende drie dagen in bed zou moeten blijven.
3 Hij zei me (enige) geneesmiddelen [in] te nemen en **véél** *(overvloed van)* water te drinken.
4 – Goed. Zal ik je wat soep brengen in bed?

---

4 Plenty, *"véél"* vinden we vooral terug in **plenty of**, met dezelfde betekenis, zowel met een enkel- als een meervoud: **We've got plenty of time before the train leaves**, *We hebben nog alle tijd voor de trein vertrekt*. **I bought plenty of books yesterday**, *Ik heb gisteren heel wat boeken gekocht*. **Plenty of** kan much/many vervangen om iets te benadrukken: **You must drink plenty of water**, *Je moet véél water drinken*. **Plenty** alleen: **I've only got eighty pounds. – That'll be plenty** *(Ik heb maar 100 pond. – Dat zal ruimschoots voldoende zijn)*.

5 In feite is het hulpwerkwoord voor de toekomende tijd in de 1e pers. ev. en mv. **shall**, d.w.z. dat we **I/we shall go** zouden moeten schrijven i.p.v. **I/we will go**. In courant taalgebruik is dit verschil - mede door de samengetrokken vorm - quasi verdwenen. **Shall** wordt echter wel nog gebruikt in een vraagconstructie om een suggestie te doen of om een dienst aan te bieden: **Shall we go? It's late**, *Zullen we? 't Is al laat*; **Shall I bring you another drink?**, *Zal ik u nog een drankje brengen?*

6 **To bring**, (naar de "belanghebbende") *brengen*: **Bring me a glass of water**, *Breng me een glas water*; **I'll bring you some soup**, *Ik zal je wat soep brengen*. In de omgekeerde richting wordt eerder **to take** gebruikt (zie zin 11).

72 / Seventy-second lesson

5 – But I've got my **in**terview on **Thur**sday and I **re**ally have to [7] go.
6 – **Non**sense. You must do what the **doc**tor says.
7 If not, you may [8] get worse [9].
8 You may **e**ven have to go to **hos**pital.
9 I don't think you should go to York. You're too ill [10].
10 – Don't **wo**rry about me. I'll be OK.
11 I'll just take my pre**scrip**tion to the **phar**macy.
12 – You **shou**ldn't go out. I'll take it.

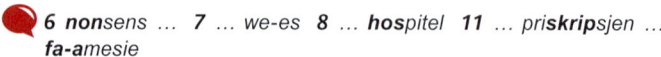
6 *non*sens … 7 … we-es 8 … *hos*pitel 11 … pri*skrip*sjen … fa-*a*mesie

Aanwijzing bij de uitspraak
(5), (7) Thursday *[THe-ezdeej]*, worse *[we-es]*, allebei met een *[e-e]*-klank die vergelijkbaar is met een lange doffe e of "euh…".

Opmerkingen

7 To have (got) to ("hebben te") fungeert als "infinitief" van het modale hulpwerkwoord **must** (zie les 67 opm. 6). Er is een licht betekenisverschil tussen beide vormen, al naargelang de spreker zelf tot iets verplicht of het om een algemene verplichting of noodzakelijkheid gaat: **I must leave, I'm tired**, *Ik moet gaan (ik verplicht me ertoe), ik ben moe*, maar **I have to leave**, *Ik moet gaan (omdat de trein vertrekt,…)*. Voor meer details, zie les 77, punt 1.

8 In les 64, opm. 3 zagen we het gebruik van **may** in beleefde formuleringen. Hier drukt het in courant taalgebruik een mogelijkheid uit: **He may be back later, but I'm not sure**, *Het zou kunnen dat hij later terug is, maar ik weet het niet zeker*; **We may have rain tomorrow**, *Misschien krijgen we morgen regen*. Vaak vertalen we met een voorwaardelijke wijs of met een woord als "misschien".

Tweeënzeventigste les / 72

5 – Maar ik heb donderdag mijn sollicitatiegesprek en ik moet [er] echt heen.
6 – Onzin! Je moet doen wat de dokter zegt.
7 Zo niet, zou je zieker *(erger)* kunnen worden.
8 Misschien moet je zelfs naar [het] ziekenhuis gaan.
9 Ik vind niet dat je naar York moet *(behoort te)* gaat. Je bent te ziek.
10 – Maak je geen zorgen om mij. Ik red het wel.
11 Ik breng gewoon mijn voorschrift/recept naar de apotheek.
12 – Je gaat beter niet buiten *(behoort niet te gaan uit)*. Ik breng het wel (weg).

9 Good - better - best, bad *(slecht, erg)* - worse *[we-es]* - worst *[we-est]*: The weather's getting worse, *Het weer wordt slechter*; It was the worst summer for twenty years, *Het was de slechtste zomer in twintig jaar*.

10 *Ziek* kan op twee manieren vertaald worden: **sick** (zoals in les 2, zin 4) of **ill**, met lichte nuances tussen beide; noteer gewoon dat alleen **sick** bijvoeglijk kan gebruikt worden: **a sick child**, *een ziek kind*.

Exercise 1 – Translate

❶ We really should leave. It's late. ❷ What time will she get back? ❸ We've got plenty of time before the plane leaves. ❹ You must do what I say. If not the problem may get worse. ❺ I'll bring you some soup and then take your prescription to the pharmacy.

***

Exercise 2 – Fill in the missing words

❶ Ze moet naar haar sollicitatiegesprek gaan.
   . . . . to her interview.

❷ Ik moet gaan. Het is heel laat.
   I . . . . It's very . . . . .

❸ Je gaat beter niet naar York. Je bent te ziek.
   You . . . . to York. You're . . . .

❹ Het zou kunnen dat ze later terug zijn, maar we weten het niet zeker.
   They . . . . , but we're . . . .

❺ Zal ik je nog een biertje brengen?
   . . . . beer?

Seventy-third lesson

A worried mother

1 – Who was that on the phone?
2 – It was **Bren**da. She's **wo**rried a**bout** her **dau**ghter, Sue.

Uitspraak
*2 ... **brèn**de ... soe*

Oplossing van oefening 1

❶ We zouden echt moeten vertrekken. Het is laat. ❷ Hoe laat zal ze terug zijn? ❸ We hebben nog alle tijd voor het vliegtuig opstijgt. ❹ Je moet doen wat ik zeg. Zo niet kan het probleem groter worden. ❺ Ik zal je wat soep brengen en daarna je voorschrift naar de apotheek brengen.

***

Oplossing van oefening 2

❶ She has to go – ❷ – must leave – late ❸ – shouldn't go – too ill ❹ – may be back later – not sure ❺ Shall I bring you another –

Tweede golf: 23e les

Drieënzeventigste les

Een bezorgde moeder

1 – Wie was dat aan de telefoon?
2 – Het was Brenda. Ze is bezorgd om haar dochter, Sue.

3 Apparently, Sue wants to go **back**packing [1] around **Bri**tain.
4 She and her **boy**friend [2] are **plan**ning [3] to **hitch**hike [4] to **Glas**gow
5 and then spend two months travelling back to the south.
6 **Bren**da's really **anx**ious about the whole thing.

*3 epèrentlie ... **bækp**æking ... 4 ... **boj**frènd ... **plæ**ning ... **hitsj**hajk ... **Gla-az**Goow 5 ... sauTH 6 ... **ænk**sjes ...*

Aanwijzing bij de uitspraak
(6) Anxious wordt uitgesproken als *[**ænk**sjes]*.

Opmerkingen

1 A backpack, *een rugzak*, vandaar het werkwoord **to backpack** of **to go backpacking**, *rondtrekken met de rugzak* en het substantief **a backpacker** alsook de bezitsvorm: **a backpacker's hostel**, *een herberg voor rugzaktoeristen*.

2 We kennen al **boy**, *jongen* en **friend**, *vriend(in))*, hier samengebracht in **boyfriend**, *vriend(je), lief* en **girlfriend** *[**Ge-el**frènd]*, *vriendin(netje), lief*.

3 To plan, *"plannen"*: **We're planning to visit five countries**, *We zijn van plan om vijf landen aan te doen*; **We planned the trip for months**, *We hebben de uitstap gedurende maanden voorbereid*; **The building was very well planned**, *Het gebouw was heel goed uitgedacht*.

Drieënzeventigste les / 73

3 Blijkbaar wil Sue Groot-Brittannië rondtrekken met de rugzak.
4 Zij en haar vriendje zijn van plan om naar Glasgow te liften
5 en dan in *(doorbrengen)* twee maanden terug te reizen *(terugreizend)* naar het zuiden.
6 Brenda is werkelijk ongerust over de hele zaak.

4 **To hitchhike**, *liften* van **to hike**, *trekken, op trektocht gaan* en **to hitch**, *vastmaken, aanspannen*, oorspronkelijk een werkwijze wanneer men met twee en slechts één paard was: de eerste vertrekt te paard terwijl de andere *loopt* (**hike**), de ruiter *maakt* het paard *vast* (**hitch**) aan een paal en wacht op zijn metgezel die overneemt, en zo kwam men verder al **hitching and hiking**, tegenwoordig met duim en auto i.p.v. met span en paal!
Het werkwoord wordt vaak ingekort tot **to hitch**: *My brother hitched to Edinburgh last week*, *Mijn broer is vorige week al liftend naar Edinburgh gegaan*. En er is ook **to hitch a lift**: *She hitched a lift to the seaside*, *Ze kreeg een lift naar de kust*.

73 / Seventy-third lesson

7 She won't be able to [5] get in touch [6] with Sue **reg**ularly for at least a month.
8 And she won't be able to help if Sue runs out of [7] **mo**ney.
9 – Can't **Bren**da just tell her not to go?
10 – No, be**cause** Sue's **o**ver [8] eigh**teen**. She's **le**gally an **a**dult.
11 – Kids! There's only one way to **ed**ucate them **pro**perly [9]...
12 – Yes, but **no**body [10] knows what it is!

*7 ... **eej**bel ... tütsj ... **rè**Gjoelelie ... 10 ... **lie**Gelie ... **æ**dült 11 ... **è**djoekeejt ... **pro**pelie*

Aanwijzingen bij de uitspraak
(7) Able, met een duidelijke klemtoon op de eerste lettergreep: *[**eej**bel]*.
(7)-(12) Touch, month, runs, money, just, adult, one, but, allemaal met *[ü]*, een u die naar een doffe e neigt, maar die in zinsverband kan afzwakken tot die doffe e.

Opmerkingen

5 **To be able to** (lett. "in staat zijn om te") fungeert als "infinitief" van het modale hulpwerkwoord **can** (zoals **to have to** dat is van **must**): **You'll be able to drive her to the city**, *Je zal haar naar de stad kunnen brengen*. De ontkennende vorm is uiteraard **will not (won't) be able to**: **She won't be able to leave the house**, *Ze zal het huis niet kunnen verlaten*. (Merk op hoe deze "infinitieven" ver van hun basisbetekenis afwijken, nl. **to can** = *inblikken* en **to must** = *beschimmelen*!)

6 **To touch**, *(aan)raken*, dus in letterlijke betekenis: **Don't touch that medicine!**, *Raak dat geneesmiddel niet aan!* en figuurlijk: **I was very touched by her letter**, *Ik was erg geraakt/ontroerd door haar brief*. **To get in touch**, *contact hebben/opnemen*: **I tried to get in touch with his family**, *Ik heb geprobeerd om contact te hebben met zijn familie*. Vervang **to get** door **to be** en het betekent *in contact zijn*: **She's still in touch with her ex-husband**, *Ze heeft nog contact met haar ex-man*. En dan is er nog de uitdrukking **Stay in touch**, *We blijven in contact* bij het afscheidnemen.

Drieënzeventigste les / 73

7 Ze zal met Sue geen regelmatig contact kunnen hebben *(niet zijn in staat om te komen in aanraking met Sue)* gedurende minstens een maand.
8 En ze zal niet kunnen helpen als Sue zonder geld komt te zitten *(loopt)*.
9 – Kan Brenda haar niet gewoon zeggen niet te gaan?
10 – Nee, omdat Sue boven [de] 18 is. Ze is wettelijk *(een)* volwassen*(e)*.
11 – Kinderen! Er is slecht één manier om ze correct op te voeden...
12 – Ja, maar niemand weet welke dat *(wat het)* is!

---

7 **To run out**, *naar buiten rennen*; **to run out of** ... betekent *zonder ... komen te zitten/staan*: **We ran out of sugar the other day and I had to borrow some,** *We kwamen onlangs zonder suiker te zitten en ik moest er lenen*; **The car ran out of petrol,** *De auto kwam zonder benzine te staan*.

8 **Over** is een veel gebruikt woordje. De eerste betekenis is *boven(op)*: **He put her photo over his bed,** *Hij hing haar foto boven zijn bed*. **Over** bij een getal betekent *"meer" dan*: **The bill was over ninety pounds,** *De rekening bedroeg meer dan 90 pond*; **You must be over eighteen to see that film,** *Je moet boven de 18 zijn om die film te zien*. We komen er nog op terug.

9 Laat u niet misleiden: **proper** is *correct*, **properly** is *(op een) correct(e) manier)*; ons "proper" is **clean** (zie les 11, oef. 2).

10 **Nobody**, *niemand* of **no(-)one** (zie les 34, opm. 6): **Nobody/No(-)one knows where they are,** *Niemand weet waar ze zijn*; **Nobody/No(-)one can hear you,** *Niemand hoort je*.

Exercise 1 – Translate
❶ We're planning to hitch to Glasgow. ❷ She tried to get in touch with his family. ❸ You must be over eighteen to see that film. ❹ Nobody knows where they are. ❺ They're really anxious about the whole thing.

***

Exercise 2 – Fill in the missing words
❶ Ik kwam gisteravond zonder suiker te zitten en ik moest er lenen.
I ... ... sugar last night and I ... .. borrow .....

❷ We zullen je niet kunnen helpen als je een probleem hebt.
We .... help you if you have a problem.

❸ Het nieuwe kantoorgebouw is heel goed uitgedacht.
The new office .... is very ....

❹ Ik heb nog steeds contact met mijn ex-vrouw.
I'm .... my ex-wife.

❺ Er is slechts één manier om kinderen correct op te voeden.
.... to educate kids ....

Seventy-fourth lesson

Planning a holiday

1 – I'm **rea**lly **loo**king **for**ward to ¹ this trip.

Uitspraak
*1 ... **fo-o**wed ...*

Opmerking
¹ Als bijwoord betekent **forward** (of **forwards**) *voorwaarts, vooruit* en staat het bij een werkwoord van beweging: **The doors opened and the queue moved forwards**, *De deuren gingen open en de rij schoof door (bewoog vooruit)*. Als bijvoeglijk naamwoord staat **forward** (altijd zonder s) ook voor *voorste*: **The forward seats are the most comfortable**, *De voorste zitplaatsen zijn de meest comfortabele*. Let erop dat in de VS

Oplossing van oefening 1

❶ We zijn van plan om naar Glasgow te liften. ❷ Ze probeerde contact op te nemen met zijn familie. ❸ Je moet boven de 18 zijn om die film te zien. ❹ Niemand weet waar ze zijn. ❺ Ze zijn werkelijk ongerust over de hele zaak.

***

Oplossing van oefening 2

❶ – ran out of – had to – some ❷ – won't be able to – ❸ – building – well planned ❹ – still in touch with – ❺ There's only one way – properly

Tweede golf: 24e les

Vierenzeventigste les

Een vakantie plannen

1 – Ik kijk werkelijk uit naar deze reis.

forward nooit met **s** geschreven wordt. De uitdrukking **to look forward to,** gewoonlijk in de progressieve vorm, betekent *uitkijken naar, zich verheugen op*: **We're looking forward to your visit,** *We verheugen ons op je bezoekje*. Kijkt men uit naar een activiteit, dan staat die in de gerund-vorm: **I'm looking forward to seeing you next week,** *Ik verheug me erop je volgende week te zien*. **To look forward to + -ing-vorm** is een handige slotformule in een brief of om van iemand afscheid te nemen.

2 – Me too. Which **ci**ty shall ² we visit first?
3 – When we get to **Glas**gow, we'll take a **fe**rry around the **is**lands. ³
4   Most ⁴ of them are very **ea**sy to reach.
5   Some ⁵ are fairly **crow**ded ⁶, and a few are really **tou**risty.
6 – Then we'll come back to the **main**land and head ⁷ south.
7   I know a couple of ⁸ great places on the way to **Li**verpool.

3 ... **fè**rie ... **aj**lendz   4 ... rietsj   5 ... **krau**did ... **toe**ristie
6 ... **meejn**lænd ...   7 ... **kü**pel ... **li**vepoel

Aanwijzing bij de uitspraak
(3), (5), (6) Around, crowded, south, met **ou** en **ow** zoals in "au!": *[au]*.

Opmerkingen

2 Shall (zie les 72, opm. 5) komt met **what, where, how,...** voor in vragen die een suggestie of een aanbod uitdrukken: **Where shall we eat?**, *Waar zullen we eten?*, **What shall I wear?**, *Wat zal ik dragen/aantrekken?*, **How shall we tell the children?**, *Hoe zullen we het de kinderen vertellen?* U weet dat deze vorm alleen in de 1e persoon enkelvoud/meervoud kan.

3 Merk het tijdsgebruik op: toekomende tijd in de hoofdzin en tegenwoordige tijd in de bijzin van tijd (met indicaties zoals **when** of **as soon as**, zodra): **When we reach the island, we'll send you a message**, *Wanneer we het eiland bereiken, sturen we jullie / zullen we jullie een berichtje sturen*; **I'll call you as soon as I get home**, *Ik bel je / zal je bellen zodra ik thuiskom*. Onthoud dat de Nederlandse vertaling van tijden niet altijd "letterlijk" hoeft te zijn; wanneer het toekomstige aspect duidelijk is, gebruiken wij veelal de O.T.T.

4 **Most people go to the touristy islands**, *De meeste mensen gaan naar de heel toeristische eilanden*; **I like most wines, but not that one**, *Ik vind de meeste wijnen lekker, maar die (ene) niet*. Let erop dat in het Engels geen bepaald lidwoord gebruikt wordt!

Vierenzeventigste les / 74

2 – Ik *(Mij)* ook. Welke stad zullen we eerst bezoeken?
3 – Wanneer we in Glasgow aankomen, zullen we een ferry rond de eilanden nemen.
4 De meeste ervan *(Meeste van hen)* zijn heel gemakkelijk te bereiken.
5 Sommige zijn tamelijk druk*(bevolkt)* en een paar zijn echt heel toeristisch.
6 – Daarna zullen we terug naar het vasteland komen en zuidwaarts trekken.
7 Ik ken een paar *(koppel van)* heel leuke plekken onderweg *(op de weg)* naar Liverpool.

---

5 **Some** komt hier overeen met *sommige*: **Some people like his songs, but I hate them**, *Sommige mensen vinden zijn liedjes leuk, maar ik haat ze*; **Most kids are nice, but some are terrible**, *De meeste kindjes zijn aardig, maar sommige zijn vreselijk*.

6 **A crowd**, *een menigte, (mensen)massa*: **A big crowd came to see the match**, *Een grote massa kwam naar de match kijken*. Het adjectief **crowded** duidt dus op *druk (bevolkt)*: **The buses are always crowded at rush hour**, *De bussen zitten altijd overvol tijdens het spitsuur*; **The club was crowded**, *Er was heel veel volk in de club*. Het kan eventueel nog versterkt worden tot **crowded with ...**: **The room was crowded with beds**, *In de kamer stonden de bedden opeengepakt*.

7 **A head**, *een hoofd*; **to head south/north**, etc., *koers zetten "met het hoofd richting" zuiden/noorden, enz.*, bij een duidelijke bestemming (stad,...) wordt **to** of **towards** toegevoegd: **We headed towards Liverpool**, *We zetten koers naar Liverpool*.

8 **A couple**, *een koppel, stel*: **Many couples have two cars**, *Veel stellen hebben twee auto's*. In een informeel register betekent **a couple of** *een paar* (het juiste aantal is van geen belang): **I'll be there in a couple of minutes**, *Ik ben er over een paar minuten*; **Manchester is a couple of hundred miles from London**, *Manchester ligt een paar honderd mijl (320 km) van Londen*. In dergelijke constructies is **a few** een alternatief: **I'll be there in a few minutes**.

8 – We can stop there for a bit [9] and do the sights.
9 – **Near**ly [10] **ev**eryone I know says the **ci**ty's got a great vibe [11].
10 – After that, we can **vi**sit the Peak **Dis**trict. It's not too far.
11 – Whoa [12] there! It thought we were su**ppo**sed to be on **ho**liday.
12 We'll need a**noth**er **ho**liday to re**co**ver from this one.

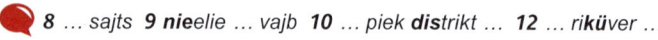 8 … sajts 9 **nie**elie … vajb 10 … piek **dis**trikt … 12 … ri**kü**ver …

Opmerkingen

9 Wait a bit, *Wacht even, een beetje*; als er wordt meegedeeld van wat er een beetje bedoeld wordt, dan moet **of** toegevoegd worden: **a bit of cheese**, zoals in les 45, opm. 8.

10 Nearly, *bijna*: **It's nearly time to go home**, *Het is bijna tijd om naar huis te gaan*; **Nearly everyone speaks English**, *Bijna iedereen spreekt Engels*. Verwar dit niet met **near** = *dichtbij*.

11 We beperken het aantal slangwoorden, omdat veel ervan snel in onbruik raken, maar **vibe** (ook in het meervoud) lijkt stand te houden. Oorspronkelijk komt de term uit de muziekwereld voor de *vibratie/trilling van de percussie*; **a vibe** staat nu voor de *bruisende sfeer* die ergens heerst: **The club has got a good vibe**, *Er hangt een fijne sfeer in de club*.

***

Exercise 1 – Translate

❶ The ferries are always crowded in summer. ❷ Some people like his music, but I hate it. ❸ We'll call you as soon as we get home. ❹ They came back to the mainland and headed north. ❺ We can stop in Liverpool for a bit.

Vierenzeventigste les / 74

8 – We kunnen daar even *(voor een beetje)* halt houden en de bezienswaardigheden bezoeken *(zichten doen)*.
9 – Bijna iedereen die ik ken zegt dat de stad bruist *(een enorme tril heeft)*.
10 – Daarna *(Na dat)* kunnen we het Peak District *(Piekgebied)* bezoeken. Het is niet te ver.
11 – Ho daar! Ik dacht dat we verondersteld waren met vakantie te zijn.
12 We zullen een bijkomende *(andere)* vakantie nodig hebben om van deze hier *(ene)* bij te komen!

12 Met de uitroep **Whoa** (met of zonder **there**) werd een paard tot vertragen of stilstaan gemaand; nu wordt het in de omgangstaal gebruikt om iemand te onderbreken: *Whoa, what did you say?*, *Niet zo snel, wat zei je daar?*

***

Oplossing van oefening 1

❶ De ferry's zitten altijd overvol in de zomer. ❷ Sommige mensen vinden zijn muziek goed, maar ik haat ze. ❸ We bellen je / zullen je bellen zodra we thuiskomen. ❹ Ze kwamen terug naar het vasteland en trokken noordwaarts. ❺ We kunnen even in Liverpool halt houden.

Exercise 2 – Fill in the missing words

❶ Het is bijna tijd om naar huis te gaan.
It's .... to .. ..

❷ Wanneer we in het hotel aankomen, zullen we je een kaartje sturen.
When .. .. the hotel, ... a postcard.

❸ We verheugen ons erop u volgende week te zien.
.... to .... next week.

❹ Sommige eilanden zijn tamelijk druk en een paar zijn echt heel toeristisch.
.... islands are .... and . ... are really touristy.

❺ De meeste steden zijn heel makkelijk bereikbaar.
.... the cities are ... .

Seventy-fifth lesson

It's a deal

1 – How are you **do**ing ¹ to**day**? You look a bit **be**tter.

Opmerking

1 We kennen de uitdrukking **How are you?**, *Hoe gaat het met je?*, alsook **How's your health?**, *Hoe is/gaat het met je gezondheid?* (les 43, opm. 4). **How are you doing?** heeft dezelfde betekenis en kan in een ziek-

Oplossing van oefening 2

❶ – nearly time – go home ❷ – we reach – we'll send you – ❸ We're looking forward – seeing you – ❹ Some – fairly crowded – a few – ❺ Most of – very easy to reach

The Peak District *is een zeer heuvelrijke regio ten zuiden van de bergketen* **the Pennines**. *De pieken in kwestie zijn niet vergelijkbaar met Alpentoppen – de hoogste haalt niet eens 100 meter – maar het is een prachtige streek, met pittoreske dorpjes en weelderige landschappen. Vanuit Londen is het ook het dichtstbijgelegen nationaal park.*

In het Engels heeft men het woord **mainland** *(***main,** *hoofd-) en het woord* **continent**: *met* **mainland** *(zowel zelfstandig als bijvoeglijk naamwoord) bedoelt men het continentale grondgebied van een land, bijvoorbeeld* **mainland Britain**, *bestaande uit Engeland, Wales en Schotland (het vasteland zonder de eilanden en Noord-Ierland);* **a continent** *staat voor een door een of meer oceanen begrensd groot landoppervlak (en de ermee verbonden eilanden), bijvoorbeeld* **Europe**, *het vasteland t.o.v. Groot-Brittannië, of* **Australia**. *(Merk op dat men het in het Nederlands meestal heeft over vijf of zes continenten, terwijl er in het Engels zeven geteld worden!)*

Tweede golf: 25e les

Vijfenzeventigste les

Dat is dan afgesproken

1 – Hoe gaat het met je *(ben je doende)* vandaag? Je ziet er een beetje beter uit.

tecontext peilen naar het herstellingsproces van de zieke: **How's she doing? – She's still got the flu but she's much better** *(Hoe maakt ze het? – Ze heeft nog steeds griep, maar maakt het veel beter).*

three hundred and forty • 340

75 / Seventy-fifth lesson

2 – Much **be**tter. I'm **dy**ing ² to get out of ³ the house.
3 And to**mo**rrow's the big day!
4 – Yes I know, but are you sure this is wise ⁴?
5 You're still a little **un**der the **wea**ther. ⁵
6 – **Non**sense. I'm as fit as a **fi**ddle. ⁶
7 **Yes**terday I was **a**ble to ⁷ eat a full meal.

Uitspraak
*2 … **daj**ing … 4 … wajz 6 **non**sens … **fi**del 7 … miel*

Opmerkingen

2 To die, *sterven* (les 51, opm. 6), maar in de uitdrukking **I'm dying to...** (altijd in de progressieve vorm) geeft men te kennen te *snakken naar, staan popelen om*: **We're dying to try that new restaurant in the High Street**, *We willen zo graag dat nieuwe restaurant proberen in de Hoog-/Hoofdstraat*.

3 To get out (of) kan to leave vervangen in informeel taalgebruik maar, zoals vaak, gaat **to get** gepaard met moeite of ongeduld (zie les 77, punt 3). In onze zin is ongeduld voelbaar: **I must get out of the house**, *Ik moet het huis uit (gaan)*. Dit gevoel is nog duidelijker in een imperatiefvorm, bv. om iemand weg te sturen: **Get out!**, *Buiten! Eruit!*

4 Wise, *wijs, verstandig*: **My grandmother was a very wise woman**, *Mijn grootmoeder was een heel wijze vrouw*; **It's not wise to go out if you're sick**, *Het is niet verstandig om buiten te gaan als je ziek bent*; **I think he made a very wise decision**, *Ik vind/denk dat hij een heel wijze beslissing heeft genomen*. **Wisdom**, *wijsheid* en **wisdom tooth**, *wijsheidstand/verstandskies*.

5 Het weer heeft wellicht invloed op onze gezondheid, vandaar misschien de uitdrukking **to be feeling under the weather** (of korter **to be under the weather**), *zich niet lekker, wat ziekjes voelen*: **I'm taking medicine, but I'm still feeling a bit under the weather**, *Ik neem geneesmiddelen in, maar ik voel me nog wat ziekjes*. (Er is geen "meteorologische" uitdrukking voor "zich goed voelen"!)

Vijfenzeventigste les / 75

2 – Veel beter. Ik snak ernaar om het huis uit te gaan *(ben stervende om-te gaan uit van het huis)*.
3 En morgen is de grote dag!
4 – Ja, ik weet het, maar weet *(ben)* je zeker dat dit verstandig is?
5 Je bent nog wat ziekjes *(onder het weer)*.
6 – Onzin! Ik voel me zo fris als een hoentje *(ben zo fit als een fiedel)*.
7 Gisteren heb ik een hele maaltijd kunnen eten.

---

6 In les 64, opm. 7 zagen we **to fit**, *passen, goed zitten*; **to be fit** is *fit, in goede conditie zijn*: **She's very fit: she plays tennis every day**, *Ze is in topvorm: ze speelt alle dagen tennis*. **A fiddle**, *een fiedel* (folkloristische viool) versus **a violin *[vajelin]*** *een viool* (voor klassieke muziek): **to be as fit as a fiddle**, *zich zo fris als een hoentje, kiplekker voelen*. Een variant hierop is **to be as fit as a flea** (*een vlo*)! Het substantief bij **fit** is **fitness**, *fitheid*, dat we terugvinden in **fitness centres**, centra waar aan de conditie wordt gewerkt...

7 **To be able to** (les 73, opm. 5) dient als "infinitief" voor het modale hulpwerkwoord **can** (zoals **to have to** voor **must**): **I'm afraid I'm not able to help you**, *Ik vrees dat ik u niet kan helpen*. In tegenstelling tot **can** wordt **to be able to** wel in alle tijden vervoegd: **We'll be able to visit them tomorrow**, *We zullen hun morgen een bezoekje kunnen brengen*; **I wasn't able to get in touch with him**, *Ik heb hem niet kunnen bereiken*. (Voor het verband tussen **was/were able to** en **could**, zie les 77, punt 2.)

75 / Seventy-fifth lesson

8 And I was able to get out of bed and watch TV.
9 – All right, [8] you win. We'll **go** to York to**mo**rrow.
10 But on one con**di**tion: you must let me drive.
11 – It's a deal. [9] But are you sure you won't get lost [10]?

8 ... tievie *9* o-ol **rajt** ... *10* ... ken**di**sjen ... *11* ... die-el ...

Opmerkingen

8 All right kennen we uit les 31, zin 6 (alright in informeel Engels) en betekent letterlijk "alles juist/goed": **How's your coffee? – It's all right** (*Hoe is uw koffie? – Die is in orde*). Volgt er *but* op, dan kan het beter: **How's your coffee? – It's all right, but it could be hotter** (*Hoe is uw koffie? – Goed, maar hij mocht heter/warmer zijn*). Leidt men een zin in met **All right** (of **Alright**), dan volgt meestal een toegeving: **I want to go to the cinema. – Alright, but don't be late home** (*Ik wil naar de bioscoop. – Goed, maar kom niet te laat thuis*); **All right, you win!**, *Ok, je hebt gewonnen!*

9 A deal is een vlotte uitdrukking voor *een afspraak, overeenkomst*: **ComSys did a deal with a Spanish company**, *Comsys sloot een overeenkomst met een Spaans bedrijf*; **I'll do the cooking if you clear the table. – It's a deal!** (*Ik kook als jij de tafel afruimt. – Afgesproken!*).

***

Exercise 1 – Translate

❶ We'll leave tomorrow. – All right. It's a deal. ❷ She's as fit as a fiddle: she plays tennis every day. ❸ I think they made a very wise decision. ❹ We're dying to see their new house. ❺ How's she doing? – She's much better.

Vijfenzeventigste les / 75

8   En ik ben uit *(van)* bed kunnen komen en [heb] tv kunnen kijken.
9 – Al goed, je hebt gewonnen *(wint)*. We zullen morgen naar York gaan.
10   Maar op één voorwaarde: je moet mij laten rijden.
11 – Dat is dan afgesproken *(een afspraak)*. Maar weet je zeker dat je de weg niet kwijt *(verloren)* raakt?

10 To get lost, *verdwalen, verloren, zoek, de weg kwijt raken*: **Don't get lost**, *Raak de weg niet kwijt*; of met **way**: *I lost my way*, *Ik ben de weg kwijt*. Met de uitdrukking **Get lost!** stuurt men iemand wandelen: *Hoepel op!*

***

Oplossing van oefening 1
❶ We zullen morgen vertrekken. – Ok. Dat is afgesproken. ❷ Ze is superfit: ze tennist alle dagen. ❸ Ik vind dat ze een zeer verstandige beslissing hebben genomen. ❹ We staan te popelen om hun nieuwe huis te zien. ❺ Hoe maakt ze het? – Het gaat veel beter met haar.

Exercise 2 – Fill in the missing words

❶ We konden hem niet bereiken.
We .... to ... ... with him.

❷ Ik voel me nog steeds niet lekker.
I'm ..... feeling a ... .

❸ Hoe is het eten? – Het is in orde, maar het mocht warmer zijn.
..... the food? – It's ... ., but it .... hotter.

❹ Ben je er zeker van dat je niet zal verdwalen? – Zeker.
Are you sure ... .? – ....

❺ Ik moet het huis uit gaan. – Goed, maar op één voorwaarde.
I .... the house. – ... ., but .. ...
.. ..

Seventy-sixth lesson

Lost

1 – We're lost. I thought we were in Mus**e**um Street.
2   Damn! [1] I should have [2] **ren**ted a car with a **sat**nav [3].

Uitspraak
2 dæm ... rèntid ...

Opmerkingen

[1] Krachttermen.... We beperken ons in dit boek tot de meest gebruikelijke (maar ook de minst vulgaire). **Damn!** is vergelijkbaar met ons *Verdorie!*, een expletief voor ergernis of woede. Met **damn** kan een uitdrukking als **I don't care** (les 44, opm. 5) versterkt worden: **I don't care a damn**, *Het kan me geen barst schelen* (variant: **I don't give a damn**). Vroeger werd **damn** als godslastering beschouwd omdat het de geest vervloekte. Het heeft ondertussen aan kracht ingeboet, maar toch blijft er een zwavelachtig geurtje aan zitten... Ga er voorzichtig mee om!

Oplossing van oefening 2

❶ – weren't able – get in touch – ❷ – still – bit under the weather
❸ How's – all right – could be – ❹ – you won't get lost – Certain
❺ – must get out of – All right – on one condition

Tweede golf: 26e les

Zesenzeventigste les

De weg kwijt

1 – We zijn de weg kwijt. Ik dacht dat we in Museum Street waren.
2 Verdorie! Ik had een auto moeten huren *(zou-moeten hebben gehuurd...)* met een gps.

2 Hier hebben we een morele verplichting in het verleden met de perfectieve vorm van **should**: **You should turn right**, *Je zou rechts moeten afslaan* → **You should have turned right**, *Je had rechts moeten afslaan (zou moeten hebben afgeslagen)*. In gesproken vorm wordt het samengetrokken tot **should've**.

3 **Satnav**, samentrekking van **satellite navigation**, satelliet[gestuurd] navigatie[systeem], dat wij omzetten in een andere Engelse term: gps (**global positioning system**)!

three hundred and forty-six • 346

76 / Seventy-sixth lesson

3 – Let's ask that guy **o**ver there. Ex**cuse** me!
4 Can you tell us the way to Blake Street?
5 – You're **no**where **ne**ar [4] it, I'm a**fraid**.
6 You'll have to drive through [5] the **ci**ty
7 and cross **o**ver the **ri**ver on **Len**dal Bridge.
8 **Go** on [6] un**til** you come to the **tra**ffic lights at Mu**se**um Street.
9 Then you'll have to park be**cause** it's a pe**des**trian **a**rea.
10 There's a car park **un**der [7] the **mul**tiplex on the **cor**ner.
11 – Is it far from there to Blake Street?

 4 ... **bleejk** ... *5* ... **noo**wèe ... *6* ... **TH**roe ... *7* ... **lèn**del ... *9* ... pa-ak ... pe**dès**tri-en ... *10* ... **mül**ti**plèks** ... **ko**-one

Aanwijzingen bij de uitspraak
(1), (6) Thought, through, met stemloze th *[TH]*, als *[THo-ot, THroe]*, maar **though** (les 66, zin 9) met stemhebbende th *[DH]* als *[DHoo^w]*!

Opmerkingen

4 Zie les 54, opm. 5. De uitdrukking **nowhere near** duidt op een grote afstand, zowel fysiek: **You're nowhere near the museum**, *U bent ver uit de buurt van het museum*; als figuurlijk: **He's nowhere near ready**, *Hij is verre van klaar*. De klemtoon valt op **near**.

5 **Through**, *door(heen)* staat vaak met een werkwoord van beweging: **She's walking through the garden**, *Ze wandelt door het park*; **We drove through the city**, *We reden de stad door*.

6 **To go on** geeft (een vorm van) *doorgaan, verderzetten* weer: **They went on to the end of the road**, *Ze reden door tot het einde van de weg*; **He went on talking for ten minutes**, *Hij bleef (gedurende) 10 minuten doorpraten*.

3 – Laten we [het] die jongeman ginder vragen. Excuseer me...!
4 Kunt u ons de weg uitleggen *(vertellen)* naar Blake Street?
5 – Jullie zijn er ver vandaan *(nergens dichtbij)*, vrees ik.
6 Jullie zullen door de stad moeten rijden
7 en de rivier oversteken via *(op)* Lendal Bridge.
8 Rijd door tot jullie aan/bij de verkeerslichten komen ter hoogte van Museum Street.
9 Dan zullen jullie moeten parkeren omdat het een voetgangerszone is.
10 Er is een parking/parkeergarage *(auto park)* onder de multiplex-[bioscoop] op de hoek.
11 – Is het ver van daar naar Blake Street?

---

7 **Under**, *onder*: **We parked under the bridge**, *We parkeerden onder de brug*. Het staat ook op waarschuwingsborden, bv.: **Children under 18 are not admitted**, *Kinderen onder de, jonger dan 18 worden niet toegelaten*. (Het tegengestelde is **over**, zie les 73, opm 8). Met **under** worden zelfstandige en bijvoeglijke naamwoorden gevormd, bv.: **underclothes**, *ondergoed*; **underwater**, *onderwater-*. (M.b.t. een fysieke plaats kan ook **underneath** gebruikt worden: **We parked underneath the bridge**.)

12 – Just go **in**to the **pre**cinct [8] and it's the **se**cond street on your right.
13 – Thanks very much for your help.
14 – Don't **men**tion it. [9]

12 ... priesinkt ...

Opmerkingen

[8] **Precinct**, *gebied, terrein, (afgebakende) zone*. U vindt het woord terug op signalisatieborden: **pedestrian precinct**, *voetgangerszone*; **a shopping precinct**, *winkelcentrum* (dikwijls alleen toegankelijk voor voetgangers).

***

Exercise 1 – Translate

❶ Can you tell me the way to the station, please? ❷ Children under eighteen are not admitted. ❸ I'll have to park because it's a pedestrian precinct. ❹ Let's ask that woman over there. Excuse me! ❺ Damn! We're lost. I thought it was the second street on our left.

***

Exercise 2 – Fill in the missing words

❶ Rijd de stad door, steek de rivier over en parkeer onder de brug.
  .... the city, ... the river and ....
  ..... the bridge.

❷ We hadden rechts moeten afslaan aan de verkeerslichten.
  We .... at the ....

❸ Wel bedankt voor uw hulp. – Zonder dank.
  Thanks very much ... .– ....

❹ Hij is verre van klaar. – Maar we zijn al te laat!
  He's .... ready. – But we're ....!

❺ Is het ver van daar naar de supermarkt?
  .. .. the supermarket?

12 – Ga gewoon de zone in en [dan] is het de tweede straat *(aan jullie)* rechts.
13 – Wel bedankt voor uw hulp.
14 – Geen dank *(Vermeld het niet)*.

9 Don't mention it is een handige uitdrukking om op een bedanking te reageren: **Thanks for your help. – Don't mention it** *(Bedankt voor uw hulp. – Geen/Zonder dank)*. Het klinkt vrij formeel en wordt meer en meer vervangen door **You're welcome** (lett. "U/Je bent welkom"): **Thanks for your help. – You're welcome** *(Bedankt voor uw hulp. – Graag gedaan)*.

***

Oplossing van oefening 1
❶ Kunt u me de weg naar het station uitleggen, alstublieft? ❷ Kinderen jonger dan 18 worden niet toegelaten. ❸ Ik zal moeten parkeren, omdat het een voetgangerszone is. ❹ Laten we het die vrouw ginder vragen. Excuseert u me... ❺ Verdorie! We zijn de weg kwijt. Ik dacht dat het de tweede straat links was.

Oplossing van oefening 2
❶ Drive through – cross over – park under – ❷ – should have turned right – traffic lights ❸ – for your help – Don't mention it ❹ – nowhere near – already late ❺ Is it far from there to –

Gek dat wij in het Nederlands Engelse woorden gebruiken voor dingen die Engelstaligen... anders benoemen!
Denk maar aan de **satnav** *in de vorige les!*

Om u netelige *situaties in Groot-Brittannië te besparen, hebben we een - ver van volledig - lijstje opgesteld met zulke* **tricky words**:

een caddie, boodschappenkar	a trolley
een camping, kampeerterrein	a campsite
een flipper(kast)	a pinball machine
een gsm, mobieltje	a mobile (phone)
een living, woon-, zitkamer	a living room, sitting room
een parking, parkeergarage	a car park
een planning, uurregeling	a schedule
een pull(over), trui	a pullover, sweater
een gps	a satnav
een smoking	a dinner suit, dinner jacket

Seventy-seventh lesson

Revision – Herhaling

1 *Must* en *to have to*

Must is onveranderlijk (dus geen eind-**s** in de 3e pers. ev.) en kan alleen in de tegenwoordige tijd staan; om het in de toekomende of verleden tijd uit te drukken, maakt men gebruik van **to have to** (**I had to...**, *ik moest...*; **we'll have to...**, *we zullen moeten...*).

Tweede golf: 27e les

Zevenenzeventigste les

In de tegenwoordige tijd kunnen dus beide vormen – **must** en **to have to** – aangewend worden, maar er is wel enig betekenisverschil qua verplichting. Bij **must** gaat de verplichting uit van de spreker, terwijl het bij **to have to** om een externe, algemene verplichting of een noodzakelijkheid gaat.

Vergelijk de volgende "verplichtingen"...

We must leave; we're late.
We moeten vertrekken; we zijn (te) laat.
You must turn off the lights before you leave the house.
Je moet de lichten uitdoen voor je het huis uit gaat.
Drivers must stop at the traffic lights.
Chauffeurs moeten stoppen voor de verkeerslichten.
(**Must** wordt ook gebruikt op verkeers- en andere borden.)

... met onderstaande "verplichtingen":
I have to finish this project by tomorrow.
Ik moet dit projet tegen morgen klaar hebben (→ mijn baas of mijn klant verplicht mij hiertoe).
She has to do some exercice.
Ze moet wat bewegen (→ dat schrijft de dokter voor).

Dikwijls is de "bron van verplichting" niet echt duidelijk, maar het is van belang de nuance te herkennen, vooral wanneer men iemand iets beveelt. Voorbeeld: bovenstaand verkeersbord zegt **Drivers must stop...**, maar wanneer u dit bevel wil opperen tegen de persoon die u een lift geeft, moet u zeggen **You have to stop...** want u bent het niet die de verplichtende regel oplegt.

In de ontkennende vorm is het onderscheid heel duidelijk:

- **must not** drukt een verbod uit → *niet mogen*:
You must not give him any money.
Je mag hem geen geld geven (ik verbied het je).

- **do not have to** geeft het niet bestaan van een verplichting aan → *niet hoeven*:
You don't have to give him any money.
Je hoeft hem geen geld te geven (daar beslis je zelf over).

We komen hier later op terug; intussen zult u deze eerste nuance geassimileerd hebben.

2 *Could* en *was/were able to*

Can en **to be able to** zijn gelijkwaardig in de tegenwoordige tijd, maar in de verleden tijd is er een klein betekenisverschil tussen **could** en **was/were able to**.

Met **could** hebben we het vooral over onze bekwaamheid om iets te doen in het verleden, op regelmatige of permanente basis:
He could play chess when he was five.
Hij kon schaak spelen toen hij 5 was.
When I was younger, I could swim for hours.
Toen ik jonger was, kon ik uren aan een stuk zwemmen.
(Dit doet u misschien denken aan een gewoonte in het verleden met **would** en **used to**, zie les 70, punt 2.)

Heeft men het daarentegen over een precieze handeling die in het verleden plaatsvond, dan moet men **was/were able to** gebruiken:
Although she was ill, she was able to get out of bed yesterday.
Hoewel ze ziek was, kon ze (was ze in staat om) uit bed komen gisteren.
I got lost, but I was finally able to find the shopping precinct.
Ik raakte de weg kwijt, maar ik heb uiteindelijk het winkelcentrum kunnen vinden.

Weet dat in de ontkennende vorm deze nuance veelal vergeten wordt.
Dergelijke subtiliteiten kunnen vervelend lijken, maar het is belangrijk dat we ze u tonen opdat u ze van bij het begin zou assimileren en ze niet achteraf in een spraakkunstboek moet ontdekken.

3 *To get*

"Alle 2.000 Engelse werkwoorden lijken wel iets te hebben met **to get**!", klaagde een beginner. Dat is wat overdreven, maar het palmares van dit werkwoordje is wel indrukwekkend. Laten we het van naderbij bekijken, zonder evenwel volledigheid na te streven.

3.1 Eigenlijke betekenis (bekomen, (ver)krijgen, halen,...) + lijdend voorwerp

In een informeel register gebruiken we vaak **to get** i.p.v. een ander werkwoord. Bekijk de volgende voorbeelden waarin het "correcte" werkwoord tussen haakjes staat:
I'll get (buy) some yoghurt from the supermarket, *Ik zal yoghurt halen (kopen) in de supermarkt.*

We got (received) a letter from the bank this morning.
We hadden (ontvingen) een brief van de bank vanmorgen.
Where did you get (find) that suit?
Waar heb je dat pak vandaan (gevonden)?

3.2 Veranderde toestand (worden) + bijvoeglijk naamwoord

Als we in de volgende voorbeelden het "correcte" werkwoord (tussen haakjes) zouden gebruiken, zou dit vormelijk, zelfs houterig overkomen:
When you get old (age), you forget things.
Als je ouder wordt, vergeet je zaken.
I'm getting (becoming) very hungry.
Ik krijg erge honger.
It's getting dark (darkening).
Het wordt donker.

3.3 Beweging + voorzetsel

He got up from the table, *Hij stond op van tafel*.
She got into the car, *Ze stapte in de auto*.
We got off the bus, *We stapten uit de bus*.
They got to the meeting, *Ze gingen naar de vergadering*.
Wanneer **to get** gebruikt wordt om een beweging aan te geven, staat daar dikwijls de connotatie moeilijk of dringend bij:
I must get out of the house, *Ik moet het huis uit*.
She got through the town in two hours, *Ze raakte de stad door in twee uur.*
Get up!, *Sta op!*

3.4 Handeling + voltooid deelwoord

They got married last month, *Ze zijn vorige maand getrouwd*.
I must get dressed, *Ik moet me aankleden*.
He got lost in York, *Hij raakte de weg kwijt in York*.

Het betreft hier wel degelijk een handeling, geen toestand. Vergelijk even:
She got married.
Ze is getrouwd (trouwde / trad in het huwelijk).
maar
She is married.
Ze is getrouwd (haar burgerlijke staat).

We zijn er ons van bewust dat dit ingewikkeld kan lijken. Toch kent u eigenlijk al veel toepassingen van **to get**. Met deze (en latere) uitleg willen we alleen wat orde scheppen in uw verworven kennis.

Right, let's get on with the lesson!
Goed, laten we verder gaan met de les!

4 De letters van het alfabet

Let er bij het spellen op elke letter te "rekken", bijvoorbeeld:
a wordt dan als *[eej]*, met een aangehouden, lange ee uitgesproken;
b als *[bie]*, met gerekte ie,...

Letter	Naam/klank	Letter	Naam/klank
a	*[eej]*	n	*[èn]*
b	*[bie]*	o	*[oo^w]*
c	*[sie]*	p	*[pie]*
d	*[die]*	q	*[kjoe]*
e	*[ie]*	r	*[a-a]*
f	*[èf]*	s	*[ès]*
g	*[dzjie]*	t	*[tie]*
h	*[eejtsj]*	u	*[joe]*
i	*[aj]*	v	*[vie]*
j	*[dzjeej]*	w	**[dü**bel*joe]*
k	*[keej]*	x	*[èks]*
l	*[èl]*	y	*[waj]*
m	*[èm]*	z	*[zèd]* (*[zie]* in de Verenigde Staten)

Verwar **g** *[dzjie]* niet met **j** *[dzjeej]*!

77 / Seventy-seventh lesson

Komt in het woord dat we spellen een letter twee keer na elkaar voor, zoals in de naam **Anne**, dan kunnen we herhalen (**A-N-N-E**) of zeggen **double N** – zoals bij telefoonnummers (zie les 57, opm. 1).

***

▶ Revision dialogue

1 – I'm feeling awful. I'd better call the doctor.
2 – Shall I bring you some soup in bed?
3 – I really have to go to my interview. I may lose the job.
4 – But you won't be able to work if you're ill, will you?
5 You really should do what the GP says.
6 – OK, but on one condition. You let me go to York.
7 – Not if you're feeling under the weather.
8 – Nonsense. I'm as fit as a fiddle.
9 – Damn! We're lost. I should have turned left at the station.
10 – It's easy. Drive through the city and cross over the river.
11 Then park the car under the supermarket and walk into the pedestrian precinct.
12 – I think we should take the bus!

Om te oefenen, maskeert u de tabel en spelt u de eerste twee regels van onze samenvattende dialoog hardop. Spel af en toe nog een woord of twee – altijd hardop – tot het een reflex wordt.

***

Vertaling

1 Ik voel me vreselijk. Ik kan beter de dokter bellen. **2** Zal ik je wat soep brengen in bed? **3** Ik moet echt naar mijn sollicitatiegesprek. Ik kan de baan kwijt raken. **4** Maar je zal toch niet kunnen werken als je ziek bent? **5** Je zou echt moeten doen wat de dokter zegt. **6** Goed, maar op één voorwaarde. Je laat me naar York gaan. **7** Niet als je je niet lekker voelt. **8** Onzin! Ik voel me kiplekker. **9** Verdorie! We zijn verdwaald. Ik had links moeten afslaan aan het station. **10** Dat is makkelijk. Rijd de stad door en steek de rivier over. **11** Parkeer dan de auto onder de supermarkt en loop de voetgangerszone in. **12** Ik vind dat we de bus zouden moeten nemen!

Tweede gulf: 28e les

Seventy-eighth lesson

She's still in a meeting

1 – **Hel**lo. I have an ap**point**ment with Ms [1] **Gup**ta.
2 – Good **mor**ning and **wel**come to **Com**Sys. Your name, please? [2]
3 – **Ca**thy Barnes. Ms **Gup**ta's ex**pec**ting me at nine fif**teen**.
4 – Let me see. That's right. Ms **Gup**ta's still [3] in a **mee**ting.
5   It hasn't **fi**nished yet, but she won't be long [4].
6   Have a seat over there, please.
7   Can I get you a coffee or **som**ething? A cup of tea, per**haps** [5]?

 Uitspraak
6 ... siet ... 7 ... pe**hæps**

 Opmerkingen

1 We kennen de aanspreekvormen **Mr**, **Mrs** en **Miss** (les 71, opm. 11). Uit **Mr** kan niet afgeleid worden of meneer al dan niet gehuwd is, terwijl dat bij de vrouwelijke vormen wel duidelijk is, vandaar de invoering van een, ook, neutrale variant: **Ms** *[miz]*). Deze wordt in de praktijk evenwel alleen gebruikt in officiële of formele situaties/brieven. Er is (nog) geen Nederlands equivalent...

2 **What is your name, please?** had hoffelijker geklonken uit de mond van onthaalpersoneel, al klinkt **Your name, please?** toch nog beter dan alleen **Name?** Intonatie en houding kunnen dit "kortaf" zijn wel compenseren.

Achtenzeventigste les

Ze zit nog in een vergadering

1 – Goeiedag. Ik heb een afspraak met mevr. Gupta.
2 – Goedemorgen en welkom bij ComSys. Uw naam, alstublieft?
3 – Cathy Barnes. Mevr. Gupta verwacht me om 9.15u.
4 – Even kijken *(Laat me zien)*. Dat klopt. Mevr. Gupta zit nog in een vergadering.
5 Die is *(Het heeft)* nog niet afgelopen, maar ze zal niet lang meer wegblijven *(niet lang zijn)*.
6 Neemt u plaats *(Heb een zitplaats)* ginder, alstublieft.
7 Kan ik u een koffie[tje] of iets [anders] halen? Een kopje thee, misschien?

---

3 **Still**, *nog (altijd/steeds)* voor iets dat nog gaande is (zie ook les 57, opm. 8): **He's still in a meeting**, *Hij is nog in bespreking*. Uit les 43 kennen we **not yet**, *nog niet*: **The meeting hasn't finished yet**, *De vergadering is nog niet afgelopen* dus... is ze nog steeds aan de gang! Bijgevolg vindt u **still** in een bevestigende zin en **yet** in een ontkennende (zie zin 5).

4 **Long**, *lang* wordt veel gebruikt m.b.t. tijd: **I won't be long**, *Ik zal niet lang weg zijn/blijven, er niet lang over doen*. **To take long**, *lang duren* (lett. *nemen*): **How long does it take?**, *Hoelang doe je erover* (uit les 60, zin 4) / *duurt het?*.

5 **Perhaps** of **maybe** (zie les 44, opm. 9), *misschien*; **perhaps** komt iets vormelijker over, vooral in Amerikaans Engels.

Seventy-eighth lesson

8 – No, I'm fine. Thanks all the same [6].
9 (*Forty minutes later*) Ex**cuse** me, but do you think Ms **Gup**ta will be much **long**er?
10 – I've no i**de**a. You can **ne**ver tell with a **man**agement **mee**ting.
11 It **might** [7] be **o**ver [8] in ten **min**utes or it might last [9] hours.
12 You know, there are so **ma**ny **ma**nagers in this **com**pany
13 that soon there'll be no one left [10] to do the work!

8 ... seejm   9 ... **long**Ge   10 ... **ma**nedzjment ...   11 ... majt ...
12 ... **mæ**nedzjez ...

Opmerkingen

6 De uitdrukking **all the same**, *toch, desondanks* komt veel voor in combinatie met **thanks** of **thank you** en drukt een beleefde afwijzing of weigering uit: **Would you like a drink? – No. Thanks all the same** (*Wilt u graag een drankje? – Nee, maar toch bedankt*).

7 **Might** wijst net als **may** op een mogelijkheid (zie les 72, opm. 8), al is deze bij **might** nog meer twijfelachtig: **He might get the job, but I doubt it**, *(Heel) Misschien krijgt hij de baan, maar ik betwijfel het*. In zin 11 heeft de dame er geen idee van hoelang de vergadering zal duren, 10 minuten, een paar uur,... (Eigenlijk is **might** de verleden tijd van **may**. We komen hier nog op terug.)

8 **Over** (zie les 73, opm. 8) betekent in combinatie met **to be** *"afgelopen"* zijn: **It's over between Steve and Karen**, *Het is uit tussen Steve en Karen*; **The film's over at ten**, *De film is gedaan om 10u.*

Achtenzeventigste les / 78

8 – Nee, ik hoef er geen *(ben ok)*. Maar toch bedankt *(al het zelfde)*.
9 *(Veertig minuten later)* Excuseert u me, maar denkt u dat mevr. Gupta nog lang weg blijft *(veel langer zal zijn)*?
10 – Ik heb geen idee. Je kan [het] nooit zeggen met een directievergadering.
11 Ze zou over tien minuten afgelopen kunnen zijn of ze zou [ook] uren kunnen duren.
12 Weet u, er zijn zo veel directeurs in dit bedrijf
13 dat er binnenkort niemand overblijft *(niet een over zal zijn)* om het werk te doen!

9 We kennen het bijvoeglijk naamwoord **last**, *vorig(e), laatst(e)* (les 55, opm. 1). Het werkwoord **to last** betekent *duren*: **The film lasted three hours**, *De film duurde drie uur*; en met een lijdend voorwerp erbij komt het eerder overeen met *uithouden*: **That money should last them a week**, *Met dat geld zouden ze het een week moeten uithouden*. De notie van voorbijgaande tijd is altijd aanwezig.

10 **To leave (- left - left)**, *vertrekken, weggaan, (ver)laten*; **to be left**, *over zijn/blijven*: **Don't forget to buy some coffee; there's none left**, *Vergeet geen koffie te kopen; er is geen meer*; **How many will be left?**, *Hoeveel zullen er overblijven?*

Exercise 1 – Translate

❶ She might get the job, but I doubt it. ❷ Have a seat over there, please. ❸ The movie will be over in twenty minutes. ❹ He won't be very long. ❺ There'll be no-one left to do the work.

***

Exercise 2 – Fill in the missing words

❶ Misschien kan ik u helpen? – Nee. Maar toch bedankt.
   .... can help you? – No. ....

❷ Vergeet geen boter te kopen; er is geen meer.
   .... buy some butter; ....

❸ Hoelang doe je erover om van Londen naar York te gaan?
   .... it .... to ... from London to York?

❹ Blijven ze nog lang weg? – Dat kan je nooit zeggen.
   Will they .. ..? – You can ....

❺ Hij zit nog in een vergadering. – Is ze nog niet afgelopen?
   He's ..... in a .... – ...... it finished ...?

Seventy-ninth lesson

The interview

1 – Do [1] come in and sit down. **So**rry about the wait.
2 Where e**xac**tly are you **wor**king at the **mo**ment, Mrs Barnes?

Opmerking

1 **To do** kan voor een werkwoord gebiedend aangewend worden om te benadrukken, en heeft dan geen eigen betekenis. Mevr. Gupta ver-

Oplossing van oefening 1

❶ (Heel) Misschien krijgt ze de baan, maar ik betwijfel het. ❷ Neemt u ginder plaats, alstublieft. ❸ De film is over twintig minuten afgelopen. ❹ Hij zal niet lang weg blijven. ❺ Er zal niemand overblijven om het werk te doen.

***

Oplossing van oefening 2

❶ Perhaps I – Thanks all the same ❷ Don't forget to – there's none left ❸ How long does – take – get – ❹ – be much longer – never tell ❺ – still – meeting – Hasn't – yet

Tweede golf: 29e les

Negenenzeventigste les

Het sollicitatiegesprek

1 — Komt u toch binnen en gaat u zitten. Sorry voor het wachten.
2   Waar precies bent u aan het werk op dit ogenblik, mevr. Barnes?

welkomt Cathy hier enthousiast en i.p.v. het banale **Come in**, *Kom(t u) binnen* dringt ze aan: **Do come in**, *Kom(t u) toch binnen*. Zo'n wending is courant in een hoffelijke context.

79 / Seventy-ninth lesson

3 – Well **ac**tually, I'm be**tween** jobs just now.
4 But I've worked ² in the tech **in**dustry for years.
5 – Have you had ³ any ex**pe**rience in de**sign** or **mar**keting?
6 – Yes, I have. I worked in **pub**lishing for ten years. ⁴
7 – Very **in**teresting. And what did you do before that?
8 – I was a **stu**dent at Bath Uni**ver**sity. I **stu**died law ⁵.
9 But when I **grad**uated ⁶ I **could**n't find a job as a **law**yer,

Uitspraak
*3 ... bi**twien** ... 4 ... in**düs**trie ... 5 ... iks**pie**ri-ens ... di**zajn** ... ma-a**ke**ting 6 ... **püb**lisjing ... 8 ... **stjoe**dent ... joenive-**e**sitie ... **stü**did lo-o 9 ... **Grædjoe**-eejtid ... **lo**je*

Aanwijzingen bij de uitspraak
(8) Merk het verschil in uitspraak op tussen de **u** in **student** *[stjoedent]* en die in **studied** *[stüdid]*.
(8), (9) Merk op dat **law** *[lo-o]* op zich iets langer klinkt dan in **lawyer** *[loje]*.

Opmerkingen

2 Qua vorm lijkt de **present perfect** op onze voltooid tegenwoordige tijd; wat het gebruik betreft, valt hij moeilijker af te bakenen. Grosso modo brengt de **present perfect** iets uit een onbepaald verleden in verband met het heden: iets wat in het verleden gebeurd is, zonder het tijdstip te vermelden, en waarvan het resultaat nu nog steeds merkbaar is; een handeling/situatie die in een niet nader bepaald verleden is begonnen en nog steeds voortduurt. Hij bestaat uit de gewone tegenwoordige tijd van het hulpwerkwoord **to have** (nooit **to be**!) + het voltooid deelwoord (dat er meteen op volgt) van het hoofdwerkwoord. Als Cathy zegt **I've worked in the tech industry for years**, benadrukt ze het tegenwoordige aspect - haar informaticakennis is hoofdzaak in het onderhoud - van een vaag verleden (gedurende jaren). Daarom kan het ook vertaald worden met een O.T.T. in combinatie met een woord als "al, lang". (Om verwarring met andere vormen te vermijden, blijven we de Engelse benaming gebruiken.)

Negenenzeventigste les / 79

3 – Wel, eigenlijk zit ik nu net tussen [twee] banen.
4 Maar ik werk al *(heb gewerkt gedurende)* jaren in de tech(nologische) sector.
5 – Hebt u enige ervaring opgedaan *(gehad)* in ontwerp of marketing?
6 – Jawel. Ik heb *(werkte gedurende)* 10 jaar in de uitgeverswereld gewerkt.
7 – Heel interessant. En wat deed u voordien *(voor dat)*?
8 – Ik was *(een)* studente aan *(de)* universiteit *(van)* Bath. Ik heb rechten gestudeerd.
9 Maar toen ik mijn diploma behaalde, kon ik geen baan vinden als *(een)* juriste,

---

3 De vragende vorm in de **present perfect** is eenvoudig, nl. inversie, zoals altijd bij **to have**: you have worked → have you worked?; Have they worked in publishing?, *Hebben ze in de uitgeverswereld gewerkt?*

4 Vergelijk de zin **I worked in publishing for ten years**, *Ik heb 10 jaar in de uitgeverswereld gewerkt* met zin 4 **I've worked in the tech industry for years**, *Ik werk al jaren in de techsector*: als het verleden bepaald wordt - 10 jaar - kan de **present perfect** niet aangewend worden, maar is de **past simple** van toepassing. Dit is een basisregel voor het gebruik van de **present perfect**: het moet gaan om een onbepaald verleden ("jaren" t.o.v. "10 jaren"), anders is de **past simple** aangewezen. Wordt vervolgd...

5 Law, *rechten(studie)*: **He is a professor of law at the University of Nottingham**, *Hij is professor in de rechten aan de universiteit van Nottingham*. **A lawyer** is *een jurist, advocaat*. **The law** is *de wet*: **He broke the law by using his personal email account for work**, *Hij heeft de wet overtreden door zijn persoonlijke e-mailaccount te gebruiken voor het werk*. Met **the law** wordt ook *de politie* of *ordehandhaving* bedoeld: **He got into trouble with the law**, *Hij kreeg problemen met de politie*.

6 To graduate, *een "getuigschrift" behalen, afstuderen*: **She graduated from Bath University**, *Ze behaalde haar diploma aan de universiteit van Bath*; **She graduated in law**, *Ze heeft een titel in de rechten*. (In Amerikaans Engels staat **to graduate** ook voor *het behalen van het getuigschrift middelbaar onderwijs*.)

10 so I took a **trai**ning course in com**pu**ter **sci**ence and **co**ding.

11 – Have you **al**ways [7] been **in**terested in **dig**ital **mar**keting?

12 – Yes, and I've **al**ways **wan**ted to work for a **com**pany like yours. ☐

 *10 … **treej**ning ko-os … **sa**jens … **koo**ʷding*

Opmerking

7 Daar de **present perfect** altijd gebruikt wordt voor een onbepaald verleden, is het logisch dat hij dikwijls vergezeld is van een vage tijds- aanduiding zoals **already** (*al*), **before** (*voor(dien)*), **always** (*altijd*): **I've always wanted to fly a plane**, *Ik heb altijd (al) een vliegtuig willen besturen*. (Wanneer precies? Dat weten we niet en dat heeft geen belang.)

***

Exercise 1 – Translate

❶ Do come in. Sorry about the wait. ❷ She graduated in French but she became a lawyer. ❸ He broke the law by using a friend's email account. ❹ Actually, he's between jobs just now. ❺ We took a training course in computer science.

***

Exercise 2 – Fill in the missing words

❶ Toen ze afstudeerde, kon ze geen baan vinden.
When she ...., she .... a job.

❷ Ik heb gedurende jaren in de automobielsector gewerkt.
I .... in the car industry ... .

❸ Bent u altijd (al) geïnteresseerd geweest in business software?
.... you .... in business software?

❹ Waar bent u momenteel aan het werk?
Where ... ...?

Negenenzeventigste les / 79

10 dus volgde *(nam)* ik een opleidingscursus in computerwetenschap en coderen.
11 – Bent *(Hebt)* u altijd (al) geïnteresseerd geweest in digital marketing?
12 – Ja, en ik heb altijd voor een bedrijf als het uwe willen werken.

Oplossing van oefening 1

❶ Kom toch binnen. Sorry voor het wachten. ❷ Ze behaalde een diploma Frans, maar ze werd advocate. ❸ Hij overtrad de wet door de e-mailaccount van een vriend te gebruiken. ❹ Eigenlijk zit hij momenteel tussen twee banen. ❺ We volgden een opleidingscursus in computerwetenschap.

***

❺ Ze heeft altijd voor een bedrijf als dat van jullie willen werken.
. . . . for a company . . . .

Oplossing van oefening 2

❶ – graduated – couldn't find – ❷ have worked – for years ❸ Have – always been interested – ❹ – are you working at the moment ❺ She's always wanted to work – like yours

Bath *betekent, zoals u weet,* bad. *Precies, de naam voor het plaatsje in het zuidwesten van Engeland komt van de prachtige thermen, een van de meest indrukwekkende sporen die de Romeinen achterlieten in Groot-Brittannië.* **Bath** *kende het toppunt van zijn roem in de 18e eeuw als fraai kuuroord en dat verleden is tot vandaag architecturaal zichtbaar in de prachtige gevels en* **terraces** *- rijen huizen in Palladiaanse stijl.*

80

Eightieth lesson

Higher education

1 When **se**condary school **pu**pils ¹ **fi**nish their sixth form ²
2 they **gen**erally go to a uni**ver**sity or a **col**lege of **high**er edu**ca**tion,
3 where they **stu**dy for ³ a de**gree** or a vo**ca**tional qualifi**ca**tion.

Uitspraak
*1 ... pjoepelz ... fo-om   2 ... kolidzj ev haje(r) èdjoekeejsjen
3 ... deGrie ... voo^wkeejsjenel kwolifikeejsjen*

Opmerkingen

1 A **pupil**, *een leerling(e)*; **a student**, *een student(e)*, al duidt dit woord tegenwoordig ook *een leerling(e)* aan.

2 Britse leerlingen vatten hun secundaire studies aan in **Year Seven** en eindigen in **Year Thirteen**. In heel wat scholen noemt men de laatste twee studiejaren **sixth form**, een overblijfsel uit het oude systeem dat liep van de **first form** tot de **sixth form**, met een **lower**, *lager* en een **upper sixth**, *hoger zesde*. (Het woord **form** voor een (school)*klas* wordt

Besteed voldoende aandacht aan de onregelmatige werkwoorden, temeer daar u met de present perfect *het voltooid deelwoord zal nodig hebben. Wanneer u een nieuw werkwoord leert, bekijkt u meteen ook datgene dat erboven en eronder staat op de lijst: zo assimileert u ze progressief. (U kunt uw dagelijkse les ook afsluiten met een of ander kort te herhalen gedurende een paar minuutjes.)*

Tweede golf: 30e les

Tachtigste les

Hoger onderwijs

1 Wanneer leerlingen in het secundair/voortgezet onderwijs hun laatste jaar *(zesde klas)* af hebben,
2 gaan ze doorgaans naar een universiteit of een instelling voor hoger onderwijs,
3 waar ze studeren voor een graad of een vakdiploma.

alleen in deze context gebruikt; anders heeft men het over **class**). Er zijn ook speciale scholen, **sixth form colleges**, waar leerlingen die twee jaren doorbrengen om hun eindexamens voor te bereiden.

3 **To study**, *studeren*: **She studied law at Bath**, *Ze heeft rechten gestudeerd in Bath;* **She's studying for her degree**, *Ze studeert voor haar eindexamen, om haar graad/diploma te behalen*. (Voor *studeren* kan ook **to read**, *lezen* gebruikt worden: **He read law at Bath**.)

80 / Eightieth lesson

4 A **typ**ical de**gree** course lasts three years, but some can take **long**er.
5 **Ma**ny **Brit**ish univer**sit**ies are based on **cam**puses,
6 where all the **build**ings – **lec**ture **thea**tres, halls of **res**idence, shops –
7 are lo**cat**ed on a **sin**gle site, **of**ten on the **out**skirts [4] of a **ci**ty.
8 Under**grad**uates can choose **ei**ther to live on **cam**pus
9 or to find a **bed**sit [5] or a flat to share with **oth**er **stu**dents.
10 A university course – **under**graduate or **post**graduate – is hard work,
11 but **near**ly all univer**ver**sities **o**ffer a **ve**ry **ac**tive **spor**ting and **so**cial life.
12 **High**er edu**ca**tion can pro**vide** a much **high**er **in**come [6],
13 which [7] you then spend to send your **chil**dren to uni**ver**sity!

4 ... *tipikel* ... 5 ... *beejst* ... *kæmpüsiz* 6 ... *lèktsje* ... *ho-olz ev rèzidens* ... 7 ... *loo*ʷ*keejtid* ... *sajt* ... *autske-ets* ... 8 *ündeGrædjoe-ets* ... 9 ... *bèdsit* ... *sjèe* ... 10 ... *pooʷstGrædjoe-et* ... 11 ... *æktiv spo-oting* ... *sooʷsjel* ... 12 ... *prevajd* ... *inküm*

Opmerkingen

4 Het woord **outskirts** (altijd in het meervoud) heeft niet meteen iets te maken met **a skirt**, *een rok* (**I love your new skirt**, *Ik ben weg van je nieuwe rok*); het slaat op het *randgebied*, de *buitenwijken*: **Their house is on the outskirts of the town**, *Hun huis staat aan de rand van de stad*.

5 **A bedsit** of **bedsitter**, van **bedroom** en **sitting room**, is een kamer die dienst doet als slaap- en zitkamer, de typische studentenkamer in een universiteitsstad.

Tachtigste les / 80

4 Een typisch studieprogramma duurt drie jaar, maar sommige kunnen langer duren *(nemen)*.
5 Veel Britse universiteiten zijn gevestigd op campussen,
6 waar alle gebouwen – aula's, studentenhuizen, winkels –
7 op een apart terrein gelegen zijn, vaak aan de buitenrand van een stad.
8 Studenten kunnen [ervoor] kiezen om hetzij op [de] campus te wonen
9 hetzij een zit-slaapkamer of een flat om te delen met andere studenten te vinden.
10 Een universiteitscursus – [als] student of postuniversitair – is hard werken,
11 maar bijna alle universiteiten bieden een heel actief sport- en sociaal leven aan.
12 Hoger onderwijs kan een veel hoger inkomen opleveren,
13 dat *(welk)* u dan besteedt om uw kinderen naar [de] universiteit te sturen!

6 **Income** (altijd in het enkelvoud), *inkomen*: **What is your annual income?**, *Wat is uw jaarinkomen?* Waarop **income tax**, *inkomstenbelasting* ingehouden wordt.

7 Als betrekkelijk voornaamwoord leidt **which** hier een bijzin in die betrekking heeft op (een deel van) de hoofdzin. De hoofdzin is op zich een volwaardige zin; de betrekkelijke bijzin geeft louter bijkomende informatie die niet noodzakelijk is om de hoofdzin te begrijpen. Een dergelijke uitbreidende betrekkelijke bijzin wordt van de hoofdzin gescheiden door een komma en moet een betrekkelijk voornaamwoord bevatten. We hebben het hier nog over in les 84.

three hundred and seventy-two

Exercise 1 – Translate

❶ That money should last them a week. ❷ His house is on the outskirts of the town. ❸ What is their annual income? ❹ David's in the sixth form at secondary school. ❺ She's sharing a flat with two other students.

***

Exercise 2 – Fill in the missing words

❶ Je kan ofwel op de campus wonen ofwel een studentenkamer vinden in de stad.
... can ...... live on campus .. find a ...... in ... city.

❷ Een typisch studieprogramma duurt drie jaar, maar sommige kunnen langer duren.
A .... degree course ..... three years, but ....
... ... longer.

❸ Leerlingen van deze school stromen doorgaans door naar een instelling voor hoger onderwijs.
...... from this school .... go to a college of
....

❹ Bijna alle universiteiten bieden een heel actief sport- en sociaal leven.
.... a very active sporting and social life.

❺ Ze studeert voor een diploma in de rechten.
.... a degree in ....

WHAT IS THEIR ANNUAL INCOME?

Tachtigste les / 80

Oplossing van oefening 1
❶ Met dat geld zouden ze het een week moeten uithouden. ❷ Zijn huis staat aan de stadsrand. ❸ Wat is hun jaarinkomen? ❹ David zit in de 6e klas in de middelbare school. ❺ Ze deelt een flat met twee andere studentes/-n.

***

Oplossing van oefening 2
❶ You – either – or – bedsit – the – ❷ – typical – lasts – some can take – ❸ Pupils – generally – higher education ❹ Nearly all universities offer – ❺ She's studying for – law

Om in Groot-Brittannië hogere studies te volgen, zijn er verschillende mogelijkheden. Men kan opteren voor **a university** *(een universiteit); er zijn er een honderdtal in het land. De meest bekende zijn wellicht die van* **Oxford** *en van* **Cambridge** *(ieder met verscheidene colleges), maar elke grote stad heeft minstens één universitaire instelling. Studenten -* **undergraduates** *("ondergegradueerden") genoemd - volgen een opleiding van gemiddeld drie jaar (of meer voor levende talen of vakken zoals geneeskunde), waarna ze hun diploma krijgen (***to graduate***, zie les 79), meestal* **a Bachelor of Arts**, *de laagste academische graad in de geesteswetenschappen (letteren,...), afgekort tot* **BA**, *of* **a Bachelor of Science, BSc**, *behaald in de (andere) wetenschappen. Ze kunnen hun parcours verderzetten tot* **Master of Arts (MA)** *of* **Master of Science (MSc)** *- en daarna eventueel nog een doctorsgraad (die voor alle richtingen* **Doctor of Philosophy** *of* **PhD** *genoemd wordt). In beide gevallen zijn deze studenten* **postgraduates** *(postuniversitairen). (Het is gebruikelijk dat de auteur van een academisch werk zijn diploma's vermeldt op de titelpagina:* **by Anthony Bulger MA**. *Heeft hij deze behaald aan een prestigieuze inrichting, dan is dit eveneens vermeldenswaard, bv.* **MA Oxon** *of* **BA Camb** *voor* **Oxford** *resp.* **Cambridge**.
Wie opteert voor vakstudies schrijft zich in **a college of higher education** *in om* **a vocational qualification** *te behalen. (Er bestaan ook* **colleges of further education**, *die ambachtslieden en technici opleiden en die voorbereiden op een* **college of higher education**.*)*

*Voor diegenen die niet in de mogelijkheid verkeren om aan een gespecialiseerde instelling verder te studeren, is er **the Open University** (want vrije inschrijving), waar ook schriftelijke cursussen aangeboden worden alsook via de openbare radio en televisie of internet uitgezonden colleges (met inbegrip van **MOOCs, massive open online courses**, "massieve open online cursussen"). Dit baanbrekende systeem groeide sinds 1971 uit tot een enorm succes: de **Open University** is de grootste universiteit van Groot-Brittannië!*

Eighty-first lesson

The interview (continued)

1 – Tell me, Mrs Barnes, have you **e**ver [1] worked in this field?
2 – No, I've **ne**ver [2] **ac**tually worked in an all-**di**gital en**vir**onment.
3 – But **hav**en't you [3] used [4] a de**sign work**station be**fore**?

Uitspraak
*1 … field 2 … o-ol-**di**dzjitel in**vaj**renment 3 … **we-ek**steejsjen*

Opmerkingen

[1] **Ever** met de **present perfect** betekent *ooit (al)*. Het komt veel in een vraagvorm voor: **Have you ever had a car accident?**, *Hebt u ooit (al) een ongeval gehad?* Hoewel de tijd van het werkwoord volstaat, beklemtoont **ever** "eender wanneer in het verleden".

[2] **Never** (zie les 10 en 24) met de **present perfect** is in zekere zin de tegenhanger van ever: **I've never had a car accident**, *Ik heb (nog) nooit een auto-ongeval gehad* (**I haven't ever...** is theoretisch mogelijk, maar komt in de praktijk te log over.) De ontkennende vorm in de **present perfect** is met **haven't/hasn't** + voltooid deelwoord (zie zin 5 en herhalingsles).

U hebt wellicht opgemerkt dat de zinnen in deze les, die niet als een dialoog is opgevat, wat langer en complexer zijn dan anders. Daarom zijn ze niet moeilijker te begrijpen, toch?

Tweede golf: 31e les

Eenentachtigste les

Het sollicitatiegesprek (vervolg)

1 – Zegt u me eens, mevr. Barnes, hebt u ooit in deze branche *(veld)* gewerkt?
2 – Nee, ik heb eigenlijk nooit in een volledig digitale omgeving gewerkt.
3 – Maar hebt u vroeger geen ontwerp(werk)station gebruikt?

3 Een vraag in de ontkennende vorm in de **present perfect: haven't/ hasn't** + onderwerp: **Haven't you called the office?**, *Heb je het kantoor niet gebeld?*

4 **To use** (*gebruiken*), waarvan de **s** als *[z]* uitgesproken wordt: **I've never used** *[joezd]* **a computer before**, *Ik heb nooit eerder een computer gebruikt,* niet te verwarren met **used to** (zie o.a. les 61, opm. 3), uitgesproken als *[joestoe]*. Beluister aandachtig de opnamen!

4 – Well, I've had ex**pe**rience with all sorts of com**pu**ters,
5 but I've not had the oppor**tu**nity to try **some**thing so com**plex**.
6 – That's not **re**ally a **prob**lem, of course. We can **al**ways train [5] you.
7 – That would be great. I en**joy** [6] **lear**ning new skills.
8 – Now, do you have any **ques**tions you'd like to ask [7] me?
9 – Yes, I do. Would I have to work at **week**ends?
10 – No, you **wou**ldn't. At least, not **ev**ery **week**end.
11 – And could I work from home from time to time?
12 – I don't see why not. I'll talk to my boss and let you know.

*4 ... so-ots ... 5 ... oppe**tjoe**nitie ... **kom**plèks 7 ... in**dzjoj** ... skilz 12 ... bos ...*

Opmerkingen

5 To **train** heeft niets te maken met **a train** (*een trein*), maar wel met *opleiden*: **He trains young musicians**, *Hij leidt jonge muzikanten op*; **She trained as a classical pianist**, *Ze volgde een opleiding tot klassiek pianiste.*

6 To **enjoy** betekent in eerste instantie *genieten van, plezier beleven aan,* maar het wordt ook als een versterkte vorm van **to like** gebruikt: **Chris**

***

Exercise 1 – Translate

❶ What a beautiful house! – Thank you very much. ❷ Could I work from home? – I don't see why not. ❸ She's used to using a computer: she trained as an engineer. ❹ That's not a problem. We can always help you. ❺ He'll talk to his boss and let us know.

4 – Wel, ik heb ervaring opgedaan *(gehad)* met allerlei *(alle soorten van)* computers,
5   maar ik heb nog niet de gelegenheid gehad om zoiets *(iets zo)* complex [uit] te proberen.
6 – Dat is niet echt een probleem, natuurlijk. We kunnen u altijd opleiden.
7 – Dat zou fantastisch zijn. Ik leer heel graag nieuwe vaardigheden [aan].
8 – Nu, hebt u vragen [die] u me zou willen stellen?
9 – Ja. Zou ik in het weekend *(op weekends)* moeten werken?
10 – Nee. Ten minste, niet ieder weekend.
11 – En zou ik van tijd tot tijd van thuis [uit] kunnen werken?
12 – Ik zie niet [in] waarom [dat] niet [zou kunnen]. Ik zal [er] mijn baas [over] spreken en [het] u laten weten.

really enjoys paddle surfing, *Chris is echt weg van peddelsurfen* en, net zoals bij **to like**, wordt de activiteit waarvan genoten wordt, weergegeven met een **gerund** (les 29, opm. 2): She enjoys learning languages, *Ze leert heel graag talen*.

7 *Vragen* is **to ask**, *een vraag* is **a question** en **to ask a question** is *een vraag stellen*: **I'd like to ask a question**, *Ik zou een vraag willen stellen*.

***

Oplossing van oefening 1

❶ Wat een mooi huis! – Dank u wel. ❷ Zou ik van thuis uit kunnen werken? – Ik zie niet in waarom dat niet zou kunnen. ❸ Ze is het gewoon om met een computer te werken: ze volgde een ingenieursopleiding. ❹ Dat is geen probleem. We kunnen u altijd helpen. ❺ Hij zal zijn baas spreken en het ons laten weten.

Exercise 2 – Fill in the missing words

1. Hebt u vroeger een werkstation gebruikt?
   .... a workstation ......?
2. Ze hebben ervaring opgedaan met allerlei computers.
   .... experience with ... . computers.
3. Ik heb nooit de gelegenheid gehad om te reizen.
   .... the .... travel.
4. Heb je je moeder niet opgebeld? Het wordt laat.
   .... your mother? It's .... late.
5. Gabriel leert heel graag talen.
   Gabriel really .... languages.

82 Eighty-second lesson

At last!

1 – Here you are at last! How did the **in**terview go? [1]
2 – It went **ve**ry well, I think. She was **ve**ry **plea**sant.
3 She re**min**ded [2] me a **lot** of your friend **Li**ly.

Uitspraak
2 … **plè**zent 3 … ri**majn**did …

Opmerkingen

[1] Naar nieuws vragen kan met het werkwoord **to go**: *How did your exam go?*, Hoe is het gegaan met je examen, is je examen afgelopen? Ook het antwoord bevat **to go**: *It went very badly*, Het is heel slecht gegaan.

Oplossing van oefening 2
❶ Have you used – before ❷ They've had – all sorts of – ❸ I've never had – opportunity to – ❹ Haven't you called – getting – ❺ – enjoys learning –

Tweede golf: 32e les

Tweeëntachtigste les

Eindelijk!

1 – Hier ben je eindelijk! Hoe is *(ging)* het onderhoud verlopen?
2 – Het ging heel goed, denk ik. Ze was heel vriendelijk.
3 Ze deed me erg aan je vriendin Lily denken.

Aanwijzing bij de uitspraak
(2) Pleasant met ea als *[è]*: **[plèzent]**, maar please met ea als *[ie]*: **[pliez]**!

2 To remind, *doen/helpen denken aan* staat ofwel met een **to**-infinitief: Remind me to buy some tea when I go shopping, *Doe/Help me eraan denken om thee te kopen als ik boodschappen ga doen*; ofwel met het voorzetsel **of**: She reminds me of my sister, *Ze doet me aan mijn zus denken*

4 – What sort of **ques**tions did she ask you?
 5 – The **u**sual stuff [3]: my edu**ca**tion, my ex**pe**rience, my **ho**bbies.
 6   She asked me loads of [4] things, but I can't re**mem**ber [5] **ev**erything.
 7 – But did she **ac**tually **o**ffer you the job?
 8 – Not e**xac**tly. She **said** she would [6] let me know next week.
 9 – And how much is the **star**ting **sal**ary?
10 – I **did**n't **ask**: it com**plete**ly slipped my mind [7].
11 – How could you for**get** such an im**por**tant **ques**tion?
12 – It's a**gainst** my **prin**ciples to talk about **mo**ney. □

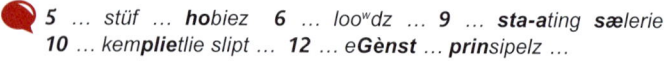

*5 ... stüf ... **ho**biez   6 ... loo^wdz   9 ... **sta-a**ting **sæ**lerie
10 ... kem**pliet**lie slipt ...   12 ... e**Gènst** ... **prin**sipelz ...*

Opmerkingen

3 Stuff (omgangstaal voor **things**), *gedoe, spullen,...*: **He bought lots of stuff in the supermarket**, *Hij heeft een heleboel spullen gekocht in de supermarkt*; **Put your stuff in the bedroom**, *Zet je spullen in de kamer.*

4 In hetzelfde register zit **loads of**, *een heleboel, een pak,...* (**a load**, *een lading*). Het kan **lots of** vervangen: **He bought loads of stuff in the supermarket** (zie opm. 3).

5 **To remember** (zie ook les 38, opm. 2), *zich herinneren* (let erop dat **to remember** niet wederkerend is!): **I remember his face but not his name**, *Ik herinner me zijn gezicht, maar niet zijn naam*; of *onthouden*: **He can't remember his PIN number**, *Hij kan zijn pincode niet onthouden* (**PIN** = **personal identification number**, *persoonlijk identificatienummer*). (Verwar **to remember** niet met **to remind**, zie opm. 2.)

Tweeëntachtigste les / 82

4 – Wat voor vragen heeft ze je gesteld?
5 – Het gebruikelijke gedoe: mijn opleiding, mijn ervaring, mijn hobby's.
6 Ze vroeg me een heleboel *(ladingen van)* dingen, maar ik kan me niet alles herinneren.
7 – Maar heeft ze je de job eigenlijk aangeboden?
8 – Niet echt. Ze zei dat ze [het] me volgende week zou laten weten.
9 – En hoeveel bedraagt *(is)* het aanvangssalaris / de beginwedde?
10 – Ik heb [het] niet gevraagd: het is me *(mijn geest)* volledig ontglipt.
11 – Hoe kon je zo'n belangrijke vraag vergeten?
12 – Het is tegen mijn principes om over geld te praten.

---

6 In deze zin kan **would** enigszins gezien worden als de "verleden tijd" van **will**. Als we de zin **He says he will let me know** (*Hij zegt dat hij het me zal laten weten*) in de verleden tijd zetten, vervangen we **will** door **would**: **He said he would let me know** (*Hij zei dat hij het me zou laten weten*). We zullen op de overeenstemming in tijd terugkomen in de context van de indirecte rede.

7 **To slip**, *slippen, (uit)glijden*: **She slipped on the wet floor**, *Ze gleed uit op de natte vloer*. Heel beeldend is de uitdrukking **to slip someone's mind**: iets "ontglipt" iemands gedachten - of ontgaat hem: **I wanted to ask her but it slipped my mind**, *Ik wilde het haar vragen, maar het is me ontgaan*.

Exercise 1 – Translate
❶ How did your trip go? – It went very well. ❷ We bought loads of stuff in the market. ❸ Here they are at last! We've been waiting for hours. ❹ She wanted to ask him but it slipped her mind. ❺ I really hate work. It's against my principles.

***

Exercise 2 – Fill in the missing words
❶ Ze hebben gezegd dat ze het ons volgende week zouden laten weten.

   .... they .... next week.

❷ Hoe kon je zo'n belangrijke vraag vergeten?

   ... . you .... important question?

❸ Help me eraan denken om thee te kopen wanneer ik boodschappen ga doen.

   .... to buy some tea .... I .. shopping.

❹ Ze herinnerde zich zijn gezicht maar niet zijn naam.

   She .... face ... ... name.

❺ Jake doet me denken aan iemand, maar ik kan me niet herinneren wie.

   Jake .... someone but I can't ....

Oplossing van oefening 1

❶ Hoe is jullie reis verlopen? – Die is heel goed verlopen. ❷ We hebben een boel spullen gekocht op de markt. ❸ Hier zijn ze eindelijk. We wachten al uren. ❹ Ze wou het hem vragen, maar het is haar ontgaan. ❺ Ik heb een hekel aan werken. Het is tegen mijn principes.

***

Oplossing van oefening 2

❶ They said – would let us know – ❷ How could – forget such an – ❸ Remind me – when – go – ❹ – remembered his – but not his – ❺ – reminds me of – remember who

Tweede golf: 33e les

Eighty-third lesson

Bad weather

1 – Do you mind if I turn on [1] the **ra**dio while [2] you drive?
2 – Go a**head**. [3] Let's **lis**ten to the **wea**ther **fore**cast [4].
3 – "Good **e**vening, here is the news. First, the **head**lines [5].
4 The **go**vernment has a**nnounced** plans to hire **hun**dreds of [6] po**lice o**fficers.
5 Snow has brought **cha**os to roads in the northwest.

Uitspraak
1 … wajl … 2 … … fo-oka-ast 3 … hèdlajnz 4 … enaunst … haje … pelies offisez 5 snoow … bro-ot keejos …

Aanwijzingen bij de uitspraak
(1) While, met niet uitgesproken h: *[wajl]*.
(4) Police, in twee lettergrepen uitgesproken, met de klemtoon op de tweede: *[pelies]*.
(5) In de meeste Engelse woorden van Griekse oorsprong klinkt de ch als *[k]*: chaos *[keejos]*.

Opmerkingen

1 We kennen **to turn off**, *afzetten, uitdoen* (les 55, opm. 5); nu het tegengestelde **to turn on**, *aanzetten, aandoen*: **He went into the bathroom and turned on the light,** *Hij ging de badkamer in en deed het licht aan*. Op veel toestellen zit een *aan-*(en-)*uit*-toets of -schakelaar met **on/off** erop.

2 While, *terwijl*: **I learnt** (**learned** had ook gekund) **Italian while I was living in Rome,** *Ik heb Italiaans geleerd terwijl ik in Rome woonde*; **Never talk while driving,** *Praat nooit terwijl je aan het rijden bent*. In winkels belooft het bordje met **…while you wait** dat wat u vraag meteen (klaar)

Drieëntachtigste les

Slecht weer

1 – Heb je er iets op tegen als ik de radio aanzet terwijl je rijdt?
2 – Doe maar. Laten we naar het weerbericht *(voorspelling)* luisteren.
3 – "Goedenavond, hier is het nieuws. Eerst de hoofdpunten *(-lijnen)*.
4 De regering heeft plannen aangekondigd om honderden politieagenten aan te werven.
5 Sneeuw heeft chaos veroorzaakt op *(gebracht aan)* wegen in het noordwesten.

---

gemaakt wordt... *terwijl u wacht*: **Keys cut while you wait**, *Wij maken* (lett: *snijden*) *uw sleutels terwijl u wacht*.

3 **Ahead**, *voorop, vooruit*; **to go ahead**, *voor(ui)tgaan*: **Go straight ahead and turn left**, *Ga rechtdoor en sla linksaf* (zie ook zin 12). De uitdrukking **Go ahead** komt overeen met *Vooruit (maar)!* of *Doe maar*: **Do you mind if I smoke? – Go ahead** *(Heb je er geen bezwaar tegen dat ik rook? – Doe maar)*.

4 **To forecast**, *voorspellen, verwachten*; **a forecast**, *een voorspelling, verwachting*. **What is the forecast for next week?**, *Wat zijn de verwachtingen voor volgende week?* **The weather forecast**, *de weersverwachting, het weerbericht* (op de televisie of de radio heeft men het gewoon over **the weather: Here is the news and the weather**).

5 **Headline** (lett. "hoofdlijn"): **Here are the news headlines**, *Dit zijn de hoofdpunten van het nieuws*. Het slaat ook op "krantenkoppen" die wegens hun telegrafische stijl niet altijd makkelijk te interpreteren zijn, zoals nog zal blijken.

6 **Hundreds of** (met voorzetsel!), *honderden*, zie ook les 34, opm. 3 en les 66, zin 6).

83 / Eighty-third lesson

6 And steel **wor**kers have asked their em**ploy**ers for a ten percent pay rise.
7 **Spea**king at a **di**nner at the **Guild**hall in **Lon**don last night,
8 the Prime **Mi**nister said that **fight**ing crime was his top pri**o**rity.
9 The **hea**vy snow that fell [7] last night has blocked roads in **York**shire.
10 Po**lice** have ad**vised mo**torists to **take ex**tra care on the road
11 and **not** to take their **cars** unless it is **ab**solutely **ne**cessary."
12 – Slow down! [8] Look: what's that **fla**shing light a**head**?

 6 ... stiel **we-e**kez ... im**plo**jez ... pe-e**sènt** peej rajz 7 ... **Gild**ho-ol ... 8 ... **faj**ting krajm ... pra**jo**ritie 9 ... **hè**vie ... blokt ... **jo-ok**sje 10 ... ed**vajzd moo**ʷterists ... **èk**stre ... 11 ... **æb**seloetlie ... 12 ... **flæ**sjing ...

Opmerkingen

7 Let in dit nieuwsbericht op het gebruik van de **present perfect** en de **past simple**. Het tegenwoordig aspect van voorbije handelingen of feiten in het verleden worden (zonder precies tijdstip) in de titels uitgedrukt met de **present perfect**: the government has announced (*de regering heeft aangekondigd*), **snow has brought chaos** (*sneeuw heeft*

***

Exercise 1 – Translate

❶ Do you mind if I smoke? – Go ahead. ❷ It's time for the news. Turn on the radio. ❸ Slow down. You're walking too fast. ❹ They plan to hire hundreds of steel workers. ❺ Go straight ahead for two miles then turn left.

6 En staalarbeiders hebben hun werkgevers een loonsverhoging van 10 percent gevraagd.
7 In een toespraak *(Sprekend)* op een diner in het Guildhall in Londen gisteravond,
8 zei de eerste minister dat misdaadbestrijding zijn topprioriteit was.
9 De hevige sneeuw die gisteravond is gevallen, heeft het verkeer *(wegen)* belemmerd in Yorkshire.
10 [De] politie heeft automobilisten aangeraden extra voorzichtig te zijn *(extra zorg nemen)* op de weg
11 en hun auto niet te nemen, tenzij het absoluut noodzakelijk is."
12 – Vertraag! Kijk: wat is dat knipperlicht voor [ons]?

chaos gebracht). Geeft men daarentegen aanwijzingen omtrent het precieze tijdstip waarop iets gebeurde, dan is de **past simple** van toepassing: **the prime minister said** (van **to say**), **snow fell** (van **to fall**). Meer informatie hierover vindt u in de volgende herhalingsles.

8 **Slow**, *langzaam, traag*; **to slow**, *vertragen*: **The economy has slowed**, *De economie vertraagt*. Het is evenwel gebruikelijk er **down** aan toe te voegen: **Slow down, you're going too fast**, *Vertraag, je rijdt te snel* (a **slow-down**, *een vertraging, vermindering*, in het bijzonder in de economische groei, industrie,...).

***

Oplossing van oefening 1

❶ Stoort het je als ik rook? – Doe maar. ❷ Het is tijd voor het nieuws. Zet de radio aan. ❸ Vertraag! Je wandelt te snel. ❹ Ze zijn van plan om honderden staalarbeiders aan te werven. ❺ Rijd twee mijl (3,2 km) rechtdoor, sla dan linksaf.

83 / Eighty-third lesson

Exercise 2 – Fill in the missing words

❶ Je mag nooit praten terwijl je aan het rijden bent.
You must ....

❷ De zware sneeuwval van gisteravond, heeft veel wegen versperd.
... heavy snow that .... last night ... . many roads.

❸ Regen heeft chaos veroorzaakt op wegen in Yorkshire.
.... chaos to roads .. Yorkshire.

❹ De eerste minister kondigde gisteren in een toespraak zijn plannen aan.
The Prime Minister .... in a speech ....

❺ Neem uw auto niet tenzij het absoluut noodzakelijk is.
.... your car .... absolutely necessary.

Oplossing van oefening 2

❶ – never talk while driving ❷ The – fell – has blocked – ❸ Rain has brought – in – ❹ – announced his plans – yesterday ❺ Don't take – unless it's –

A guild *is de naam voor een ambachtsgilde of -vereniging in de middeleeuwen. Elke middelgrote stad in Groot-Brittannië had een gildehuis -* **a guildhall** *- waar deze corporaties samenkwamen. Het zijn inmiddels stads- of raadhuizen geworden. Dat van Londen - dat altijd met een hoofdletter wordt geschreven - dateert uit 1411 en heeft voor grote commerciële of politieke evenementen een prachtige banketzaal ter beschikking.*

Tweede golf: 34e les

Eighty-fourth lesson

Revision – Herhaling

1 *Present perfect*

Deze tijd legt een verband tussen het *heden* (**present**) en iets in een niet nader bepaald verleden (**perfect**) en wordt gevormd met de gewone tegenwoordige tijd van **to have (have/has)** + voltooid deelwoord van het hoofdwerkwoord (er valt dus niet te ontsnappen aan de onregelmatige werkwoorden...).

Bevestigend of verklarend	Ontkennend
I have seen	I haven't seen
You have seen	You haven't seen
He/She/It has seen	He/She/It hasn't seen
We have seen	We haven't seen
They have seen	They haven't seen
the new movie.	
Vragend	Vraag in de ontkennende vorm
Have I seen	Haven't I seen
Have you seen	Haven't you seen
Has he/she/it seen	Hasn't he/she/it seen
Have we seen	Haven't we seen
Have they seen	Haven't they seen
the new movie?	

Zowel de **present perfect** als de **past simple** kunnen in het Nederlands vertaald worden met een voltooid tegenwoordige tijd, en dat kan voor verwarring zorgen. Er is geen exacte overeenkomst, maar u raakt wel snel vertrouwd met deze bijzondere tijd.

Vierentachtigste les

• Gebruik nooit de **present perfect** als het tijdstip waarop een handeling of gebeurtenis plaatsvindt, bepaald wordt:

Snow has fallen in the north.
Er is sneeuw gevallen in het noorden.

(Onthoud dat alle werkwoorden in de **present perfect** vervoegd worden met **to have**, nooit met **to be**!)

maar:

Snow fell in the north last night.
Er viel de voorbije nacht sneeuw in het noorden.

Bij gebrek aan een verband tussen heden en verleden is niet de **present perfect** maar de **past simple** (qua vorm vergelijkbaar met onze onvoltooid verleden tijd) van toepassing:

Dickens wrote around twenty books.
Dickens schreef een twintigtal boeken.
She studied law at Bath University.
Ze studeerde rechten aan de universiteit van Bath.

Een concreet voorbeeld van het contrast tussen **present perfect** en **past simple** vindt u in het nieuwsbericht in les 83. Eerst vermeldt de presentator de titels - zonder het tijdstip te preciseren - om het tegenwoordige aspect van het verleden te benadrukken:

The government has announced...
Steel workers have asked their employers...

daarna geeft hij meer informatie, ook in verband met tijd:

The government announced yesterday...
Steel workers asked their employers last Tuesday...

• Bij de **present perfect** staat dikwijls een vage tijdsaanduiding zoals **already** *(al)*, **before** *(voor(dien), vroeger, eerder)* of **never** *(nooit)*, die heden en verleden wel met elkaar in verband brengt, maar toch vaag blijft:

Have you ever read his science-fiction novels?
Heb je / Hebt u / Hebben jullie ooit zijn sciencefictionromans gelezen?
I've already learnt this lesson.
Ik heb deze les al geleerd.

Tot zover dit eerste overzicht van de **present perfect**. We komen hier vanzelfsprekend op terug (er bestaat ook een progressieve vorm van...), maar de basisregel hebt u onder de knie: Geen duidelijk tijdstip? Kies voor de **present perfect**.

2 *Might*

Net als **may** is **might** een modaal hulpwerkwoord, dat voor de ontkennende vorm alleen **not** nodig heeft:

They might not come.
(Heel) Misschien komen ze niet.

We leerden dat **might** een mogelijkheid uitdrukt die twijfelachtiger is dan bij **may**:

He may get the job.
Het kan dat hij de baan krijgt, Misschien krijgt hij de baan.
He might get the job, but I doubt it.
Het zou kunnen dat hij de baan krijgt, Heel misschien...

In een voorwaardelijke constructie is alleen **might** mogelijk:

If you called her, she might give you a job.
Als je/u haar belde, zou ze je/u misschien een baan bezorgen.
They might help us if we asked them.
Misschien zouden ze ons helpen als we ze dat vroegen.

Might kan **could** vervangen om een suggestie, een beleefd verzoek,... te formuleren:

You could bring some beer to the party / You might bring some beer to the party.
Je zou / Jullie zouden (wat) bier kunnen meebrengen naar het feestje.

Might kan **may** vervangen in uiterst hoffelijk, bijzonder vormelijk taalgebruik:

Might I buy you a drink?
Zou ik u een drankje mogen aanbieden?

3 *Still* en *yet*

Dit zijn bijwoorden van tijd.

• **Still** (zie les 57 en 78):
wijst erop dat iets nog gaande of actueel is,
betekent dus *nog (altijd/steeds)*,
wordt gebruikt in een bevestigende zin;

• **yet** (zie les 43 en 78):
betekent *(tot) nog (toe), al*
→ **not yet** betekent *(tot) nog (toe) niet* en
wordt gebruikt in een ontkennende zin.

He's still in a meeting.
Hij is nog in bespreking.

It hasn't finished yet.
Het is nog niet afgelopen.

Yet staat doorgaans aan het einde van de zin;
still staat voor het werkwoord (behalve bij **to be**).

She still loves her ex-husband,
Ze houdt nog altijd van haar ex-man.
(**still** voor het werkwoord, bevestigende vorm)

He is still living in Wales.
Hij woont nog altijd in Wales.
(**still** na **to be**, bevestigende vorm)

She hasn't forgotten him yet.
Ze is hem nog niet vergeten.
(**yet** als zinseinde, werkwoord in de ontkennende vorm)

Dit zijn de belangrijkste kenmerken.
Er zijn nog een paar nuances (**still** kan soms met een werkwoord in de ontkennende vorm staan) maar die houden ons voorlopig niet tegen.

4 Betrekkelijke voornaamwoorden (deel 2)

Een betrekkelijk voornaamwoord leidt een bijzin in die betrekking heeft op (een deel van) de hoofdzin:

- **who**
→ met betrekking tot personen:

The man who phoned is my lawyer.
De man die telefoneerde, is mijn advocaat.

- **which**
→ voor dieren en zaken:

The car is the machine which changed the twentieth century.
De auto is de machine die de 20e eeuw heeft veranderd.

- **that**
→ kan in beide gevallen gebruikt worden:

The man that phoned...; The car is the machine that changed...

Er zijn twee soorten betrekkelijke bijzinnen:

– bijzinnen die informatie verstrekken die noodzakelijk is om te weten over wie/wat het gaat

***

bv. **The man who/that phoned is my lawyer**.

→ moeten **who/which/that** bevatten;

wordt het betrekkelijk voornaamwoord gebruikt in de voorwerpsvorm, dan kan het weggelaten worden

bv. **The man whom*/that I saw yesterday is my lawyer**
of:
The man I saw yesterday is my lawyer.

– bijzinnen waarin de extra informatie niet nodig is om de hoofdzin te begrijpen

bv. **The car, which was invented by a German engineer, changed the twentieth century**.

(zelfs als we
which was invented by a German engineer
die uitgevonden werd door een Duits ingenieur
weglaten, houdt de zin steek:
The car changed the twentieth century.
De auto veranderde de 20e eeuw.)

→ moeten **who** of **which** bevatten (nooit **that**) en

→ worden van de rest van de zin gescheiden door komma's.

* Mede door dit mechanisme is het woord **whom**, de voorwerpsvorm van **who**, quasi verdwenen uit het courant taalgebruik (we hebben het er dan verder ook niet over).

Weet toch dat het nog vrij veel voorkomt als meewerkend voorwerp en in een formeel register:

the people to whom I spoke
de mensen met wie ik sprak

the man with whom I played tennis
de man met wie ik tenniste.

***

84 / Eighty-fourth lesson

Revision dialogue

1 – Do you think Ms Gupta will be much longer?
2 – She's in a meeting. It might last hours.
3 – Do come in and sit down, Mrs Barnes. Sorry about the wait.
4 Have you ever worked in web design or marketing?
5 – No, but I've worked in the tech industry for years.
6 I've never actually used a workstation before.
7 But I really enjoy learning new skills.
8 How much is the salary for this job?
9 – It's against my principles to talk about money.
10 I don't talk about it unless it's absolutely necessary.

Vertaling

1 Denkt u dat mevr. Gupta nog lang weg blijft? **2** Ze zit in een vergadering. Die kan wel uren duren. **3** Komt u toch binnen en gaat u zitten, mevr. Barnes. Sorry voor het wachten. **4** Hebt u ooit gewerkt in web design of marketing? **5** Nee, maar ik werk al jaren in de technologiesector. **6** Ik heb eigenlijk nooit eerder een werkstation gebruikt. **7** Maar ik leer heel graag nieuwe vaardigheden bij. **8** Hoeveel bedraagt het salaris voor deze baan? **9** Het is tegen mijn principes om over geld te praten. **10** Ik praat er niet over tenzij het absoluut noodzakelijk is

Tweede golf: 35e les

85 / Eighty-fifth lesson

Vanaf nu geven we de te beklemtonen lettergreep niet meer vet weer. We gaan ervan uit dat u voortaan, zonder onze hulp, zelf correct kunt beklemtonen. Wees gerust, voor de uitspraak van nieuwe of moeilijke

Eighty-fifth lesson

An accident

1 – Good evening, officer [1]. What's going on? [2]
2 – I'm afraid there's been [3] a serious accident, sir.
3 You'll have to wait for half an hour while we clear the road.
4 – Oh no. I've got to [4] reach York before ten o'clock.
5 What's more, I've been driving [5] for two hours and I'm tired.
6 – In that case, sir, you'd better do a U-turn [6]

Uitspraak
... **æk**sident 2 ... **sie**ri-es ... 3 ... **klie**e ... 4 ... rietsj ... 5 ... **ta**jed
6 ... **joe**te-en

Opmerkingen

1 Zie culturele opmerking in les 40.

2 **To go on** zagen we in les 76, opm. 6 in de betekenis van *"doorgaan"*; **to be going on** drukt ook *gaande, aan de gang/hand zijn*, dus *gebeuren* uit: **There's a lot going on in the company**, *Er gebeurt heel wat in het bedrijf*; **What's going on?**, *Wat is er gaande, aan de gang/hand, gebeurt er?*

3 De **present perfect** (have/has been) verbindt iets uit het verleden met het heden zonder het tijdstip te vermelden: **There's been an accident**, *Er is een ongeval gebeurd*.

4 **To have (got) to**, *moeten*: **I've (got) to call my office**, *Ik moet mijn kantoor bellen*. Anders dan in les 77, punt 3.4, heeft **got** in dergelijke wendingen geen eigenlijke betekenis en wordt het voor de welluidendheid

399 • three hundred and ninety-nine

woorden blijven we u bijstaan in de rubriek "Uitspraak". Dus, bij twijfel kunt u daar terecht.

Vijfentachtigste les

Een ongeval

1 – Goedenavond, [meneer de] agent. Wat is er gaande?
2 – Het spijt me, er is een ernstig ongeval gebeurd *(geweest)*, **meneer.**
3 U zult *(voor)* een half uur moeten wachten terwijl wij de weg vrijmaken.
4 – O, nee. Ik moet in York zijn *(York bereiken)* **voor 10 uur.**
5 Bovendien *(wat meer is)* ben ik al twee uur aan het rijden *(heb geweest rijdend)* en ik ben moe?
6 – In dat geval kunt u beter rechtsomkeert maken *(een U-draai doen)*, **meneer**

---

na de samengetrokken vorm ingelast. **We've (got) to be home by ten**, *We moeten tegen 10 uur thuis zijn.*

5 Dit is de progressieve vorm (dus voor een "durende" handeling/situatie) van de **present perfect**: have/has + been (voltooid deelwoord van **to be**) + onvoltooid deelwoord (**-ing**-vorm) van het hoofdwerkwoord. Let op, want die kan in het Nederlands ook met een O.T.T. vertaald worden: **I've been driving since this morning**, *Ik ben al sinds vanmorgen aan het rijden / rijd al sinds vanmorgen*. Dit kan niet in het Engels: **How long have you been working here?**, *Hoelang bent u hier al aan het werk(en) / werkt u hier al?* Opletten, dus!

6 A **U-turn** stelt grafisch een draai van 180° voor: *rechtsomkeert*. Het staat met **to do** of **to make** en kan ook figuurlijk aangewend worden: **The government did a U-turn on health policy**, *De regering maakte een totale omzwaai m.b.t. de gezondheidszorg*. (Voor de constructie **You'd better...** zie les 71, opm. 7.)

7 and go back about forty miles to the motorway entrance.
8 – But that'll take me more than an hour.
9 – I apologise for the inconvenience, but we've been working since six.
10 The road's still blocked and we've got to finish before it gets dark.
11 – It sounds like it was a dreadful crash.
12 – I'm afraid so. It involved [7] at least twenty cars and vans.
13 I wish [8] people would have more common sense.

7 ... èntrens 9 ... epoledzjajz ... inkenvieni-ens ... 10 ... blokt ... 11 ... drèdfel kræsj 12 ... involvd ... vænz 13 ... wisj ... kommen sèns

Opmerkingen

7 To (be) involve(d) betekent hier *betrokken zijn bij*: **The accident involved more than twenty cars,** *Bij het ongeval waren meer dan twintig auto's betrokken*; **They were involved in a serious crime,** *Ze waren bij een ernstig misdrijf betrokken*.

***

Exercise 1 – Translate

❶ There's a lot going on at work at the moment. ❷ We've got to finish the job before this evening. ❸ My parents phoned to wish me a happy birthday. ❹ It'll take two hours. I apologise for the inconvenience. ❺ Was it a serious accident? – I'm afraid so.

7 en ongeveer 40 mijl terugrijden *(gaan)* **naar de oprit van de autosnelweg.**

8 – Maar dat zal me meer dan een uur kosten *(nemen)*.

9 – Ik verontschuldig [me] voor het ongemak, maar we zijn al aan het werken *(hebben geweest werkend)* **sinds 6 uur.**

10 De weg is nog steeds versperd en we moeten klaar zijn *(eindigen)* **voor het donker wordt.**

11 – Het lijkt *(klinkt)* **alsof het een vreselijke botsing is geweest.**

12 – Helaas wel *(Ik ben bang zo)*. **Er waren minstens twintig auto's en bestelwagens bij betrokken.**

13 Ik wou *(wens)* **dat mensen meer gezond** *(gemeenzaam/ gemeenschappelijk)* **verstand hadden** *(zouden hebben)*.

8 To wish, *wensen*: **She phoned to wish me a happy birthday,** *Ze telefoneerde om me een gelukkige verjaardag te wensen*. U kunt met **to wish** ook uw wensen of spijt betuigen tegenover iemand (of uzelf). In dat geval houdt het altijd een zekere wanhoop in: **I wish you would get a job,** *Ik wou dat je een baan vond*; **I wish I was a famous movie star,** *Was ik maar een beroemde filmster*.

***

Oplossing van oefening 1

❶ Er gebeurt heel wat op het werk momenteel. ❷ We moeten de taak klaar hebben voor/tegen vanavond. ❸ Mijn ouders hebben getelefoneerd om me een gelukkige verjaardag te wensen. ❹ Het zal twee uur duren. Ik verontschuldig me voor het ongemak. ❺ Was het een ernstig ongeval? – Helaas wel.

four hundred and two

Exercise 2 – Fill in the missing words

❶ Ik ben al drie uur aan het rijden en ik ben erg moe.
.... three hours and ... very ......

❷ Ik wou dat mensen meer gezond verstand hadden.
I .... more common sense.

❸ Ik vrees dat er een ongeval gebeurd is. – O, nee!
... . an accident. – Oh no!

❹ Hoelang is ze al aan het werk bij ComSys? – Al drie maanden.
... . she .... at ComSys? – ... three months.

❺ We moesten wachten terwijl ze de weg vrijmaakten.
We .... .. wait .... the road.

Eighty-sixth lesson

A tourist trap

1 – Let's look up [1] the village of Baldon on the Internet and see what it's like.
2 – Oh. I thought it would be quiet and picturesque, but look at these photos.

Uitspraak
træp **1** ... **bo-ol**den ... **2** ... Tho-ot ... piktsje**rèsk** ... **foo**ʷtooʷz

Opmerking

[1] To look up betekent letterlijk *naar boven kijken, opkijken*: **If you look up, you can see the stars,** *Als je naar boven kijkt, kan je de sterren zien*; figuurlijk wordt het gebruikt voor *opzoeken*: **I looked up her number**

Oplossing van oefening 2

❶ I've been driving for – I'm – tired ❷ – wish people would have –
❸ I'm afraid there's been – ❹ How long has – been working – For –
❺ – had to – while they cleared –

Tweede golf: 36e les

Zesentachtigste les

Een toeristenval

1 – Laten we het dorp *(van)* Baldon (op)zoeken op het internet en kijken hoe het eruitziet *(zien wat het is zoals)*.
2 – O! Ik dacht dat het rustig en pittoresk zou zijn, maar kijk naar deze foto's.

Aanwijzing bij de uitspraak
(titel) Trap, met de a als *[æ]*: *[træp]*.

in the phone book, *Ik heb haar nummer opgezocht in de telefoongids*; Next time you're in Bath, look me up, *Kom me opzoeken als je nog eens in Bath bent.*

86 / Eighty-sixth lesson

3 Burger bars, charity shops, takeaways ². It's the same as anywhere else ³.
4 – Never mind ⁴. The pubs are brilliant and so's the food, apparently.
5 Some of these hotels are a bit overpriced ⁵,
6 but I'm sure we can find a less expensive one ⁶ if we keep looking.
7 – The least ⁷ expensive ones ⁶ will probably be over a disco.

3 **be-e**Ge ... **tsjæ**riti ... **teejk**eweejz ... 4 ... **bril**jent ... e**pè**rentlie
5 ... **oo**ʷveprajst 6 ... lès iks**pèn**siv ...

Opmerkingen

2 To take, *nemen* en met away, *weg* erbij: *meenemen, afhalen*: **You can buy a pizza and take it away**, *Je kan een pizza kopen en hem meenemen*. A takeaway kan op het *meeneemgerecht* slaan: **Let's get a takeaway**, *Laten we een meeneemgerecht halen*; of op het *afhaalrestaurant*: **There's a Chinese takeaway on the corner**, *Er is een afhaalchinees op de hoek*.

3 Else (les 65, zin 4), *anders* komt vaak voor in samenstellingen met somebody, nothing,...: **Do you want anything else?**, *Wil je iets anders, Wilt u anders nog iets?* De vertaling hangt af van de context, maar de betekenis blijft dezelfde: **We have nowhere else to go**, *We kunnen nergens anders heen*.

4 To mind had tot hiertoe te maken met een zekere vorm van aandacht. Met **Never mind** zegt men *Schenk er geen aandacht aan, trek het je niet aan, dat geeft niet*: **I failed my driving test. – Never mind. You can take it again.** (*Ik ben niet geslaagd voor mijn rijexamen. - Trek het je niet aan. Je kan het overdoen*).

Zesentachtigste les / 86

3 (Ham)Burgerbars, liefdadigheidswinkeltjes, afhaal-/meeneemzaken. Het is zoals overal *(het zelfde als ergens anders)*.
4 – Trek het je niet aan. De pubs zijn schitterend en zo is het eten, blijkbaar.
5 Sommige van deze hotels zijn wat te duur *(overprijsd)*,
6 maar ik ben er zeker van dat we een minder duur *(één)* kunnen vinden als we blijven zoeken *(kijken)*.
7 – De minst dure *(enen)* zullen waarschijnlijk boven een disco(theek) liggen.

---

5 In les 76, opm. 7 zagen we hoe **under** als voorvoegsel kan aangewend worden; hier hebben we het tegenovergestelde **over-**: **The food is overcooked**, *Het eten is overgaar*; **Those hotels are really overpriced**, *Voor die hotels wordt werkelijk te veel gevraagd*. En bijgevolg: **underpriced** = *te laag geprijsd*, **undercooked** = *nog niet gaar, niet gaar genoeg*.

6 Met **one** vermijden we herhaling (zie les 37, opm. 6); het kan in het meervoud staan: **Do you like my new boots? – I prefer the old ones** (*Vind je mijn laarzen leuk? – Ik verkies de oude*); **Which ones do you like best?**, *Welke vind je de leukste?* Is het betrokken naamwoord niet-telbaar (**advice**, **news**, etc.), dan kan het natuurlijk niet vervangen worden door **one**.

7 **The least**, *de/het minst*: **The Bell Inn is the least expensive hotel in the village**, *De Bell Inn is het minst dure hotel in het dorp*. De comparatief is **less (than)**: **The Bell Inn is less expensive than the Queen's Hotel**, *De Bell Inn is minder duur het Queen's Hotel*. Goedkoop - goedkoper - goedkoopst = **cheap - cheaper - cheapest [tsjiepist]**.

86 / Eighty-sixth lesson

8 Look at this one. The Bell Inn. It's only a five-minute [8] walk from the centre.
9 I'm sure there are tons of [9] interesting things to do in the village.
10 And there are several Web cafés so you can check your email [10].
11 – Yeah, but I bet the place'll be packed with other tourists.
12 Why don't we look for a village where there are fewer [11] people?
13 – OK, but you realise there'll be less to do.

9 … tünz … 10 … iemeejl 11 … pækt … 12 … fjoewe …

Aanwijzing bij de uitspraak
(9) Tons, met de **o** als *[ü]*: *[tünz]*.

Opmerkingen

8 Hoe maak je van een getal een adjectief: **a walk that takes twenty minutes**, *een wandeling die 20 minuten duurt* → **a twenty-minute walk**. Let op: bijvoeglijke naamwoorden hebben in het Engels geen meervoudsvorm, dus heeft **minute** evenmin een **-s**. **It's a three-day journey by boat,** *Het is een trip van drie dagen / driedaagse trip met de boot.*

9 **A ton**, *een ton* (let op: een Engelse ton = 1.016,06 kg; een ton van 1.000 kg heet **a metric ton**); **tons of**, *heel wat, een hoop, een heleboel,…*: **There are tons of interesting things to do,** *Er is heel wat interessants te doen*. Deze uitdrukking kan niet met andere gewichten gebruikt worden en is vergelijkbaar met **loads of** uit les 82, opm. 4.

10 **Email** (of **e-mail**), van **electronic** (*elektronisch*) en **mail** (*post*). **To mail**, (*op-, ver-, door-, toe)sturen/-zenden*: **I'll mail you the contract tomorrow,** *Ik stuur u morgen het contract door.* **To post**, *posten*: **I'll post you the contract tomorrow**; **a post office**, *een postkantoor* en **a postbox**, *een*

Zesentachtigste les / 86

8 Bekijk dit hier *(ene)*. The Bell Inn. Het is maar 5 minuten lopen *(een vijf-minuut wandeling)* van het centrum [vandaan].
9 Ik ben er zeker van dat er heel wat interessants *(tonnen van interessante dingen)* te doen is in het dorp.
10 En er zijn verscheidene webcafés, dus kan je je e-mail checken.
11 – Ja, maar ik wed dat de plek overvol *(bepakt met)* andere toeristen zal zitten.
12 Waarom zoeken we geen dorp waar er minder mensen zijn?
13 – O.K., maar je beseft dat er minder zal te beleven *(doen)* zijn.

brievenbus. **To email**, *e-mailen*: **I'll email you the details straight away**, *Ik zal je de details onmiddellijk doormailen*. Om elektronische post te onderscheiden van traditionele, wordt deze laatste soms humoristisch **snail mail**, "*slakkenpost*" genoemd!

11 **Fewer** = *minder* met een telbaar element in het meervoud; **less** = *minder* met een niet-telbaar element in het enkelvoud. Meer details vindt u in les 91, punt 2.

four hundred and eight • 408

Exercise 1 – Translate

❶ The hotels are overpriced. – Never mind. We'll find something cheaper in the next village. ❷ There are tons of interesting things to do. ❸ Look at these photos. Which ones do you like best? ❹ Let's get a takeaway and check our email. ❺ It's a three-hour journey by bus and then a twenty-minute walk.

***

Exercise 2 – Fill in the missing words

❶ De minst dure plaats is boven een disco(theek). – Dat geeft niet.
... ... place is .... a disco. – ....

❷ Er zullen minder toeristen en minder lawaai zijn. – Dat hoop ik.
.... tourists and .... noise. – I hope so!

❸ Het is veel goedkoper in de winter dan in de zomer.
.... in winter .... in summer.

❹ Wenst u (anders) nog iets bij uw koffie? – Nee, niets (anders) meer, dank u.
Would you like .... with your coffee? – No, ..., thank you.

❺ Ik wed dat de plek overvol toeristen zal zitten.
I ... the .... with tourists.

Oplossing van oefening 1

❶ De hotelprijzen zijn overdreven. – Trek het je niet aan. We zullen iets goedkopers vinden in het volgende dorp. ❷ Er zijn een heleboel interessante dingen te doen. ❸ Bekijk deze foto's. Welke vind je de mooiste? ❹ Laten we een meeneemgerecht halen en onze e-mail checken. ❺ Het is een trip van 3 uur met de bus en dan 20 minuten lopen.

***

Oplossing van oefening 2

❶ The least expensive – over – Never mind ❷ There'll be fewer – less – ❸ It's much cheaper – than – ❹ – anything else – nothing else – ❺ – bet – place will be packed –

Het is in Groot-Brittannië een universeel fenomeen, **the charity shops,** *winkels die tweedehands spullen verkopen ten voordele van een of meer caritatieve instellingen. Bij de bekendste horen* **Oxfam***, met meer dan 700 verkooppunten, waarvan het eerste opende in 1947, de* **British Heart Foundation** *(hartziekten) en ook* **Barnado's** *(kinderbescherming). Ze trekken een breed, vooral milieubewust publiek aan.*

Tweede golf: 37e les

87

Eighty-seventh lesson

A letter from a friend

1 – Dear [1] Cathy,
2 I'm terribly sorry for not writing to you sooner,
3 but I've been really busy ever since [2] I moved.
4 As you can imagine, it took a little while [3] to settle in.
5 Life is certainly much slower and less hectic up here.
6 But one thing's sure: I don't miss [4] London at all.
7 I've rented a cottage near the town of Windermere
8 with a fabulous view of the lake and the hills behind [5].

Uitspraak
*2 … **tè**riblie … **soe**ne 3 … moevd 4 … **sè**tel … 5 … **sloow**e … **hèk**tik … 6 … mis … 7 … **rèn**tid … **kot**tidzj … **win**demie-e 8 … **fæb**joeles vjoew … bi**hajnd***

Opmerkingen

1 **Dear…** (zie ook les 9 en 24) is de meest gebruikte aanspreekformule in een brief, zelfs in officiële post. We hebben het in les 91 over brieven schrijven.

2 Met **ever** kan iets benadrukt worden: **He's so lucky.** → **He's ever so lucky,** *Hij boft.* → *Hij boft wel.* Bijgevolg wordt met **ever since** de tijdsduur benadrukt: **I've known him ever since I was a child,** *Ik ken hem al van toen ik nog een kind was.*

3 We kennen **while** als voegwoord (*terwijl*); als zelfstandig naamwoord betekent het *tijdje, poos*: **We haven't seen her for a while,** *We hebben*

411 • **four hundred and eleven**

Zevenentachtigste les

Een brief van een vriendin

1 – Beste Cathy,
2 Het spijt me vreselijk dat ik je niet vroeger heb geschreven *(voor niet schrijven naar jou vroeger)*,
3 maar ik heb het heel druk gehad *(heb geweest echt bezig al)* sinds ik verhuisd ben.
4 Zoals je [je] kan voorstellen, heeft het een poosje geduurd om [me] te installeren.
5 [Het] leven is beslist veel trager en minder hectisch hier(boven).
6 Maar één ding is zeker: ik mis Londen helemaal niet.
7 Ik heb een huisje gehuurd dichtbij de stad *(van)* Windermere
8 met een prachtig uitzicht op het meer en de heuvels [er]achter.

---

haar al een tijdje niet gezien. Met een adjectief als **little** erbij wordt de tijdsduur ingekort: **Let's sit down for a little while**, *Laten we even gaan zitten.*

4 **To miss**, *missen*: **I miss London**, *Ik mis Londen*; **She misses me**, *Ze mist me*; **I missed my plane**, *Ik heb mijn vliegtuig gemist.*

5 **Behind**, *achter*: **Her bungalow is behind the station**, *Haar bungalow staat achter het station.* (Het tegenovergestelde is, zoals u weet, **in front of**: **I'll meet you in front of the cinema**, *We zien elkaar voor de bioscoop.*)

87 / Eighty-seventh lesson

9 Why don't you come up for a weekend?
10 I can put you up [6] in the spare room and you're welcome to [7] use my car.
11 It's lovely and peaceful: I do hope you'll come.
12 Give my love to Simon. I wonder [8] if he remembers me.
13 Anyway, I hope you're both [9] well and happy.
14 Lots of love. Brenda.

*10 ... **spèe** ... 11 ... **pies**fel ... 12 ... **wün**de ...
13 ... boo^wTH ...*

Aanwijzing bij de uitspraak
(13) Both, met een lange o: *[boo^wTH]*.

Opmerkingen

6 **Put this hat up on the wardrobe, please**, *Leg deze hoed (boven)op de kleerkast, alsjeblieft*. Gaat het in de zin om een persoon, dan betekent **to put up** *onderbrengen, (laten) logeren*: **We can't put you up, but there's a good bed and breakfast quite near**, *Wij kunnen jullie geen logies aanbieden, maar er is een prima gastenverblijf in de buurt*. Let op de volgorde: werkwoord + voorwerp + voorzetsel.

7 Met **welcome** kan iemand verwelkomd, maar ook aangemoedigd of uitgenodigd worden: **You're welcome to borrow my van**, *Je kan gerust mijn bestelwagen lenen*. Daarnaast is de uitdrukking **You're welcome** heel courant als antwoord op een bedanking: **Thanks for the lift. – You're welcome** (*Bedankt voor de lift. – Graag gedaan*).

8 **To wonder**, *zich afvragen*: **I wonder where he is**, *Ik vraag me af waar hij is*. **A wonder** is *een wonder* en vandaar **wonderful**, "*vol wonder*".

9 Waarom komen jullie niet af/over voor een weekend?
10 Ik kan jullie in de logeerkamer *(reserve kamer)* onderbrengen en jullie mogen gerust *(zijn welkom om)* mijn auto gebruiken.
11 Het is gezellig en rustig *(vredig)*: ik hoop zo dat jullie komen.
12 Doe de groeten *(Geef mijn liefde)* aan Simon. Ik vraag me af of hij zich mij herinnert.
13 Hoe dan ook, ik hoop dat jullie het allebei goed maken en gelukkig zijn.
14 Veel liefs. Brenda.

9 **Both**, *beide(n)*, *allebei* kan zowel zelfstandig als bijvoeglijk gebruikt worden: **We both agree with you**, *We zijn het allebei met je eens*; **Both these guidebooks are mine**, *Deze gidsen zijn alle twee van mij*. Bij een persoonlijk voornaamwoord dient **of** ingelast te worden: **both of them**, *beiden van hen, zij beiden, alle twee*. (Een ander "tweevoud" is **twice**, *tweemaal* uit les 50, opm. 6.)

Exercise 1 – Translate

❶ Thanks very much for the lift. – You're welcome. ❷ We haven't seen them for a while. I wonder if she remembers me. ❸ Take a spare suit with you in case it rains. ❹ I'm sure about one thing: we don't miss the city at all. ❺ One thing's sure: life's less hectic here than in London.

***

Exercise 2 – Fill in the missing words

❶ Mis je mij? – Nee, maar ik mis mijn man.
Do . . . .? – No, but . . . .

❷ Wij kunnen jullie geen logies aanbieden, maar er is een gastenverblijf in de buurt.
We . . . ., but there's a bed and breakfast . . . .

❸ We kennen haar al van toen ze nog een kind was.
. . . . her . . . . she . . . a child.

❹ Mijn tas staat voor je. Zet ze op de kleerkast, alsjeblieft.
My bag's . . . . you. Please . . . . the wardrobe.

❺ Het spijt me vreselijk dat ik je niet vroeger heb geschreven, maar ik heb het erg druk gehad.
I'm terribly sorry . . . . to you . . . . . . but . . . . very busy.

Oplossing van oefening 1

❶ Wel bedankt voor de lift. – Graag gedaan. ❷ We hebbben hen al een poosje niet gezien. Ik vraag me af of ze zich mij herinnert. ❸ Neem een reservepak mee voor het geval dat het regent. ❹ Van één zaak ben ik zeker: we missen de stad helemaal niet. ❺ Eén ding is zeker: het leven is hier minder hectisch dan in Londen.

***

Oplossing van oefening 2

❶ – you miss me – I miss my husband ❷ – can't put you up – quite near ❸ We've known – ever since – was – ❹ – in front of – put it up on – ❺ – for not writing – sooner – I've been –

Nu u beter overweg kunt met de Engelse grammatica, zullen we ons meer op uw woordenschat toeleggen. Uiteraard kunnen we niet alle nieuwe woorden uitvoerig bespreken. We raden u aan zelf een woordenlijst aan te leggen; noteer de woorden dan samen met een paar toepassingen (let bij nieuwe (werk)woorden op eventuele voor- en achtervoegsels en vaste voorzetsels). Ook een goed woordenboek kan nuttig zijn.

Tweede golf: 38e les

four hundred and sixteen

Eighty-eighth lesson

Getting away

1 – I've had a letter from my old mate [1] Brenda.
2 You know, the social worker who used to live in Notting Hill.
3 She left London a year ago and moved to the Lake District.
4 She found a part-time job in a local book shop [2]
5 and she's been trying to write in her spare time [3].
6 She's invited us to go and stay with her for a few days.
7 Poor thing, she's on her own [4] and I think she's bored [5].

Uitspraak
*1 ... meejt ... 2 ... **soo**ʷsjel ... **no**tting hil 3 ... leejk **dis**trikt 4 ... pa-at tajm ... **loo**ʷkel ... 7 ... bo-od*

Opmerkingen

1 **A mate**, *een maat(je), vriend(in)*: **Liam's an old mate from university**, *Liam is een ouwe universiteitsmakker*. **A classmate**, *een klasgenoot/-genote*. Vroeger zegden vooral mannen **mate**, maar tegenwoordig gebruiken ook vrouwen het. Het is niet ongewoon dat een onbekende u op straat aanspreekt met **Hey, mate!** Zoals we het in les 24 al zagen, moet u aan dergelijk direct taalgebruik geen aanstoot nemen.

2 **A book shop** (of **bookshop**), *een boekhandel*; **a library**, *een bibliotheek*.

3 Met **spare** beschrijft men iets dat men nog vrij, ongebruikt of in reserve heeft: **Take a spare shirt with you in case it rains**, *Neem een extra overhemd mee voor het geval het regent*. In de vorige les lazen we dat Brenda haar vrienden logies aanbiedt in haar **spare room**, *logeerkamer*.

Achtentachtigste les

Er eens tussenuit

1 – Ik heb een bief gekregen *(gehad)* van mijn ouwe vriendin *(maat)* Brenda.
2 Je weet wel, de maatschappelijk werkster die vroeger in Notting Hill woonde.
3 Ze verliet Londen een jaar geleden en verhuisde naar het Lake District.
4 Ze heeft een deeltijdse baan gevonden in een *(plaatselijke)* boekhandel in de buurt
5 en ze probeert te schrijven in haar vrije *(reserve-)* tijd.
6 Ze heeft ons uitgenodigd om een paar dagen bij haar te logeren *(gaan en (ver)blijven met haar)*.
7 Arm ding, ze is in haar eentje *(eigen)* en ik denk dat ze zich verveelt *(verveeld is)*.

Spare time is *vrije tijd*: **We have very little spare time**, *We hebben heel weinig vrije tijd*.

4 Own heeft verschillende betekenissen. To own, *bezitten*: **He owns his own house in the centre of the town**, *Hij heeft een eigen (bezit z'n eigen) huis in het stadscentrum*. **On his/her own**, *op/in zijn/haar eentje, alleen*: **She's been on her own since her husband died**, *Ze zit alleen sinds haar man is overleden*; **She finished the puzzle on her own**, *Ze heeft de puzzel in haar eentje afgewerkt*. Dit woordje komt later nog aan bod.

5 **To bore**, *vervelen*; **to be bored**, *zich vervelen*: **I'm so bored**, *Ik verveel me zo*. Er kunnen twee adjectieven van afgeleid worden: **bored** (*verveeld*) en **boring** (*vervelend*). Zo ook **to tire** (*vermoeien*) → **tired** (*vermoeid, moe*) en **tiring** (*vermoeiend*).

four hundred and eighteen • 418

8 Do you fancy [6] a visit to one of England's top beauty spots?

9 – I'd love to go but I haven't got any free time until Easter.

10 – Alright then, let's take a long weekend and spend Easter with her.

11 – I suppose we could, provided that [7] we're back by Tuesday morning.

12 And as long as [8] we can go by train. I don't fancy driving.

13 – No problem. She said she would pick us up at the station and lend us her car.

14 It'll do us the world of good [9] to get away [10] for a bit.

8 ... **fæn**sie ... **bjoe**tie spots   9 ... **ies**te   11 ... pre**vaj**did ...

Opmerkingen

6 A fancy, *een gril* of *een voorkeur*. To take a fancy to, *vallen voor*: She took a fancy to a leather jacket, *Ze viel voor een leren jekker*. Met **Do you fancy...?** kan men bij iemand peilen of hij/zij zin heeft om iets te doen: **Do you fancy going to see a movie?**, *Heb je zin om naar een film te gaan kijken?* Geen zin: **I don't fancy going to see a movie**.

7 We kennen **to provide**, *opleveren* (les 80). De uitdrukking **provided that** betekent *op voorwaarde dat*: **I'll come with you provided that we can leave early**, *Ik kom met je mee op voorwaarde dat we vroeg kunnen vertrekken*. Omdat het betrekkelijk voornaamwoord **that** veelal wegvalt, hoort u meestal gewoon **provided**: **I'll come with you provided we can leave early**. **An Internet provider** *levert* toegang tot het *internet*.

8 Let op: **as long as** betekent letterlijk *zo lang als*: **You can stay as long as you like**, *Jullie kunnen blijven zo lang (als) jullie willen*. In een voorwaardelijke zin komt **as long as** overeen met *zolang* en is het synoniem met **provided that**: **I'll come with you as long as we can leave early** (eveneens mogelijk is **so long as**).

Achtentachtigste les / 88

8 Heb je zin in een bezoek aan een van de mooiste *(top schoonheid)* plekjes van Engeland?
9 – Ik zou heel graag gaan, maar ik heb geen moment vrij *(tijd)* voor Pasen.
10 – Goed, laten we dan een lang weekend nemen en Pasen met haar doorbrengen.
11 – Ik veronderstel dat we [dat] zouden kunnen, op voorwaarde dat we terug zijn tegen dinsdagmorgen.
12 En zolang *(als)* we met de trein kunnen gaan. Ik heb geen zin om te rijden.
13 – Geen probleem. Ze zei dat ze ons aan/bij het station zou ophalen en ons haar auto zou lenen.
14 Het zal ons meer dan *(de wereld van)* goed doen er eens even tussenuit *(weg voor een beetje)* te trekken.

9 The world, *de wereld*: People all over the world have heard of my village, *Mensen overal ter wereld hebben over mijn dorp gehoord*. The world of a world kan ook als versterking dienen: There's a world of difference between jazz and rap, *Er is een wereld van verschil tussen jazz en rap*; A holiday will do us the world of good, *Wat vakantie zal ons reuzegoed doen*.

10 Voeg away, *weg* (les 86, opm. 2) toe aan het werkwoord to get en je hebt to get away, *weggaan*: I couldn't get away from the meeting until ten o'clock, *Ik kon voor 10 uur de vergadering niet uit*. Touroperators maken van deze uitdrukking gretig gebruik in hun reclame: Get away to the sun!, *Trek er eens tussenuit naar de zon!*

Exercise 1 – Translate

❶ It'll do you the world of good to get away. ❷ He's got a part-time job in a library. ❸ Do you fancy a visit to the Lake District? ❹ She owns her own bookstore in the centre of the town. ❺ You can stay as long as you like.

***

Exercise 2 – Fill in the missing words

❶ We komen met je mee op voorwaarde dat we vroeg kunnen vertrekken. – Geen probleem.
We'll come with you .... – No problem.

❷ Ze konden niet weg uit de vergadering voor 10 uur.
They .... the meeting ..... ten o'clock.

❸ Ik ben moe en verveel me. – Dat is omdat je vermoeiend en vervelend bent!
I'm ..... and ...... – That's because you're ...... and ......!

❹ Mensen overal ter wereld hebben over mijn dorp gehoord.
People .... the .... my village.

❺ Ik ga met je mee op voorwaarde dat we de bus kunnen nemen. Ik heb geen zin om te rijden.
I'll go with you .... take the coach. I ....

Notting Hill *is een drukke buurt ten westen van Londen, waar de Afro-Antilliaanse gemeenschap van de stad zich is gaan vestigen. Met de jaren evolueerde het tot een "burgerlijk-kunstenaarswereldje". Het is vooral om twee bepaalde zaken bekend: de beroemde markt van* **Portobello Road** *(waar allerlei prullaria, maar ook antiek en exotische vruchten en groenten verkocht worden) en carnaval (een van de grootste openluchtfeesten ter wereld).*

Achtentachtigste les / 88

Oplossing van oefening 1

❶ Het zal je reuzegoed doen om er eens tussenuit te trekken. ❷ Hij heeft een deeltijdse baan in een bibliotheek. ❸ Heb je zin in een bezoek aan het Lake District? ❹ Ze heeft een eigen boekhandel in het stadscentrum. ❺ Jullie kunnen blijven zo lang jullie willen.

***

Oplossing van oefening 2

❶ – provided we can leave early – ❷ – couldn't get away from – until – ❸ – tired – bored – tiring – boring ❹ – all over – world have heard of – ❺ – as long as we can – don't fancy driving

The Lake District *(lett. het "Meerdistrict") - of kortweg* **the Lakes** *- is een van de meest pittoreske gebieden van Groot-Brittannië. Het ligt in het noordwesten van Engeland, in het graafschap* **Cumbria***, met een vijftiental meren, en met bergen en dorpjes vol leuke huisjes. Als nationaal park is het een toeristische trekpleister en een paradijs voor wandelaars en voor wie op zoek is naar de landelijke charme van het oude Engeland (hoewel deze bekoorlijke dorpjes, met zowat 20 miljoen bezoekers per jaar, dikwijls drukker uitvallen dan de door diezelfde mensen achtergelaten steden...).*
De streek heeft ook altijd artiesten en schrijvers aangetrokken. Rond het begin van de 19e eeuw vormde zich met de dichters **Wordsworth**, **Coleridge** *en* **Southey** *een groep "bucolische" schrijvers, bekend als* **the Lake Poets***.*

Tweede golf: 39e les

Eighty-ninth lesson

A bite to eat

1 – I've just [1] realised that I don't have a passport.
2 – No sweat. [2] It's really easy to renew it on line.
3 – But I've never had a passport before
4   because I've never been [3] abroad.
5 – Then you'd better hurry up [4] and apply for one.
6   You know that there are always delays at this time of year.
7   Let's call the inquiry line [5] and see what you need.

Uitspraak
1 ... **pa-as**po-ot   *2* ... swèt ... rie**njoew** ...   *4* ... e**bro**-od
5 ... **hürie**-üp ... e**plaj** ... *7* ... in**kwa**jerie...

Aanwijzing bij de uitspraak
(5) Hurry up wordt uitgesproken als was het één woord: *[hürie(j)üp]*.

Opmerkingen

1 **Have/Has just** wijst erop dat iets net gebeurd is: **She's just graduated,** *Ze heeft net haar diploma behaald*. Het ogenblikkelijke kan nog benadrukt worden met **only** (*maar, slechts*): **I've only just finished breakfast,** *Ik ben maar net klaar met ontbijten*. U kent ongetwijfeld het bordje met **Just married** dat *Pas getrouwd* aankondigt!

2 **To sweat,** *zweten* (les 59, opm. 8) wordt hier idiomatisch aangewend: **No sweat,** *Geen probleem, komt zo in orde, niets aan de hand*. Het klinkt vrij gemeenzaam, vandaar dat u beter de voorkeur geeft aan **No problem**.

3 Kies het juiste werkwoord in de **present perfect**: **He has gone to the Netherlands** (met **to go**), *Hij is naar Nederland gegaan* (en nog niet terug), maar **He has been to Belgium** (met **to be**), *Hij is naar België geweest* (d.w.z. "al, ooit", in welk geval veelal **before** ingevoegd wordt: **Have you been to Belgium before? – No, I've never been there before** (*Bent u (eerder) al naar België geweest? – Nee, ik ben daar (eerder) nog nooit geweest*).

Negenentachtigste les

Een hapje *(beet te eten)*

1 – Ik besef net dat ik geen paspoort heb.
2 – Geen probleem *(zweet)*. Het is heel gemakkelijk om het online te hernieuwen.
3 – Maar ik heb nooit eerder een paspoort gehad
4 omdat ik nooit naar het buitenland ben geweest.
5 – Dan kan je je beter haasten en er *(voor)* een aanvragen.
6 Je weet dat er altijd vertragingen zijn in deze periode van [het] jaar.
7 Laten we de inlichtingendienst *(-lijn)* bellen en zien wat je nodig hebt.

---

4 **To hurry**, *zich haasten*: **We can catch the six o'clock ferry if we hurry**, *We kunnen de ferry van 6/18 uur halen als we ons haasten*. Om iemand tot haast aan te zetten, wordt meestal **up** toegevoegd: **Hurry up! We're late**, *Haast je! We zijn (te) laat*. **To be in a hurry** is *gehaast zijn, haast hebben*: **Don't drive so quickly. We're not in a hurry**, *Rijd niet zo snel. We hebben geen haast.*

5 **Inquiry**, van **to inquire** (of **enquire**), *navragen, inlichtingen inwinnen*: **I'd like to inquire about flights to Malta**, *Ik had graag inlichtingen over vluchten naar Malta*. Het bordje **Inquiries** (of **Enquiries**) - altijd in het meervoud - gidst u naar de infobalie. Voor inlichtingen over telefoonnummers verwijzen wij u naar de **directory inquiries** *(telefoongids)* of de telefonische **inquiry line** (of **advice line**).

four hundred and twenty-four

8 – Don't bother [6]. I'll download [7] an application form.
9 – You're going to need your birth certificate.
10 You'll have to scan it first.
11 Let's hurry. We don't want to waste [8] any time.
12 – Can't we get a bite to eat [9] first? I'm peckish [10].
13 – But you've only just finished breakfast!
14 – I know, but I hate eating on an empty stomach. □

8 ... boDHe ... daawnloo^wd ... 9 ... be-eTH setifiket 11 ... weejst ... 12 ... bajt ... pèkisj 14 ... èmptie stümek

Opmerkingen

6 **To bother**, *lastig vallen*: **Stop bothering me!**, *Hou op met me lastig te vallen!* Het kan ook, vooral in de ontkennende vorm, *de moeite doen/nemen* betekenen: **Don't bother to stand up**, *Doe niet de moeite om op te staan* (m.a.w.: *Blijf zitten*); **I'll drive you home. – Don't bother** (*Ik breng je wel naar huis. – Laat maar*); **It's no bother**, *Het is/kost me geen moeite, stoort me niet*.

7 **A/to download**: *een download / downloaden* van een server, site, etc. (lett: "neerladen", *binnenhalen*), met als tegengestelde uiteraard **an/to upload** (*opladen*).

8 **To waste**, *verspillen*: **Don't waste all your money on downloads**, *Verspil niet al je geld aan downloads*; **We wasted two hours looking for the car keys**, *We hebben twee uur verspild met zoeken naar de autosleutels*. **Waste** slaat ook op *afval*; zo staat er **Waste** of **Waste Paper** op openbare vuilnisbakken in Groot-Brittannië (niet in de Verenigde Staten).

Negenentachtigste les / 89

8 – Laat maar. Ik zal een aanvraagformulier downloaden.
9 – Je zal je geboorteakte nodig hebben.
10 Je zal het eerst moeten (in)scannen.
11 Laten we ons haasten. We willen geen tijd verspillen.
12 – Kunnen we niet eerst een hapje *(te)* eten *(hebben)*? Ik krijg honger *(ben hongerig)*.
13 – Maar je hebt maar net je ontbijt op!
14 – Weet ik, maar ik haat [het om te] eten op een nuchtere *(lege)* maag.

9 Bite, *beet, hap*, van het onregelmatige to bite (- bit - bitten), *bijten*. To get/have a bite to eat, *een hapje, iets kleins eten*: **We had a bite to eat before we left for the theatre**, *We hebben iets kleins gegeten voor we naar het theater vertrokken.*

10 We kennen **to be starving**, *erge honger hebben, scheuren van de honger* (les 31, opm. 1); **to be peckish** is *honger krijgen, trek hebben*: **Let's get a bite to eat. I'm peckish**, *Laten we een hapje eten. Ik lust wel wat.*

Exercise 1 – Translate

❶ I'm peckish. Let's get a bite to eat. ❷ I wasted three hours looking for the car keys. ❸ We'll drive you home. – Don't bother. ❹ I'd like to inquire about flights to Malta. ❺ Hurry up! We'll be late for the show.

***

Exercise 2 – Fill in the missing words

❶ U kunt beter het aanvraagformulier downloaden of het scannen.
.... the application form or scan it.

❷ Ze heeft net beseft dat ze geen paspoort heeft.
She ... ... that she ... ... a passport.

❸ Ik ben nooit eerder naar Schotland geweest. Is het echt mooi?
.... Scotland .... Is it ...... beautiful?

❹ Waar is Liam? – Hij is (vertrokken) naar York.
Where's Liam? – .... York.

❺ Ik heb reuzehonger. – Maar je hebt maar net je ontbijt op!
I'm .... – But ....
breakfast!

90

Ninetieth lesson

An old friend

1 – I've emailed ¹ Brenda and she's looking forward to our visit.

We gaan ervan uit dat u nu ver genoeg gevorderd bent om in de dialogen zelf de verschillen op te merken m.b.t. structuren en woorden die al aan bod kwamen. Voortaan beperken we ons dus tot ( ) en [ ] bij nieuwe of bijzondere constructies. Het zal de vertalingen ook luchtiger en vlotter maken!

Oplossing van oefening 1

❶ Ik krijg honger. Laten we een hapje eten. ❷ Ik heb drie uur verspild met zoeken naar de autosleutels. ❸ We brengen je wel naar huis. – Doe geen moeite. ❹ Ik had graag inlichtingen over vluchten naar Malta. ❺ Haast je! We komen nog te laat voor de voorstelling.

***

Oplossing van oefening 2

❶ You'd better download – ❷ – has just realised – has not got – ❸ I've never been to – before – really – ❹ – He's gone to – ❺ – starving – you've only just finished –

Tweede golf: 40e les

Negentigste les

Een oude vriendin

1 – Ik heb Brenda ge-e-maild en ze kijkt uit naar ons bezoek.

Opmerking

1 U weet het nog (les 86, opm. 10): **email** (of **e-mail**), *e-mail* en als werkwoord: **He emailed/e-mailed me when he arrived**, *Hij heeft me ge-e-maild toen hij aankwam*.

2 – I can't remember whether [2] I've met her before.
3 – Of course you have. We've known each other [3] for years.
4 We used to be really close and we'd tell each other everything.
5 – Is she the woman whose [4] husband died last winter?
6 – No, you're thinking of Zadie. Brenda's divorced.
7 – She's not the one whose son's a fitness trainer, is she?
8 – Honestly, you're terrible. You've got a memory like a sieve.
9 – Who's the girl that you went to university with [5]?
10 – So you do remember her after all!

Uitspraak
2 ... **wèDHe** ... 3 ... noo^wn ietsj **üDHe** ... 6 ... **zeej**die ...
7 ... **treej**ne ... 8 ... siv

Aanwijzingen bij de uitspraak
(2) Whether klinkt net als weather (homofoon): *[wèDHe]*.
(8) Sieve, met de ie als een zachte *[i]* en een stemhebbende eindklank: *[siv]*.

Opmerkingen

2 Wanneer men zich iets afvraagt, kan **if** vervangen worden door **whether**: I don't know if I've met her before→ I don't know whether I've met her before, *Ik weet niet of ik haar (eerder) al heb ontmoet*. (Ook mogelijk is de redundantie **whether or not**.)

3 **Each** = *elk(e), ieder(e)*; **other** = *ander(e)*; **each other** = *elkaar*: They know each other, *Ze kennen elkaar*. (Strikt genomen, moeten we **one another** zeggen als het om slechts twee personen gaat, en **each other** als er meer betrokkenen zijn. In courant taalgebruik is **each other** gebruikelijk.)

2 – Ik kan me niet herinneren of ik haar vroeger heb ontmoet.
3 – Natuurlijk heb je dat. We kennen elkaar al jaren.
4 We hadden vroeger een heel nauwe band en we vertelden elkaar alles.
5 – Is zij de vrouw van wie de *(wier)* man is overleden vorige winter?
6 – Nee, je denkt aan Zadie. Brenda is gescheiden.
7 – Zij is toch niet degene van wie de zoon fitnesstrainer is?
8 – Eerlijk [gezegd], je bent verschrikkelijk. Je hebt een geheugen als een zeef.
9 – Wie is het meisje met wie je naar [de] universiteit bent gegaan?
10 – Dus je herinnert je haar toch!

4 In les 46, opm. 1 zagen we **whose** als vragend voornaamwoord; hier hebben we een voorbeeld van het betrekkelijk gebruik ervan: *van wie, wiens, wier* (evt. *waarvan*): What's the name of the man whose sister lives in Australia?, *Hoe heet de man wiens zus in Australië woont?*

5 Onthoud dat in vragende zinnen met **where, who, when**, etc. het voorzetsel (**with, to**, etc.) de zin afsluit (zie les 62 opm. 5).

11 – Of course I do. Whereabouts [6] does she live?
12 – A place called Bowness, about three miles from Windermere.
13   It's a holiday resort about halfway [7] along the lake.
14   It's a little touristy but that doesn't matter [8]. We'll enjoy ourselves. □

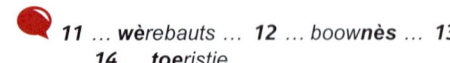
*11 ... **wè**rebauts ... **12** ... boow**nès** ... **13** ... ri**zo-ot** ... ha-af**weej** ... **14** ... **toe**ristie...*

Opmerkingen

6 Where = *waar*; whereabouts = *waar ongeveer/ergens*: **Whereabouts do they live?**, *Waar wonen ze ergens?*

7 Halfway kan letterlijk opgevat worden: **They live halfway between Windermere and Bowness**, *Ze wonen halfweg tussen Windermere en*

***

Exercise 1 – Translate

❶ He's terrible! He's got a memory like a sieve. ❷ They used to be very close when they were at university. ❸ Her cottage is not near the lake. It's halfway up the hill. ❹ The village is very touristy. – That doesn't matter. ❺ I'm really looking forward to your visit.

***

Exercise 2 – Fill in the missing words

❶ Ze kennen elkaar al minstens twintig jaar.
 .... at least twenty years.

❷ Is zij de vrouw wier zus in Australië woont?
 .. ... the woman ..... sister ..... in Australia?

❸ Ik herinner me niet of ik haar al heb ontmoet. – Heb je natuurlijk.
 I don't remember .... – Of course ... .

11 – Natuurlijk! Waar woont ze ergens?
12 – Een plaats genaamd Bowness, ongeveer 3 mijl (4,8 km) van Windermere vandaan.
13 Het is een vakantieoord ongeveer halverwege de oever van *(langs)* het meer.
14 Het is wat toeristisch, maar dat doet er niet toe. We zullen het naar onze zin hebben.

Bowness; **We live halfway up the hill,** *We wonen halverwege de helling (op);* **I'm halfway through the novel,** *Ik zit halfweg in de roman.* Of figuurlijk: **It's halfway between a car and a van,** *Het houdt het midden tussen een auto en een bestelwagen.*

8 **It doesn't matter,** *Het doet er niet toe, heeft geen belang.*

***

Oplossing van oefening 1

❶ Hij is verschrikkelijk! Hij heeft een geheugen als een zeef. ❷ Ze hadden een sterke band toen ze op de universiteit zaten. ❸ Haar huisje bevindt zich niet bij het meer. Het staat halverwege de helling. ❹ Het dorp is heel toeristisch. - Dat heeft geen belang. ❺ Ik verheug me echt op jullie bezoek.

***

❹ Wie is de kerel met wie je naar de universiteit bent gegaan?
..... the guy ... . university ....?

❺ Toen we jong waren, vertelden we elkaar alles.
When we were young, we .... everything.

Oplossing van oefening 2

❶ They've known each other for – ❷ Is she – whose – lives – ❸ – whether I've met her before – you have ❹ Who's – you went to – with ❺ – used to tell each other –

Tweede golf: 41e les

Ninety-first lesson

Revision – Herhaling

1 Brieven schrijven

1.1 Per traditionele post

De typische briefstijl is in het Engels niet zo vormelijk.

Dit zijn de basisregels voor een zakelijke brief:

• Adressen:
- schrijf uw adres bovenaan rechts en
- eronder links dat van de geadresseerde.

• Datum:
- deze staat onder uw adres;
- met een hoofdtelwoord (8, 22,...) of
- met een rangtelwoord (getal + uitgang **-th**, bijvoorbeeld **sixteenth** → **16th**, **twenty-fourth** → **24th**, behalve bij **first** → **1st**, **second** → **2nd**, **third** → **3rd**);
- let op (zie les 49, punt 5): de Britten gebruiken dezelfde formule als de andere Europeanen (dag-maand-jaar), terwijl in Amerika dag en maand van plaats wisselen (MM/DD/JJ);
- de plaats waar de brief geschreven wordt, staat niet vermeld (*Kobbegem, 16 februari 2017* → **16 February 2017**)

• Aanspreking:
- begin met **Dear Mr/Mrs/Ms X** als u de naam van de persoon kent
- anders met **Dear Sir/Madam**;
- **Dear** is dus ook van toepassing in een zakelijke brief;
- schrijf nooit **Dear Mr/Mister** zonder de naam.

• Gebruik geen samengetrokken vormen.

Eenennegentigste les

- Slotformule:
- **Yours sincerely** (lett. "oprecht de uwe") als u de brief begon met **Dear Mr/Mrs/Ms X** → equivalent van *Met vriendelijke groeten* en
- **Yours faithfully** (lett. "(be)trouw(baar) de uwe") als u begon met **Dear Sir/Madam** → equivalent van *Hoogachtend;*
- **Yours truly** biedt een alternatief voor beide.

                    4 Saint Bernard Avenue
                    Salford
                    Manchester ME1 8YG

                    8 October 2016

Ms Anita Gupta
ComSys Ltd
12, New Street
York YO1 6TF

Dear Mr Gupta,
I am writing to inform you that I will be visiting York on Thursday 12 November and will be available to come for an interview.
I look forward to hearing from you.
Yours sincerely,
Cathy Barnes (Mrs)

Voor een informele brief zijn de regels heel summier:
- Adres bovenaan rechts, datum eronder.
- Aanspreking: meestal **Dear**, maar **Hi** of andere formules zijn mogelijk.
- Samengetrokken vormen worden bijna altijd gebruikt.
- Afsluiten: met **Your friend** of **Love**, **With love**, enz.; u weet nog dat uitdrukkingen met **love** niet alleen onder geliefden gebruikt worden - vergelijk met onze *Lieve groeten, Liefs,...* (hoewel het met **I love you**, *Ik hou van je*, wel ernstiger wordt...)

> 4 Saint Bernard Avenue
> Salford
> Manchester ME1 8YG
>
> 8 October 2016
>
> *Dear Brenda,*
> *Thanks for your letter. It was so great to hear from you.*
> *We'll try to come and see you at Easter if that's OK with you.*
> *My email address is cbarnes@uknet.co.uk*
> *Lots of love*
> *Cathy*

1.2 Per elektronische post

- In een e-mail onder vrienden zijn er weinig regels:
- beginnen met een eenvoudige begroeting (**Hi**, **Hello**, etc.)
- gebruik van samengetrokken vormen in de brieftekst
- eindigen met een vriendschappelijke begroeting (**Love**, **Kisses**, **Bye for now**, etc.)
- eventueel opvrolijken met **emoticons**.

- Voor een meer formele mail gelden min of meer dezelfde regels als voor een klassieke brief, maar wel bondiger qua stijl.

- Noteer: de *apenstaart* (@) heet **at**, *een (liggend) streepje* (-) is **a dash** en *een laag (liggend) streepje* (_) is **an underscore**.

2 Minder (dan), minst

2.1 Comparatief en superlatief

Om te vergelijken, maken we vergrotend gebruik van **more than**, *meer / -er dan* en **the most**, *de/het meest / -ste*;
verkleinend, dus bij *minder dan* en *de/het minst*, is het **less than** en **the least**:

- **comparatief**
She eats less than her sister, *Ze eet minder dan haar zus.*
I like parties less than I used to, *Ik houd minder van feestjes dan vroeger.*

- **superlatief**

Glasgow is the least touristy city in Scotland, *Glasgow is de minst toeristische stad in Schotland*.

Leith is the city I like the least, *Leith is de stad waar ik het minst van houd*.

2.2 *Less* en *fewer*

U weet hoe belangrijk het onderscheid telbaar/niet-telbaar is. Het is ook van toepassing bij het vertalen van "minder (dan)".

Eerst de regel:

- **less** wordt gebruikt voor *minder* bij niet-telbare elementen:

Please make less noise, *Maak / Maken jullie alsjeblieft minder lawaai.*

There's less traffic at the weekend, *Er is minder verkeer in het weekend.*

- **fewer** wordt gebruikt voor *minder* bij telbare elementen:

There are fewer trains at the weekend, *Er zijn minder treinen in het weekend.*

Fewer people are driving these days, *Tegenwoordig nemen minder mensen de auto.*

In modern Engels lijkt het onderscheid tussen **less** en **fewer** te verdwijnen ten voordele van **less**. Toch menen wij dat het opportuun is de regel toe te passen (u doet het ook voor **much/many**) en zullen wij waar nodig **fewer** gebruiken!

3 Woordorde bij werkwoorden met een voorzetsel

Let altijd op bij het vertalen van voorzetsels en bij werkwoorden met een vast voorzetsel!
Houd ook rekening met letterlijke en figuurlijke betekenissen!

Een paar voorbeelden van voor Nederlandstaligen mogelijke valstrikjes:

- **to look up** (lett. *op-, naar boven kijken*) in de betekenis van *opzoeken*:
I looked up his address on line.
Ik heb zijn adres online opgezocht.

- **to put up** in de betekenis van *logies aanbieden*:
She'll put us up in the spare room.
Ze zal ons in de logeerkamer onderbrengen / laten slapen.

- **to turn on/off** in de betekenis van *aan-/afzetten, aan-/uitdoen*:
Turn off the lights and turn on the radio.
Doe de lichten uit en zet de radio aan.

- **to pick up**, *oppikken, ophalen*:
I'll pick you up at the station.
Ik pik je/jullie op aan/bij het station.

- **to be off**, *weg gaan/zijn, vertrekken*:
We're off on holiday on Tuesday.
We vertrekken dinsdag op vakantie.

- **to hold on**, *(even) wachten*:
Please hold on while I try to find him.
Wacht even terwijl ik hem probeer te vinden.

Met een lijdend voorwerp in de zin kan de woordorde veranderen:

– is het lijdend voorwerp een zelfstandig naamwoord, bv. **application form**, dan kan dit ofwel de zin afsluiten, ofwel tussen het werkwoord en het voorzetsel staan (in dezelfde betekenis):

I'll pick up the application form.
(werkwoord + voorzetsel + naamwoord)
of
I'll pick the application form up.
(werkwoord + naamwoord + voorzetsel)

– is het lijdend voorwerp een persoonlijk voornaamwoord, bv. **him/her/it**, dan moet het tussen het werkwoord en het voorzetsel staan:

I'll pick it up.
(werkwoord + voornaamwoord + voorzetsel)

Kortom:
zelfstandig naamwoord → ww. + vz. + nw. of ww. + nw. + vz.
persoonlijk voornaamwoord → ww. + vnw. + vz.

4 De emfatische *do*

Met het hulpwerkwoord **do** kan een handeling benadrukt worden:
Do sit down.
Ga(at u) toch zitten.
Ah, so you do remember.
O, je herinnert je het dus toch.

Do kan ook gebruikt worden om een contrast te versterken:
I don't like coffee very much, but I do like tea.
Ik lust niet zo graag koffie, maar ik lust wel thee.
He promised he would phone. – But he did phone.
Hij heeft beloofd dat hij zou telefoneren. – Maar heeft toch getelefoneerd.

Uiteraard verwachten wij niet dat u in dit stadium van uw studie dit soort taalbijzonderheden gaat verweven in uw zinnen. Ze herkennen is al heel wat.

Revision dialogue

1 – I wish you would drive less quickly. We're not in a hurry.
2 – We've got to get to York. I've been driving for more than two hours
3 and it's a four-hour journey at least.
4 – Can't we get a bite to eat first? I'm peckish.
5 – But you've only just finished dinner! Let's not waste any time.
6 – I've never been to York before and I don't want to get lost.
7 I hope Brenda's in: we haven't emailed each other for weeks.
8 – Brenda? Is she the woman whose husband's a vegetarian?
9 – You're terrible. You've got a memory like a sieve.
10 – Let's stop here. I don't fancy driving for another two hours.

Ninety-second lesson

Selfish

1 – My life's so dull and uneventful [1] nowadays [2].

 Uitspraak
1 … dül … ünivèntfoel nawedeejz

 Opmerkingen

[1] Een mooi opgebouwd bijvoeglijk naamwoord: **an event** = *een gebeurtenis*; **eventful** = *vol gebeurtenissen, bewogen*; gebeurt er daarentegen niets interessants, dan wordt dit duidelijk met het voorvoegsel **un-**: **uneventful**, *onbewogen*. (Weet dat het achtervoegsel **-ful** met slechts één **l** geschreven

Vertaling

1 Ik wou dat je minder snel reed. We zijn niet gehaast. **2** We moeten York bereiken. Ik ben al meer dan twee uur aan het rijden **3** en het is een rit van ten minste vier uur. **4** Kunnen we niet eerst een hapje eten? Ik lust wel wat. **5** Maar je hebt pas gegeten! Laten we geen tijd verspillen. **6** Ik ben nog nooit naar York geweest en ik wil niet verdwalen. **7** Ik hoop dat Brenda er is: we hebben elkaar al weken niet ge-e-maild. **8** Brenda? Is zij de vrouw van wie de man vegetariër is? **9** Je bent verschrikkelijk! Je hebt een geheugen als een zeef. **10** Laten we hier stoppen. Ik heb geen zin om nog twee uur te rijden.

Tweede golf: 42e les

Tweeënnegentigste les

Egoïstisch

1 – Mijn leven is zo saai en onbewogen tegenwoordig.

wordt, terwijl het adjectief **full** er twee telt.) Er is ook het achtervoegsel **-able**: **undrinkable** (*ondrinkbaar*), **unthinkable** (*ondenkbaar*).

2 **Nowadays**, van **now** en **days**, *vandaag de dag*, *tegenwoordig*: **Where's he working nowadays?**, *Waar is hij nu aan de slag?* (**Now** op zich zou dus kunnen volstaan, maar **nowadays** is idiomatischer.

2 I get up ³ at seven o'clock every single ⁴ morning.
3 I clean ⁵ my teeth, shave and take a shower.
4 I have a bowl of cereal and a cup of tea for breakfast.
5 When I get home from work, I have dinner and go to bed.
6 I do all the cooking, the washing and the sewing ⁶ myself.
7 A few years ago, I met a beautiful girl at a party.
8 We fell in love with each other immediately.
9 We got married and lived together very happily.
10 We shared the same interests and got on ⁷ well ⁸ together.

*3 … tieTH sjeejv … sjawe 4 … boo^wl … 6 … soowing majsèlf
10 … sjèed …*

Aanwijzing bij de uitspraak
(6) Sewing *[soowing]*, van to sew *[soow]*: let op de bijzondere uitspraak!

Opmerkingen

3 **To get up** betekent *opstaan* (zie les 25, zin 2); laat u niet verleiden om ons *opstaan* te vertalen met **to stay up**, want dat betekent *opblijven*!

4 **Every**, *elk(e), ieder(e)*; **single** zagen we in verschillende betekenissen in les 52, opm. 8; de combinatie **every single** duidt aan dat er geen uitzonderingen zijn: **Every single word in the book is true**, *Elk, maar dan ook elk woord in dit boek is waar*.

5 **Clean**, *net, schoon, proper*; **to clean**, *schoonmaken, poetsen*, bv. op een hotelkamerdeur: **Please clean my room**, *Gelieve mijn kamer schoon te maken*; **She cleaned** (of **brushed**, van **to brush**, *borstelen*) **her teeth**, *Ze poetste haar tanden*, met **a toothbrush**, *een tandenborstel*.

6 **Sewing**, *het naaien, naaiwerk*, de **gerund** van **to sew**, *naaien* (dat uitgesproken wordt zoals het bijwoord **so** *[soo^w]*).

2 Ik sta élke morgen op om 7 uur.
3 Ik poets mijn tanden, scheer [me] en neem een douche.
4 Ik neem *(heb)* een kom ontbijtgranen *(van graan)* en een kopje thee als ontbijt.
5 Wanneer ik thuiskom van [het] werk, eet ik en ga naar bed.
6 Ik maak *(doe)* het eten [klaar], doe de was en het naaiwerk allemaal *(me)*zelf.
7 Een paar jaar geleden ontmoette ik een mooi meisje op een feestje.
8 We werden meteen verliefd op *(vielen in liefde met)* elkaar.
9 We trouwden en leefden heel gelukkig samen.
10 We deelden dezelfde interesses en konden goed opschieten met elkaar *(samen)*.

---

7 To get up (zin 2), *opstaan*; to get home (zin 5), *thuiskomen*; to get married (zin 9), *trouwen*. To get on with heeft verschillende vertalingen, o.a.: *verder gaan, voortdoen met*: **Get on with your work**, *Ga verder met je werk, werk voort*: m.b.t. personen betekent het *opschieten met*: **How do you get on with her mother?**, *Hoe schiet je op met haar moeder?*; **I get on well with my parents**, *Ik kom goed overeen met mijn ouders*.

8 Let op de plaats van het bijwoord **well**: na het werkwoord (en het voorwerp), bv. **He speaks Chinese very well**, *Hij spreekt heel goed Chinees*. Zo ook bij **a lot** (*veel*): **I like him a lot**, *Ik mag hem graag*. En bij **at all** (*helemaal*): **I don't like him at all**, *Ik mag hem helemaal niet*.

11 – What happened to [9] her? Where is she now?
12 – She left me. She said I was too selfish.
13 But in fact, she was the selfish one [10].
14 She was more interested in herself than in me. □

11 … hæpend … 12 … sèlfisj

Opmerkingen

[9] **To happen**, *(toevallig) gebeuren*: **It happened five years ago**, *Het gebeurde 5 jaar geleden*; **There's a lot happening in the sports world at the moment**, *Er gebeurt heel wat in de sportwereld op dit ogenblik*. Met de vraag **What happened to… ?** informeert men naar wat er met iets/iemand gebeurd is, wat ervan terechtgekomen/geworden is: **What happened to Colin? – He's living in Australia.** (*Wat is er met Colin gebeurd? – Hij woont in Australië*).

[10] **One** vervangt hier een zelfstandig naamwoord: **She said I was selfish, but she was the selfish one**, *Ze zei dat ik egoïstisch was, maar zij was de egoïste*. We hebben het later nog over **one**.

***

Exercise 1 – Translate

❶ They fell in love with each other immediately. ❷ You're the selfish one! You're not interested in me. ❸ Every single word you say is true. ❹ I get on very well with her father. ❺ They share the same interests and get on well together.

***

Exercise 2 – Fill in the missing words

❶ Mijn leven is onbewogen, maar trouwen is ondenkbaar.
My life is ………. but …… ……. is ………….

❷ Hij stond op, poetste z'n tanden, scheerde zich en nam een douche.
He … …, ……. … …, …… and …. a …….

❸ Hou op met praten en ga verder met je werk.
…. ……. and … … …. your work.

❹ Er gebeurt niet veel in de sportwereld tegenwoordig.
There isn't . … ……… in the sports world ……….

Tweeënnegentigste les / 92

11 – Wat is er met haar gebeurd? Waar is ze nu?
12 – Ze heeft me verlaten. Ze zei dat ik te egoïstisch was.
13   Maar in feite was zij de egoïste *(egoïstische ene)*.
14   Ze was meer geïnteresseerd in zichzelf dan in mij.

THEY FELL IN LOVE WITH EACH OTHER IMMEDIATELY.

***

Oplossing van oefening 1
❶ Ze werden meteen verliefd op elkaar. ❷ Jij bent de egoïst(e)! Je bent niet geïnteresseerd in me. ❸ Elk woord dat je zegt, is waar. ❹ Ik kan heel goed opschieten met haar vader. ❺ Ze delen dezelfde interesses en komen goed met elkaar overeen.

***

❺ Maken jullie het eten en doen jullie de was allemaal zelf?
   Do you .. .. and ....?

Oplossing van oefening 2
❶ – uneventful – getting married – unthinkable ❷ – got up, brushed his teeth, shaved – took – shower ❸ Stop talking – get on with – ❹ – a lot happening – nowadays ❺ – do all the cooking – washing yourselves

Tweede golf: 43e les

four hundred and forty-four

Ninety-third lesson

Temptation

1 – What are you doing today? Let's go to the health club together.
2 – I haven't made any plans yet, but I've got a lot to do [1].
3   I've got to do the housework and the ironing [2].
4   Then I have to make the beds and do the shopping.
5   And I really should make Sam's dinner before he gets back.
6   At least I don't need to do any exercise to lose weight [3] !
7 – May I make a suggestion?
8   Why not make a salad and leave it in the fridge?

Uitspraak
*temp**teej**sjen 3 ... **aj**ening 5 ... sæmz ... 6 ... weejt 7 ... se**dzjès**tsjen*

Aanwijzingen bij de uitspraak
(3) Ironing *[**aj**ening]*, van **to iron** *[**aj**en]*: merk op dat de **r** niet uitgesproken wordt!
(6) Weight en wait zijn homofonen: *[weejt]*.

Opmerkingen

1   **To make** of **to do**? Men kan stellen dat **to do** aangewend wordt om een handeling te omschrijven, terwijl **to make** eerder slaat op iets vervaardigen of ontwerpen: **I'll do the housework and then I'll make a cake**, *Ik zal het huishouden doen en daarna zal ik een cake bakken*. Bekijk aandachtig de voorbeelden in deze les in afwachting van een overzicht in les 98. Let op: **housework** is *huishouden* en **homework** is *huiswerk*!

Drieënnegentigste les

Verleiding

1 – Wat doe je vandaag? Laten we samen naar de fitness *(gezondheid)*club gaan.
2 – Ik heb nog geen plannen gemaakt, maar ik heb een heleboel te doen.
3   Ik moet het huishouden en de strijk doen.
4   Daarna moet ik de bedden [op]maken en de boodschappen doen.
5   En ik zou echt Sams avondeten moeten klaarmaken voor hij terugkomt.
6   Ik hoef ten minste niet [aan extra] beweging te doen om gewicht te verliezen!
7 – Mag ik een voorstel doen *(maken)*?
8   Waarom geen slaatje maken en het in de koelkast laten *(staan)*?

---

2   Als niet-telbaar element betekent iron *ijzer*: **Wales is a major centre for the iron and steel industry**, *Wales is een belangrijk ijzer- en staalindustriecentrum*; **the iron** is *het strijkijzer*; **to iron**, *strijken*: **I must iron a shirt before I go out**, *Ik moet een overhemd strijken voor ik wegga*.

3   **Weight**, *gewicht*, van **to weigh**, *wegen* (les 41, zin 5): **No sugar for me. I'm watching my weight**, *Geen suiker voor mij. Ik let op mijn gewicht*. (In een **health club** kan je ook oefenen met **weights**, *gewichten, halters*.)

9 Then you can do your hair, get changed [4] and come with me.
10 – You know I'm no good at making decisions. What about Sam?
11 – He can make do [5] with ham salad and a beer for dinner, can't he?
12 – Alright, but I'd better make a quick phone call first.
13 – Betty, you're making a lot of fuss about nothing [6].

 9 … tsjeejndzjd … 11 … hæm … 13 … füs …

Opmerkingen

4 **To get changed**, *zich omkleden*. Sommige wendingen met **get** + voltooid deelwoord worden in het Nederlands weergegeven met een wederkerend werkwoord: **I got dressed**, *Ik kleedde me aan*.

5 **To make do**, *het doen/stellen, genoegen nemen*: **We've no butter so you'll have to make do with margarine *[ma-adzjerien]***, *We hebben geen boter, dus zal je genoegen moeten nemen met margarine*.

6 **To make a fuss**, *(nodeloze) drukte maken*: **Don't make such a fuss about it!**, *Maak daar niet zo'n drama van!*; **You're making a lot of fuss about nothing**, *Je maakt je nodeloos druk*.

***

Exercise 1 – Translate

❶ I must iron a shirt before I go out. ❷ They're making a lot of fuss about nothing. ❸ I prefer margarine to butter: I'm watching my weight. ❹ I'll make a quick phone call before we go out. ❺ Why not make a salad and leave it in the fridge for Sam?

Drieënnegentigste les / 93

9 Dan kan je je haar doen, je omkleden en met me [mee]komen.
10 – Je weet dat ik niet goed ben in beslissingen nemen *(maken)*. Wat met Sam?
11 – Hij kan het stellen met hamsalade en een biertje als avondmaal, toch?
12 – Goed, maar ik kan beter eerst snel een telefoontje plegen *(oproep maken)*.
13 – Betty, je maakt veel drukte om niets.

***

Oplossing van oefening 1

❶ Ik moet een overhemd strijken voor ik uit-/wegga. ❷ Ze maken veel drukte om niets. ❸ Ik verkies margarine boven boter: ik let op mijn gewicht. ❹ Ik pleeg nog even een telefoontje voor we uit-/weggaan. ❺ Waarom geen slaatje klaarmaken en het in de koelkast laten staan voor Sam?

Exercise 2 – Fill in the missing words

❶ Ik moet het huishouden doen, de bedden opmaken en de boodschappen doen
I've got to .. .., ... and ....

❷ We hebben nog geen plannen gemaakt, maar we hebben een heleboel te doen.
We haven't ...., but we've got a ....

❸ Ze deed de strijk, kleedde zich aan en ging buiten.
She ... ..., ... and went out.

❹ Ik zou echt het eten van de kinderen moeten klaarmaken voor ze terugkomen.
I really .... the .... dinner before they ... .

❺ Er is geen boter. Je zal het moeten doen met margarine.
There's no butter. .... margarine.

Ninety-fourth lesson

A dinner party

1 – It's Friday! We can just stay home and hang out [1].
2 – Don't you remember? Karen and her new boyfriend are coming to dinner.

Uitspraak
1 … hæng aut 2 … kæren … bojfrènd …

Opmerking

[1] To hang (- hung - hung), *hangen*: Hang that calendar on the kitchen wall, *Hang die kalender aan de keukenmuur/-wand*; to hang around,

Oplossing van oefening 2

❶ – do the housework, make the beds – do the shopping
❷ – made any plans yet – lot to do ❸ – did the ironing, got dressed –
❹ – should make – children's – get back ❺ – You'll have to make do with –

Tweede golf: 44e les

Vierennegentigste les

Een etentje *(dinerfeestje)*

1 – Het is vrijdag! We kunnen gewoon thuisblijven en luieren.
2 – Ben je het vergeten? Karen en haar nieuwe vriendje komen eten.

---

rondhangen: **I missed the train and had to hang around for two hours**, *Ik heb de trein gemist en moest twee uur rondhangen*; het gemeenzame **to hang out** slaat op *luieren*.

94 / Ninety-fourth lesson

3 – Couldn't you give them a ring [2] and tell them we're busy?
4 – Out of the question. Come and help me peel the potatoes [3].
5 – What are we eating? I feel like [4] a steak or some roast pork.
6 – We're having nut roast with peas and carrots. Karen's a vegetarian.
7 – Oh no, I'd forgotten [5]. I could do with [6] a drink.
8 – Not yet! I want you to lay the table [7] first.
9 – Do you know who Karen's boyfriend is?

*3 ... ring ... 4 ... piel ... pe**teej**too^{w}z 5 ... roo^{w}st po-ok 6 ... nüt ... piez ... **kæ**rets ... vèdzje**tè**ri-en 8 ... leej ...*

Opmerkingen

2 A ring, *een ring,* maar ook *gerinkel:* **I'll give you a ring** (of **a bell**), *Ik geef je een belletje.* **To ring the bell** is *(aan)bellen* en **to ring the bells** *de klokken luiden:* **They ring the bell every day at ten**, *Elke dag om 10 uur luiden ze de klokken.*

3 Een aantal woorden op **-o** *[-oo^w]*, denk maar aan **potato** *(aardappel),* **tomato** *(tomaat),* **echo** *(echo)* en **hero** *(held),* lassen een **-e-** in voor de meervouds-**s**: **potatoes, tomatoes, echoes** en **heroes**. Deze bijkomende klinker verandert niets aan de uitspraak *[-oo^{w}z]*.

4 **To feel**, *voelen* (les 42): **I can't feel anything**, *Ik voel niets; zich voelen* (les 68): **I feel miserable**, *Ik voel me ellendig; aanvoelen* (les 42) : **It feels cold**, *Het voelt koud aan.* **To feel like** betekent letterlijk *zich voelen*

3 – Zou je hun geen belletje kunnen geven en hun zeggen dat we bezet zijn?
4 – Uitgesloten *(Buiten de kwestie)*! Kom me helpen de aardappelen [te] schillen.
5 – Wat eten we? Ik heb zin in *(voel zoals)* een biefstuk of varkensgebraad *(gebraden varkensvlees)*.
6 – We eten *(hebben)* notengebraad met erwten en wortelen. Karen is vegetariër.
7 – O nee, was *(had)* ik vergeten! Ik ben aan *(zou kunnen doen met)* een drankje toe.
8 – Nu nog niet! Ik wil dat je eerst de tafel dekt *(legt)*.
9 – Weet je wie Karens vriendje is?

---

zoals: **I feel like a fool**, *Ik voel me (als een) idioot* en figuurlijk *zin hebben in/om*, waarop dan een zelfstandig naamwoord volgt: **I feel like a cup of tea**, *Ik heb zin in een kopje thee* of een gerund: **I feel like going for a walk**, *Ik heb zin om te gaan wandelen*.

5 Hier hebben we de **past perfect** (voltooid verleden tijd), voor alle personen gevormd met **had** (nooit met **was**!) + voltooid deelwoord: **She didn't realise what had happened**, *Ze besefte niet wat er gebeurd was*.

6 Via **to do with** kunnen we te kennen geven dat we best wel toe zijn aan iets: **We could do with a holiday**, *We zijn aan vakantie toe*.

7 **To lay the table** is *de tafel dekken*, er dus het tafelgerei op "leggen" = **to lay (- laid - laid)**.

10 – They've known each other for ages [8]. They were at school together.
11 I can't wait to meet him. Apparently he's gorgeous.
12 – Hang on, he must be the guy with a sister who's a travel consultant [9].
13 Karen's dad [10] has talked about him a lot.
14 – Probably. Now hurry up. They'll be here any minute.

*10 … **eej**dzjiz … 11 … **Go-o**dzjes 12 … ken**sül**tent*

Opmerkingen

8 **I've known her for years**, *Ik ken haar al jaren* (les 90, zin 3), of idiomatischer: **We've known each other for ages**, *We kennen elkaar al eeuwen*, en nog idiomatischer: **I've known them for donkey's years** (lett: "ezelsjaren", omdat ezels lang schijnen te leven…), *Ik ken hen al eeuwenlang.*

9 In les 90, opm. 4 zagen we **whose** als betrekkelijk voornaamwoord; we zouden kunnen zeggen **He's the guy whose sister is a travel consultant**, …*de jongen wiens zus…*, maar een wending met **with** klinkt vlotter: **He's the guy with the sister who's a travel consultant** (uiteraard is **who's** hier de samentrekking van **who is**).

10 **Dad** (of **daddy**), *papa* en **mum** (of **mummy**), *mama* (les 44).

***

Exercise 1 – Translate

❶ You can have a drink but lay the table first. ❷ I've known Karen for donkey's years. ❸ Let's stay home and hang out. ❹ I'll give you a bell this evening. ❺ Hurry up. They'll be here any minute.

10 – Ze kennen elkaar al eeuwen. Ze zaten samen op school.
11 Ik wil hem zo graag *(kan niet wachten om)* ontmoeten. Blijkbaar is hij heel knap.
12 – Wacht, hij moet de jongen zijn met een zus die *(wie een)* reisconsulente is.
13 Karens papa heeft veel over hem gesproken.
14 – Waarschijnlijk. Haast je nu. Ze zullen hier zo dadelijk *(eender-welke minuut)* zijn.

***

Oplossing van oefening 1
❶ Je kan/mag iets drinken, maar dek eerst de tafel. ❷ Ik ken Karen al eeuwenlang. ❸ Laten we thuisblijven en luieren. ❹ Ik geef je een belletje vanavond. ❺ Haast je! Ze zullen hier zo dadelijk zijn.

Exercise 2 – Fill in the missing words

① Ik heb zin om te gaan wandelen. En jij?
   I .... a ...... How about you?

② Weet jij wie zijn vader is?
   Do you know ....?

③ Ze zijn heel moe. Ze zijn aan vakantie toe.
   They're very .... They .... a ....

④ Ze besefte niet wat er gebeurd was.
   She .... what ....

⑤ Hij is de jongen met een zus die jazzmuzikante is.
   He's the guy ..... a .... a jazz musician.

95

Ninety-fifth lesson

A dinner party (continued)

1 – Hello. Sorry we're late. We couldn't find anywhere to park.
2 – Come in. Let me take your coats.
3 – This is Barry. Barry, this is Christine and this is Jack.
4 – Pleased to meet you. We've heard so much about [1] you.

Uitspraak

*1 ... pa-ak 3 ... **bæ**rie... kris**tien** ... dzjæk*

Oplossing van oefening 2

❶ – feel like going for – walk – ❷ – who his father is ❸ – tired – could do with – holiday ❹ – didn't realise – had happened ❺ – with – sister who's –

Tweede golf: 45e les

Vijfennegentigste les

Een etentje (vervolg)

1 – Hallo. Sorry dat we (te) laat zijn. We konden nergens een parkeerplaats *(te parkeren)* vinden.
2 – Kom binnen. Laat me jullie jassen [aan]nemen.
3 – Dit is Barry. Barry, dit is Christine en dit is Jack.
4 – Blij je te ontmoeten. We hebben zoveel over jou gehoord.

Opmerking

1 **About**, *over, in verband met*: **I've heard a lot about it**, *Ik heb er veel over gehoord*; **What's the article about?**, *Waarover gaat het artikel?*

5 – Uh oh. None [2] of it's true, I swear.
6 We've brought you some flowers and a bottle of wine.
7 – How kind of you. [3] You really shouldn't have bothered.
8 – What about a drink before dinner? Gin and tonic? Sherry?
9 – A soft drink [4] for me please, Jack. I'm driving.
10 – *(After the meal)* Those vegetables were absolutely delicious, Christine.
11 – Yes, they would have been [5] wonderful with roast pork.
12 – But we thought you didn't eat [6] meat!

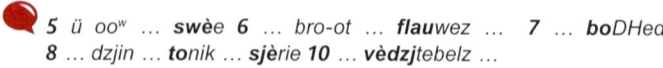

5 ü oo{w} ... **swèe** 6 ... bro-ot ... **flau**wez ... 7 ... bo**DH**ed 8 ... dzjin ... **to**nik ... **sjè**rie 10 ... **vèdzj**tebelz ...

Aanwijzing bij de uitspraak
(10) Vegetables: onbeklemtoonde klinkers tellen a.h.w. niet mee in *[vèdzjteb(e)lz]*.

Opmerkingen

2 **None**, *geen (enkel(e)), niet een* (zie les 66, opm. 6). **None of that is true**, *Niets daarvan is waar*; **How much sugar did you use in the cake? – None** (*Hoeveel suiker heb je in de cake gebruikt? – Geen*).

3 In les 68, opm. 8, vormde **How** + bijvoeglijk naamwoord een uitroep. Die kan, bijvoorbeeld om iemand te bedanken, uitgebreid worden met **of** + persoonlijk voornaamwoord: **How sweet of you**, *Wat lief van je*; of met een persoonlijk voornaamwoord + werkwoord: **How sweet you are**, *Wat ben je lief*.

4 **Soft** zagen we in les 23, opm. 4 als *zacht*: **Her voice is very soft**, *Haar stem is heel zacht*. Met **a soft drink** bedoelt men een *niet-alcoholische drank, frisdrank*. Op de lijst met verkrijgbare dranken in een bar of pub staan naast **soft drinks** ook **alcoholic beverages**, *alcoholische dranken*

Vijfennegentigste les / 95

5 – Euh, nou... Niets ervan *(van het)* is waar, ik zweer [het].
6 We hebben jullie (wat) bloemen en een fles wijn meegebracht.
7 – Wat aardig van jullie. Jullie hadden echt die moeite niet hoeven te doen.
8 – Wat dachten jullie van een drankje voor het eten? Gin-tonic? Sherry?
9 – Een frisdrank voor mij, alstublieft, Jack. Ik rijd.
10 – (*Na de maaltijd*) Die groenten waren absoluut heerlijk, Christine.
11 – Ja, ze zouden fantastisch geweest zijn met varkensgebraad.
12 – Maar we dachten dat je geen vlees at!

(het woord **beverage** klinkt heel vormelijk en wordt in de omgang niet gebruikt). **Hard drinks** bestaan niet, maar Amerikanen kennen wel **hard liquor**, *sterkedrank*. **A bottle/glass of wine/sherry/water**, *een fles/glas wijn/sherry/water*.

5 De voorwaardelijke wijs in het verleden wordt gevormd met **would have** + voltooid deelwoord: **They would have been perfect**, *Ze zouden perfect geweest zijn*. (In een gesprek is de samengetrokken vorm **would've** gebruikelijk). We komen hier binnenkort op terug.

6 Let op de overeenstemming in tijd: I **think** she **eats** meat → I **thought** she **ate** meat. De ontkennende structuur lijkt wat complexer, hoewel de gewone regel van toepassing is: I **thought** she **didn't eat** meat, *Ik dacht dat ze geen vlees at*.

four hundred and fifty-eight • 458

13 – Oh, I gave up being [7] a vegetarian when I met Barry.
14 – Anyone for coffee? [8] Or a glass of brandy?

 *14 ... **bræn**die*

Opmerkingen

[7] **To give up**, *(het) opgeven, ophouden (met)* + zelfstandig naamwoord: **She gave up her job when she had a baby**, *Ze gaf haar baan op toen ze een baby kreeg*; of + gerund: **I gave up smoking two weeks ago**, *Ik ben twee weken geleden gestopt met roken*.

[8] Met **Anyone for...?** hebben we een alternatief voor **How/What about...?** om iemand iets voor te stellen of aan te bieden: **Anyone for tennis?**, *Iemand zin om te tennissen?*

***

Exercise 1 – Translate

❶ Sorry I'm late. I couldn't find anywhere to park. ❷ You must be Jack. I've heard so much about you. ❸ How much wine have you drunk? – None. ❹ What's the article about? – Vegetarians and health food shops. ❺ She gave up her job when she had a baby.

***

Exercise 2 – Fill in the missing words

❶ Ik dacht dat je geen vlees at? – Ik eet er nu.
   I .... you .... meat. – I .. now.

❷ Het zou perfect geweest zijn met varkensgebraad.
   .... perfect with ..... pork.

❸ Wat lief van je. Je had je echt die moeite niet hoeven te getroosten.
   ... sweet .. you. You really ....

Vijfennegentigste les / 95

13 – O, ik gaf [het] op om vegetariër te zijn toen ik Barry ontmoette.
14 – Iemand zin in *(voor)* koffie? Of een glas brandy?

***

Oplossing van oefening 1
❶ Sorry dat ik (te) laat ben. Ik kon nergens een parkeerplaats vinden. ❷ Jij moet Jack zijn. Ik heb zoveel over jou gehoord. ❸ Hoeveel wijn heb je gedronken? – Geen. ❹ Waarover gaat het artikel? – Vegetariërs en natuurvoedingswinkels. ❺ Ze gaf haar baan op toen ze een baby kreeg.

***

❹ Wat dachten jullie van een drankje voor het eten? – Een frisdrank voor mij.
 . . . . a . . . . ? – A . . . . for me.

❺ Geen enkel van die verhalen is waar, ik zweer het.
 . . . . . . those stories . . true, I . . . . . .

Oplossing van oefening 2
❶ – thought – didn't eat – do – ❷ It would have been – roast – ❸ How – of – shouldn't have bothered ❹ What about – drink before dinner – soft drink – ❺ None of – is – swear

four hundred and sixty • 460

Wil je een aperitief(je)?, Would you like an aperitif?

Klassiekers waarvoor vele Britten kiezen, zijn:
gin and tonic, *soms afgekort tot* **G and T** *[dzjie 'n tie]*
en
sherry, *die* **sweet** *(zoet) of* **cream** *(zacht),* **medium** *(halfdroog) of* **dry** *(droog) kan zijn.*

Ninety-sixth lesson

Wrong number

1 – Hello. We're thinking of [1] visiting the Lakes shortly [2]
2 so we need some advice about places to stay and things to do.
3 Could you tell me if there are any decent B&Bs [3] in Bowness?

Uitspraak
*3 … **die**sent bie-en-biez …*

Opmerkingen

[1] In punt 1 van les 42 leerden we dat sommige werkwoorden (**to hear**, etc.) niet in de progressieve vorm gebruikt worden. Bij andere werkwoorden gebruikt men deze vorm alleen in een welbepaalde context. Dit is o.a. het geval met **to think**: in de betekenis van *denken, vinden, menen* is de gewone vorm van toepassing (**I think you're right**, *Ik denk dat je gelijk hebt*), maar als *denken aan, overwegen* wordt bedoeld, is de progressieve vorm mogelijk (**We're thinking of visiting the Lakes**, *We denken eraan* naar de regio van de Meren te gaan*). Wees gerust, er zijn niet veel van die werkwoorden en de context zal meestal duidelijkheid

Nog zin in een digestiefje?
In zin 14 staat **brandy**, *brandy, brandewijn, cognac, maar onder die noemer vallen ook andere alcoholische dranken.*

En dan zijn er natuurlijk ook nog **cocktails**, *waarvan sommige wel heel extravagante namen meekrijgen – wat dacht u van een* **sex on the beach...** *?!*

Tweede golf: 46e les

Zesennegentigste les

Verkeerd nummer

1 – Hallo. We denken [er]aan binnenkort het Lake District *(de Meren)* te bezoeken
2 dus hebben we (wat) advies nodig over verblijfplaatsen en wat er te beleven valt *(te doene dingen)*.
3 Zou u me kunnen zeggen of er fatsoenlijke B&B's zijn in Bowness?

verschaffen. *U hebt wellicht al gemerkt dat ons "er" in combinatie met een voorzetsel soms overbodig is in het Engels, zoals onlangs in les 82, opm. 2 en les 87, zin 8).

2 **Short**, *kort* (gezien in les 41, opm. 7 en 8): **The holiday was too short**, *De vakantie was te kort*. Als bijwoord kan **shortly** als *kortaf* vertaald worden: **He replied shortly**, *Hij antwoordde kortaf* of als *binnenkort*: **We'll answer you shortly**, *We zullen u zo dadelijk antwoorden*. In dit laatste voorbeeld is **shortly** een synoniem van **soon** (zie les 62, zin 2).
3 **Bed and Breakfast**, zie les 50.

four hundred and sixty-two • 462

96 / Ninety-sixth lesson

4 – There's a nice one ⁴ on Cottage Street, with superb lake views.
5 – Have you any idea how much they charge ⁵?
6 – No. You'll have to get in touch with the owners directly.
7 – Do you happen ⁶ to know if they have a website?
8 – No, but I've got their phone number. Will that do? ⁷
9 – Have you any idea whether they're open at Easter?
10 – It's the high season, so they're bound ⁸ to be open.
11 – What about things to do? Have you any suggestions?
12 – There are masses of visitor attractions. You'll be spoilt for choice ⁹.
13 – You wouldn't happen to have a list, would you?
14 – Actually, madam, this is a dry cleaner's, not the tourist office. □

*4 ... soe**pe-eb** ... vjoewz 5 ... tsja-adzj 6 ... **oo**ʷnez ... 9 ... **ies**te 10 ... **sie**zen ... baund ... 12 ... **mæ**siz ... **vi**zite e**træk**sjenz ... spojlt fo tsjojs 14 ... **mæ**dem ... draj **klie**nez ...*

Opmerkingen

4 U herinnert zich dat met **one** herhaling vermeden wordt: **Do you know a decent B&B? – There's one on Cross Street** (*Kent u een fatsoenlijk gastenverblijf? – Er is een in Cross Street*).

5 Een van de betekenissen van **to charge** is *aanrekenen, vragen*: **That restaurant charges a fortune for its wines**, *Dat restaurant rekent een fortuin aan voor zijn wijnen*; **How much does the electrician charge?**, *Hoeveel vraagt de elektricien?*

6 **To happen** zagen we al in les 92, zin 11. In indirecte vragen (die, zoals in deze les blijkt, in het Engels veel voorkomen) wordt het werkwoord niet in zijn eigenlijke betekenis gebruikt, maar geeft het een "toevallig aspect" weer: **Do you happen to know where he lives?**, *Weet u toevallig waar hij woont?* Het luidt nog beleefder in de voorwaardelijke wijs (zie zin 13).

Zesennegentigste les / 96

4 – Er is een leuke in Cottage Street, met prachtige uitzichten op het meer.
5 – Hebt u enig idee hoeveel ze vragen?
6 – Nee. U zult rechtstreeks contact moeten opnemen met de eigenaars.
7 – Weet u toevallig of ze een website hebben?
8 – Nee, maar ik heb hun telefoonnummer. Voldoet dat?
9 – Hebt u enig idee of ze open zijn met Pasen?
10 – Het is *(het)* hoogseizoen, dus zijn ze beslist open.
11 – En wat valt er zoal te doen? Hebt u suggesties?
12 – Er zijn massa's attracties voor bezoekers. U hebt keuze te over *(zal verwend zijn voor keuze)*.
13 – Zou u toevallig geen lijst hebben?
14 – Nou, mevrouw, dit is een stomerij *(droogkuiserszaak)*, niet het toerismebureau/VVV-kantoor.

7 To do kan het begrip *voldoen, volstaan* weergeven: **You need the original, a photocopy won't do**, *U hebt het origineel nodig, een fotokopie zal niet volstaan*; **I only have a pencil. Will that do?**, *Ik heb alleen een potlood. Kan je daarmee verder?*

8 **Bound** is het voltooid deelwoord van **to bind**, *(vast-, ver)binden*. In een wending met een werkwoord geeft **bound** een zekerheid die aan verplichting grenst weer: **It's Saturday, so it's bound to rain**, *Het is zaterdag, dus zal het vast regenen*; **They're bound to be open: it's the high season**, *Ze zijn beslist geopend: het is hoogseizoen*.

9 To spoil, *bederven, verwennen*: **That building spoils the view of the lake**, *Dat gebouw bederft het uitzicht op het meer*. Het voltooid deelwoord, en dus ook het adjectief, is **spoilt**: **a spoilt child**, *een verwend kind*. **To be spoilt for choice** is een idiomatische uitdrukking: **There are eight cinemas in my town. – You're spoilt for choice** (*Er zijn acht bioscopen in mijn stad. – Je hebt keuze te over*).

four hundred and sixty-four

Exercise 1 – Translate

❶ I'm thinking of staying in a B&B. I'm getting in touch with the owner. ❷ Do you know how much the electrician charges? ❸ There were masses of B&Bs in the county. We were spoilt for choice. ❹ I'm sorry, this is not the dry cleaner's. You've got the wrong number. ❺ Can you wait? My husband will be here shortly.

***

Exercise 2 – Fill in the missing words

❶ Zou u me kunnen zeggen of er een fatsoenlijk hotel is? – Er is een in Bowness.

.... if there is a ...... hotel? – .... in Bowness.

❷ Kent u toevallig het adres? – Nee, het spijt me.

.. .. the address? – Sorry, I ......

❸ Hebt u enig idee of ze open zijn met Pasen?

.... they're open at Easter?

❹ Het is winter, dus zijn ze vast gesloten.

It's ...... so they're ....

❺ Zou u toevallig geen pen hebben ? – Ik heb een potlood. Kunt u daarmee verder?

You .... a pen? – I have a ....?

Zesennegentigste les / 96

Oplossing van oefening 1

❶ Ik denk eraan in een gastenverblijf te logeren. Ik neem contact op met de eigenaar. ❷ Weet je hoeveel de elektricien vraagt? ❸ Er waren massa's B&B's in het graafschap. We hadden keuze te over. ❹ Het spijt me, dit is niet de stomerij. U hebt het verkeerde nummer (gekozen). ❺ Kunt u wachten? Mijn man is er zo dadelijk.

***

Oplossing van oefening 2

❶ Could you tell me – decent – There's one – ❷ Do you happen to know – don't ❸ Have you any idea whether – ❹ – winter – bound to be closed ❺ – wouldn't happen to have – pencil – Will that do

Tweede golf: 47e les

four hundred and sixty-six • 466

Ninety-seventh lesson

Tactless

1 – Sir, I stopped you because you were breaking the speed limit.
2 – I'm sorry, officer. I didn't realise I was speeding [1].
3 – Of course you were. You always drive too fast.
4 – What's more, sir, you're not wearing your seat belt.
5 – Oh dear. I must have forgotten to put it on [2].
6 – Rubbish. You never ever [3] wear a belt.
7 – Do you also realise that your left brake light [4] isn't working?

Uitspraak
*1 … spied **lim**it   2 … **spie**ding   4 … **siet**bèlt   7 … **breejk** lajt …*

Opmerkingen

1 Speed, *snelheid*: **The car has a top speed of 130 miles per hour**, *De auto heeft een topsnelheid van 209 km/uur*; **to break the speed limit**, *de maximumsnelheid overschrijden*; **to speed**, *(te) snel rijden, hardrijden*: **I stopped you because you were speeding**, *Ik liet u stoppen omdat u te snel reed* of nog korter: **I stopped you for speeding**.

2 **To put on**, *aan-/omdoen, aantrekken*: **She put on her shoes and went out into the garden**, *Ze trok haar schoenen aan en ging de tuin in*. Herinner u onze aanwijzingen i.v.m. de woordorde bij werkwoorden met een voorzetsel (les 91, punt 3): **I forgot to put on my belt** of **I forgot to put my belt on**, maar met **it** kan alleen **I forgot to put it on**.

Zevenennegentigste les

Tactloos

1 – Meneer, ik deed *(stopte)* u stoppen omdat u de snelheidslimiet overtrad *(brekend was)*.
2 – Het spijt me, agent. Ik was me er niet van bewust dat ik te snel reed *(hardrijdend was)*.
3 – Dat deed je natuurlijk. Je rijdt altijd te snel.
4 – Wat meer is, meneer, u draagt uw veiligheidsgordel niet.
5 – O, jee. Ik moet vergeten hebben hem om te doen.
6 – Larie. Je draagt nooit of nooit *(ooit)* een gordel.
7 – Bent u er zich ook van bewust dat uw linker remlicht niet werkt?

3 Never, *nooit*; never ever, *nooit of nooit, nooit ofte nimmer*: **You never ever buy me presents**, *Nooit, maar dan ook nooit koop je cadeautjes voor me*. Voor het ritme in de zin worden beide woorden beklemtoond: **You never ever buy me presents**.

4 Let op bij samengestelde zelfstandige naamwoorden, die in het Engels vaak van elkaar geschreven worden: **speed limit, seat belt, brake light**,...

97 / Ninety-seventh lesson

8 – Good heavens [5]. I had no idea it was out of order.
9 – Oh come on! You've known for weeks.
10   You're just too lazy to fix [6] it.
11 – And your driver's licence is out of date.
12 – You stupid idiot! I told you to get a new one.
13 – Excuse me ma'am, but do you always talk to your husband like this?
14 – Oh no, officer. Only when he's drunk [7].

*8 ... **hè**venz ... 10 ... **lee**jzie ... fiks ... 11 ... **draj**vez **laj**sens ...
12 ... **stjoe**pid idie-et 13 ... ma-am ... 14 ... drünk ...*

Aanwijzing bij de uitspraak
(8) Heavens, met een korte ea zoals in head: *[hèvenz]*.

Opmerkingen

5 Heaven, *hemel*: **She's in seventh heaven**, *Ze is in de zevende hemel*. In het meervoud in de uitroep **Good heavens!** om verbazing of verrassing uit te drukken: **Good heavens! Is that really the time?**, *Hemeltje! Is het echt zo laat?* Een variant is **Heavens above!** (lett: Hemels boven). Er is ook **Thank heavens!**, *De hemel zij dank!*: **I've found your passport. – Thank heavens! I thought I'd lost it** (*Ik heb je paspoort gevonden. – De hemel zij dank! Ik dacht dat ik het kwijt was*).

***

Exercise 1 – Translate

❶ He stopped me for speeding and for not wearing a seat belt. ❷ You never ever buy me presents. You're just too lazy to go shopping. ❸ I've found your passport. – Thank heavens! I thought I'd lost it. ❹ Have you fixed the car? – Not yet. But I've fixed a date with the garage. ❺ I had no idea it was broken. – Oh come on! Don't be stupid.

Zevenennegentigste les / 97

8 – Hemeltje *(Goede hemels)*! Ik had [er] geen idee [van] dat het defect *(buiten opdracht)* was.
9 – Komaan, zeg! Je weet het al weken.
10 Je bent gewoon te lui om het te repareren.
11 – En uw rijbewijs *(chauffeursvergunning)* is verlopen *(buiten datum)*.
12 – Jij, stomme idioot! Ik zei je [nog] een nieuw te halen.
13 – Excuseert u me, mevrouw, maar praat u altijd zo *(als dit)* tegen uw man?
14 – O nee, agent. Alleen als hij dronken is.

6 **To fix** is een handig, wat informeel werkwoord voor *herstellen* of *regelen*: **It's broken but I can fix it**, *Het is stuk, maar ik kan het herstellen*; **Have you fixed the date yet?**, *Hebben jullie de datum al afgesproken?*

7 **Drunk**, het voltooid deelwoord van **to drink** (*drinken*), betekent ook *dronken*: **You've drunk too much. – Yes, but I'm not drunk** (*Je hebt te veel gedronken. – Ja, maar ik ben niet dronken*).

***

Oplossing van oefening 1

❶ Hij deed me stoppen wegens te snel rijden en het niet dragen van een veiligheidsgordel. ❷ Nooit of nooit koop je me cadeautjes. Je bent gewoon te lui om te gaan winkelen. ❸ De heb je paspoort gevonden. – De hemel zij dank! Ik dacht dat ik het kwijt was. ❹ Heb je de auto gerepareerd? – Nog niet. Maar ik heb een datum afgesproken met de garage. ❺ Ik had er geen idee van dat hij/het stuk was. – Komaan zeg! Wees niet stom.

four hundred and seventy • 470

Exercise 2 – Fill in the missing words

❶ Hij heeft zijn schoenen aangetrokken en is (buiten) de tuin ingegaan.
He .... and .... the garden.

❷ Waar is je horloge? – Ik moet vergeten hebben het om/aan te doen.
Where's your .....? – I .... to ....

❸ Is hij er zich van bewust dat zijn remlicht niet werkt?
.... brake light ....?

❹ Je hebt te veel gedronken. – Ja, maar ik ben niet dronken.
.... – Yes, but I'm not ....

❺ Mijn vergunning is verlopen. – Heb ik je niet gezegd een nieuw te halen?
My licence is ... . – .... to ... a new ...?

Ninety-eighth lesson

Revision – Herhaling

1 Wederkerende en wederkerige voornaamwoorden

• In les 63, punt 5 hadden we het al over de wederkerende voornaamwoorden **myself**, **himself**,... die van toepassing zijn wanneer onderwerp en voorwerp van een werkwoord gelijk zijn:
I bought myself a new coat.
Ik heb me een nieuwe mantel aangeschaft.
He talks to himself all the time.
Hij praat de hele tijd tegen zichzelf.
We made the cake ourselves.
We hebben de cake zelf gebakken.

U weet nog dat bij de wederkerende voornaamwoorden het onderscheid tussen de 2e persoon enkelvoud en meervoud duidelijk is:
Did you enjoy yourself?
Heb je je / Hebt u zich geamuseerd?

Oplossing van oefening 2

❶ – put on his shoes – went out into – ❷ – watch – must have forgotten – put it on ❸ Does he realise his – isn't working ❹ You've drunk too much – drunk ❺ – out of date – Didn't I tell you – get – one

Tweede golf: 48e les

Achtennegentigste les

Did you enjoy yourselves?
Hebben jullie je geamuseerd?

Wanneer duidelijk is dat agens en object gelijk zijn, bijvoorbeeld bij handelingen zoals "zich aankleden", wordt het voornaamwoord weggelaten en komt vaak de constructie met **to get** + voltooid deelwoord in de plaats:
He got up, washed, shaved and got dressed.
Hij stond op, waste en scheerde zich en kleedde zich aan.
In zo'n geval dient het voornaamwoord alleen om het "wederkerende" aspect van de handeling te benadrukken:
After the accident, he couldn't wash himself.
Na het ongeval kon hij zich niet zelf (dus zonder hulp) *wassen*.

Wederkerende voornaamwoorden kunnen ook benadrukkend werken:
Colin himself answered the phone.
Colin beantwoordde zelf de telefoon, nam zelf op.

The Beatles themselves played in this club.
De Beatles zelf speelden in deze club.

• En dan zijn er de "wederkerige" voornaamwoorden. Vergelijk:
They hurt themselves. (wederkerend)
Ze hebben zich pijn gedaan (elkeen heeft zich bezeerd).
maar:
They hurt each other. (wederkerig)
Ze hebben elkaar (de ene heeft de andere) pijn gedaan.

2 *To make* en *to do*

Ze kunnen niet zomaar altijd vertaald worden met *maken* en *doen*.
En hoewel er een basisregel geldt, blijven sommige toch arbitrair!

• **to do** omschrijft een handeling
• **to make** omvat het begrip "ontwerpen" of "vervaardigen"
• bij een onbepaalde handeling gebruikt men **to do**

What are you doing?
Wat ben je aan het doen?
Is iemand in de keuken aan de slag met eieren, bloem en melk, dan vraagt u:
What are you making?
Wat ben je aan het (klaar)maken?

Meer voorbeelden:

to do, doen	**to make**, maken
the housework *het huishouden*	**breakfast, dinner,...** *ontbijt, diner,... (klaar~)*
the ironing *de strijk*	**a fire** *een vuur (aan~)*
exercise *beweging (aan ~)*	**a plan** *een plan*
one's hair *z'n haar*	**a decision** *een beslissing (nemen)*

De volgende uitdrukkingen volgen de regel niet en dient u te onthouden. Weet evenwel dat **to make** gebruikelijker is dan **to do**:

to do, doen	to make, maken
business *zaken*	**the bed** *het bed (op~)*
good *goed*	**a fuss** *drukte*
a favour *een dienst (bewijzen)*	**a phone call** *een telefoontje (plegen)*
	progress *vooruitgang (boeken)*

3 Bijwoorden

Naarmate u vordert in uw studie, brengen een paar regels structuur in uw door natuurlijke assimilatie verworven kennis. Laten we daarom even stilstaan bij de plaats van bijwoorden:

3.1 Bijwoorden van wijze

- eindigen meestal op **-ly**

- staan achter het werkwoord of het lijdend voorwerp als dit kort is:
She ran quickly, *Ze liep snel*.
He speaks Dutch fluently, *Hij spreekt vloeiend Nederlands*.

- bij een lang lijdend voorwerp staat het bijwoord voor het werkwoord:
He carefully prepared the papers he needed for the meeting
Hij maakte zorgvuldig de papieren klaar die hij nodig had voor de vergadering.

Well en **very much**:

She speaks Chinese very well.
Ze spreekt heel goed Chinees.
We like the Isle of Wight very much.
We vinden het eiland Wight heel leuk.

maar **very much** hoort voor het lijdend voorwerp als dit lang is:
We very much like the idea of visiting the Lake District.
We vinden de idee van een bezoek aan het Lake District heel leuk.

3.2 Bijwoorden van plaats

Bijwoorden als **here, there, everywhere, near,...** staan doorgaans achter het werkwoord (of achter het lijdend voorwerp, als er een is):
I bought it there, *Ik heb het daar gekocht.*
We looked (for you) everywhere, *We hebben (je) overal gezocht.*

3.3 Bijwoorden van frequentie

Bijwoorden als **often, always, never,...** (zie les 38) zijn iets moeilijker te plaatsen:

• achter een gewone, enkelvoudige tijd van **to be**:
He's always the first to arrive, *Hij komt altijd als eerste aan.*
She was never on time, *Ze was nooit op tijd.*

• voor een gewone, enkelvoudige tijd van andere werkwoorden:
They often go to the Lake District.
Ze gaan dikwijls naar het Lake District.
We sometimes borrowed their car.
We leenden soms hun auto.

• bij samengestelde tijden (**continuous, present perfect**,...) of werkwoordsvormen met twee of meer woorden staat het bijwoord van frequentie achter het eerste hulpwerkwoord:
Have you ever worked for an IT company?
Hebt u al voor een IT-bedrijf gewerkt?
I'll never understand why she married him.
Ik zal nooit begrijpen waarom ze met hem trouwde.
She's still working at that school in Salford.
Ze werkt nog steeds in die school in Salford.

Lig niet wakker van deze regels! Ze bieden gewoon een houvast bij het begrip van de zinsstructuur.

4 Samengestelde zelfstandige naamwoorden

In het Engels zijn twee, drie, zelfs meer opeenvolgende naamwoorden, waartussen geen enkel voorzetsel of andere grammaticale aanwijzing staat, niet ongewoon.
Daarom zijn, bijvoorbeeld, krantenkoppen dikwijls moeilijk te begrijpen:
HEART DOCTORS PAY RISE UPROAR wijst wellicht op *verwarring, oproer* (**uproar**) als gevolg van een *loonsverhoging* (**pay rise**) voor *cardiologen* (**heart doctors,** *"hartdokters"*).

Dit zijn de basisregels:

• in tegenstelling tot het Nederlands worden samengestelde zelfstandige naamwoorden niet altijd aan elkaar geschreven:
a seat belt, *een veiligheidsgordel*
a tea cup, *een theekopje*

• zoals in het Nederlands dient op de volgorde gelet te worden:
chocolate milk, *chocolademelk*
en **milk chocolate**, *melkchocolade*

• begin bij het ontcijferen met het laatste element en schuif telkens een op tot u aan het eerste komt:
a camping goods shop: *een winkel (**shop**) die kampeermateriaal (-goederen) (**camping goods**) aanbiedt*
an airline ticket office: *een kantoor (**office**) waar biljetten (**ticket**) van luchtvaartmaatschappijen (**airline** - luchtlijn) verkocht worden.*

Onthoud dat in dergelijke constructies de woorden die voor het hoofdwoord staan (hier **shop** en **office**) eigenlijk dienst doen als bijvoeglijk naamwoord en er zich dus niet naar richten. Vandaar **airline ticket office** zonder meervouds-**s** aan **ticket**.

Veel plezier bij het samenstellen van Engelse zelfstandige naamwoorden!

▶ Revision dialogue

1 – My life is so dull and uneventful nowadays.
2 I get up, clean my teeth, shower and make the bed.
3 For dinner, I make do with a sandwich and a beer.
4 I used to be married but I haven't seen my wife for ages.
5 I was invited to a dinner party at Sam's house the other night
6 but I gave him a ring and told him I was busy.
7 It would have been wonderful, but Sam's wife's a vegetarian.
8 – You wouldn't happen to know whether there's a decent pub near here?
9 – Sorry, I gave up drinking when I met my wife.
10 But there's the Red Lion. It's bound to be open.
11 – If you drive, don't forget to put your seat belt on.
12 – You're making a lot of fuss about nothing.
13 – I never ever forget to put it on. Goodbye.

Achtennegentigste les / 98

Vertaling

1 Mijn leven is tegenwoordig zo saai en onbewogen. **2** Ik sta op, poets mijn tanden, ga douchen en maak het bed op. **3** Als avondmaal neem ik genoegen met een sandwich en een biertje. **4** Ik was vroeger getrouwd, maar ik heb mijn vrouw al eeuwen niet gezien. **5** Ik was onlangs 's avonds uitgenodigd op een etentje bij Sam thuis, **6** maar ik heb hem een belletje gegeven en hem gezegd dat ik bezet was. **7** Het zou fantastisch geweest zijn, maar Sams vrouw is vegetariër. **8** Zou jij toevallig niet weten of er een fatsoenlijke pub in de buurt is? **9** Het spijt me, ik ben gestopt met drinken toen ik mijn vrouw heb ontmoet. **10** Maar er is de Red Lion. Die is beslist open. **11** Als je rijdt, vergeet dan niet je veiligheidsgordel om te doen. **12** Je maakt veel drukte om niets. **13** Ik vergeet hem nooit maar dan ook nooit om te doen. Tot ziens.

Laat u niet afschrikken door al die regeltjes!
Ze geven inzicht in (complexe) (zins)structuren.
Grammatica is als een hefboom die de moeilijkheden uit een taal tilt, maar hij mag niet zwaarder wegen dan het probleem!

Tweede golf: 49e les

We gaan ervan uit dat u de Engels uitspraakregels onder de knie hebt. Bijgevolg kunt u het in de laatste tien lessen stellen met alleen het klankschrift van nieuwe woorden...

Ninety-ninth lesson

Crash!

1 – I told you that you shouldn't drive so fast!
2   You've just run into [1] that blue car.
3 – But it was his fault, not mine [2]. He didn't brake in time [3].
4 – Look what you've done to my door!
5 – It was your fault. You should've stopped at the roundabout.
6 – You must be kidding [4]. You ought to [5] have given way.

 Uitspraak
*3 ... fo-olt ... breejk ... 5 ... **raund**ebaut   6 ... **o-ot** ...*

 Opmerkingen

1 **To run into** is letterlijk *binnenrennen*: **They ran into the church when it started raining**, *Ze renden de kerk binnen toen het begon te regenen*; of *(aan)lopen tegen, botsen*: **She ran into a glass door**, *Ze liep tegen een glazen deur aan*, wat ook figuurlijk of toevallig kan: **She ran into Sheila in the supermarket**, *Ze liep Sheila tegen het lijf in de supermarkt*.

2 **Mine**, *de/het mijne*, even herhalen dat er in het Engels bij zelfstandig gebruikte bezittelijke voornaamwoorden geen bepaald lidwoord nodig is: **Is this yours?**, *Is dit de/het uwe, Is dit van u?* (les 49, punt 2).

3 Verwar **in time** niet met **on time**. Het eerste is *tijdig, op tijd* om iets (niet) te doen of te voorkomen: **He didn't stop in time**, *Hij is niet tijdig gestopt*; het tweede is *op tijd* volgens een afspraak, schema,...: **They're never on time**, *Ze komen nooit op tijd*.

Negenennegentigste les

Botsing!

1 – Ik zei je [nog] dat je niet zo snel moest rijden!
2   Je bent net tegen *(in)* die blauwe auto aangebotst *(gelopen)*.
3 – Maar het was zijn schuld, niet de mijne. Hij heeft niet tijdig *(in tijd)* geremd.
4 – Kijk wat u met mijn deur hebt aangericht *(mijn deur hebt [aan]gedaan)*!
5 – Het was uw schuld. U had moeten stoppen *(zou moeten hebben gestopt)* aan de rotonde.
6 – Dat kunt u niet menen. U had (toch) voorrang moeten verlenen *(behoort te hebben gegeven)*.

---

4 A **kid**, *een kind, joch*, met **to be kidding** wordt verbazing, ongeloof uitgedrukt: **You're kidding?**, *Je houdt me voor de gek! Dat meen je niet?!*

5 **Ought to** (modaal hulpwerkwoord), *(zou(den)) moeten, behoren te*: **I ought to go, it's getting late**, *Ik zou moeten gaan, het wordt laat*. Net als **should** drukt het een (morele) verplichting, een aanbeveling of een wenselijkheid uit; **ought to** is minder "autoritair" dan **should**: **You should have stopped at the traffic light / You ought to have stopped at the traffic light**, *U had moeten stoppen aan/bij de verkeerslichten*. Weet dat **ought to** geen ontkennende vorm heeft en dat in de omgang **should** wel meer gebruikt wordt dan **ought to**.

7 – You shouldn't have been doing fifty [6] in a built-up area.

8 – Anyway [7], it could have been worse, I suppose.

9   Nobody was hurt and the damage [8] isn't serious, is it?

10 Here, have a sip [9] of whisky from this flask.

11 – Thanks very much. I could do with a drink.

12 No harm in that, is there? [10]

13 What about you? Aren't you having any?

14 – Not yet. I'll wait until the cops [11] have talked to you!

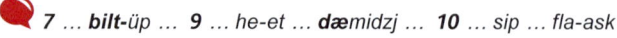
*7 ... **bilt**-üp ... 9 ... he-et ... **dæ**midzj ... 10 ... sip ... fla-ask*

Opmerkingen

6 To do (zie les 98, punt 2) voor *rijden* m.b.t. snelheid of afstand: **He was doing ninety (miles) on the motorway when the police stopped him**, *Hij deed/reed 145 (km) op de autosnelweg toen de politie hem deed halt houden*.

7 Anyway (lett. "eender-welke weg") kan een zin inleiden als *hoe dan ook*: **Take the coach or train. Anyway, you must come** (*Neem de bus of de trein. Je moet hoe dan ook komen*); of een zin afsluiten als *toch (maar)*: **I told him not to buy it, but he did it anyway**, *Ik zei hem het niet te kopen, maar hij deed het toch*.

8 We zagen al een paar niet-telbare zelfstandige naamwoorden (zoals **advice** en **fruit**) en kunnen nu aanvullen: **The damage is serious**, *De schade is aanzienlijk*. Er is ook **luggage**, *bagage* en **furniture**, *meubilair, meubels*.

9 A sip, *een slokje*, dat ook weer van pas komt in de formule "maat + of + inhoud": **She took a sip of white wine**, *Ze nam een slokje witte wijn*. Het overeenkomende werkwoord is **to sip**, *met kleine teugjes drinken, nippen (aan)*: **She sipped her tea**, *Ze dronk haar thee met kleine slokjes, nipte aan haar thee*.

Negenennegentigste les / 99

7 – U had geen 80 *(50)* moeten doen in een bebouwde kom.
8 – Hoe dan ook, het had erger kunnen zijn, veronderstel ik.
9 Niemand werd gewond en de schade is niet ernstig, toch?
10 Hier, neem een slokje whisky uit dit flesje.
11 – Wel bedankt. Ik kan wel een drankje gebruiken.
12 Kan geen kwaad, toch?
13 En u? Neemt u er geen?
14 – Nog niet. Ik wacht wel tot de flikken/smerissen met u gesproken hebben!

10 Spreektaal is niet altijd helemaal "grammaticaal correct". Zo kunnen woorden in het begin en aan het einde van een zin wel eens wegvallen. Voor zin 12 luidt de juiste versie **There's no harm in that, is there?**, *Dat kan geen kwaad, hé?* Ondanks de weglating neemt de vraagconstructie aan het einde van de zin toch de "weggelaten" **there** op: **No harm in that, is there?; No hurry, is there?** (d.w.z. **There's no hurry, is there?**), *Er is toch geen haast bij?* We raden u dergelijk taalgebruik niet aan, maar het is belangrijk dat u het herkent.

11 **A cop**, een slangwoord voor "een politieagent" dat u beter niet zelf in de mond neemt, maar wie van politieromans of -series houdt weet wellicht graag dat het een samentrekking is van **copper**, *koper*, het materiaal waarvan de knopen aan de uniformen van de eerste politiemannen in het Londen van de 19e eeuw gemaakt werden.

four hundred and eighty-two

Exercise 1 – Translate
❶ I ran into Sheila in the supermarket. – How is she? ❷ It's getting dark. I ought to go. – No hurry, is there? ❸ She told them not to buy that house, but they did it anyway. ❹ Let me give you some advice. You ought to drive less quickly. ❺ The damage wasn't serious so don't worry.

***

Exercise 2 – Fill in the missing words
❶ Is hij op tijd? – Nee, maar het is zijn schuld niet. Ik heb hem niet tijdig geroepen.
Is he .. ..? – No but it's ... ... I didn't call him .. ..

❷ U had moeten remmen. – En u had niet zo snel moeten rijden.
You ....- And you .... so fast.

❸ Niemand werd gewond, dus had het erger kunnen zijn.
.... hurt, so .. .. worse.

❹ Het begon te regenen, maar ze is het huis niet ingerend.
It ...., but she .... the house.

❺ We hadden (toch) voorrang moeten verlenen, veronderstel ik.
We .... way, I suppose.

Oplossing van oefening 1

❶ Ik ben Sheila tegen het lijf gelopen in de supermarkt. – Hoe maakt ze het? ❷ Het wordt donker. Ik zou moeten gaan. – Geen haast, toch? ❸ Ze zei hun dat huis niet te kopen, maar ze deden het toch. ❹ Laat me je (wat) raad geven. Je zou (toch) minder snel moeten rijden. ❺ De schade was niet ernstig, dus maak je geen zorgen.

***

Oplossing van oefening 2

❶ – on time – not his fault – in time ❷ – should have braked – shouldn't have been driving – ❸ Nobody was – it could have been – ❹ – started raining – didn't run into – ❺ – ought to have given –

Mocht u van plan zijn in Groot-Brittannië zelf achter het stuur te gaan zitten, dan moet u er rekening mee houden dat daar links gereden wordt! Dus: rechts inhalen en aan een rotonde *(***roundabout***) voorrang verlenen (***give the right of way***) aan wie van rechts komt. Elders geldt geen systematische voorrang: die wordt aangegeven door wegmarkeringen (driehoek, niet-doorlopende streep, enz.) of verkeersborden (bijvoorbeeld,* **Give Way** - *Voorrang verlenen). Voetgangers hebben absoluut voorrang op een voorrangskruising, en voertuigen moeten stoppen als een voetganger wacht om over te steken. In een* bebouwde kom *(***built-up area***) mag u niet sneller rijden dan* 48 km/uur *(***30 miles per hour*** of* **mph***) en op een* autosnelweg *(*motorway*) bedraagt de maximumsnelheid* 113 km/uur *(***70 mph***). Niet vergeten:* **Drive carefully***.*

Tweede golf: 50e les

four hundred and eighty-four

One hundredth lesson

London

1 London is one of the most exciting cities in the world.
2 It was founded [1] by the Romans some [2] two thousand years ago.
3 The first bridge across the River Thames was built around fifty AD [3],
4 and Londinium, as the city was then called, became a major port.
5 London's [4] development really began in the eleventh century
6 when it was chosen by William the Conqueror as his capital.

Uitspraak
*2 … **faun**did … **roo**ʷmenz … 3 … tèmz … eej**die** 4 … lon**di**niüm … po-ot 6 … **wi**li-em … **kon**kere … **kæ**pitel*

Opmerkingen

1 Hier hebben we een passieve (of lijdende) constructie, die gevormd wordt met het hulpwerkwoord **to be** (in deze les de vormen **was/were**) + voltooid deelwoord van het hoofdwerkwoord: **The Romans founded London**, *De Romeinen stichtten Londen* → **London was founded by the Romans**, *Londen werd door de Romeinen gesticht*. (Verwar het regelmatige werkwoord **to found** (*stichten, de grondvesten leggen van*) niet met **to find** (*vinden*) dat onregelmatig is en waarvan de verleden tijd en ook het voltooid deelwoord **found** is.)

2 Voor een getal komt **some** overeen met *ongeveer, zowat, zo'n*: **Some ten thousand people came to the music festival**, *Ongeveer 10.000 mensen zijn naar het muziekfestival gekomen*. Dergelijke wending behoort tot het verzorgde taalgebruik; in de omgang is **about** of **around** gebruikelijk: **About/Around ten thousand people came to the music**

Honderdste les

Londen

1 Londen is en van de boeiendste steden ter wereld.
2 Het werd gesticht door de Romeinen ongeveer 2000 jaar geleden.
3 De eerste brug over de *(Rivier)* Theems werd gebouwd omstreeks 50 n.C.
4 en Londinium, zoals de stad toen werd genoemd, werd een belangrijke haven.
5 De ontwikkeling van Londen zette zich in de 11e eeuw [pas] echt in
6 toen het door Willem de Veroveraar werd [uit]-gekozen als zijn hoofdstad.

festival. Er is ook **thousands of people...** (blijf letten op het voorzetsel **of!**), *duizenden mensen...*

3 In de geschiedenis worden data opgedeeld in **BC** *[biesie]* = **Before Christ** = *voor Christus* en **AD** *[eejdie]*, uit het Latijn "anno domini" - in het jaar des Heren, dus *na Christus*. (Om de neutraliteit te bewaren, vervangt men deze afkortingen ook wel door **BCE** = **before common era** en **CE** = **common era**).

4 Even herhalen dat de genitief zowel gebruikt wordt voor mensen als voor "verpersoonlijkte" zaken: **The streets of London** of **London's streets**, *de straten van Londen* (zie ook zin 13).

7 It grew to be one of Europe's greatest cities and trading centres.
8 But then disaster struck: in 1665 (sixteen sixty five), thousands of people were killed by the plague,
9 and the following year hundreds of buildings were destroyed by a terrible fire.
10 A leading architect, Sir Christopher Wren, was asked to redesign [5] the ruined city.
11 Thanks to him, many famous churches [6] were built during that period.
12 Many of the buildings you see today were put up [7] in the nineteenth century
13 to reflect London's status as the capital of the British Empire.
14 London is also one of the world's most fascinating cities.
15 As a famous writer once said:
16 "When a man is tired of London, he is tired of life". ☐

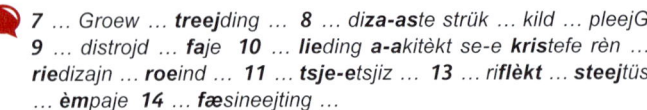

*7 ... Groew ... **treej**ding ... 8 ... di**za-as**te strük ... kild ... pleejG 9 ... distrojd ... **fa**je 10 ... **lie**ding a-**a**kitèkt se-e **kris**tefe rèn ... **rie**dizajn ... **roe**ind ... 11 ... **tsje**-etsjiz ... 13 ... ri**flèkt** ... **steej**tüs ... **èm**paje 14 ... **fæ**sineejting ...*

Aanwijzing bij de uitspraak
(10) Ruined, met de ui als oe + i: *[roeind]*.

Opmerkingen
5 Passieve constructies geven een onpersoonlijke wending weer: **I've been asked to come to the meeting today**, *Ik ben gevraagd geweest / werd gevraagd / Er werd me gevraagd / Men heeft me gevraagd om vandaag naar de vergadering te komen*. Onthoud dat ze in het Engels gevormd worden met het hulpwerkwoord **to be**!

Honderdste les / 100

7 Het groeide uit tot *(om te zijn)* een van Europa's grootste steden en handelscentra.
8 Maar dan sloeg [het] onheil toe: in 1665 werden duizenden mensen gedood door de pest
9 en het volgende jaar werden honderden gebouwen vernield door een verschrikkelijke brand *(vuur)*.
10 Een toonaangevend architect, Sir Christopher Wren, werd gevraagd om de verwoeste stad te heropbouwen *(herontwerpen)*.
11 Dankzij hem werden veel beroemde kerken tijdens die periode gebouwd.
12 Veel van de gebouwen die u vandaag ziet, werden opgetrokken in de 19e eeuw
13 om de status van Londen als *(de)* hoofdstad van het Britse Rijk te weerspiegelen.
14 Londen is ook een van 's werelds meest fascinerende steden.
15 Zoals een beroemd schrijver ooit zei:
16 "Wanneer een man *(van)* Londen moe is, is hij *(van)* het leven moe".

6 **A church**, *een kerk*. In Groot-Brittannië is het anglicanisme de officiële godsdienst en de koning(in) staat er aan het hoofd van de **Church of England**, *anglicaanse kerk*; Schotland heeft zijn **Church of Scotland** met presbyteriaanse gelovigen; Wales kent een sterke non-conformistische traditie en veel volgelingen van het methodisme; en in de multietnische Britse maatschappij is er ook plaats voor **a mosque** *[mosk]* *(een moskee)*, **a synagogue** *[sineGoG]* *(een synagoge)* en andere **places of worship**, *[we-esjip] (vereringsplaatsen)*.

7 Nog een toepassing van **to put up** (zie les 87): **The buildings were put up very quickly**, *De gebouwen werden heel snel opgetrokken*; **The campers put up the tent in the field**, *De kampeerders zetten de tent op in het veld*.

Exercise 1 – Translate

❶ Wren was a leading architect who designed some five hundred churches. ❷ The new buildings were put up very quickly after a terrible fire struck London in 1666. ❸ The Romans came to Britain in 55 BC and London was founded in 40 AD. ❹ I lost a blue sweater last week and I still haven't found it. ❺ London is one of the world's most exciting and fascinating cities.

***

Exercise 2 – Fill in the missing words

❶ Wanneer werd de stad gesticht? – Ongeveer 2000 jaar geleden.
When ... ...? – .... two thousand years ....

❷ Een beroemd schrijver zei ooit: "Rome werd niet in een dag gebouwd".
A famous writer ... .: "Rome .... in a day".

❸ Duizenden mensen werden gedood door de pest en de stad werd vernield door brand.
.... of people .... by the plague and the city ... . by fire.

❹ De kinderen waren de tent aan het opzetten toen het begon te regenen.
The children .... the tent when .. ..

❺ Londen groeide uit tot een van de grootste steden en handelscentra van Europa.
London .... to become ... . cities and .... centres.

Oplossing van oefening 1

❶ Wren was een toonaangevend architect die een 500-tal kerken ontwierp. ❷ De nieuwe gebouwen werden heel snel opgetrokken. nadat een verschrikkelijke brand Londen in 1666 teisterde. ❸ De Romeinen kwamen in 55 v.C. naar Groot-Brittannië en Londen werd in 40 n.C. gesticht. ❹ Ik heb vorige week een blauwe trui verloren en ik heb hem nog steeds niet gevonden. ❺ Londen is een van de meest boeiende en fascinerende steden ter wereld.

***

Oplossing van oefening 2

❶ – was the city founded – Some – ago ❷ – once said – wasn't built – ❸ Thousands – were killed – was destroyed – ❹ – were putting up – it started raining ❺ – grew – one of Europe's greatest – trading –

Voor de enen is het een vuile, onbegaanbare, zich als een inktvlek uitbreidende stad, voor de anderen een boeiende, dynamische en avant-gardistische metropool, maar Londen laat niemand koud. De Britse hoofdstad - of beter Engelse, want Schotland heeft Edinburg en Wales duidde Cardiff aan - was altijd al een groot handels- en kunstcentrum. In deze les komen we iets van zijn geschiedenis te weten.

Buiten de stichting van de stad en de kroning van Willem de Veroveraar in Westminster, zijn de twee gebeurtenissen waarvan sprake in deze les de **Great Plague** *(Grote Plaag) van 1664-65, die 70 000 slachtoffers maakte, en de* **Great Fire** *(Grote Brand) het erop volgende jaar, waarbij duizenden huizen en zowat 90 kerken vernield werden (maar daarentegen slechts 8 levens eiste). Om de stad uit zijn as te laten herrijzen, deed koning Charles I een beroep op de vooraanstaande architect Sir Christopher Wren (1632-1723), aan wie de prachtige kathedraal van Saint-Paul in de City en het koninklijk paleis van Hampton Court toe te schrijven zijn.*

Het beroemde citaat dat de dialoog afsluit, is van de schrijver en lexicograaf Samuel Johnson.

Tweede golf: 51e les

101

One hundred and first lesson

A tour [1] of London

1 – I've been to [2] London hundreds of times and I still love it.
2 Last time, I took some friends from Devon on my personal tour.
3 It started badly because they were late but they eventually [3] arrived.
4 We met at Trafalgar Square and walked down to the Houses of Parliament.
5 Then we crossed over to the South Bank and headed for the Tate Modern.
6 After we had been wandering [4] for a few hours,
7 David and Tina were as tired as [5] I was and wanted something to eat [6].

Uitspraak
... **2 dè**ven ... **3** i**vèn**tsjelie ... **5** ... krost ...

Opmerkingen

1 **A tour** is *een ronde, bezoek, rondrit,...*

2 Voor "Ik ben geweest/gegaan..." is het werkwoord **to be** en niet **to go** van toepassing (les 89, opm. 3).

3 Let op: **eventually** betekent *uiteindelijk*: **He eventually arrived three hours late**, *Hij is uiteindelijk drie uur te laat aangekomen*; om ons *eventueel* uit te drukken, kan o.a. **possibly** of **perhaps** gebruikt worden: *We zouden eventueel volgende zaterdag kunnen komen*, **We could possibly come next Saturday**.

4 Dit is de progressieve vorm van de **past perfect** (**had** + **been** + onvoltooid deelwoord): **I had been wandering for a few hours**, *Ik had een*

Honderdeneerste les

Een bezoek aan *(ronde van)* Londen

1 – Ik ben honderden keren naar Londen geweest en ik houd er nog altijd van.
2 Vorige keer nam ik een paar vrienden uit Devon mee op mijn persoonlijke rondrit.
3 Het begon slecht omdat ze te laat waren, maar uiteindelijk kwamen ze aan.
4 We hebben ontmoetten elkaar op Trafalgar Square en wandelden zuidwaarts naar de Houses of Parliament.
5 Dan straken we [de Thames] over naar de South Bank en begaven ons richting het Tate Modern.
6 Nadat we gedurende een paar uur hadden rondgekuierd *(hadden geweest rondkuierend)*,
7 waren David en Tina even moe als ik *(was)* en wilden iets te eten.

paar uur rondgedoold (had geweest ronddolend). Verwar het werkwoord **to wander**, *rondkuieren, door de straten dolen* niet met **to wonder** (les 87, zin 12), *zich afvragen*.

5 "Hij is zo/even groot als ik" kan op twee manieren vertaald worden, nl. **as** + adjectief + **as** + persoonlijk voornaamwoord in de voorwerpvorm: **he's as tall as me**; **as** + adjectief + **as** + persoonlijk voornaamwoord in de onderwerpvorm + hulpwerkwoord: **he's as tall as I am**. Voor iets in het verleden moeten alle werkwoorden dan in die tijd staan: **he was as tall as I was**.

6 Bekijk even het verschil tussen de volgende structuren: **They wanted something to eat / They wanted to eat something**, *Ze wilden iets te eten / Ze wilden iets eten* – de plaats van **something** is bepalend.

101 / One hundred and first lesson

8 We stopped for some pub grub [7] at a place by the river.
9 After we'd finished [8] lunch, we felt much better
10 so we rented some bikes and cycled to Spitalfields.
11 We left the bikes at a docking station [9] and made our way to Brick Lane.
12 We spent [10] a couple of hours looking at the shops
13 but there were too many people so we decided to find some peace and quiet [11].
14 We took a boat to Greenwich and walked through the park.
15 We had dinner at the Old Tavern and took the train home.
16 A perfect end to a perfect day. ☐

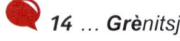
14 … Grènitsj

Opmerkingen

7 Het niet-telbare slangwoord **grub** komt overeen met *kost, voer*; inspelend op het rijm bieden veel pubs **pub grub** aan: eenvoudige, traditionele maaltijden.

8 De "gewone" **past perfect**: **after we had finished**, *nadat we beëindigd/gedaan hadden* (zie les 94, opm. 5).

9 **To dock**, *dokken (van schepen), koppelen (van tuigen)*. Hier is **a docking "station"** *een "plaats" voor (automatische) fietsenstalling*, waarnaar u op zoek moet als u in Londen een fiets wil huren.

10 We kennen **to spend** al m.b.t. geld in de betekenis van *uitgeven, beste-*

Honderdeneerste les / 101

8 We hielden halt voor een hap in een pub *(wat pubkost)* op een plek bij de rivier.
9 Na de *(we hadden beëindigd)* lunch voelden we ons veel beter
10 dus huurden we fietsen en fietsten naar Spitalfields.
11 We lieten de fietsen bij een automatische fietsenstalling en begaven ons naar Brick Lane.
12 We brachten een paar uur door [met] winkelkijken,
13 maar er was te veel volk, dus besloten we om wat rust *(vrede)* en stilte op te zoeken *(vinden)*.
14 We namen een boot naar Greenwich en wandelden door het park.
15 We hebben in de "Oude Taverne" gegeten en de trein huis[waarts] genomen.
16 Een perfect einde aan een perfecte dag.

den (les 43) en – **Time is money?!** – m.b.t. tijd vertaald als *doorbrengen* (les 73)): **We spent three weeks in Wales last year**, *We brachten vorig jaar drie weken in Wales door*.
U herinnert zich ongetwijfeld dat *tijd* ook *"verspild"* wordt (**to waste time**, les 89, opm. 8).

11 Veel Engelse uitdrukkingen bestaan uit twee woorden die rijmen of op een natuurlijke manier bij elkaar passen. Dikwijls zijn de twee woorden synoniemen, zoals hier **peace** (*vrede, rust*) en **quiet** (*stilte, rust*), waarbij de herhaling nog meer nadruk legt (vgl. met ons "peis en vree").

Exercise 1 – Translate

❶ He eventually arrived three hours late. We had been waiting for him since noon. ❷ After they'd finished lunch, they felt much better. ❸ We made our way to Greenwich park then headed for the British Museum. ❹ Look at him! He is as tall as I am and as slim as you were. ❺ It was a perfect end to a perfect day.

***

Exercise 2 – Fill in the missing words

❶ We lieten de fietsen achter en begaven ons naar Spitalfields.
We .... the bikes and .... Spitalfields.

❷ Mijn vrienden waren even moe als ik.
My friends ....

❸ We hadden al uren rondgedoold.
We .... for hours.

❹ Ik had wat rust en stilte nodig omdat er te veel volk was.
I needed .... because .... people.

❺ Wil je iets te drinken? – Nee, bedankt.
.. ..? – No thanks.

Honderdeneerste les / 101

Oplossing van oefening 1

❶ Hij kwam uiteindelijk drie uur te laat aan. We hadden al sinds 12u 's middags op hem gewacht. ❷ Nadat ze hun middageten op hadden, voelden ze zich veel beter. ❸ We begaven ons naar het Greenwichpark en trokken dan in de richting van het British Museum. ❹ Kijk hem 's aan! Hij is zo lang als ik ben en zo slank als jij was. ❺ Het was een perfecte afsluiter voor een perfecte dag.

***

Oplossing van oefening 2

❶ – left – made our way to – ❷ – were as tired as I was ❸ – had been wandering – ❹ – some peace and quiet – there were too many – ❺ Do you want something to drink –

Wanneer we een grammaticaal item aansnijden of een nieuwe structuur voorstellen, vermijden we het onmiddellijk in detail te treden. Met onze methode – dat hebt u ongetwijfeld al lang gemerkt – willen wij eerst de basiselementen aanreiken en daar in de loop van de volgende les(sen) op terug komen met bijkomende gegevens. Op die manier bouwen we een stevige, evenwichtige "constructie" op. En zo werkt natuurlijke assimilatie.

Tweede golf: 52e les

One hundred and second lesson

Art

1 If you are visiting London, you might want to go to an art gallery [1].
2 There are dozens [2] to choose from [3], with all kinds of paintings
3 ranging from mediaeval masterpieces to conceptual art.
4 – Just look at this painting. Isn't it breathtaking [4]?
5 – But it's just a blank canvas.
6 – I wonder what the artist was trying to say to us.
7 He could have been [5] expressing his feelings about space and time.

Uitspraak
2 ... **dŭ**zenz ... **peej**ntingz 3 **reejn**dzjing ... mèdi**ie**vel **ma-a**stepiesiz ... ken**sèp**tsjoe-el ... 4 ... **brèTH**teejking 5 ... blænk **kæn**ves 7 ... iks**près**ing ... **fie**lingz ... speejs ...

Opmerkingen

1 De term **art gallery** slaat zowel op een *kunstgalerij* als op een *kunstmuseum*: **The Hermitage in Saint Petersburg is one of the world's greatest art galleries,** *Het Hermitage in Sint-Petersburg is een van 's werelds grootste kunstmusea*.

2 We kennen **a dozen**, *een dozijn* (les 51, opm. 5); in het meervoud wordt **dozens** gebruikt zoals *tientallen* of *honderden...* en dus ook met het voorzetsel **of**: **There are dozens of places to eat near the Tate Modern**, *Er zijn tientallen eetgelegenheden in de buurt van het Tate Modern*.

3 **To choose from**, *kiezen uit*: **You can choose from a wide variety of flavours**, *U kunt kiezen uit een uitgebreid smakenpalet*. Een andere, mo-

Honderdentweede les

Kunst

1 Als u Londen bezoekt, wilt u misschien wel naar een kunstmuseum *(galerij)* gaan.
2 Er zijn er tientallen *(dozijnen)* om uit te kiezen, met allerlei soorten schilderijen
3 gaande van middeleeuwse meesterwerken tot conceptuele kunst.
4 – Kijk 's naar dit schilderij. Is het niet adembenemend?
5 – Maar het is gewoon een wit *(blanco)* doek!
6 – Ik vraag me af wat de artiest *(tegen)* ons trachtte te zeggen.
7 Misschien drukte hij zijn gevoel*(ens)* voor ruimte en tijd uit *(Hij zou-kunnen hebben geweest uitdrukkend...)*.

gelijke constructie is: **There's a wide variety to choose from**, *Er is een uitgebreid aanbod waaruit u kunt kiezen.*

4 **Breath**, *adem*: **He should brush his teeth, he has bad breath**, *Hij zou zijn tanden moeten poetsen, hij heeft een vieze adem*; **I'm out of breath**, *Ik ben buiten adem*. **Breathtaking**, *adembenemend*: **The view is breathtaking**, *Het uitzicht is adembenemend*.

5 **Could + have** + voltooid deelwoord drukt een niet gerealiseerde mogelijkheid uit: **I could have been a famous singer**, *Ik had een beroemde zanger(es) kunnen zijn*; óf een veronderstelling: **The painters could have been Flemish Primitives**, *Misschien waren de schilders Vlaamse Primitieven* (en dan kan ook **may** of **might** gebruikt worden – zie zin 8 en 9). We opteren voor een vlottere vertaling dan "zou(den) kunnen + voltooid deelwoord + hebben/zijn".

8 Or he might have been commenting on loneliness and despair.
9 You know, it may even be a Hirst. I'm not sure.
10 – I know what it is. It's a picture of a cow in a field.
11 – Well in that case, smart-aleck [6], where's the grass?
12 – Easy. The cow has eaten it all. There's nothing left. [7]
13 – Aha! So where's the cow?
14 – Why would it stay in the field if there's no grass?

*8 ... **ko**mènting ... **loo**ʷ**n**linès ... dis**pè**e   9 ... he-est ...
10 ... **pik**tsje ... kaaw ... field ...   11 ... sma-at **æ**lik ... Gra-as*

Opmerkingen

6 A **smart-aleck** is iemand die meent alles (beter) te weten. In les 64, opm. 4 hadden we **smart** voor *slim*, maar het drukt ook *gevat* en zelfs *sluw* uit. **Aleck** Hoag was een 19e-eeuwse oplichter met radde tong. Het Engels is rijk aan dergelijke uitdrukkingen. Eenvoudiger (en prozaïscher) is **a know-all**, *een weetal*.

7 **There's nothing left** of **There isn't anything left**, *Er is/blijft niets over* (zie les 78, opm. 10).

***

Exercise 1 – Translate

❶ There are dozens of art galleries to choose from in London, with all kinds of paintings. ❷ He's eaten all the cake and drunk the whole bottle of sherry. There isn't anything left. ❸ The view from our hotel room is breathtaking. ❹ I wonder where they are. – They're wandering around London. ❺ She might want to visit a museum, you never know.

Honderdentweede les / 102

8 Of misschien gaf hij wel zijn visie *(commentaar)* op eenzaamheid en wanhoop.
9 Weet je, het zou zelfs een Hirst kunnen zijn. Ik weet het niet zeker.
10 – Ik weet wat het is. Het is een afbeelding van een koe in een wei.
11 – Wel, wijsneus, waar is in dat geval het gras?
12 – Makkelijk. De koe heeft het allemaal [op]gegeten. Er is niets over.
13 – Aha! Waar is de koe dan?
14 – Waarom zou die in de wei blijven als er geen gras is?!

***

Oplossing van oefening 1

❶ Er zijn tientallen kunstgalerijen/-musea om uit te kiezen in Londen, met allerlei soorten schilderijen. **❷** Hij heeft heel de cake opgegeten en de hele fles sherry opgedronken. Er blijft niets over. **❸** Het uitzicht vanuit onze hotelkamer is adembenemend. **❹** Ik vraag me af waar ze zijn. – Ze zijn door Londen aan het kuieren. **❺** Misschien wil ze een museum bezoeken, je weet nooit.

five hundred • 500

Exercise 2 – Fill in the missing words

❶ Ik vraag me af wat hij ons probeerde te zeggen. – Ik heb er geen idee van.

I . . . . to us. – I . . . . . . idea.

❷ Dit schilderij is een meesterwerk. Het zou zelfs een Hirst kunnen zijn.

This . . . . is a . . . . a Hirst.

❸ Zou hij misschien zijn gevoelens over eenzaamheid hebben willen uitdrukken?

. . . . his . . . . about . . . . ?

❹ Ik had een beroemde zangeres kunnen zijn, maar ik moest in een fabriek gaan werken.

I . . . . a famous singer but I . . . . and work in a . . . .

103

One hundred and third lesson

A quick promotion

1 – Just ¹ think, I start my new job in a fortnight ²!
2 – Let me tell you a story I heard from a friend of mine ³.

Opmerkingen

1 In de omgang kan een imperatief "verzacht" worden door hem in te leiden met **Just...** : *Just listen to this!*, *Moet je 's luisteren!*; *Just taste this!*, *Proef dit 's!*

2 **A fortnight**, van **fourteen nights**, *14 nachten* komt overeen met ons *veertien dagen, twee weken*. In Amerikaans Engels gebruikt men alleen **two weeks**. **In a fortnight** betekent *over veertien dagen, twee weken*.

❺ Er zijn allerlei soorten boeken om uit te kiezen.
   There are ... . books .. ..

Oplossing van oefening 2
❶ – wonder what he was trying to say – have no – ❷ – painting – masterpiece – It might even be – ❸ Could he have been expressing – feelings – loneliness ❹ – could have been – had to go – factory ❺ – all kinds of – to choose from

Tate Gallery, *gebouwd in 1897, was lang Londens tempel van de moderne kunst. In 2000 ontdubbelde* **Tate** *zich met de opening van* **Tate Modern**, *een voormalige elektriciteitscentrale die omgetoverd werd tot een enorme, aan hedendaagse kunst gewijde ruimte. Het oude museum, nu* **Tate Britain** *genoemd, richt zich voortaan op de Britse kunst van de 16e eeuw tot het einde van de jaren 1990.*

Tweede golf: 53e les

Honderdenderde les

Een snelle promotie

1 – Stel je voor, ik begin mijn nieuwe job over veertien dagen!
2 – Laat me je een verhaal vertellen dat ik gehoord heb van een vriend van me.

3 Bezit of verwantschap uitdrukken, kan in het Engels met een zelfstandig gebruikt bezittelijk voornaamwoord: **Brenda's a cousin of mine**, *Brenda is een nicht van me* of met een genitief als een eigennaam gebruikt wordt i.p.v. een persoonlijk voornaamwoord: **Brenda's a cousin of Sheila's**, *Brenda is een nicht van Sheila*.

One hundred and third lesson

3 Some people are born lucky. Listen to this.
4 A teenager [4] joined a big company as a junior clerk
5 just after leaving school, about a year and a half [5] ago.
6 Last week, the chairman called him into his office.
7 He told the kid he'd been watching his progress [6] with interest
8 and that there was a senior post to be filled.
9 He said he had decided to take a gamble.
10 He then offered the job of managing director to this eighteen-year-old [7]!
11 The young lad was amazed. He didn't know what to say.
12 Once [8] he'd recovered from the shock, he made a great effort.

Uitspraak

4 ... **tien**eejdzje ... **dzjoe**nje kla-ak **6** ... **tsjè**emen ...
10 ... **mæ**nedzjing ... **11** ... læd ... e**mee**jzd ... **12** ... ri**kü**ved ...
sjok ... **è**fet

Opmerkingen

4 A teenager, *een tiener*; tussen 13 en 19 jaar is die jongere **in his/her teens** (thirteen, fourteen, etc.). Er is ook bijvoeglijk gebruik: **teenage** (zonder -r), bv. **teenage fashion**, *tienermode*. Nu nog het werkwoord...

5 Let op het onbepaald lidwoord in constructies met **quarter**, **half** of **three quarters**: He arrived an hour and a quarter / an hour and a half ago, *Hij is een uur en een kwartier / anderhalf uur geleden aangekomen*.

6 Het niet-telbare naamwoord **progress**, *vooruitgang, vordering(en)* kwam u al in les 43, zin 6 tegen: **You've made great progress**, *Je hebt enorme vorderingen gemaakt*.

3 Sommige mensen zijn voor het geluk *(gelukkig)* geboren. Luister hiernaar.
4 Een tiener ging aan de slag *(sloot aan)* bij een groot bedrijf als gewone *(junior)* kantoorbediende,
5 maar net van *(verlatend)* school, ongeveer anderhalf jaar *(een jaar en een half)* geleden.
6 Vorige week riep de voorzitter hem in zijn kantoor.
7 Hij vertelde de jongen dat hij zijn vooruitgang met interesse gadegeslagen had
8 en dat er een belangrijke betrekking *(senior post)* te bekleden *(vullen)* was.
9 Hij zei dat hij besloten had om een gok te wagen *(nemen)*.
10 Daarna bood hij deze achttienjarige *(achttien-jaar-oud)* de functie van algemeen directeur aan!
11 De jonge knul stond versteld. Hij wist niet wat te zeggen.
12 Zodra hij van de schok bekomen was, deed *(maakte)* hij een grote inspanning.

7 In les 86, opm. 8 maakten we kennis met constructies als **an eighteen-year-old girl,** *een 18-jarig meisje.* Hier maken we van het bijvoeglijk naamwoord een zelfstandig naamwoord: **She's an eighteen-year-old,** *Ze is een 18-jarige.* De meervoudsvorm hierbij is een regelmatige eind-**s**: **two eighteen-year-olds.**

8 Het woord **once** kwamen we meermaals tegen, nl. in de betekenis van *eenmaal, één keer, eens* (les 50), *ooit* (les 54) en nu is *zodra* een passende vertaling: **I'll do the washing up once I've finished my book,** *Ik doe de afwas zodra ik mijn boek uit heb.*

13 He looked [9] the chairman straight in the eye [10], opened his mouth and said:

14 "Thank you, dad."

14 ... dæd

Opmerkingen

9 **To look,** een werkwoord dat veelvuldig is opgedoken, met verschillende voorzetsels, waardoor de betekenis een weinig of helemaal verandert. Waarom eens geen lijstje opmaken...

10 **He looked me straight in the eye** (of **in the face**) **and said "no"**, *Hij keek me recht aan* (in "het oog" of "het gezicht") *en zei "nee"*. Er zijn wel meer uitdrukkingen met **eye** of **eyes**, bv.: **She was so beautiful that he couldn't take his eyes off her**, *Ze was zo mooi dat hij z'n ogen niet van haar kon afhouden*.

***

Exercise 1 – Translate

❶ He called me into his office, looked me straight in the eye and asked my advice. ❷ I've decided to take a gamble and make him managing director. ❸ I'm amazed! You're so smart! I don't know what to say! ❹ I'll do the washing-up once I've finished this lesson. ❺ Just listen to this! They've given the job to a twenty-year-old.

13 Hij keek de voorzitter recht in de ogen *(oog)*, opende zijn mond en zei:
14 "Dank je, papa."

***

Oplossing van oefening 1

❶ Hij riep me in zijn bureau, keek me recht in de ogen en vroeg mijn advies. ❷ Ik heb besloten om een gok te wagen en hem tot algemeen directeur te benoemen. ❸ Ik sta versteld! Je bent zo slim! Ik weet niet wat te zeggen! ❹ Ik doe de vaat zodra ik klaar ben met deze les. ❺ Moet je luisteren! Ze hebben de baan aan een 20-jarige gegeven.

Exercise 2 – Fill in the missing words

① Ze zei me dat ze mijn vooruitgang met belangstelling gade-geslagen had.
She .... me .... with interest.

② Ze was zo mooi dat hij z'n ogen niet van haar kon afhouden.
She was so beautiful that he ....

③ Wanneer is hij van school gegaan? – Ongeveer anderhalf jaar geleden.
When ... . school? – About ....

④ Jean is een vriendin van me. – Ze is ook een nicht van Brenda.
Jean's . ... – She's also ....

⑤ Zodra ze klaar waren met hun middagmaal, betaalden ze de rekening en vertrokken.
.... lunch, they .... and .....

Oplossing van oefening 2

❶ – told – she'd been watching my progress – ❷ – couldn't take his eyes off her ❸ – did he leave – a year and a half ago ❹ – a friend of mine – a cousin of Brenda's ❺ Once they'd finished – paid the bill – left

*De Engelse taal kreeg, net als het Nederlands, te maken met een maatschappelijke evolutie waarbij typisch mannelijke (en in zeldzame gevallen vrouwelijke) bezigheden voor het andere geslacht gingen openstaan. Bijgevolg moesten woorden eindigend op **-man**, zoals **chairman** (voorzitter), **policeman** (politieman) en **fireman** (brandweerman) plaats ruimen voor "neutrale" synoniemen: **police officer**, **firefighter** en **chair**. Daar discriminatie op grond van geslacht bij wet verboden is, zijn de media min of meer verplicht nieuwe termen te gebruiken. De man in de straat – sorry: de persoon in de straat – geeft in zijn taalgebruik dienaangaande echter niet altijd blijk van evenveel gevoeligheid. Toch dient gezegd dat dergelijke evoluties heel vaak noodzakelijk zijn om incongruenties als **a woman policeman** te voorkomen!*

*Engels heeft dus, anders dan Nederlands, geen probleem met mannelijke/vrouwelijke beroepsnamen, dus met woorden als **doctor**, **manager**, **nurse** (verpleger/verpleegster), die zowel voor mannen als vrouwen gelden.*

Tweede golf: 54e les

One hundred and fourth lesson

Renting a car

1 – Let's rent a car while we're [1] in the Lake District.
2 – Brenda said that she'd lend us hers.
3 – Yeah, I know, but I'd much prefer [2] to be independent.
4   Hello, Bert's Rentals? I'd like to hire [3] a car for the Easter weekend.
5 – Certainly sir. What category are you interested in [4]?
6 – The least expensive. And I'd rather have an automatic.
7 – I'm sorry but we only have manuals in Category A.

Uitspraak
1 … rènt … 3 … prife-e … indipèndent 4 … be-ets rèntelz … haje … 5 … kæteGerie … 6 … o-otemætik 7 … mænjoe-elz …

Opmerkingen

1 Als bijwoord van tijd betekent **while** *terwijl*: **Let's go to the National Gallery while we're in London next week,** *Laten we het Nationaal Kunstmuseum bezoeken terwijl we volgende week in Londen zijn.* **A while** is *een tijd(je), een poos(je), even(tjes).*

2 **Much** klinkt eleganter dan **really** in combinatie met **prefer** of **rather**: **I'd much rather visit the Tate,** *Ik zou veel liever het Tate bezoeken.*

3 **To hire**, *huren*: **Can I hire skiing equipment in Scotland?**, *Kan ik ski-uitrusting huren in Schotland?*; of *aanwerven* (les 83): **The company's just hired three sales representatives,** *Het bedrijf heeft net drie (verkoop)vertegenwoordigers aangeworven.* M.b.t. huren is het eerder

Honderdenvierde les

Een auto huren

1 – Laten we een auto huren terwijl we in het Lake District zijn.
2 – Brenda zei dat ze ons de hare zou lenen.
3 – Ja, ik weet het, maar ik zou veel liever onafhankelijk zijn.
4   Hallo, Bert's Rentals *(Berts Verhuringen)*? Ik zou een auto willen huren voor het paasweekend.
5 – Zeker, meneer. In welke categorie bent u geïnteresseerd?
6 – De minst dure. En ik zou liever een [met] automatische [versnellingen] hebben.
7 – Het spijt me, maar we hebben alleen manuele in Categorie A.

Amerikaanse **to rent** ingeburgerd geraakt: **We can rent a car for a whole week**, *We kunnen een auto huren voor een hele week*. (*Aanwerven* kan evenwel niet door **to rent** vertaald worden.) Ten slotte is er **"To Let"**, de tekst op het bordje of de affiche aan het raam van een pand dat *"Te huur"* staat.

4 Even herhalen dat in gesproken Engels de Britten geneigd zijn om een voorzetsel aan het einde van de zin te zetten: **This is the type/kind of art** (*type/soort van kunst, kunstgenre*) **I'm interested in** i.p.v. het "zwaardere" (maar correcte) **the type/kind of art in which I am interested**.

8 However, we have a special promotional offer for public holidays [5].
9 It includes three days' [6] rental, insurance and unlimited mileage.
10 And no additional charges for extras like roof racks or child seats.
11 – What documents do I need to show?
12 – A full, valid UK [7] driver's licence, which must be clean.
13 – What about payment. Can I pay on line?
14 – Yes you can. We accept all major credit cards.

8 hawève ... premoo^wsjenel ... 9 ... inkloedz ... rèntel insjoerens ... ünlimitid majlidzj 10 ... edisjenel ... èkstrez ... roef ræks ... 11 ... dokjoements ... 12 ... vælid joekeej ... 13 ... peejment ... 14 ... krèdit kaadz

Opmerkingen

5 A public holiday, *een feestdag*: **26th December is a public holiday in Britain**, *26 december is een feestdag in Groot-Brittannië.* Kent u de **bank holidays** nog? Blader eventueel terug naar les 38, zin 2 en culturele opmerking.

6 Let op de genitief in bepaalde uitdrukkingen van tijd of duur, bv.: **three days' rental**, *"huur voor 3 dagen"*; **Have you seen today's paper?**, *Heb je de krant van vandaag gezien?*; **They're taking a three weeks' holiday**, *Ze nemen drie weken vakantie.* U merkt dat dit in het Nederlands op verschillende manieren kan weergegeven worden.

Honderdenvierde les / 104

8 We hebben echter een speciaal promotie-aanbod voor feestdagen.
9 Het omvat [de] huur voor drie dagen, verzekering en onbeperkte kilometrage.
10 En geen bijkomende kosten voor extra's zoals [een] bagagerek *(dak-)* of kinderzitjes.
11 – Welke documenten moet ik voorleggen *(tonen)*?
12 – Een geldig Brits rijbewijs B *(volledig)*, zonder veroordelingen *(dat net moet zijn)*.
13 – Wat betaling betreft... Kan ik online betalen?
14 – Ja, hoor. We aanvaarden alle belangrijke kredietkaarten.

7 In les 33 vermeldden we al de afkorting **UK *[joekeej]*** voor **United Kingdom**: **They no longer live in the UK**, *Ze wonen niet langer/meer in het Verenigd Koninkrijk*. Het wordt ook bijvoeglijk gebruikt: **You need a UK driver's licence**, *U moet een Brits rijbewijs hebben*. Neem het niet meteen zelf in de mond (het is niet in alle milieus gebruikelijk).

five hundred and twelve • 512

Exercise 1 – Translate

❶ Can we hire skiing equipment in Scotland? – Yes you can. ❷ Are there any additional charges for extras like roof racks or child seats? ❸ Can I pay on line? – Yes you can. And we also accept major credit cards. ❹ What category of car do you want? – The least expensive but I'd much prefer a manual one. ❺ We always rent a car while we're on holiday because we'd rather be independent.

***

Exercise 2 – Fill in the missing words

❶ Dit is het kunstgenre waarin ik werkelijk geïnteresseerd ben.
This is the type of art … really … … … .

❷ We zouden veel liever hebben dat jullie onafhankelijk zijn.
… … … … to be … … .

❸ Brenda zei dat ze ons haar auto zou lenen.
Brenda … … … … .. her car.

❹ Zou u liever een manuele of een automatische hebben? – Dat maakt me niet uit.
… … … have a manual or an automatic?
– I don't … .

❺ Heb je de krant van vandaag gezien? – Nee, nog niet.
… … … … paper? – No, … … .

Honderdenvierde les / 104

Oplossing van oefening 1
❶ Kunnen we skiuitrusting huren in Schotland? – Ja. ❷ Zijn er bijkomende kosten voor extra's zoals bagagerekken of kinderzitjes? ❸ Kan ik online betalen? – Ja. En we aanvaarden ook de courante kredietkaarten. ❹ Welke categorie van wagen wilt u? – De minst dure, maar ik zou wel liever een manuele hebben. ❺ We huren altijd een auto terwijl we met vakantie zijn, omdat we liever onafhankelijk zijn.

***

Oplossing van oefening 2
❶ – I'm – interested in ❷ We'd much prefer you – independent ❸ – said she would lend us – ❹ Would you rather – mind ❺ Have you seen today's – not yet

*Nog een woordje over rijden in Groot-Brittannië. U komt er ongetwijfeld voertuigen tegen met een rode **L** op een wit bordje. Het gaat om automobilisten in opleiding (de **L** staat voor **Learner**, leerling). Om hun rijbewijs te halen, hebben ze de keuze: de (niet verplichte) autorijschool, een voorlopig rijbewijs (**provisional licence**) en een voertuig besturen onder begeleiding van iemand die z'n "eigenlijke" rijbewijs (**full licence**) al heeft, tot hij meent klaar te zijn om het rijexamen af te leggen. Zodra het rijbewijs in zicht is, kan de bestuurder, desgewenst, platen (**plates**) met een groene **P** (**probationary**, op proef) aanbrengen. Deze **P plates** zijn niet verplicht.*
*Met betrekking tot overtredingen van het verkeersreglement (**highway code**) heeft Groot-Brittannië een strafpuntensysteem ingevoerd, waarbij **penalty points** (strafpunten) opgeteld worden. Dus **a clean licence** is een zuiver rijbewijs van iemand bij wie geen overtredingen werden vastgesteld.*

U hebt wellicht opgemerkt dat in de vertalingen steeds meer haakjes weggelaten worden, en dat we in de oefeningen uitdrukkingen verwerken die een tijd geleden aangeboden werden; het eerste om uw taalvaardigheid aan te scherpen, het tweede om u (zo nodig) deze wendingen in herinnering te brengen.

Tweede golf: 55e les

five hundred and fourteen

One hundred and fifth lesson

Revision – Herhaling

1 Passieve vorm

Op dit punt is de gelijkenis met het Nederlands niet veraf, hoewel in het Engels een vorm van **to be** nodig is, waar het Nederlands veelal voor *worden* kiest:

The Romans built the bridge.
De Romeinen bouwden de brug.
→
The bridge was built by the Romans.
De brug werd gebouwd door de Romeinen.

Ontkennende en vragende zinnen volgen de basisregels, **not** resp. inversie:
The bridge was not built by the Romans.
De brug werd niet gebouwd door de Romeinen.
Was the bridge built by the Romans?
Werd de brug gebouwd door de Romeinen?

De passieve vorm kennen, is belangrijk omdat hij gebruikt wordt voor een "onpersoonlijke" wending, vooral wanneer het agens onbekend of onbelangrijk is:
I've been asked to play next week.
Ik werd / Er werd me / Men heeft me gevraagd om volgende week te spelen.
Her watch has been stolen.
Haar horloge werd gestolen.

Het komt ook veel voor in vormelijk taalgebruik, bv. in een winkel:
Are you being served?
Wordt u al bediend/geholpen?
en wanneer het publiek aangesproken wordt via een bord:
Dutch spoken (verkorting van Dutch **is spoken**)
We spreken Nederlands.

Honderdenvijfde les

Smoking prohibited (verkorting van **Smoking is prohibited**)
Verboden te roken.
Keys cut while you wait,
Wij maken uw sleutels terwijl u wacht (les 83, opm. 2).

Passieve constructies zijn heel gebruikelijk in technische of wetenschappelijke teksten, wanneer de handeling van groter belang is dan het agens:
A flask was placed on the desk. Another flask was placed on top of it. A little water was poured into the first flask and the weight was measured.
Een flesje werd op de werktafel gezet. Een ander flesje werd erbovenop gezet. Er* werd wat water in het eerste flesje gegoten en het gewicht werd gemeten.
(* Merk op dat dit soort er-constructies in het Engels niet voorkomt.)

2 *Past perfect* (voltooid verleden tijd)

Deze wordt, voor alle personen, gevormd met de verleden tijd van **to have (had)** + het voltooid deelwoord van het hoofdwerkwoord (zie het als de verleden tijd van de **present perfect**):

Damn, the ferry has just left!
Verdorie, de ferry is net vertrokken! (present perfect)
When I arrived, the ferry had just left.
Toen ik aankwam, was de ferry net vertrokken. (past perfect)

Met de **past perfect** heeft men het over een in het verleden voltrokken handeling:
We took the smartwatch back to the shop where we had bought it.
We brachten de smartwatch terug naar de winkel waar we hem gekocht hadden.
I gave her the present I had bought on Tuesday.
Ik gaf haar het cadeau dat ik dinsdag gekocht had.

De progressieve vorm wordt meestal samen met **for** of **since** gebruikt, net als bij de **present perfect**:
I had been living in London for three years before I went to an art gallery.
Ik woonde al drie jaar in Londen voor ik naar een kunstgalerij/ -museum ben gegaan.

De **past perfect** is van toepassing wanneer het hoofdwerkwoord geen progressieve vorm heeft (les 42, punt 1):
We had known them for donkey's years.
We kenden hen al jàren.

Ontkennende en vraagzinnen worden gevormd met **not** resp. inversie:
When I got back from the shops, he still hadn't moved.
Toen ik terugkeerde van de winkels, had hij nog steeds niet bewogen.
Had you worked in a big company before you joined ComSys?
Had u al in een groot bedrijf gewerkt voor u bij ComSys aan de slag ging?

Een vraag in de ontkennende vorm kan, maar wordt in de omgang zelden gesteld.

De **past perfect** is belangrijk omdat hij van toepassing is in twee heel courante constructies: de verleden tijd van de voorwaardelijke wijs (zie hieronder) en de indirecte rede (die al even aan bod kwam en volgende week de nodige aandacht krijgt).

3 Verleden tijd van de voorwaardelijke wijs

• Deze wordt voor alle werkwoorden, behalve de modale, gevormd met het voorwaardelijke hulpwerkwoord **would** + **have** + voltooid deelwoord van het hoofdwerkwoord. We geven u twee voorbeelden, een met een regelmatig en een met een onregelmatig werkwoord:
We would have invited her.
We zouden haar uitgenodigd hebben.
I would have bought that painting.
Ik zou dat schilderij gekocht hebben.

Let op: zelfs als de vervoeging in het Nederlands met "zijn" gebeurt, geldt in het Engels **to have**:
We would have come.
We zouden gekomen zijn.

• Ontkennende en vragende zinnen zijn alweer makkelijk te vormen:
I wouldn't have invited her.
Ik zou haar niet uitgenodigd hebben.
Would you have bought that album?
Zou jij dat album gekocht hebben?
Wouldn't he have been ideal for the movie?
Zou hij niet ideaal geweest zijn voor de film?

• Voegen we er een bijzin ingeleid met **if** aan toe, dan moet het werkwoord in deze bijzin in de **past perfect** staan:
I would have bought that painting if I had been rich.
Ik zou dat schilderij gekocht hebben als in rijk was geweest.
We would have come if you had invited us.
We zouden gekomen zijn indien je ons had uitgenodigd.

• Met de verleden tijd van de voorwaardelijke wijs speculeert men op een hypothetisch gebeuren:
We wouldn't have had an accident if you had stopped at the roundabout.
We zouden geen ongeval gehad hebben als je gestopt was aan de rotonde.

We wijzen erop dat **should** eveneens mogelijk is in deze context:
You should have stopped at the roundabout.
Je had moeten stoppen aan de rotonde.

4 Veronderstellen (vormen in de verleden tijd)

We weten dat **may** een mogelijkheid uitdrukt (les 72, opm. 8), net als **might** (waar de mogelijkheid iets twijfelachtiger is; zie les 78, opm. 7). Met deze werkwoorden en met **could** kunnen ook veronderstellingen geformuleerd worden:

The artist could be trying to express his loneliness.
Misschien tracht de artiest wel zijn eenzaamheid uit te drukken.
Could kan vervangen worden door **may**:
The artist may be trying to express his loneliness.

Is de mogelijkheid subtieler, dan gebruiken we **might**:
It might be a Hirst, *Het zou een Hirst kunnen zijn.*
Is men er helemaal niet zeker van, dan kan **even** toegevoegd worden:
It might even be a Picasso, *Het zou zelfs een Picasso kunnen zijn.*

In het verleden geeft dit:
The artist could have been trying to express his loneliness.
The artist may have been trying to express his loneliness.
The artist might have been trying to express his loneliness.
The artist might even have been trying to express his loneliness.

In deze context kan **might have** in de verleden voorwaardelijke wijs, daar het een speculatie betreft:
If you hadn't started that company, we might have been rich.
Als je dat bedrijf niet had opgestart, zouden we misschien rijk geweest zijn.

Laat u maar niet van de wijs brengen door deze ingewikkelde structuren met **have had, might have been,** enz. Belangrijk is dat u de basisconstructie beheerst. Van daaruit kunt u dan min of meer complexe zinnen afleiden. (Denk maar niet dat een "echte" Engelstalige nooit fouten tegen de grammatica maakt!)

5 Telbaar en niet-telbaar

Dit onderscheid is voor ons Nederlandstaligen niet zo moeilijk:

I need some information. My luggage is still in Leeds and I have no news of it. Have you made any progress?
Ik heb (wat) informatie nodig. Mijn bagage bevindt zich nog in Leeds en ik heb er geen nieuws over. Hebt u vooruitgang geboekt?

Honderdenvijfde les / 105

Let me give you some advice: don't put fruit on the furniture. It will leave a mark. And your hair is too long!
Laat me je (wat) raad geven: leg geen fruit op de meubels (het meubilair). Het zal een spoor achterlaten. En je haar is te lang!

De rode woorden zijn in het Engels niet-telbaar, d.w.z. dat men niet kan zeggen "een meubilair", "een fruit",...

Eén stuk aanduiden, kan met bv. **a piece of: a piece of fruit, a piece of furniture, etc.,** hoewel meestal het zelfstandig naamwoord op zich of met **some/any** volstaat:
Do you have any luggage, sir?
Hebt u bagage, meneer?

Bepaalde Engelse woorden op **-s** komen overeen met een Nederlandse enkelvoudsvorm, denk maar aan kledingstukken als **trousers, shorts, etc.** (les 54, opm. 2). Ze staan met een werkwoord in de meervoudsvorm:
My trousers are dirty.
Mijn lange broek/pantalon is vuil.
Where are my black tights?
Waar ligt mijn zwarte panty?

Er zijn ook woorden zoals **news**,
of bepaalde spelen zoals **billiards** (*biljart*), **darts** (*pijltjeswerpen*), **dominoes** (*domino*)
en vooral "disciplines" op **-ics: mathematics** (*wiskunde*), **ergonomics** (*ergonomie*),... die in het enkelvoud vervoegd worden.

Een aantal benamingen (enkelvoudsvorm) van inrichtingen zoals de politie, de regering, enz., staan doorgaans met een werkwoord in het meervoud:
I'll wait until the police have talked to you!
Ik wacht wel tot de politie met u heeft gesproken!
The government are promising new measures to fight crime.
De regering belooft nieuwe maatregelen om misdaad te bestrijden.
Maar het kan ook met een enkelvoudsvorm...

Revision dialogue

1 – Let's go to the National Gallery while we're in London next week.
2 – That's not the kind of art I'm interested in. It's too old.
3 – Too old? It was founded in 1824. That's not old.
4 – I've been there before and I didn't like it. I much prefer the Tate Modern.
5 – You should have gone last week; there was a fabulous exhibition.
6   There was one painting I wanted to see, but I couldn't find it anywhere.
7   I asked a young guy, but he was as lost as I was.
8   In fact, he told me that he'd been looking for it for two hours.
9   I was amazed. I didn't know what to say.
10 – I wonder where it was.
11 – Actually, it might have been in another exhibition.
12 – Anyway, the National is one of the world's most fascinating galleries.

Vertaling

1 Laten we naar de National Gallery gaan terwijl we in Londen zijn volgende week. **2** Dat is niet het kunstgenre waarin ik ben geïnteresseerd. Het is te oud. **3** Te oud? Het werd gesticht in 1824. Dat is niet oud. **4** Ik ben er al geweest en ik vond het niet leuk. Ik heb veel liever het Tate Modern. **5** Je had vorige week moeten gaan; er was een fantastische tentoonstelling. **6** Er was één schilderij dat ik wou zien, maar ik kon het nergens vinden. **7** Ik vroeg het een jongeman, maar hij was net zo verdwaald als ik. **8** Hij vertelde me dat hij het eigenlijk al twee uur had lopen zoeken. **9** Ik stond versteld. Ik wist niet wat te zeggen. **10** Ik vraag me af waar het was. **11** Nou, misschien was het wel op een andere tentoonstelling. **12** Hoe dan ook, het National is een van de meest boeiende musea ter wereld.

Tweede golf: 56e les

In de laatste vijf lessen zullen we u een paar aanwijzingen geven die u moeten helpen uw studie voort te zetten. Traditiegetrouw stellen we hiervoor geen saaie lijst met te leren zaken op, maar proberen we u in de goede richting te duwen.
Om uw geheugen op te frissen en de verworven basis te consolideren,

One hundred and sixth lesson

It's so good to see you again!

1 – Brenda! It's so good to see you again. You look fabulous!
2 – So do you. [1] You're as pretty as ever. Hi Simon.
3   Make yourselves at home [2]. You're sleeping upstairs [3] in my room.
4   There are clean sheets [4] and towels on the bed.

 Uitspraak
*3 ... üp**stè**ez ... 4 ... klien sjiets ... **ta**welz ...*

 Opmerkingen

1 U herinnert zich de wending met **so** + hulpwerkwoord + persoonlijk voornaamwoord als equivalent van ons "ik/jij/... ook" (zie les 52, opm. 3). Let er steeds op dat het hulpwerkwoord moet aansluiten bij de tijd van het werkwoord in de zin die beantwoord wordt: **I'm tired. – So am I** (*Ik ben moe. – Ik ook*) → **I was tired. – So was I** (*Ik was moe. – Ik ook*). Gebruikt uw gesprekspartner een ander werkwoord dan **to be**, dan volgt het hulpwerkwoord **to do** in de passende tijd: **She went to Leeds University. – So did I** (*Ze is naar de universiteit van Leeds gegaan. – Ik ook*). Om u te helpen bij deze toepassing, hebben we een extra oefening voorzien. Voor de ontkennende vorm, zie opm. 11 verderop.

2 Met **to feel at home** bedoelt men *zich thuis*, dus *op z'n gemak voelen*: **She feels at home in England**, *Ze voelt zich goed in Engeland*; **He feels totally at home in Russian**, *Hij is helemaal op z'n gemak in het Russisch* (figuurlijk gebruik kon ook met het voorzetsel **with**: **He feels totally at home with Russian**).

komen elementen die u in de loop van deze cursus aanleerde opnieuw aan bod.
Uw laatste studieweek is aangebroken en daarbij hebt u alleen nog maar wat "steun" nodig. Ga ervoor...

Honderdenzesde les

Het is zo fijn om je terug te zien!

1 – Brenda! Het is zo fijn om je terug te zien. Je ziet er stralend uit!
2 – Jij ook. Je bent *(even)* mooi als altijd. Hoi, Simon.
3 Doen jullie maar of je thuis bent. Jullie slapen boven in mijn kamer.
4 Er liggen schone lakens en handdoeken op het bed.

Met **Make yourself/yourselves at home** nodigt men z'n gast(en) uit het zich comfortabel te maken, zich thuis te voelen.

3 **A stair**, *een (trap)trede*. Het komt vooral in het meervoud voor: **I met her on the stairs**, *Ik kwam haar tegen op de trap*; of in samenstellingen zoals **a staircase**, *een trap* (*een roltrap* is **a moving staircase** of vlotter **an escalator**), **upstairs**, *boven aan de trap, naar/op de bovenverdieping* of kortweg *boven*: **He ran upstairs**, *Hij liep naar boven*; **My upstairs neighbours are very noisy**, *Mijn bovenburen zijn heel luidruchtig*. Het tegengestelde is **downstairs**: **He ran downstairs; My downstairs neighbours are very noisy.**

4 **A sheet**, *een laken*. Spreek het uit als *[sjiet]*, met een lange *[ie]*, want met een korte zou u **shit** zeggen, wat letterlijk *stront* betekent en als uitdrukking overeenkomt met ons *Verd...!* (Weet dat **a sheet** ook voor *een blad* of *vel papier* staat.)

five hundred and twenty-four • 524

5 I'll take the spare room. I'm used to sleeping [5] on the couch.

6 Right, you wash and change while I pop out [6] to the shops.

7 Then we'll have lunch and you can [7] give me all your news.

8 *(One hour later)* It's such a fine day. Let's eat outside and make the most of [8] the sunshine.

9 We'll put the table and chairs under the tree at the bottom of the garden.

10 Simon, will you fetch [9] the knives and forks? And some plates, too.

*5 ... kautsj   6 ... **pop** aut ...   8 ... aut**sajd** ... **sün**sjajn*
*9 ... **tsjè**ez ... trie ... **bo**ttem ...   10 ... **fè**tsj ... najvz ... fo-oks ... pleejts ...*

Opmerkingen

5 U kent de constructie **used to** + infinitief voor een niet meer bestaande situatie of gewoonte uit het verleden (les 61, opm. 3). Hier wordt **to be used to** + gerund gebruikt m.b.t. een activiteit, *het gewoon zijn om...*: **They're used to working at weekends**, *Ze zijn het gewoon om in het weekend te werken*; m.b.t. een zaak kan de **gerund** vervangen worden door een naamwoord: **She's not used to her new glasses**, *Ze is haar nieuwe bril niet gewoon*. Om het onderscheid te maken tussen deze twee structuren met **used to** gaat u op zoek naar een vorm van **to be**: **I used to live in London**, *Ik woonde vroeger in Londen,* maar **I'm used to living in London**, *Ik ben het gewoon om in Londen te wonen*.

6 **Pop** is een onomatopee, zoals "plof", voor een kort, hevig geluid, bv. bij het openmaken van een fles champagne: **He opened the champagne with a loud "pop"**; of bij het poffen van *mais* (**corn**) om er **popcorn** van te maken. In een werkwoordsvorm met een voorzetsel gaat **to pop** altijd gepaard met snelheid: **I'll just pop out to the shops**, *Ik snel even naar de winkels*; **She said she'd pop in and see us tomorrow**, *Ze zei dat ze morgen even bij ons zou binnenwippen*.

Honderdenzesde les / 106

5 Ik neem de logeerkamer wel. Ik ben het gewoon om op de sofa te slapen.
6 Goed, jullie frissen je op *(wassen)* en kleden je om terwijl ik naar de winkels snel *(uit wip)*.
7 Daarna lunchen we en kunnen jullie me al jullie nieuws geven.
8 (*Een uur later*) Het is zo'n mooie dag. Laten we buiten eten en zoveel mogelijk genieten *(het meeste maken)* van de zon*(neschijn)*.
9 We zullen de tafel en stoelen onder de boom achterin *(op de bodem van)* de tuin zetten.
10 Simon, haal jij de messen en vorken? En ook borden.

(**In pop music** heeft **pop** niets te maken met het tempo van de liedjes noch met de snelheid waarmee de sterren rijk worden; het is gewoon een verkorting van **popular**.)

7 We'll go to Portsmouth next week and you can visit the "Victory", *We gaan volgende week naar Portsmouth en dan kunnen jullie de "Victory" bezoeken,* dus met **can** in een zin in de toekomende tijd: uit les 75, opm. 7 weten we dat **to be able to** als infinitief van **can** fungeert, maar m.b.t. een bepaald moment in de toekomst kan dat "in staat zijn om te" met **can** uitgedrukt worden.

8 **To make the most of** is een handige uitdrukking voor *het beste maken van, zijn voordeel doen met, zo veel mogelijk profiteren van*: **They made the most of their short visit,** *Ze haalden het maximum uit hun bezoekje;* **Make the most of the hot weather; it won't last,** *Profiteer zoveel mogelijk van het warme weer; het zal niet blijven duren.*

9 **To fetch** drukt zowel het *halen* als het *brengen* van iets/iemand uit: **I'll fetch the mail,** *Ik zal de post halen;* **Zack fetched me from the Tube station,** *Zack bracht me terug van het metrostation.*

five hundred and twenty-six • 526

11 – Which ones shall I bring?
12 – The ones on the bottom shelf in the cupboard. The striped ones.
13 There's cold lamb and pasta salad. Help yourselves.
14 There's no wine, but you can have some beer instead [10].
15 – I'm not used to drinking at lunchtime.
16 – Neither am I [11], but this is a special occasion. Cheers! [12]

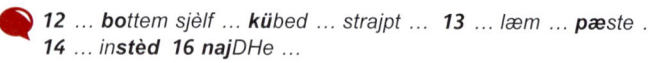

*12 ... **bo**ttem sjèlf ... **kü**bed ... strajpt ... 13 ... læm ... **pæ**ste ... 14 ... in**stèd** 16 **naj**DHe ...*

Aanwijzing bij de uitspraak
(16) Neither wordt gewoonlijk uitgesproken als *[najDHe]*, maar in sommige streken in Groot-Brittannië en in de Verenigde Staten klinkt het als *[nieDHe]*.

 Opmerkingen

10 Instead, *in (de) plaats (van)* kan op zich gebruikt worden en staat dan meestal voor- of achteraan de zin: **Water is bad for you; drink lager instead**, *Water is slecht voor je; drink in de plaats lager*. Instead kan ook gebruikt worden met **of** + gerund: **Let's go to the movies instead of going to work**, *Laten we naar de bioscoop gaan in plaats van naar het werk te gaan*; of met een naamwoord of persoonlijk voornaamwoord: **Beverley came instead of Laura**, *Beverley kwam in de plaats van Laura*.

11 In opm. 1 hadden we "ik/jij/... ook" en hier de ontkennende vorm, waarvoor dezelfde regels gelden: **I'm not tired. – Neither am I** (*Ik ben niet moe. – Ik ook niet*); **We didn't like the food. – Neither did we** (*We vonden het eten niet lekker. – Wij evenmin*). Tot straks in de extra oefening!

Honderdenzesde les / 106

11 – Dewelke zal ik [mee]brengen?
12 – Die op de onderste legplank in de kast. De gestreepte.
13 Er is koud lamsvlees en pastasalade. Tast toe.
14 Er is geen wijn, maar je kan in de plaats bier nemen.
15 – Ik ben het niet gewoon om 's middags *(lunchtijd)* te drinken.
16 – Ik ook niet, maar dit is een speciale gelegenheid. Gezondheid!

12 In de culturele opmerking in les 17 zagen we de uitdrukking **Cheers!** bij het toosten: *Gezondheid!* **To cheer** betekent *(toe)juichen*: **The fans cheered as the team got off the plane**, *De fans juichten toen de ploeg uit het vliegtuig kwam*. Typisch voor een Amerikaanse voetbalmatch is de aanwezigheid van **cheer leaders**, *aanvoerders* (meestal *aanvoersters*) die het publiek aanmoedigen om de eigen club toe te juichen. In de omgangstaal kan men met **Cheers** ook bedanken: **Cheers mate**, *Bedankt, makker*; of afscheid nemen: **Right I'm off. Cheers**, *Goed, ik ben weg. Dààg!* (zie les 71, opm. 9).

five hundred and twenty-eight • 528

Exercise 1 – Translate

① Make yourself at home while I pop out to the shops.
② We're only here for a few days, so we'll make the most of it. ③ Dave couldn't fetch me at the airport so Sally came instead. ④ Bring the plates from the kitchen, please. – Which ones? ⑤ My upstairs neighbours are having a party tonight but I don't mind: I'm used to noise.

***

Exercise 2 – Fill in the missing words

① Ik ben het gewoon om in Londen te wonen. – Werkelijk? Ik woonde daar vroeger, maar ik haatte het.

I'm .... in London. – Really? I .... there, but I ..... it.

② We gaan volgende week naar Nottingham en dan kan je het kasteel bezoeken.

.... Nottingham next week and ... ... the castle.

③ Geniet ten volle van het warme weer; het zal niet blijven duren.
.... the hot weather; it ....

***

Exercise 3 – Fill in the right short form

Voor vandaag voorzien we een derde oefening, nl. een op het vertalen van korte antwoorden zoals "ik/jij/... ook (niet)".

① We waren moe. – Wij ook.
We were tired. – .. ..

② Morgen zal ik niet gaan werken. – Ik ook niet.
I won't go to work tomorrow. – ....

③ We kunnen niet op de grond slapen. – Zij (mv.) evenmin.
We can't sleep on the floor. – ....

Oplossing van oefening 1

❶ Maak het je gemakkelijk terwijl ik even naar de winkels snel. ❷ We zijn hier maar een paar dagen, dus zullen we er het maximum uithalen. ❸ Dave kon me niet afhalen aan de luchthaven, dus is Sally in zijn plaats gekomen. ❹ Breng de borden mee uit de keuken, alsjeblieft. – Dewelke? ❺ Mijn bovenburen houden vanavond een feestje, maar dat stoort me niet: ik ben lawaai gewoon.

***

❹ Zet de tafel en stoelen onder de boom achterin de tuin.
... the table and chairs .... tree .. ..
the garden.

❺ Help jezelf aan salade. – Kan ik in plaats daarvan pasta hebben?
.... to salad. – Can I have some pasta
.......?

Oplossing van oefening 2

❶ – used to living – used to live – hated – ❷ We'll go to – you can visit – ❸ Make the most of – won't last ❹ Put – under the – at the bottom of – ❺ Help yourself – instead

***

❹ Je zag er moe uit gisteravond. – Jij ook.
You looked tired last night. – .. ..

❺ Ik kon hem niet helpen. – Zij (ev.) evenmin.
I couldn't help him. – ....

Oplossing van oefening 3 – Korte antwoorden

❶ – So were we ❷ – Neither will I ❸ – Neither can they ❹ – So did you ❺ – Neither could she

Tweede golf: 57e les

One hundred and seventh lesson

Gossip [1]

1 – Stella called me from Nottingham the day before yesterday [2].
2 I hadn't heard from her for ages. Not since she left university.
3 She said that she'd [3] been working as a nurse in Australia
4 but that she'd moved back [4] to Nottinghamshire and bought a house.

Uitspraak
Gossip 1 **stè**lle ... **no**ttingem ... 3 ... ne-es ... o-o**stree**jli-e 4 ... **no**ttingemsje ...

Opmerkingen

1 Gossip, *roddel, kletspraat*: **What's the latest gossip?**, *Wat zijn de laatste roddelverhalen?* **To gossip**, *roddelen, kletsen,* dus al dan niet pejoratief; **a gossip**, *een roddel/babbeltje* of *een roddelaar(ster)/kletskous*. Een gewaardeerd beroep in de Angelsaksische pers is dat van **gossip columnist**, *een journalist(e) die societynieuws vergaart*.

2 **The day before yesterday**, *eergisteren*: **I saw them the day before yesterday**, *Ik heb hen eergisteren gezien*. Bijgevolg is *overmorgen* **the day after tomorrow**: **We have an appointment with the new manager the day after tomorrow**, *We hebben overmorgen een afspraak met de nieuwe directeur*.

3 **She'd** is hier uiteraard de samengetrokken vorm met **had** (en niet met **would**). We hebben hier de **past perfect** voor de indirecte rede (les 105, punt 2). **She said: "I have moved back to Yorkshire"** → **She said (that) she had / she'd moved back to Yorkshire**. Kortom, **have/has** wordt **had** en **will** wordt **would**.

531 • five hundred and thirty-one

Honderdenzevende les

Roddel

1 – Stella belde me uit Nottingham eergisteren *(de dag voor gisteren)*.
2 Ik had al eeuwen niet[s] van haar gehoord. Niet[s] sinds ze van de universiteit verliet.
3 Ze zei dat ze als verpleegster had gewerkt in Australië,
4 maar dat ze was teruggekeerd naar Nottinghamshire en een huis had gekocht.

Blader terug naar les 56, punt 4 voor het verschil tussen **to say** en **to tell** en onthoud dat op **to tell** een persoonsbepaling moet volgen: **She said (that) she had moved back to Yorkshire** en **She told me (that) she had moved back to Yorkshire** (zie ook zin 4).

4 **To move** (les 68, opm. 3) + **back** (les 58, opm. 1) betekent letterlijk "terugverhuizen", dus eigenlijk *terugkeren*: **They moved back to York after ten years in Plymouth,** *Ze keerden terug naar York na 10 jaar in Plymouth.* U merkt dat alle elementen en structuren die u in enkele weken geleerd hebt nu een duidelijk geheel gaan vormen, dat alle puzzelstukjes hun plaats vinden... en dat is nu net natuurlijke assimilatie.

107 / One hundred and seventh lesson

5 I told her I was seeing you [5] this weekend and she sent you her love [6].

6 – I wonder what became of her sister, Anna. She was so clever [7].

7 – I asked her what Anna was up to [8], but she wouldn't [9] tell me.

8 The last I knew, she was working as an estate agent [10] in Nottingham.

9 I used to run into her from time to time in the "Trip to Jerusalem".

10 – I don't remember whether I told you in my letter, but I've got a job.

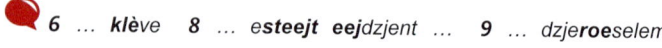

6 ... **klè**ve   8 ... e**steejt** **eej**dzjent ...   9 ... dzje**roe**selem

Opmerkingen

5 Doorgaans hebben werkwoorden die onvrijwillige zintuiglijke waarneming uitdrukken geen progressieve vorm, maar hier hebben we een uitzondering - zie les 42, punt 1.

6 In les 91, punt 1 zagen we het gebruik van **love**, *liefde* in hartelijke begroetingen; nog een voorbeeld: **I'm going to see my parents tomorrow. – Send** (of **give**) **them my love** (*Ik ga morgen op bezoek bij mijn ouders. – Doe hun hartelijke groeten van me*).

7 **Clever**, *knap, intelligent*. Angelsaksische woorden lijken affectiever dan die van Latijnse oorsprong: **She's an intelligent woman,** *Ze is een intelligente vrouw*, maar **a clever woman** is niet alleen intelligent, maar ook *schrander, geraffineerd*. Zo is ook **a clever child** *een begaafd kind*. Met betrekking tot een verhaal, film,... betekent **clever** *intelligent opgevat* of *scherpzinnig*: **Laura Wade's plays are very clever,** *De stukken van Laura Wade zijn ingenieus*. **Clever** is dus veeleer emotioneel dan intellectueel geladen. U hebt wellicht al ondervonden dat iemand met een wakkere geest ook heel ergerlijk kan zijn, vandaar dat **a clever Dick** *een wijsneus* of *betweter* is (net als de figuren in les 102, opm. 6).

Honderdenzevende les / 107

5 Ik heb haar verteld dat ik je dit weekend zag en ze vroeg me je hartelijke groeten te doen.
6 – Ik vraag me af wat er van haar zus, Anna, is geworden. Ze was zo intelligent.
7 – Ik heb haar gevraagd wat Anna zoal deed, maar ze wou het me niet vertellen.
8 Het laatste wat ik vernam *(wist)*, [is dat] ze als vastgoedmakelaar aan het werk was in Nottingham.
9 Vroeger kwam ik haar af en toe tegen in de "Reis naar Jeruzalem".
10 – Ik herinner me niet of ik het je in mijn brief heb verteld, maar ik heb werk.

---

8 Zie les 37, opm. 3.

9 In les 63, punt 1 leerden we dat met het hulpwerkwoord **will** (**would** in de verleden tijd) vastberadenheid uitgedrukt wordt. In de ontkennende vorm heeft die veel weg van een weigering: **I asked her but she wouldn't tell me**, *... maar ze wou het me niet vertellen* (d.w.z. ze weigerde); **The car won't start in cold weather**, *De auto zal/wil niet / weigert te starten bij koud weer*

10 **An estate**, *een terrein, gebied,...* : **His house stands in the middle of a huge estate**, *Zijn huis staat in het midden van een uitgestrekt domein*. A **housing estate** is *een woonwijk*, en **an industrial estate** is *een industrieterrein*. **An estate agent** is dus *een makelaar in onroerend goed*.

11 A proper [11] job, in an office. I start next week. Why are you laughing?
12 – I'm not laughing at [12] you. I'm just very happy for you.
13 – Are you two going to sit there gossiping all day? It's nearly dark!
14 – I like that! [13] You can never win with men, can you?
15 If you talk about other people, they call you a gossip.
16 And if you talk about yourself, they say you're self-centred!

*11 … pro*pe *… la-a*fing *13 … Go*ssiping *… 16 …* sèlf-**sèn**ted

Opmerkingen

11 Let op: **proper** = *echt, fatsoenlijk, geschikt,…*: **He's not a proper lawyer. He's actually a legal assistant,** *Hij is geen echte advocaat. Hij is eigenlijk juridisch assistent*; **You can't go climbing without the proper equipment,** *Je kan niet gaan klimmen zonder de geschikte uitrusting.* (Ons *proper, net, schoon* is **clean**.)

12 **To laugh,** *lachen* maar **to laugh at,** *lachen met/om, uitlachen, zich vrolijk maken om*: **Her jokes were so funny that I couldn't stop laughing,**

***

Exercise 1 – Translate

❶ I'm having lunch with Daisy tomorrow. – Give her my love. ❷ His old car won't start in cold weather. ❸ Don't laugh at him. He's doing his best. ❹ I ran into them at the club last night. ❺ What's he up to nowadays? – The last I knew, he was working as an estate agent.

11 Een fatsoenlijke baan, in een kantoor. Ik begin volgende week. Waarom lach je nu?

12 – Ik lach niet om/met je. Ik ben net heel blij voor je.

13 – Gaan jullie beiden daar de hele dag zitten roddelen? Het is bijna donker!

14 – Nu nog mooier! Van mannen kan je toch nooit winnen?

15 Als je over andere mensen praat, noemen ze je een roddelaarster.

16 En als je over jezelf praat, zeggen ze dat je egocentrisch bent!

Haar moppen waren zo grappig dat ik maar bleef lachen, maar **Don't laugh at me. I'm doing my best** *(Lach me niet uit. Ik doe mijn best)*.

13 Wees voorzichtig met **to like,** dat soms ironisch wordt bedoeld: **I like your cheek** *(wang)* !, *Wat 'n onbeschoftheid!* De uitdrukking **I like that!**, met de klemtoon op **that**, betekent *Nee, maar!*, *Heb je ooit?!* en is dus eigenlijk het tegengestelde van de letterlijke betekenis! Maak u geen zorgen: door de context zal snel blijken of uw gesprekspartner eerlijk is of sarcastisch doet.

***

Oplossing van oefening 1

❶ Ik lunch morgen met Daisy. – Doe haar veel groetjes. ❷ Zijn oude auto weigert te starten bij koud weer. ❸ Maak je niet vrolijk om hem. Hij doet z'n best. ❹ Ik liep hen gisteravond tegen het lijf in de club. ❺ Wat doet hij zoal tegenwoordig? – Het laatste wat ik vernam, is dat hij als vastgoedmakelaar aan het werk was.

Exercise 2 – Fill in the missing words

❶ Ik zie hem overmorgen. – Ik zag haar eergisteren.
I'm seeing him ... ... – I saw ... ...
... .

❷ Ze zei dat ze teruggekeerd was naar York. – Maar ze heeft me gezegd dat ze in Bath woonde!
She ... ... York. – But she ....
... ... in Bath!

❸ Ik herinner me niet of ik het je in mijn brief verteld heb, maar ik heb een geschikte baan.
I don't .... I .... in my letter, but I've
... . job.

❹ We hadden al eeuwen niets van hen gehoord. Niets sinds ze de universiteit verlieten.
We .... for ages. ... . they left university.

❺ Gaan jullie daar de hele dag zitten roddelen? Het is bijna 6 uur!
Are you .... all day? It's ......
six o'clock!

Oplossing van oefening 2

❶ – the day after tomorrow – her the day before yesterday ❷ – said she had moved back to – told me she was living – ❸ – remember whether – told you – got a proper – ❹ – hadn't heard from them – Not since – ❺ – going to sit there gossiping – nearly –

In les 33 leerden we dat Groot-Brittannië verdeeld is in 86 graafschappen. Vele ervan hebben een naam op **-shire** *(onbeklemtoond en dus vervormd tot [sje], van een oud Saksisch woord voor "district", bv.:* **Hampshire, Lancashire, Shropshire***. Een aantal ontleent zijn naam aan de hoofdplaats of* **the county town***, bv.:* **Yorkshire***,* **Leicestershire***,* **Nottinghamshire***.*

Nottingham *is een historische stad in het midden van Engeland en de* **county town** *van* **Nottinghamshire***. Vooral in de volkscultuur is het bekend door de legende van* **Robin Hood** *(zijn familienaam slaat op zijn hoofddeksel), die zich jarenlang in het nabijgelegen bos van Sherwood verschanste om strijd te leveren tegen de verschrikkelijke sheriff van Nottingham. Vandaag concentreert zich in de stad lichte industrie. Bovenop een heuvel staat een kasteel, gebouwd door Willem de Veroveraar, en aan de voet ervan bevindt zich de oudste pub van Groot-Brittannië,* **Ye Olde Trip to Jerusalem***, uit 1189.*

(Op Britse historische sites zult u dikwijls een paar woordjes Oud-Engels terugvinden, die de sfeer van weleer moeten oproepen... Hier is **ye** *de vroegere vorm van* **the***, en* **olde** *die van* **old***. Voor liefhebbers!)*

U merkt ongetwijfeld dat wat u enige tijd geleden hebt geleerd opeens allemaal duidelijk wordt. Van natuurlijke assimilatie gesproken...

Tweede golf: 58e les

One hundred and eighth lesson

A real IT nightmare

1 – Yesterday got off to [1] an awful start. It was a real nightmare [2].
2 – What happened? Did you get a tax bill?
3 – No, worse than that. Much much worse!
4 The hard drive of my new computer crashed [3]
5 just as I was finishing a spreadsheet presentation for my boss.
6 A whole week's [4] work went down the drain [5].
7 The machine was almost new. I'd hardly [6] used the bloody thing.

Uitspraak
… **najt**mèe   2 … tæks bil   4 … kræsjt   5 … **sprèd**sjiet **prè**zenteejsjen…   6 … dreejn   7 … me**sjien** … **blü**die …

Opmerkingen

[1] To get off kennen we als *af-, uitstappen* (les 41, opm. 4). De structuur **to get off to a/an** + adjectief + **start** beschrijft hoe iets (een project, dag,…) *begint*: **The day got off to a terrible start: we ran out of coffee**, *De dag is heel slecht begonnen: we kwamen zonder koffie te zitten*. Moeten we er nog op wijzen dat werkwoorden met het juiste voorzetsel of partikel onthouden moeten worden…

[2] Het tweede lid van **nightmare**, *nachtmerrie*, "cauchemar" in het Frans en "Nachtmahr" in het Duits was oorspronkelijk een "boze geest" die 's nachts ronddwaalde. **Since the accident, she's been having terrible nightmares**, *Sinds het ongeval heeft ze almaar verschrikkelijke nachtmerries*.

[3] To crash, *"botsen"*: **Two hundred people were killed when the plane crashed into a mountain**, *Tweehonderd mensen werden gedood toen het vliegtuig tegen een berg aanvloog*. Zo betekent **to crash** in de informatica *uitvalle* of *crashen*. Het substantief is, vanzelfsprekend, **a crash**.

Honderdenachtste les

Een echte IT-nachtmerrie

1 – Gisteren is vreselijk van start gegaan. Het was een echte nachtmerrie.
2 – Wat is er gebeurd? Heb je je aanslagbiljet ontvangen?
3 – Nee, erger dan dat. Veel, veel erger!
4 De harde schijf van mijn nieuwe computer is gecrasht
5 net toen ik een spreadsheetpresentatie voor mijn baas aan het afwerken was.
6 Een hele week werk ging verloren *(de afvoer in/neer)*.
7 De machine nagenoeg nieuw. Ik had het verdomde ding nauwelijks gebruikt.

---

4 De bezitsvorm **'s** komt veel voor in tijdsaanduidingen: **a week's holiday**, *een week vakantie*; **a day's notice**, *opzegtermijn van een dag* (**a notice** is op zich *een mededeling, aankondiging*).

5 **A drain** is *een afvoer(kanaal, -buis)*; de uitdrukking **to go down the drain** betekent *verloren gaan*.

6 Het bijwoord **hardly** heeft niets te maken met het bijvoeglijk naamwoord **hard** (*hard*) en betekent *nauwelijks*: **Speak louder. I can hardly hear you**, *Spreek luider. Ik hoor je nauwelijks*. Het heeft altijd te maken met enig gebrek of tekort: **There's hardly any sugar left**, *Er is bijna geen suiker meer*. (Het van **hard** afgeleide bijwoord is... **hard**: **The north of the country was hard hit by storms**, *Het noorden van het land werd zwaar getroffen door stormweer*.)

five hundred and forty • 540

8 I tried phoning the hotline but they kept me on hold [7] for hours.
9 In the end, I went back to the store where I'd bought it.
10 It was far from user-friendly! The place was jam-packed [8],
11 and none of the sales assistants had a minute to spare [9].
12 Worst of all, I hadn't made a backup copy [10] of my work.
13 – Well, you know what they say, don't you?
14 Computers are stupid machines that can do very smart [11] things,
15 but computer users are smart people who can do very stupid things.

*8 ... trajd ... 9 ... bo-ot ... 10 ... **joe**ze-**frènd**lie ... dzjæm-pækt ... 11 ... e**sis**tents ... 12 ... **bæ**küp ...*

Opmerkingen

7 In les 67, opm. 10 stond **Please hold!**, *Wacht (u) even!* en zo is **to put someone on hold** *iemand laten wachten* (aan de telefoon), **to keep someone on hold**, *iemand lang laten wachten (wachtend houden), on hold zetten*.

8 In les 61, opm. 8 hadden we al **traffic jam,** *verkeersopstopping;* zin 11 in les 86 bevatte **packed,** *overvol.* Het gemeenzame **jam-packed** (lett. "opeengepakt als jam") is vergelijkbaar met ons "(opeengepakt) als haringen in een ton".

9 We kennen al **spare** m.b.t. iets wat nog vrij/ongebruikt is of als reserve dient (les 88 opm. 3); **to spare** duikt op in uitdrukkingen zoals **I only have a few minutes to spare**, *Ik ben maar een paar minuten om u te woord te staan;* **I don't have a minute to spare**, *Ik heb geen minuut te verliezen*.

Honderdenachtste les / 108

8 Ik heb geprobeerd om de hotline te bellen, maar ze lieten me urenlang wachten.
9 Uiteindelijk ben ik teruggegaan naar de winkel waar ik hem gekocht had.
10 Het was er ver van gebruikersvriendelijk! De zaak was meer dan overvol
11 en geen enkele van de verkopers had een minuut vrij.
12 Het ergste van al, ik had geen back-up/reservekopie van mijn werk gemaakt.
13 – Nou, je weet toch wat ze zeggen?
14 Computers zijn stomme machines die heel slimme dingen kunnen doen,
15 maar computergebruikers zijn slimme mensen die heel domme dingen kunnen doen.

THE STORE WAS JAM-PACKED AND THE SALES ASSISTANTS WERE VERY BUSY.

10 We hebben al heel wat woorden uit het informaticajargon overgenomen, soms letterlijk (**computer**; **crash**; **spreadsheet**, *werk-, rekenblad*; **hotline**, *telefonische hulplijn*), soms met een kleine wijziging (**backup copy**, *back-up, reservekopie*) en af en toe "helemaal vernederlandst": **user-friendly**, *gebruik(er)svriendelijk*.
11 Zie les 64, opm. 4.

Exercise 1 – Translate

❶ Today got off to an awful start. My computer crashed. ❷ They kept me on hold for three hours although I hadn't a minute to spare. ❸ The store was jam-packed and the sales assistants were very busy. ❹ Worst of all, he hadn't made a backup copy, so he lost a week's work. ❺ Sam's a smart person who can do very stupid things.

***

Exercise 2 – Fill in the missing words

❶ Hij heeft geen minuut te verliezen.
   He .... a minute .. ..

❷ Het gebeurde net toen ze een presentatie voor haar baas aan het afsluiten was.
   It happened .... .. she ... . a presentation for ... .

❸ Ze had haar nieuwe computer nauwelijks gebruikt.
   She ... . her new computer.

❹ Het werk van een hele maand ging de goot in.
   A whole .... work .... the ......

❺ Het noorden van het land werd hard getroffen door stormweer.
   The north of the country ... . by ....

Honderdenachtste les / 108

Oplossing van oefening 1

❶ Vandaag is vreselijk begonnen. Mijn computer is gecrasht. ❷ Ze hebben me drie uur lang laten wachten hoewel ik geen minuut te verliezen had. ❸ De winkel was meer dan overvol en de verkopers hadden het heel druk. ❹ Het ergste van alles, hij had geen reservekopie genomen, zodat hij het werk van een week kwijt was. ❺ Sam is een slim iemand die heel domme dingen kan doen.

***

Oplossing van oefening 2

❶ – doesn't have – to spare ❷ – just as – was finishing – her boss ❸ – had hardly used – ❹ – month's – went down – drain ❺ – was hard hit – storms

Vroeg of laat komt u in contact met "slang", zeer gemeenzaam, ietwat platter taalgebruik in een bepaalde sociale klasse of beroep, met inbegrip van verwensingen, schuttingwoorden,... In deze les hadden we een vrij onbeschaafde, maar heel courante Britse uitdrukking: het bijvoeglijk naamwoord **bloody** *(verdomd, rot-, klere-,...), afgeleid van* **blood** *(bloed). Oorspronkelijk zou het een samentrekking geweest zijn van* **God's blood** *(het bloed van God), dat vandaag misschien onschuldig klinkt, maar toch bepaalde mensen kan choqueren.*
Moeten wij dergelijke woorden gebruiken? Volgens ons is het niet aan te raden ze als cursist in de mond te nemen, omdat het moeilijk is de impact ervan in een andere taal in te schatten, vooral als men de culturele subtiliteiten niet kent en aanvoelt. Slang gebruiken, wijst erop tot een bepaalde groep binnen een cultuur te behoren; een cursist is a fortiori een buitenstaander, althans in het begin van zijn studie. Zodra u meer vertrouwd bent met het Engels, wanneer u tussen Engelstaligen hebt geleefd, kunt u zelf oordelen of een zeker woord ongepast is. Ondertussen moet u het onderscheid maken tussen omgangstaal, slang en grofheid. Daarom zijn we zo vrij geweest een paar van die woorden in te lassen, zo kunt u ze bij uw autochtone gesprekspartners herkennen!

Tweede golf: 59e les

five hundred and forty-four

One hundred and ninth lesson

The UK e-guide

1 – Welcome to tour-uk.com, the top e-guide [1] for people visiting Britain.
2 If you're a first-time visitor to our country, you'll be totally amazed.
3 From stately homes to cool [2] clubs, from gentle countryside to buzzing [3] cities,
4 as well as [4] vibrant culture: we have everything you can possibly think of [5].
5 Check our Q&A section to find out what travellers really think.
6 But whatever you do, wherever you go and whoever you see [6],

 Uitspraak

*1 ... toe-e **haj**fen joekeej dot kom ... **ie**Gajd 3 ... **steejt**lie ... **büzing** ... 4 ... **vaj**brent 5 ... **kjoe**-end-**eej** ... 6 ... wotève ... werève ... hoeève ...*

 Opmerkingen

1 Een **e-guide**, *e-gids* is *een online reisgids*; de **e-** staat voor **electronic**, *elektronisch*. **Top**, *top-* (les 83) of *de/het beste:* **a top club**, *een topclub*.

2 Het woordje **cool** uitleggen is overbodig. Misschien alleen even herhalen wat de oorspronkelijke betekenis is, nl. *koel, fris:* **cool weather**, *koel/fris weer* en *rustig:* **to keep a cool head**, *het hoofd... koel houden!*

3 **Buzzing**, van **to buzz**, de klank nabootsend van *bijen, zoemen,* en vandaar naar *gonzen,* dat ook een onomatopee is...

4 **As well as** wordt vooral gebruikt bij (naam)woorden met dezelfde

Honderdennegende les

De e-gids voor het Verenigd Koninkrijk

1 – Welkom op tour-uk.com, de beste e-gids voor mensen die het Verenigd Koninkrijk bezoeken.
2   Als u ons land voor de eerste keer bezoekt, zult u totaal versteld staan.
3   Van landhuizen tot coole clubs, van zacht platteland tot gonzende steden,
4   zowel als bruisende cultuur: we hebben alles wat u ook maar kunt bedenken.
5   Raadpleeg onze vraag-en-antwoordrubriek om te ontdekken wat reizigers echt denken.
6   Maar wat u ook doet, waar u ook (heen) gaat en wie u ook ontmoet,

waarde in een zin: **He likes novels as well as comics**, *Hij houdt van romans evenals van stripverhalen*; **He likes jazz, pop and classical music as well as rap**, *Hou houdt van jazz, pop en klassieke muziek alsook van rap*; **She speaks French as well as Italian**, *Ze spreekt zowel Frans als Italiaans*.

5   Zie 102, opm. 3 i.v.m. de woordorde. Hier betekent **to think of** *bedenken* en dient **possibly** ter versterking.

6   **Whatever**, *wat...ook*; **wherever**, *waar...ook*; **whoever**, *wie...ook*: **wherever you go**, *waar je/u/jullie ook gaat/gaan*.

7 we hope that you enjoy your stay in the wonderful UK.

8 – Is it possible to walk from Salisbury to Stonehenge?

9 – You can do it on foot [7] if you want, but it's a good twenty miles [8] or so.

10 You had best [9] take a bus, or book a taxi and pay for [10] it online.

11 – Where's the best place to party [11] in Manchester?

12 – The city's the clubbing [12] capital of Britain. Try Plug near the canal.

13 – We're coming to England in June and neither my wife nor my son has [13] been before.

 8 ... **so-olz**bürie ... stoo^w n**hèndzj**   *13* ... **najDHe** ...

Opmerkingen

7 Let op het voorzetsel **on** bij **on foot**, *te voet*. Andere transportmiddelen staan met **by** (in deze context eigenlijk "per", dus zonder lidwoord): **We went by plane, by car, by ferry**, etc., *We gingen met het vliegtuig, met de auto, met de ferry, enz.*

8 **A good twenty miles**, *een goede 20 mijl (iets meer dan 32 km)*. Vergeet niet in het Engels de eenheidsmaat ook in het meervoud te gebruiken (zie ook o.a. les 33 met **80,000 gallons** / *80.000 gallon*; les 64 met 253 **pounds**/*pond*).

9 We kennen de uitdrukking **I/you/... had better** (les 71, opm. 7) waarin, zonder betekenisverschil, **better** vervangen kan worden door **best**: **You'd better take the bus** of **You'd best take the bus**.

10 **To pay**, *(iemand) betalen*: **I paid the driver and got out of the cab**; *Ik betaalde de chauffeur en stapte de taxi uit*. **To pay + for** wordt gebruikt bij *(iets) betalen*: **We paid for the drinks and left the bar**, *We betaalden de drankjes en verlieten de bar*; alsook bij *(in de plaats van iemand) betalen*: **I'll pay for you**, *Ik betaal wel in jouw plaats*. In les 64, opm. 2 zagen we dat met **to pay** ook "aanbieden, trakteren" bedoeld kan worden. (Zie ook de laatste zin van deze les.)

7 we hopen dat u geniet van uw verblijf in het prachtige Verenigd Koninkrijk.
8 – Is het mogelijk om te voet van Salisbury naar Stonehenge te gaan?
9 – U kunt het te voet doen als u wilt, maar het is een goede 20 mijl of zo.
10 U kunt (het) best(e) een bus nemen, of reserveer een taxi en betaal hem online.
11 – Waar is de beste plek om te feesten in Manchester?
12 – De stad is de clubhoofdstad van Groot-Brittannië. Probeer Plug *(Stekker)* bij het kanaal.
13 – We komen naar Engeland in juni en noch mijn vrouw noch mijn zoon is er eerder al geweest.

---

11 In de omgangstaal is er het naamwoord **party**, *feestje* en het werkwoord **to party**, *feesten*: **I love partying**, *Ik ben gek op feest(vier)en*.

12 De **night club** dook op in les 11; hier hebben we alweer een staaltje van hoe vlot men in het Engels woorden kan afleiden, nl. eerder dan te zeggen "uitgaan in (nacht)clubs", opteert men voor **to go clubbing**: *In Manchester, nobody goes clubbing before midnight*, *In Manchester gaat niemand voor middernacht naar een club*. (Ook al lijkt het een recent fenomeen weer te geven, het woord **clubbing** verscheen voor het eerst in de Engelse taal in de 17e eeuw, toen de "clubs" nog privé en exclusief voorbehouden voor "**gentlemen**" waren – sommige van die clubs bestaan nog altijd.)

13 In "goed" Engels moet het werkwoord dat op **neither** volgt in het enkelvoud staan: **Neither Andy nor Bob has any money**, *Noch Andy noch Bob heeft geld*. Omdat in dergelijke wendingen naar meer dan één persoon verwezen wordt, staat het werkwoord ook wel eens in het meervoud. Laten we puristen blijven en voor het enkelvoud opteren, temeer daar dit meervoud-gebruik niet algemeen aanvaard wordt.

five hundred and forty-eight

14 What do you recommend? What are the unmissable [14] sights?

15 – What [15] a tough question! Surely, you must have read [16] a few guidebooks already.

16 Tell me what you like, I'll tell you where to find it – and you pay for the drinks!

*14 ... ünmissebel ... 15 ... tüf ... **Gajd**boeks*

Opmerkingen

[14] To miss, *missen*; missable, *misbaar, wat gemist kan worden* en dus unmissable, *onmisbaar*: **The movie is unmissable**, *De film is...een must!*

[15] U weet nog dat **What...** een uitroep kan inleiden (les 67, opm 9). Staat het bedoelde in het enkelvoud, dan is het onbepaald lidwoord noodzakelijk: **What a tough question**, *Wat een moeilijke vraag!*, maar **What tough questions**, *Wat een moeilijke vragen!* (Noteer dat het adjectief **tough** zowel *moeilijk, lastig* als *stoer, robuust* kan betekenen.)

[16] In les 97, zin 5 zagen we **must have** + voltooid deelwoord om een veronderstelling uit te drukken. De verleden tijd van **must** is **had to**. Vergelijk even: **I had to buy a guidebook**, *Ik moest een gids kopen* en **I must have bought a guidebook**, *Ik moet een gids gekocht hebben* (vermoed ik...).

***

Exercise 1 – Translate

❶ Plug is the best place to party in Manchester. It's unmissable. ❷ I hope that you enjoy your stay in the UK and you'll come back soon. ❸ It's a good thirty miles or so to Salisbury, so you can't go on foot. ❹ You can book a taxi and pay for it online but you'd best take the bus. ❺ They asked lots of really tough questions but neither my sister nor I had the answer.

14 Wat beveelt u aan? Wat zijn de niet te missen bezienswaardigheden?
15 – Wat een lastige vraag! U moet ongetwijfeld al een paar gidsen gelezen hebben.
16 Zegt u me wat u leuk vindt, ik zal u zeggen waar het te vinden – en u betaalt de drankjes!

***

Oplossing van oefening 1
❶ Plug is de beste plek om te feesten in Manchester. Het is een must.
❷ Ik hoop dat jullie genieten van jullie verblijf in het VK en dat jullie snel zullen terugkomen. ❸ Het is een goede dertig mijl of zo naar Salisbury, dus kunnen jullie niet te voet gaan. ❹ Jullie kunnen een taxi reserveren en hem online betalen, maar het beste is dat jullie de bus nemen. ❺ Ze stelden veel echt lastige vragen, maar noch mijn zus noch ik had het antwoord.

Exercise 2 – Fill in the missing words

❶ Jullie kunnen (het) best(e) een taxi of een bus nemen.

… … … …. a taxi or a bus.

❷ Noch mijn zoon noch mijn vrouw is eerder al naar Engeland geweest.

…….. .. son … my wife … …. to England …….

❸ Wie je ook ontmoet, waar je ook (heen) gaat en wat je ook doet, amuseer je!

……. you see, …….. you go and …….. you do, enjoy yourself!

❹ U moet de gids gelezen hebben: Stonehenge is echt niet te missen.

You …. …. …. the guidebook: Stonehenge is really ………..

One hundred and tenth lesson

Goodbye for now

1 Congratulations. You've reached the last lesson – but not the end of the road!
2 From now on, it should be plain sailing ¹ all the way.

Uitspraak
1 kenGrætjoe**leej**sjenz … *2* … pleejn **seej**ling …

Om uw laatste les niet te zwaar te maken, beperken we ons tot twee opmerkingen…

Opmerking

1 **Plain** = *vlak, eenvoudig* en **sailing** = *varen, zeilen*, dus duidt **plain**

❺ We hebben alles wat jullie ook maar kunnen bedenken.
We have everything you ... .

Oplossing van oefening 2
❶ You had best take – ❷ Neither my – nor – has been – before
❸ Whoever – wherever – whatever – ❹ – must have read – unmissable
❺ – can possibly think of

Was **Stonehenge,** *een cirkel van enorme stenen gebouwd tussen 3.000 en 1.600 v.C., een druïdentempel, een offerplaats of een landingsplek voor buitenaardse wezens? Misschien net omdat de juiste bestemming een mysterie blijft, trekt dit monument gelegen op een veertigtal kilometer van Salisbury, in het westen van Engeland, een massa bezoekers.*

Tweede golf: 60e les

Honderdentiende les

Dààg, tot ziens!

1 Gefeliciteerd! U hebt de laatste les bereikt, maar niet het einde van de weg!
2 Vanaf nu zou het allemaal van een leien dakje moeten lopen.

sailing op een vlot parcours: **Once you've passed the entrance exams, university's plain sailing**, *Zodra je geslaagd bent voor de toelatingsexamens, gaat het aan de universiteit als vanzelf*. **Plain** is hier een vervorming van het oude woord **plane** en verwijst naar de tijd toen de aarde op kaarten als vlak werd voorgesteld, wat varen makkelijk maakte. Hoe dan ook, de betekenis is duidelijk.

3 Obviously, you can't expect to speak fluent English after only a few months of part-time study.
4 But you have learnt the basic structures and vocabulary, and you know something about British culture.
5 And you can certainly get by ² in most everyday situations.
6 What's very important now is to continue.
7 Remember the Assimil motto: daily practice makes perfect.
8 So don't let this book gather dust at the back of a shelf.
9 Take it down from time to time and look at a sentence, a paragraph or a whole lesson.
10 Read an exercise out loud, do the Second Wave, and revise your irregular verbs.
11 In short: keep in touch.

*3 ob*vjeslie … *floe*-ent … *pa-at* tajm … 4 … *bee*jsik *strük*tsjez … vek*æ*bjoelerie … *kül*tsje   5 … *è*vrideej sitjoe*ee*jsjenz   7 … *æs*simil *mo*too^w … *præk*tis   8 … *Gæ*DHe düst … sjèlf   9 … *sèn*tens … *pæ*reGra-af … 10 … laud … weejv … re*vajz* … ir*è*Gjoele ve-ebz   11 … tütsj

Opmerking

2 Nog een laatste gebruik van het werkwoord **to get**: **to get by**, *zich redden*: **Now I know enough English to get by**, *Nu ken ik voldoende Engels om me te behelpen*. Of niet soms?!

Honderdentiende les / 110

3 Vanzelfsprekend kunt u niet verwachten vloeiend Engels te spreken na slechts een paar maanden deeltijdse studie.
4 Maar u hebt de basisstructuren en -woordenschat geleerd, en u weet iets over de Britse cultuur.
5 En u weet zich beslist in de meeste alledaagse situaties te redden.
6 Wat nu heel belangrijk is, is doorgaan.
7 Onthoud het motto van Assimil: dagelijks oefenen baart kunst.
8 Laat dit boek dus geen stof vergaren achterop een boekenplank.
9 Neem het er nu en dan af en bekijk een zin, een paragraaf of een hele les.
10 Lees een oefening hardop, doe de tweede golf en herhaal uw onregelmatige werkwoorden.
11 Kortom: houd contact.

12 By reading papers and magazines, watching movies, surfing the Internet
13 and taking every opportunity to speak English
14 – and above all, by not worrying about making mistakes –
15 you'll very quickly feel totally at ease in this rich, wonderful and very useful language
16 which truly is the language of the world. ☐

15 ... *joes*fel ...

***

Exercise 1 – Translate

❶ He gets by very well in three languages and speaks fluent English after only six months of part-time study. ❷ Remember: practice makes perfect and don't worry about making mistakes. ❸ She takes every opportunity to learn English by reading books and papers, watching movies and surfing the Internet. ❹ We kept in touch for a long time after he moved to Nottingham. ❺ What did he say? – He told me his tailor was still rich!

***

Exercise 2 – Fill in the missing words

❶ Laat dit boek geen stof vergaren achterop een boekenplank.
    .... this book gather dust .. ..

❷ Lees een zin of een paragraaf hardop en herhaal uw onregelmatige werkwoorden.
    .... or a paragraph ... . and revise your .... verbs.

❸ U bent bij de laatste oefening gekomen, maar niet het einde van de weg.
    .... the last exercise but ... ...

❹ U zult zich heel snel helemaal op uw gemak voelen in deze heel nuttige taal.
    .... in this very ...... language.

Honderdentiende les / 110

12 Door kranten en tijdschriften te lezen, films te bekijken, op het Internet te surfen
13 en alle gelegenheden te baat te nemen om Engels te spreken
14 – en vooral door er niet mee in te zitten om fouten te maken –
15 zult u zich heel snel helemaal op uw gemak voelen in deze rijke, prachtige en zeer nuttige taal
16 die werkelijk dè taal van de wereld is.

***

Oplossing van oefening 1
❶ Hij weet zich heel goed te redden in drie talen en spreekt vloeiend Engels na slechts zes maanden halftijds studeren. ❷ Onthoud: oefening baart kunst en zit er niet mee in om fouten te maken. ❸ Ze neemt elke gelegenheid te baat om Engels te leren door boeken en kranten te lezen, films te bekijken en op het internet te surfen. ❹ We hielden lang contact nadat hij naar Nottingham verhuisde. ❺ Wat zei hij? – Hij zei me dat zijn kleermaker nog altijd rijk was!

***

❺ Vanaf nu zal het als vanzelf gaan!
. . . . , ... !

Oplossing van oefening 2
❶ Don't let – at the back of a shelf ❷ Read a sentence – out loud – irregular – ❸ You've reached – not the end of the road ❹ You'll very quickly feel totally at ease – useful – ❺ From now on, it's plain sailing

Met deze 110e les zit ook de "eerste golf" erop, maar dit betekent niet het einde van uw studie! Het doornemen van de lessen 62 tot 110 staat nog op uw programma, om de "actieve fase" van de taalverwerving verder te zetten…
Veel succes hiermee!

Tweede golf: 61e les

five hundred and fifty-six

Culinair post-scriptum

The pie *[paj]* en **the pudding** *[poe*ding] vormen al eeuwen de hoekstenen van de traditionele Engelse (volks)keuken. (Wist u dat de Grote Brand in Londen in 1666 – zie les 100 – ontstond op **Pie Corner** en de stad verwoestte tot aan **Pudding Lane**?!)

Een **pie** is een soort *taart* of *pastei,* doorgaans een mengsel van vlees of vruchten, bedekt met kruimeldeeg en gebakken in de oven. Succesnummers in het gamma zijn de **steak and kidney pie** (met rundvlees en niertjes), de **pork pie** (met varkensvlees) en natuurlijk de **apple pie** (appeltaart).

Deze laatste is zo typisch voor de Amerikaanse keuken dat ze in zekere zin een symbool (of cliché) vormt voor het land: zo zegt men dat iemand of iets **as American as apple pie**, *"zo Amerikaans als appeltaart"* is.

Een **pudding** is een steviger soort pastei gemaakt van bloem, eieren en vetstof, en wordt dikwijls gestoomd. Meestal eet men **pudding** als dessert (al is ook de **steak and kidney pudding** een ware lekkernij). In de omgang is **pudding** een synoniem voor dessert bij een maaltijd die uit verschillende gangen bestaat.

De bekendste variant is wellicht de **Christmas pudding**, *kerstpudding*, die traditioneel minimum drie maanden voor verbruik wordt klaargemaakt met bloem, eieren, niervet, gedroogde vruchten en brandewijn om dan met Kerst, geflambeerd met een crème op basis van rum of cognac, opgediend te worden. Vaak wordt een munstukje (of meer muntjes) aan het beslag toegevoegd, zoals de boon in de driekoningentaart.

Bescheidener, maar eveneens heerlijk, is de **Yorkshire pudding**, gemaakt van bloem, melk en eieren, gebakken in de oven en geserveerd bij rosbief. Net als de **apple pie** voor Amerikanen, belichaamt de **Yorkshire pudding** de eenvoud en oprechtheid van de mensen uit het Noorden van het land. Hij mag niet ontbreken op de traditionele zondagsdis.

Ook zin gekregen? Waarom hem niet zelf maken?!

Dit is het recept:

Ingredients
4 oz / 100 g of plain flour
1-2 eggs
pinch of salt
1/2 pint / 3 dl of milk mixed with water
1 oz / 30 g of lard

Turn the oven on to 425° F (220°C). Mix the flour and salt in a bowl and make a well in the middle. Add the eggs and the liquids and mix until the batter is smooth. Put the lard into a baking dish and place on the top shelf of the oven until it is smoking. Pour in the mixture and bake for about 40 minutes. The pudding should be crisp and golden. Serve with roast beef.

Ingrediënten
100 g gewone bloem
1-2 eieren
snuifje zout
3 dl melk gemengd met water
30 g reuzel

Stel de oven in op 220°C. Meng de bloem en het zout in een kom en maak een kuiltje in het midden. Voeg de eieren en de vloeistof toe en meng tot een glad beslag. Doe de reuzel in een ovenschaal en zet op de bovenste ovenplaat tot hij rookt. Giet er het mengsel in en bak gedurende ongeveer 40 minuten. De pudding moet knapperig en goudbruin zijn. Serveer bij rosbief.

Wat woordenschat: **to bake** (en hiervan afgeleid **the baker**, *de bakker*); **to mix** (en hiervan afgeleid **the mixture**, *het mengsel*); **smooth**, *glad*, *smeuïg* of *homogeen* mb.t. een beslag en **crisp**, *knapperig*, *krokant* (zie les 17, opm. 3).

Enjoy!, *Eet smakelijk!*

Grammaticale bijlage

Inhoud

Hier vindt u een samenvatting van de belangrijkste elementen van de Engelse grammatica die aan bod zijn gekomen tijdens uw studie. Aan de hand ervan kunt u bepaalde punten even herhalen of opfrissen, maar het is geenszins een "spraakkunstles". Voor een grondige analyse raden wij u aan een van de talrijke, gespecialiseerde werken ter zake te raadplegen. "Grammatica is een hefboom om de moeilijkheden van een taal op te tillen. Die hefboom mag niet zwaarder worden dan de lading."

1 Zelfstandige naamwoorden	562
1.1 Geslacht	562
1.2 Regelmatige meervoudsvorm	562
1.3 Onregelmatige meervoudsvorm	563
1.4 Enkelvoud, zelfs met een eind-s	563
1.5 Meervoud in het Engels, maar enkelvoud in het Nederlands	563
1.6 Geen meervoudsvorm	564
2 Lidwoorden	564
2.1 Onbepaald lidwoord	565
2.2 Bepaald lidwoord	565
3 Persoonlijke voornaamwoorden	566
3.1 Persoonlijke voornaamwoorden als onderwerp	566
3.2 Persoonlijke voornaamwoorden als voorwerp	567
4 Wederkerende voornaamwoorden	567
5 Betrekkelijke voornaamwoorden	568
6 Bezitsvormen	569
6.1 Bezittelijke voornaamwoorden (zelfstandig en bijvoeglijk gebruik)	569
6.2 Genitief	570
7 Aanwijzende voornaamwoorden	570
8 Bijvoeglijke naamwoorden	571
8.1 Vorming	571
8.2 Comparatief en superlatief	571
9 Bijwoorden	572
9.1 Vorming	572

five hundred and sixty

9.2 Vergelijken ... 572
10 Each en every ... 572
11 Much en many ... 573
12 Some en any ... 574
13 Vraagvormen ... 575
13.1 Vraagwoorden ... 575
13.2 Vraag in de ontkennende vorm ... 575
14 Voorzetsels ... 576
15 Werkwoorden ... 577
15.1 Hulpwerkwoorden ... 578
15.2 Tegenwoordige tijd ... 580
15.3 Toekomende tijd ... 583
15.4 Verleden tijd ... 584
15.5 Present perfect ... 586
15.6 Past perfect ... 589
15.7 Voorwaardelijke wijs ... 590
15.8 Passieve vorm ... 592
15.9 Modale hulpwerkwoorden ... 593
15.10 Lijst van veel gebruikte onregelmatige werkwoorden ... 594

1 Zelfstandige naamwoorden

1.1 Geslacht

Het "grammaticaal" geslacht komt doorgaans overeen met de realiteit: mannelijke en vrouwelijke wezens zijn mannelijk resp. vrouwelijk, zaken zijn "onzijdig":

a man / the man	*een man / de man*
a woman / the woman	*een vrouw / de vrouw*
a car / the car	*een auto / de auto*

Waar in het Nederlands *de-* en *het*-woorden bestaan, gebruikt het Engels bij alle zelfstandige naamwoorden hetzelfde bepaald lidwoord **the** (zie verderop in het hoofdstuk Lidwoorden).

Engelse zelfstandige naamwoorden richten zich niet naar hun bijvoeglijk naamwoord (zie verderop, Bijvoeglijke naamwoorden).

Bepaalde beroepsnamen hebben een mannelijke en een vrouwelijke vorm (bv. **actor/actress**, *acteur/actrice*; **waiter/waitress**, *ober/serveerster*), maar veelal wordt dezelfde term gebruikt voor beide geslachten (bv. **doctor**, zie les 71, zin 7 en 8; **driver**, *chauffeur, bestuurder/bestuurster*, zie les 67, opm. 4).

1.2 Regelmatige meervoudsvorm

Doorgaans wordt het meervoud van een zelfstandig naamwoord gevormd door toevoeging van een **s**:

flat → **flats**, *appartement(en), flat(s)*
house → **houses**, *huis (huizen)*.

Deze regel is ook van toepassing bij zelfstandige naamwoorden die uitgaan op een **-y** waar een klinker voor staat:

boy → **boys**, *jongen(s)*;

bij zelfstandige naamwoorden op een **-y** waar een medeklinker voor staat, verandert de **y** in **ie** alvorens de eind-**s** toe te voegen:

lady → **ladies**, *dame(s)*.

Bij zelfstandige naamwoorden op **-ss**, **-sh**, **-ch** of **-x** (en sommige op **-o**) moet een **e** ingelast worden voor de meervouds-**s**:

waitress → **waitresses**, *serveerster(s)*
brush → **brushes**, *borstel(s), kwast(en)*
watch → **watches**, *horloge(s)*
box → **boxes**, *doos (dozen)*
hero → **heroes**, *held(en)*.

1.3 Onregelmatige meervoudsvorm

Bij enkele courante naamwoorden verandert in het meervoud de klinker, bv.:

foot → **feet**, *voet(en)*
man → **men**, *man(nen)* - **woman** → **women**, *vrouw(en)*
tooth → **teeth**, *tand(en)*
mouse → **mice**, *muis (muizen)* (behalve voor *computermuis* → **mouses**).
Bij een twaalftal woorden op **-f(e)** verandert in het meervoud die **f** in een **v**, bv.:
half → **halves**, *helft(en)*
loaf → **loaves**, *brood (broden)* (eenheid)
self → **selves**, *zich(zelf)*
wife → **wives**, *vrouw(en)*, *echtgenote(s)*.
Er zijn ook "buitenbeentjes", bv.:
child → **children**, *kind(eren)*
fish → **fish**, *vis(sen)*.

1.4 Enkelvoud, zelfs met een eind-s

Een paar naamwoorden zijn ondanks hun eind-**s** enkelvoudsvormen. De meest gebruikte zijn **news** (*nieuws*) en **series** (*reeks*):
A new Web series starts next week.
Op internet begint volgende week een nieuwe reeks.
Sectornamen op **-ics** zijn meestal enkelvoudsvormen:
economics, *economie*
mathematics/maths, *wiskunde*
politics, *politiek*
Politics is the art of the possible, *Politiek is de kunst van het mogelijke.*

1.5 Meervoud in het Engels, maar enkelvoud in het Nederlands

Sommige naamwoorden – in het bijzonder kledingstukken met twee elementen – staan in het Engels in het meervoud, maar in het Nederlands in het enkelvoud, bv.:

trousers, *lange broek, pantalon*	**shorts**, *short, korte broek*
jeans, *jeans, spijkerbroek*	**pyjamas**, *pyjama*

Your glasses are dirty, *Je bril is vuil.*

1.6 Geen meervoudsvorm

Net als in het Nederlands hebben sommige "niet-telbare" zelfstandige naamwoorden geen meervoudsvorm. Meestal staan ze dan ook met een werkwoord in het enkelvoud. Voorbeelden:

advice, *advies*	**fruit**, *fruit*
furniture, *meubilair*	**hair**, *haar*
information, *informatie*	**progress**, *vooruitgang*

Where is your luggage?, *Waar is je/uw/jullie bagage?*
His advice was very useful, *Zijn advies was heel nuttig.*

Met deze woorden wordt zelden een onbepaald lidwoord gebruikt. Als er echt "geïndividualiseerd" moet worden, maakt men gebruik van structuren als **a piece of** (bv. **a piece of fruit**, **a piece of furniture**).
Meestal volstaat het zelfstandig naamwoord op zich of in combinatie met **some/any**:
Do you have any news about the job?
Heb je (enig) nieuws over de job?

Aanwijzingen bij de uitspraak van de meervoudsuitgang:

- **-s** klinkt als *[z]* na een stemhebbende klank:

boys *[bojz]*	**wives** *[wajvz]*	**cars** *[ka-az]*

- maar als [s] na een stemloze medeklinker (**f**, **k**, **p** en **t**):

flats *[flæts]*	**cups** *[küps]*	**books** *[boeks]*

- en **-es** klinkt als *[iz]* na sisklanken:

places *[**plee**jsiz]*	**languages** *[**læn**Gwidzji7]*

Onthoud dat **women**, de meervoudsvorm van **woman**, uitgesproken wordt als *[wimin]*.

2 Lidwoorden

In het Engels wordt hetzelfde lidwoord gebruikt voor mannelijke, vrouwelijke en "onzijdige" woorden.

2.1 Onbepaald lidwoord

Het onbepaald lidwoord is **a** vòòr een woord dat begint met een medeklinker en **an** vòòr een woord dat met een klinker begint:

| **a dress**, *een jurk* | **an interview**, *een onderhoud* |

• Net als in het Nederlands is er geen meervoudsvorm.

• In het Engels hoort bij een attributief gebruikt zelfstandig naamwoord in de enkelvoudsvorm een onbepaald lidwoord:
she's a lawyer, *ze is advocate*.

Aanwijzing bij de uitspraak

De **a** klinkt in **a** en **an** als een doffe e *[e]* en de **-n** wordt duidelijk verbonden met de erop volgende klinker: **an interview** *[enintevjoew]*

2.2 Bepaald lidwoord

Het bepaald lidwoord is in alle gevallen **the** (mannelijk/vrouwelijk/onzijdig en enkelvoud/meervoud):

| **the teacher**, *de leraar/lerares* | **the child**, *het kind* |
| **the airport**, *de luchthaven* | **the guys**, *de jongens* |

Het gebruik van het bepaald lidwoord in het Engels is vergelijkbaar met dat in het Nederlands. Hieronder zien we de toepassingen uit deze cursus.

Er wordt een bepaald lidwoord gebruikt:

• bij een zelfstandig naamwoord in het enkelvoud dat een geheel "verpersoonlijkt":
The computer has changed the way we work.
De computer heeft onze manier van werken veranderd.

• als datgene waarover men het heeft uniek is:
The sun was shining, *De zon scheen.*
The sea is calm, *De zee is kalm.*

• bij muziekinstrumenten:
She plays the guitar very well, *Ze speelt heel goed gitaar.*

Er wordt geen bepaald lidwoord gebruikt:

• bij algemeenheden:
Dogs chase cats, *Honden zitten katten achterna.*
I don't like tea, *Ik lust geen thee.*

(Bij het nader bepalen, maakt men er wel gebruik van:
I don't like the tea they drink in Morocco.
Ik lust de thee die ze in Marokko drinken niet.
Een bijvoeglijk naamwoord geldt niet als "bepaling"; er is een bijzin nodig:
She loves house music.
Ze houdt van housemuziek (in het algemeen).
maar
She likes the house music that they play on Capital FM.
Ze houdt van de housemuziek die ze op Capital FM draaien.)

• bij sporttakken:
In football there are two teams, *In het voetbal zijn er twee ploegen*.

• bij landsnamen:
Great Britain, *Groot-Brittannië*; **Belgium**, *België*
(tenzij het om een meervoudsvorm gaat:
the United States, *de Verenigde Staten*
the Netherlands, *Nederland*).

Aanwijzing bij de uitspraak
The klinkt als *[DHe]* (met een stomme e) voor een medeklinker:
the journey *[DHe **dzje-e**ni]*, *de reis*
en als *[DHi]* (met een korte ie-klank) voor een klinker:
the island *[DHi **aj**lend]*, *het eiland.*

3 Persoonlijke voornaamwoorden

3.1 Persoonlijke voornaamwoorden als onderwerp

I	*ik*
you	*jij/je, u, jullie*
he	*hij*
she	*zij/ze* (enkelvoud)
it	*het, hij, zij/ze* (onpers. en m.b.t. dieren/zaken)
we	*wij/we*
they	*zij/ze* (meervoud)

Let dus op:
• de 1e pers. ev. **I** wordt altijd met een hoofdletter geschreven
• **you** komt overeen met onze 2e pers. ev. *(jij/je)* en mv. *(jullie)* alsook met onze beleefheidsvorm *u*
• **it** wordt niet altijd vertaald met *het*.

Here's the letter. It arrived this morning,
Hier is de brief. Hij is vanmorgen aangekomen.
Here are the letters. They arrived this morning,
Hier zijn de brieven. Ze zijn vanmorgen aangekomen.

3.2 Persoonlijke voornaamwoorden als voorwerp

me	*mij/me*
you	*jou/je, u, jullie*
him	*hem*
her	*haar/ze*
it	*het, hem, haar* (onpersoonlijk)
us	*ons*
them	*hen, hun,* ze

Het gebruik van persoonlijke voornaamwoorden is in het Engels en het Nederlands vergelijkbaar.

Bij scheidbare werkwoorden staat in het Engels het voorzetsel na het basiswerkwoord, (evt. met het voornaamwoord er tussenin):
If you don't know a word, you can look it up in a dictionary.
Als je een woord niet kent, kan je het opzoeken in een woordenboek.
Merk op dat deze tussenplaats niet noodzakelijk van toepassing is bij een naamwoord: **look the word up** of **look up the word**.

4 Wederkerende voornaamwoorden

Merk op dat de 2e persoon hier een aparte meervoudsvorm heeft.

myself	*mij(zelf)/me(zelf)*
yourself	*je(zelf), u(zelf)* (enkelvoud)
himself	*zich(zelf)*
herself	*zich(zelf)*
itself	*zich(zelf)* (onpersoonlijk)
ourselves	*ons(zelf)*
yourselves	*jullie(zelf), u(zelf)* (meervoud)
themselves	*zich(zelf)*

(**self** is een van de woorden met als meervoudsuitgang **-ves** (zie punt 1.3 onder Zelfstandige naamwoorden)

Wederkerende voornaamwoorden staan na het werkwoord:
She hurt herself, *Ze bezeerde zich*.
We'll enjoy ourselves, *We zullen ons amuseren*.

Sommige werkwoorden die dagelijkse handelingen aanduiden, staan zonder wederkerend voornaamwoord omdat men ervan uit gaat dat het verduidelijken van wederkerigheid overbodig is (zie les 59, opm. 4):

He got up at nine. Then he washed, shaved, dressed and left the house, *Hij stond op om 9 uur. Dan waste, scheerde en kleedde hij zich en ging hij van huis weg*.

5 Betrekkelijke voornaamwoorden

	Onderwerp	Voorwerp	Bezit
Personen	who / that	who / that	whose
Zaken	which / that	which / that	whose / of which

• **That** kan zowel voor personen als voor zaken gebruikt worden, terwijl **who** alleen voor personen en **which** voor zaken kan:
The man who/that I spoke to on the phone was very helpful.
De man die ik aan de telefoon sprak, was heel behulpzaam.
The book which/that I'm reading is about microfinance.
Het boek dat ik aan thet lezen ben, gaat over microfinanciën.

• Een betrekkelijk voornaamwoord in de niet-onderwerpsvorm wordt bij courante werkwoorden vaak weggelaten (les 36, opm. 4).
The man I spoke to on the phone was very helpful.
The book I'm reading is about microfinance.

• In vlot Engels vermijdt men het een voorzetsel naast een betrekkelijk voornaamwoord te zetten, en sluit het voorzetsel vaak de zin of het zinsdeel af:
vormelijk: **At what are you looking?**, *Naar wat ben je aan het kijken?*
vlot: **What are you looking at?**, *Waar kijk je naar?*
vormelijk: **The shop from which I bought it has closed.**
vlot: **The shop which I bought it from has closed**.
of ook: **The shop I bought it from has closed**.
De winkel waar ik het gekocht heb, is gesloten.

• Bij bezit wordt m.b.t. een persoon steeds **whose** gebruikt:
She's the girl whose brother is an estate agent.
Zij is het meisje wiens broer vastgoedmakelaar is.
M.b.t. zaken is grammaticaal **of which** van toepassing:
the house the windows of which are broken, *het huis van hetwelk de ramen gebroken zijn.*
Dergelijke wending is vrij log en kan in vlot taalgebruik vervangen worden door een constructie met **whose**:
t**the house whose windows are broken**
Of ook, idiomatischer: **the house with broken windows.**

• **What** als betrekkelijk voornaamwoord vervangt het lijdend voorwerp:
When she sees the camera (which/that) I've bought, she'll be very pleased.
Wanneer ze het fototoestel ziet dat ik gekocht heb, zal ze heel blij zijn.
→
When she sees what I've bought, she'll be very pleased.
Wanneer ze ziet wat ik gekocht heb, zal ze heel blij zijn.

Verwar dus **what** niet met **which/that**. Het laatste verwijst naar een voorafgaand woord of een woordgroep:
The new camera which/that I bought is broken, *Het nieuwe fototoestel dat ik kocht, is defect* (**which/that** verwijst naar het fototoestel en **what** vervangt het lijdend voorwerp:
What I bought is broken, *Wat ik kocht, is defect*).

6 Bezitsvormen

6.1 Bezittelijke voornaamwoorden

• Zelfstandig gebruikte bezittelijke voornaamwoorden

mine	*de/het mijne, (die/dat) van mij*
yours	*de/het jouwe/uwe, (die/dat) van jou/u/jullie*
his	*de/het zijne, (die/dat) van hem*
hers	*de/het hare, (die/dat) van haar*
its	(onpersoonlijk)
ours	*de/het onze, (die/dat) van ons*
theirs	*de/het hunne, (die/dat) van hen*

This handbag is hers, *Deze handtas is de hare / van haar*.
This coat is his, *Deze mantel is de zijne / van hem*.

- **Bijvoeglijk gebruikte bezittelijke voornaamwoorden**

my	*mijn*
your	*jouw/je, uw, jullie*
his	*zijn*
her	*haar*
its	*zijn/haar* (onpersoonlijk)
our	*onze, ons*
their	*hun*

• Vergeet geen gebruik te maken van de onzijdige vorm: **Every job has its problems**, *Bij elke job horen nu eenmaal problemen*.

• Merk op dat **its** zowel zelfstandig als bijvoeglijk kan gebruikt worden, en verwar dit vooral niet met **it's**, de samengetrokken vorm van de 3e persoon enkelvoud van **to be**.

• Let erop dat voor onze 2e persoon enkelvoud en meervoud alsook onze beleefdheidsvorm in het Engels slechts één vorm bestaat:
That pen is yours, *Die pen is de jouwe/uwe / van jou/u/jullie,...*
Simon loves your dog, *Simon is dol op je/uw/jullie hond*.

6.2 Genitief

• Voeg **'s** toe aan de (naam van de) "bezitter":
Steve's brother, *Steves broer*
Laura's birthday, *Laura's verjaardag;*

• is er al een eind-**s**, dan volstaat het toevoegen van een apostrof:
my friends' house, *het huis van mijn vrienden.*

7. Aanwijzende voornaamwoorden

Gebruik **this**, *deze/dit* m.b.t. iets of iemand dichtbij en **that**, *die/dat* m.b.t. iets of iemand verwijderd van de spreker:
This coffee is cold, *Deze koffie is koud*.
Pass me that cup, please, *Geef me dat kopje door, alsjeblieft*.
De meervoudsvormen zijn **these** resp. **those**:
I found these keys in my pocket, *Ik heb deze sleutels gevonden in mijn zak*.
Those towels are dirty, *Die handdoeken zijn vuil*.

8 Bijvoeglijke naamwoorden

Bijvoeglijke naamwoorden staan voor het zelfstandig naamwoord dat ze nader beschrijven; ze richten er zich evenwel niet naar (ze zijn dus onveranderlijk):
a new house, *een nieuw huis*
two new red houses, *twee nieuwe rode huizen*.

8.1 Vorming

• meestal door **-y** toe te voegen aan een zelfstandig naamwoord:
rain, *regen* → **rainy**, *regenachtig*
brain, *verstand* → **brainy**, *verstandig*
speed, *snelheid* → **speedy**, *snel*

• of door **-able** toe te voegen aan een zelfstandig naamwoord of een werkwoord:
reason, *reden* → **reasonable**, *redelijk*
comfort, *comfort* → **comfortable**, *comfortabel*
miss, *missen* → **missable**, *misbaar*.

8.2 Comparatief en superlatief

De vorm van de comparatief en superlatief (vergelijkende en overtreffende trap) wordt bepaald door het aantal lettergrepen.

• Een eenlettergrepig bijvoeglijk naamwoord krijgt het suffix **-er** in de comparatief en **-est** in de superlatief:
high, *hoog* → **higher**, *hoger* → **the highest**, *de/het hoogste*;
eindigt het bijvoeglijk naamwoord op een klinker + medeklinker, dan wordt deze medeklinker verdubbeld:
red, *rood* → **redder**, *roder* → **the reddest**, *de/het roodste*.

• Bij een bijvoeglijk naamwoord met drie of meer lettergrepen wordt **more** (comparatief) of **the most** (superlatief) ingelast:
interesting, *interessant* → **more interesting**, *interessanter* → **the most interesting**, *de/het interessantste*.

• De meeste tweelettergrepige bijvoeglijke naamwoorden volgen een van beide regels:
de meeste – zoals die op **-ful** – staan met **more** en **most**:
beautiful, *mooi* → **more beautiful**, *mooier* → **the most beautiful**, *de/het mooiste*;

bij die met als laatste letter een **y** verandert die **y** in een **i** voor het suffix **-er** resp. **-est**:
happy, *gelukkig* → **happier**, *gelukkiger* → **the happiest**, *de/het gelukkigste*.

• Er zijn ook onregelmatige vormen, waaronder:
bad, *slecht, erg* → **worse** → **the worst**
good, *goed* → **better** → **the best**
much/many, *veel* → **more** → **the most**.

In een vergelijking wordt ons *dan* **than**:
Michael's taller than me, *Michael is langer/groter dan ik*.

9 Bijwoorden

9.1 Vorming

De meeste "bijwoorden van wijze" vertrekken van een bijvoeglijk naamwoord en voegen daar het suffix **-ly** aan toe:
quick, *snel* → **quickly**, *(op) snel(le wijze)*
usual, *gewoon* → **usually**, *gewoonlijk*.
Weet dat er uitzonderingen zijn, bv. **fast**, *snel* (synoniem van **quick**).

9.2 Vergelijken

Net als bij de bijvoeglijke naamwoorden, hangt de comparatiefvorm af van het aantal lettergrepen.
• Meerlettergrepige bijwoorden vormen de comparatief en de superlatief met **more** resp. **most**:
quickly → **more quickly**, *sneller* → **most quickly**, *snelst*
• bijwoorden met één lettergreep (en **early**, *vroeg*) krijgen het suffix **-er** resp. **-est**:
hard → **harder** → **hardest**; **early** → **earlier** → **earliest**.

10 *Each* en *every*

Each, *elk(e), ieder(e)* slaat op elke persoon/zaak afzonderlijk:
Each room in the house was painted blue and white.
Elke kamer van het huis was in blauw en wit geverfd.

terwijl **every**, *elk(e), ieder(e), alle* gebruikt wordt voor alle personen/zaken samen:

Every child was given a book and a pencil.
Aan ieder kind werd een boek en een potlood gegeven / Alle kinderen kregen...

Deze nuance is echter niet altijd evident (**every room**, **each child**).

Every komt voor in de volgende samenstellingen:

everyone, everybody	*iedereen*
everywhere	*overal*
everything	*alles*

Noteer dat **every** alleen bijvoeglijk kan gebruikt worden, terwijl **each** ook op zichzelf kan staan.

11 *Much* en *many*

Beide vertalen het begrip "veel"; ze worden doorgaans aangewend in ontkennende en vraagzinnen:
• **much** bij niet-telbare elementen in het enkelvoud:
We don't have much time.
We hebben niet veel tijd.
Is there much traffic?
Is er veel verkeer?

• **many** bij telbare elementen in het meervoud:
There aren't many cars on the road today.
Er zijn niet veel auto's op de weg vandaag.
Are there many Chinese restaurants in Manchester?
Zijn er veel Chinese restaurants in Manchester?

• Dezelfde regel is van toepassing om "te veel" uit te drukken:
There are too many calories and too much fat in hamburgers.
Er zitten te veel calorieën en te veel vet in hamburgers.

• In bevestigende zinnen wordt **much** en **many** vaak vervangen door **a lot of** of **lots of** en valt het onderscheid telbaar/niet-telbaar weg:
There aren't many cars. → **There aren't a lot of cars.**
Is there much traffic? → **Is there a lot of traffic?**

• Het tegengestelde van **much** en **many**, dus "weinig", is **little** (niet telbaar) en **few** (telbaar), maar wordt in gewoon taalgebruik niet veel gebruikt. In plaats van, bijvoorbeeld, **We have little time**, *We hebben weinig tijd* vormt men een zin met **much** (of **many** voor een telbaar begrip): **We don't have much time**.

Let erop **little** en **few** niet te verwarren met **a little** en **a few**, wat overeenkomt met *wat, een beetje, een paar,...*

12 *Some* en *any*

Beide leiden iets waarvan de hoeveelheid niet nader bepaald wordt in:

• **some** wordt gebruikt

- in een bevestigende zin:
I've got some spare time this week.
Ik heb deze week (wat) tijd vrij.

- in een vraag die een verzoek uitdrukt:
Can I have some water, please?
Mag ik (wat) water hebben, alstublieft?

en een (beleefde) vraag waarbij iemand iets aangeboden wordt:
Would you like some water?
Zou u (wat) water willen?

• **any** wordt gebruikt

- in een ontkennende zin:
There wasn't any snow this year.
Er lag geen sneeuw dit jaar.

- in een vraag bedoeld om te weten te komen of iets er is of bestaat:
Is there any tea in the pot?
Zit er thee in de pot?

Weet dat **no** kan voorkomen in een bevestigende zin om een ontkenning uit te drukken:
We have no time, *We hebben geen tijd*.
In zo'n geval dient **no** ter vervanging van **not** + **any** (**We haven't any time**). De ontkennende vorm met **any** blijft de meest gebruikelijke.

(Onthoud ook dat in een Engelse zin geen twee ontkennende vormen kunnen staan. Zie Werkwoorden).

Volgens deze regels kunnen samenstellingen gevormd worden zoals:

Bevestigend werkwoord	Ontkennend werkwoord	Ontkenning met bevestigend ww.	
somebody	anybody	nobody	iemand / niemand
somewhere	anywhere	nowhere	ergens / nergens
something	anything	nothing	iets / niets

13 Vraagvormen

13.1 Vraagwoorden

where	**Where's the bathroom?**, *Waar is de badkamer?*
what	**What's your name?**, *Wat is je/uw/jullie naam?*
which	**Which city are you from?**, *Uit welke stad komt u?*
why	**Why are you here?**, *Waarom zijn jullie hier?*
who	**Who's sick?**, *Wie is ziek?*
when	**When is he coming?**, *Wanneer komt hij?*
whose	**Whose pen is this?**, *Wiens pen is dit?*
how	**How was the party?**, *Hoe was het feestje?*

13.2 Vraag in de ontkennende vorm

Volle vorm	Samengetrokken vorm	
do I not live?	don't I live?	*woon ik niet?*
do you not live?	don't you live?	*woon je / woont u / wonen jullie niet?*
does he/she/it not live?	doesn't he/she/it live?	*woont hij/ze/het niet?*
do we not live?	don't we live?	*wonen we niet?*
do they not live?	don't they live?	*wonen ze niet?*

Zonder samentrekking is de structuur vrij log en formeel, vandaar dat we ze in deze fase van uw studie niet behandeld hebben. De samengetrokken vorm is wel gebruikelijk:
Don't they live in Brighton?, *Wonen ze niet in Brighton?*

14 Voorzetsels

We overlopen hier de meest gebruikte voorzetsels met hun belangrijkste betekenis. U herinnert zich dat het vertalen ervan niet altijd vanzelfsprekend is. Onthoud bij elke constructie het juiste voorzetsel en noteer eventueel het verschil met het Nederlands, bv.: **to answer a question**, *antwoorden op een vraag, een vraag beantwoorden* - dus ook de prefixen van werkwoorden zijn van belang!

about, *over*	**Tell me about your job**, *Vertel me over je/uw/jullie werk.*
at, *om*	**We arrive at ten o'clock**, *We komen aan om 10 uur.*
behind, *achter*	**Her house is behind the station**, *Haar huis staat achter het station.*
between, *tussen*	**Birmingham is between Manchester and London**, *Birmingham ligt tussen Manchester en Londen.*
by, *door*	**"Hamlet" was written by Shakespeare**, *"Hamlet" werd geschreven door Shakespeare.*
from, *van, vandaan*	**Where do you come from?**, *Waar kom je / komt u / komen jullie vandaan?*
in, *in*	**Edinburgh is in Scotland**, *Edinburgh ligt in Schotland.*
in front of, *voor*	**Meet me in front of the cinema**, *Afspraak voor de bioscoop.*
into, *in* + beweging	**We got into the car**, *We stapten in de auto.*
of, *van* (bezit)	**The population of this town is 50,000**, *De bevolking van deze stad is 50.000 inwoners.*
on, *op*	**The keys are on the table**, *De sleutels liggen op de tafel.*
opposite, *tegenover*	**The hotel is opposite a night club**, *Het hotel ligt tegenover een nachtclub.*
over, *over, boven*	**The plane flew over the city**, *Het vliegtuig vloog over/boven de stad.*

through, *door*	**She walked through the fields**, *Ze wandelde door de velden.*
to, *naar*	**I'll take her to school**, *Ik zal haar naar school brengen.*
under, *onder*	**The car park is under the shop**, *De parking is onder de winkel.*
until, till, *tot* (tijd)	**We waited until nine**, *We hebben tot 9 uur gewacht.*
with, *met*	**Take me with you**, *Neem me met je mee.*

15 Werkwoorden

In dit hoofdstuk zullen, op een paar uitzonderingen na, vooral de progressieve vorm en de **present perfect** wat meer aandacht vergen. Verder is het vrij eenvoudig: voor de regelmatige werkwoorden zijn er slechts vier vormen (bv. **live**, **lives**, **living** en **lived**).

15.1 Hulpwerkwoorden

To be, *zijn* en **to have**, *hebben* kunnen, net als in het Nederlands, als hulpwerkwoord fungeren.

- **to be**, *zijn*

Bevestigende vorm	
I am	*ik ben*
you are	*jij/u bent, jullie zijn*
he is	*hij is*
she is	*zij is*
it is	*het/hij/zij is* (onpersoonlijk)
we are	*wij zijn*
they are	*zij zijn*

Voor de ontkennende vorm volstaat het **not** achter het werkwoord te zetten:

Ontkennende vorm	
I am not	*ik ben niet*
you are not	*jij/u bent niet, jullie zijn niet*
he is not	*hij is niet*
she is not	*zij is niet*
it is not	*het/hij/zij is niet* (onpersoonlijk)
we are not	*wij zijn niet*
they are not	*zij zijn niet*

De vragende vorm verkrijgt men door inversie van onderwerp en werkwoord:

Vragende vorm	
am I?	*ben ik?*
are you?	*ben jij?, bent u? zijn jullie?*
is he?	*is hij?*
is she?	*is zij?*
is it?	*is het/hij/zij?* (onpersoonlijk)
are we?	*zijn wij?*
are they?	*zijn zij?*

• **to have**, *hebben*

Bevestigende vorm	
I have	*ik heb*
you have	*jij/u hebt, jullie hebben*
he has	*hij heeft*
she has	*zij heeft*
it has	*het/hij/zij heeft* (onpersoonlijk)
we have	*wij hebben*
they have	*zij hebben*

• Ontkennende vorm:
fungeert **to have** als hulpwerkwoord, dan wordt voor de ontkennende vorm **not** toegevoegd; anders gedraagt het zich als een gewoon werkwoord (zie verderop).

I have not	we have not
you have not	they have not
he/she/it has not	

• Vragende vorm:

is **to have** hulpwerkwoord, dan verkrijgt men de vragende vorm door onderwerp en werkwoord van plaats te wisselen; anders gedraagt het zich als een gewoon werkwoord (zie verderop).

have I?	have we?
have you?	have they?
has he/she/it?	

• **Samengetrokken vorm**

In vlot taalgebruik worden de hulpwerkwoorden **to be** en **to have** dikwijls vervormd: de klinker wordt a.h.w. "ingeslikt" en we schrijven dan ook een weglatingsteken in de plaats van die weggelaten klinker.

Dit doet zich meestal voor in de bevestigende en de ontkennende vorm:

to be	to have
I'm	I've
you're	you've
he's	he's
she's	she's
it's	it's
we're	we've
they're	they've

(Let erop beide werkwoorden niet te verwarren in de 3e persoon enkelvoud; de context zal duidelijkheid scheppen.)

Doorgaans worden deze samentrekkingen niet gebruikt in vormelijke geschreven taal, maar wel in informele briefwisseling, e-mails, reclame, romandialogen, enz.

15.2 Tegenwoordige tijd

• **"Gewone, enkelvoudige" tegenwoordige tijd - *Present Simple***

to live	leven, wonen
I live	ik leef/woon
you live	jij/u leeft/woont, jullie leven/wonen
he lives	hij leeft/woont
she lives	zij leeft/woont
it lives	het/hij/zij leeft/woont (onpersoonlijk)
we live	wij leven/wonen
they live	zij leven/wonen

• **Vorming:**
dezelfde vorm voor alle personen, nl. de infinitief, behalve de 3e pers. ev. die een **s** toegevoegd krijgt (deze eind-**s** is terug te vinden bij alle vormen van de tegenwoordige tijd en de **present perfect**), maar let op:

– bij werkwoorden op **-s**, **-sh**, **-ch** en **-x** en bij **to do** en **to go** dient voor de uitgang -**s** van de 3e pers. ev. een **e** ingelast te worden: **she wishes**, *ze wenst*; **he watches**, *hij kijkt*, **it does**, *het doet*,...

– werkwoorden op **-y** voorafgegaan door een medeklinker vormen de 3e pers. ev. met **-ies**: **to cry**, *huilen* → **he cries**; de andere werkwoorden op **-y** volgen de basisregel: **to say**, *zeggen* → **she says**.

• **Gebruik:**
het weergeven van een handeling/toestand of een gewoonte of regelmatig weerkerende handeling m.b.t. het heden:
She lives in Manchester, *Ze woont in Manchester*.
He goes to the gym twice a week, *Hij gaat tweemaal per week naar de gym*.

• **Ontkennende vorm:**
wordt (behalve bij **to be** en modale hulpwerkwoorden) verkregen met een vorm van het hulpwerkwoord **to do** (**do/does**) + het ontkennende **not** + de infinitiefvorm van het hoofdwerkwoord:

I do not live	ik leef/woon niet
you do not live	jij/u woont niet, jullie wonen niet
he does not live	hij woont niet
she does not live	zij woont niet

it does not live	het/hij/zij woont niet (onpersoonlijk)
we do not live	wij wonen niet
they do not live	zij wonen niet

Merk op dat bij de 3e pers. ev. de **-s** van het hoofd- naar het hulpwerkwoord overgaat: **he lives** → **he does not live**.

• **Vragende vorm:**

wordt verkregen met een vorm van **to do** + onderwerp + infinitief van het hoofdwerkwoord (behalve bij **to be** en modale hulpwerkwoorden):

do I live?	leef/woon ik?
do you live?	woon jij / woont u / wonen jullie?
does he live?	woont hij?
does she live?	woont zij?
does it live?	woont het/hij/zij? (onpersoonlijk)
do we live?	wonen wij?
do they live?	wonen zij?

Merk op dat bij de 3e pers. ev. de **-s** van het hoofd- naar het hulpwerkwoord verhuist: **she lives** → **does she live?**

• **Vraag in de ontkennende vorm:**
zie p. 575.

• **Progressieve vorm van de tegenwoordige tijd -** *Present Continuous*

• **Vorming:**

bestaat, voor alle personen, uit de "gewone" tegenwoordige tijd van het hulpwerkwoord **to be** (**am/are/is**) + het onvoltooid deelwoord van het hoofdwerkwoord (gevormd door aan de infinitief **-ing** toe te voegen):

Volle vorm	Samentrekking	
I am living	I'm living	ik leef/woon
you are living	you're living	jij/u woont / jullie wonen
he is living	he's living	hij woont
she is living	she's living	zij woont
it is living	it's living	het/hij/zij woont (onpers.)
we are living	we're living	wij wonen
they are living	they're living	zij wonen

- **Gebruik:**

- het weergeven van een handeling of gebeurtenis van bepaalde duur die op het ogenblik dat men spreekt/schrijft gaande is:

I'm living in London at the moment.

Ik woon in Londen op dit ogenblik.

(bepaalde werkwoorden, nl. die m.b.t. "onvrijwillige waarneming" zoals **to see** *(zien)*, **to hear** *(horen)*, **to understand** *(begrijpen, verstaan)*, worden doorgaans niet in de progressieve vorm, maar in de "gewone" tegenwoordige tijd vervoegd:

I understand what you're saying.

Ik begrijp wat je/u zegt.

- het weergeven van iets dat in de toekomst zeker zal gebeuren, dat men van plan is of dat afgesproken werd:

We're leaving next week.

We vertrekken volgende week.

- **Ontkennende vorm:**

vorm van **to be (am/are/is)** + **not** + onvoltooid deelwoord van het hoofdwerkwoord:

Volle vorm	Samentrekking	
I am not living	I'm not living	*ik leef/woon niet*
you are not living	you're not living	*jij/u woont / jullie wonen niet*
he is not living	he's not living	*hij woont niet*
she is not living	she's not living	*zij woont niet*
it is not living	it's not living	*het/hij/zij woont niet* (onpers.)
we are not living	we're not living	*wij wonen niet*
they are not living	they're not living	*zij wonen niet*

- **Vragende vorm:**

vorm van **to be (am/are/is)** + onderwerp + onvoltooid deelwoord van het hoofdwerkwoord:

am I living?	*leef/woon ik?*
are you living?	*woon jij / woont u / wonen jullie?*
is he living?	*woont hij?*
is she living?	*woont zij?*
is it living?	*woont het/hij/zij?* (onpersoonlijk)
are we living?	*wonen wij?*
are they living?	*wonen zij?*

15.3 Toekomende tijd

Net als in het Nederlands, kan de toekomende tijd in het Engels op drie manieren weergegeven worden:

• "Gewone" toekomende tijd
• Bevestigende vorm:

met **will** + infinitiefvorm van het hoofdwerkwoord

Volle vorm	Samentrekking	
I will live	I'll live	*ik zal leven/wonen*
you will live	you'll live	*jij zal /u zult / jullie zullen wonen*
he will live	he'll live	*hij zal wonen*
she will live	she'll live	*zij zal wonen*
it will live	it'll live	*het/hij/zij zal wonen (onpers.)*
we will live	we'll live	*wij zullen wonen*
they will live	they'll live	*zij zullen wonen*

(zie les 72, opm. 5 i.v.m. de 1e pers. ev. **shall**)
Next year, I'll live in India for six months.
Volgend jaar zal ik (gedurende) zes maanden in India leven/wonen.
When he goes to New York, he'll live near Central Park.
Wanneer hij naar New-York gaat, zal hij dichtbij Central Park wonen.

• Ontkennende vorm met **will** + **not**:

Volle vorm	Samentrekking	
I will not live	I won't live	*ik zal niet leven/wonen*
you will not live	you won't live	*jij zal /u zult / jullie zullen niet wonen*
he will not live	he won't live	*hij zal niet wonen*
she will not live	she won't live	*zij zal niet wonen*
it will not live	it won't live	*het/hij/zij zal niet wonen*
we will not live	we won't live	*wij zullen niet wonen*
they will not live	they won't live	*zij zullen niet wonen*

Opmerking: **will not / won't** kan ook een weigering weergeven:
I will not live in a flat, *Ik wil niet in een flat/appartement wonen.*

- Vragende vorm met inversie van onderwerp en **will**:

will I live?	zal ik leven/wonen?
will you live?	zal jij/u wonen / zullen jullie wonen?
will he live?	zal hij wonen?
will she live?	zal zij wonen?
will it live?	zal het/hij/zij wonen? (onpersoonlijk)
will we live?	zullen we wonen?
will they live?	zullen ze wonen?

Zo kan men ook iemand vragen om iets te doen:
Will you help me, please?, *Wilt u me helpen, alstublieft?*

- Progressieve vorm: deze werd in onze cursus niet behandeld.

• **To be going to** + infinitiefvorm

voor een nabije toekomst, iemands voornemen of subjectieve zekerheid (vgl. met het werkwoord "gaan" in het Nederlands):
She's going to live in Edinburgh.
Ze gaat in Edinburgh wonen.

• **Present Continuous**

voor iets dat zeker, gepland of afgesproken zal gebeuren:
We're leaving on holiday in three days.
We vertrekken over drie dagen met vakantie.
Gaat het echter om iets dat regelmatig gebeurt of om een uurregeling, dan is de "gewone" tegenwoordige tijd van toepassing:
Her plane leaves at noon, *Haar vliegtuig vertrekt op de middag.*

15.4 Verleden tijd

• **"Gewone, enkelvoudige" verleden tijd - *Past Simple***

- **Gebruik:**
voor een handeling of gewoonte die in het verleden heeft plaatsgevonden en die nu helemaal afgelopen is;
de Nederlandse vertaling kan een voltooid tegenwoordige of een onvoltooid verleden tijd zijn (daarom geven we in de onderstaande tabellen geen vertaling):

- **Vorming bij regelmatige (of zwakke) werkwoorden:**
bij alle personen, met de stam van het werkwoord + **-ed** (of **-d** bij werkwoorden op **-e**); voor afwijkingen op deze basisregel alsook voor de uitspraak van deze uitgangen, zie les 56, punt 1.

- Bevestigende vorm:
I lived
you lived
he lived
she lived
it lived
we lived
they lived
We lived in London when we were young.
We woonden in Londen toen we jong waren.
Charles Dickens lived in the 19th century.
Charles Dickens leefde in de 19e eeuw.

- Ontkennende vorm:
zoals in de tegenwoordige tijd, maar met de verleden tijd van het hulpwerkwoord **to do**, dus **did** voor alle personen:

Volle vorm	Samentrekking
I did not live	I didn't live
you did not live	you didn't live
he did not live	he didn't live
she did not live	she didn't live
it did not live	it didn't live
we did not live	we didn't live
they did not live	they didn't live

- Vragende vorm:
zoals in de tegenwoordige tijd, maar met **did**:
did I live?
did you live?
did he live?
did she live?
did it live?
did we live?
did they live?

- **Vorming bij onregelmatige (of sterke) werkwoorden:**
zie verderop.
Het verschil tussen zwakke en sterke werkwoorden blijkt alleen in de bevestigende vorm. Voorbeeld: **to run**, *lopen, rennen*:

Bevestigend	Ontkennend	Vragend
I ran	I didn't run	did I run?

- **Progressieve vorm van de verleden tijd - *Past Continuous***

- **Gebruik:**
voor een handeling of gebeurtenis die op een bepaald tijdstip of tijdens een bepaalde periode in het verleden aan de gang was:
They were living in Wales when I met them for the first time.
Ze woonden in Wales toen ik ze voor 't eerst ontmoette.
Hij gedraagt zich zoals de **present continuous**:

Bevestigend	Ontkennend	Vragend
I was living	I was not[1] living	was I living?
you were living	you were not[2] living	were you living?
he was living	he was not living	was he living?
she was living	she was not living	was she living?
it was living	it was not living	was it living?
we were living	we were not living	were we living?
they were living	they were not living	were they living?

[1] Samentrekking: **was not** → **wasn't**
[2] Samentrekking: **were not** → **weren't**

15.5 *Present Perfect*

- **"Gewone" vorm**

- **Vorming:**
zoals de Nederlandse V.T.T. met als hulpwerkwoord "hebben": tegenwoordige tijd van **to have** (**have/has**) + voltooid deelwoord van het hoofdwerkwoord;

we behouden de Engelse benaming **present perfect** omdat die voor zich spreekt: het tegenwoordig aspect van een handeling op een niet nader bepaald moment in het verleden.

• Bevestigende vorm:
**I have lived
you have lived
he/she/it has lived
we have lived
they have lived
You can tell she has lived in Australia.**
Je merkt dat ze in Australië heeft geleefd (dus, iets dat ik nu merk, wijst erop dat de persoon van wie sprake is op een of ander moment in het verleden in dat land geleefd heeft).

• **Gebruik:**
- iets wat in het verleden (zonder het tijdstip te vermelden) gebeurd is en waarvan het resultaat nu nog merkbaar is;
- handeling/situatie die in een onbepaald verleden begonnen is en nu nog voortduurt
- vaak gebruikt met bijwoorden van tijd zoals **before** *(voor(dien), vroeger, eerder (al))*, **already** *(al)*, **ever** *(ooit)*, **never** *(nooit)* om het verband te leggen tussen een onbepaald verleden en het heden:
Have you worked in the computer industry before?
Hebt u vroeger in de informaticasector gewerkt?
She's never been there.
Ze is daar nooit geweest.
Maar zodra het tijdstip van de handeling (zelfs vaag) bepaald wordt, moet de **simple past** gebruikt worden:
She lived in Australia from 2010 to 2015.
Ze woonde in Australië van 2010 tot 2015.
He worked in the computer industry a long time ago.
Hij werkte een hele tijd geleden in de informaticasector.
Dus: kan het gezegde een antwoord bieden op de vraag **When?** *Wanneer?*, dan mag de **present perfect** niet aangewend worden.

• Ontkennende vorm:
met **have/has** + **not**:

Volle vorm	Samentrekking
I have not lived	I haven't lived
you have not lived	you haven't lived
he/she/it has not lived	he/she/it hasn't lived
we have not lived	we haven't lived
they have not lived	they haven't lived

• Vragende vorm:
met inversie van onderwerp en **have/has**:
have I lived?
have you lived?
has he/she/it lived?
have we lived?
have they lived?

• Progressieve vorm

• **Vorming:**
met **have/has** + voltooid deelwoord van **to be** (**been**) + onvoltooid deelwoord van het hoofdwerkwoord:

Bevestigend	Ontkennend	Vragend
I have been living[1]	I have not been living[2]	have I been living?
you have been living	you have not been living	have you been living?
he/she/it has been living	he/she/it has not been living	has he/she/it been living?
we have been living	we have not been living	have we been living?
they have been living	they have not been living	have they been living?

[1] Samentrekking: **-'ve been living**
[2] Samentrekking: **-n't been living**

• **Gebruik:**
- voor een langer durende handeling/situatie die gebeurde/aanving in het verleden en nog steeds voortduurt of waarvan het resultaat nog merkbaar is:

It's been raining all afternoon.
Het is al de hele middag aan het regenen / regent al de hele middag (en het regent nog steeds).

- komt dikwijls voor in een constructie met **for** en **since** (*gedurende, sinds*):

We've been living in Portsmouth for ten years.
We wonen al tien jaar in Portsmouth.

15.6 *Past Perfect*

• **"Gewone" vorm** ("voltooid verleden tijd")

• **Vorming:**

bij alle personen met **had** + voltooid deelwoord van het hoofdwerkwoord:

Bevestigend	Ontkennend	Vragend
I had lived[1]	I had not lived[2]	had I lived?
you had lived	you had not lived	had you lived?
he/she/it had lived	he/she/it had not lived	had he/she/it lived?
we had lived	we had not lived	had we lived?
they had lived	they had not lived	had they lived?

[1] Samentrekking: **-'d lived**
[2] Samentrekking: **hadn't lived**

• **Gebruik:**

wijst een voltooide handeling in het verleden aan:

She took the computer back to the shop where she had bought it.
Ze bracht het boek terug naar de winkel waar ze het gekocht had.

Opmerking: de samengetrokken vorm van **had** (**-'d**) is dezelfde als die van **would** (zie verderop); de context moet uitwijzen of het om een verleden tijd of een voorwaardelijke wijs gaat.

• **Progressieve vorm**

• **Vorming:**

bij alle personen met **had** + **been** + onvoltooid deelwoord van het hoofdwerkwoord:

Bevestigend	Ontkennend	Vragend
I had been living[1]	I had not been living[2]	had I been living?
you had been living	you had not been living	had you been living?
he/she/it had been living	he/she/it had not been living	had he/she/it been living?
we had been living	we had not been living	had we been living?
they had been living	they had not been living	had they been living?

[1] Samentrekking: **-'d been living**

[2] Samentrekking: **hadn't been living**

- **Gebruik:**

zoals de **present perfect**, vaak met **for** en **since**, maar dan in het verleden:

She had been living in London for a year when she met Andrew.
Ze woonde een jaar in Londen toen ze Andrew ontmoette.

15.7 Voorwaardelijke wijs

- **in de tegenwoordige tijd - Present Conditional**

- **Vorming: would** (*zou/zouden*) + infinitief van het hoofdwerkwoord:

Bevestigend	Ontkennend
I would live[1], *ik zou leven/wonen*	**I would not live**[2], *ik zou niet wonen*
you would live, *jij/u zou / jullie zouden leven/wonen,...*	**you would not live**, *jij/u zou / jullie zouden niet leven/wonen,...*
he would live	he would not live
she would live	she would not live
it would live	it would not live
we would live	we would not live
they would live	they would not live

[1] Samentrekking: **-'d**

[2] Samentrekking: **wouldn't**

She would hate to live in a big city.
Ze zou helemaal niet in een grote stad willen wonen.

Bij een (minder zekere) veronderstelling ingeleid door **if** gebruikt men de **past simple** en staat de hoofdzin in de voorwaardelijke wijs:
If she won the lottery, she would buy a new house.
Als ze de loterij won, zou ze een nieuw huis kopen.

Let op: **'d** kan de verkorte vorm zijn van **would** of van **had** (zie hoger); de context wijst uit of het om de **conditional** dan wel de **past perfect** gaat.

- Vragende vorm met inversie van onderwerp en hulpwerkwoord:

would I live?	zou ik leven/wonen?
would you live?	zou jij/u / zouden jullie wonen?
would he live?	zou hij wonen?
would she live?	zou zij wonen?
would it live?	zou het wonen?
would we live?	zouden wij wonen?
would they live?	zouden zij wonen?

• in de verleden tijd - Past Conditional

- **Vorming** met **would (not) have** + voltooid deelwoord bij alle personen:

Bevestigend	Ontkennend
I would have lived *ik zou geleefd/gewoond hebben,...*	I would not have lived *ik zou niet geleefd/gewoond hebben,...*
you would have lived	you would not have lived
he would have lived	he would not have lived
she would have lived	she would not have lived
it would have lived	it would not have lived
we would have lived	we would not have lived
they would have lived	they would not have lived

I would have gone out but it was too late.
Ik zou uitgegaan zijn, maar het was te laat.

Een (zeer hypothetische) veronderstelling met **if** kan met de **past perfect** en de verleden voorwaardelijke wijs:
If she had won the lottery, she would have bought a new house.
Als ze de loterij gewonnen had, zou ze een nieuw huis gekocht hebben.

- Samengetrokken vorm:
- bevestigend kan met **'d have** of **would've**: **he'd have lived** of **he would've lived**
- ontkennend met **wouldn't have**: **he wouldn't have lived**.

- Vragende vorm met inversie van onderwerp en **would**:
would I have lived?
would you have lived?
would he/she/it have lived?
would we have lived?
would they have lived?

15.8 Passieve vorm

- **Vorming** met **to be** in dezelfde tijd als het actieve werkwoord + voltooid deelwoord; dient het agens bepaald te worden, dan zet men er **by** (*door*) + de accusatief bij:

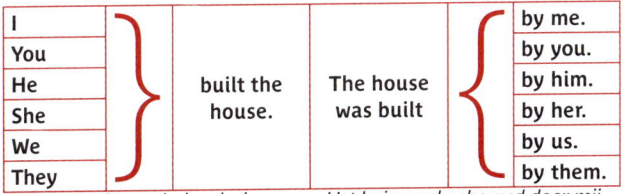

Ik,... bouw/bouwde het huis.   *Het huis werd gebouwd door mij,...*

De ontkennende en de vragende vorm zijn regelmatig:
The bridge was not built in 1880.
De brug werd niet in 1880 gebouw.
Was the bridge built by the Romans?
Werd de brug door de Romeinen gebouwd?

De passieve vorm kan op verschillende manieren weergegeven worden:
I've been asked to play next week.
Ik werd gevraagd / Men heeft me gevraagd om volgende week te spelen.
Her watch has been stolen.
Haar horloge werd / Ze hebben haar horloge gestolen.
Hij komt ook vaak voor in vormelijk taalgebruik, bv. in een winkel:
Are you being served?
Wordt u al bediend/geholpen?

of op aankondigingsborden:
Dutch spoken, *We spreken Nederlands*
Smoking prohibited, *Verboden te roken.*

15.9 Modale hulpwerkwoorden

De twee belangrijkste modale hulpwerkwoorden in deze cursus zijn **can** en **must**. Herinner u dat ze nooit met het partikel **to** staan, geen infinitiefvorm noch deelwoorden hebben, dat ze in de 3e persoon enkelvoud geen **-s** krijgen en dat de vraagvorm met inversie gebouwd wordt:

- **can,** *kunnen, mogen* ("infinitief": **to be able to**)

Bevestigend	Ontkennend	Vragend
I can	I cannot[1]	can I?
you can	you cannot	can you?
he can	he cannot	can he?
she can	she cannot	can she?
it can	it cannot	can it?
we can	we cannot	can we?
they can	they cannot	can they?

[1] in één woord of samengetrokken tot **can't**

- **must,** *moeten* ("infinitief": **to have to**)

Bevestigend	Ontkennend	Vragend
I must	I must not[1]	must I?
you must you	you must not	must you?
he must	he must not	must he?
she must	she must not	must she?
it must	it must not	must it?
we must	we must not	must we?
they must	they must not	must they?

[1] in twee woorden of samengetrokken tot **mustn't**
Voor de andere tijden maken we gebruik van de "infinitief". Er is geen progressieve vorm.

- **to be able to (can)**, *kunnen (in staat zijn om)*

	Toekomende tijd	Past simple	Present perfect	Past perfect
I	will be able to	was able to	have been able to	had been able to
you	will be able to	were able to	have been able to	had been able to
he/she/it	will be able to	was able to	has been able to	had been able to
we	will be able to	were able to	have been able to	had been able to
they	will be able to	were able to	have been able to	had been able to

- **to have to (must)**, *moeten*

	Toekomende tijd	Past simple	Present perfect	Past perfect
I	will have to	had to	have had to	had had to
you	will have to	had to	have had to	had had to
he/she/it	will have to	had to	has had to	had had to
we	will have to	had to	have had to	had had to
they	will have to	had to	have had to	had had to

15.10 Lijst van veel gebruikte onregelmatige werkwoorden

Infinitief	Verleden tijd	Voltooid deelwoord	Vertaling
be	was, were	been	*zijn*
bear	bore	borne	*(ver)dragen*
become	became	become	*worden*
begin	began	begun	*beginnen*
bend	bent	bent	*buigen*
bet	bet, betted[1]	bet, betted[1]	*wedden*
bite	bit	bitten	*bijten*
bleed	bled	bled	*bloeden*
blow	blew	blown	*blazen*

break	broke	broken	*breken*
bring	brought	brought	*brengen*
build	built	built	*bouwen*
burn	burnt[1]	burnt[1]	*branden*
burst	burst	burst	*barsten*
buy	bought	bought	*kopen*
can	could	could	*kunnen*
catch	caught	caught	*vangen, halen*
choose	chose	chosen	*kiezen*
come	came	come	*komen*
cost	cost	cost	*kosten*
creep	crept	crept	*kruipen*
cut	cut	cut	*snijden*
deal	dealt	dealt	*(uit)delen*
dig	dug	dug	*graven*
do	did	done	*doen*
draw	drew	drawn	*trekken, tekenen*
dream	dreamt[1]	dreamt[1]	*dromen*
drink	drank	drunk	*drinken*
drive	drove	driven	*rijden, besturen*
eat	ate	eaten	*eten*
fall	fell	fallen	*vallen*
feed	fed	fed	*voed(er)en*
feel	felt	felt	*voelen*
find	found	found	*vinden*
fly	flew	flown	*vliegen*
forget	forgot	forgotten	*vergeten*
forgive	forgave	forgiven	*vergeven*
freeze	froze	frozen	*vriezen*
get	got	got	*be-/verkrijgen, worden*
give	gave	given	*geven*
go	went	gone	*gaan*
grow	grew	grown	*groeien, worden*
hang	hung	hung	*hangen*
have	had	had	*hebben*

hear	heard	heard	*horen*
hide	hid	hidden	*verstoppen*
hit	hit	hit	*slaan, raken*
hold	held	held	*houden*
hurt	hurt	hurt	*bezeren*
keep	kept	kept	*houden*
kneel	knelt[1]	knelt[1]	*knielen*
know	knew	known	*kennen, weten*
lay	laid	laid	*leggen*
lead	led	led	*leiden*
lean	leant[1]	leant[1]	*leunen*
learn	learnt[1]	learnt[1]	*leren*
leave	left	left	*(ver)laten*
lend	lent	lent	*lenen*
let	let	let	*laten, huren*
lie	lay	lain	*liggen*
light	lit	lit	*aansteken, verlichten*
lose	lost	lost	*verliezen*
make	made	made	*maken*
may	might	–	*kunnen, mogen*
mean	meant	meant	*betekenen, menen*
meet	met	met	*ontmoeten*
mistake	mistook	mistaken	*fout zijn*
mow	mowed	mown	*maaien, graaien*
overcome	overcame	overcome	*overwinnen, te boven komen*
overtake	overtook	overtaken	*inhalen, overvallen*
pay	paid	paid	*betalen*
put	put	put	*zetten*
read	read	read	*lezen*
ride	rode	ridden	*(paard)rijden*
ring	rang	rung	*bellen, rinkelen*
rise	rose	risen	*opstaan*
run	ran	run	*lopen, rennen*
saw	sawed	sawn	*zagen*

say	said	said	zeggen
see	saw	seen	zien
seek	sought	sought	zoeken
sell	sold	sold	verkopen
send	sent	sent	(ver)sturen
set	set	set	zetten, plaatsen
shake	shook	shaken	schudden
shine	shone	shone	schijnen
shoot	shot	shot	schieten
show	showed	shown	tonen
shut	shut	shut	sluiten
sing	sang	sung	zingen
sink	sank	sunk	zinken
sit	sat	sat	zitten
sleep	slept	slept	slapen
slide	slid	slid	glijden
smell	smelt	smelt	ruiken
speak	spoke	spoken	spreken, praten
spell	spelt[1]	spelt[1]	spellen
spend	spent	spent	doorbrengen, uitgeven
spit	spat	spat	spuwen
split	split	split	splitsen
spoil	spoilt[1]	spoilt[1]	verspillen
spread	spread	spread	sprijden
spring	sprang	sprung	springen
stand	stood	stood	staan
steal	stole	stolen	stelen
stick	stuck	stuck	kleven
stink	stank	stunk	stinken
strike	struck	struck	slaan, staken
swear	swore	sworn	zweren
sweep	swept	swept	vegen
swim	swam	swum	zwemmen
swing	swung	swung	schommelen
take	took	taken	nemen

teach	taught	taught	*onderwijzen, leren*
tear	tore	torn	*scheuren*
tell	told	told	*zeggen, vertellen*
think	thought	thought	*denken*
throw	threw	thrown	*gooien*
understand	understood	understood	*verstaan, begrijpen*
undertake	undertook	undertaken	*ondernemen*
wake	woke[1]	woken	*wekken*
wear	wore	worn	*dragen (kleren)*
weep	wept	wept	*wenen*
win	won	won	*winnen*
wind	wound	wound	*opwinden*
write	wrote	written	*schrijven*

[1] In het Amerikaans zijn deze werkwoorden meestal regelmatig, behalve **get** met als voltooid deelwoord **gotten**.

Woordenlijsten

Deze woordenlijsten (Engels-Nederlands en Nederlands-Engels) bevatten alle woorden uit de lessen.
Bij ieder woord staat de vertaling en het nummer van de les waarin het voor het eerst in die betekenis voorkomt.
Dit is dus geen woordenboek.

• De vertaling is deze welke in de betrokken les van toepassing is; andere mogelijke betekenissen worden niet vermeld.

• Bij sommige woorden wordt naar meer dan één les verwezen omdat een woord in verschillende lessen in een andere betekenis kan voorkomen, of omdat we het belangrijk vinden om er in een andere context op terug te komen, of om in een latere opmerking bijkomende uitleg te geven.

• Werkwoorden staan in de infinitiefvorm (bij de Engelse zetten we er het partikel "to" bij).

Woordenlijst Engels-Nederlands

A

a *(voor medeklinker)* / an *(voor klinker)* — een *(lidw.)* 3, 5
abbey — abdij 51
able to (to be ~) — kunnen, in staat zijn om 73, 75
about — over (m.b.t.) 13; ongeveer 60
above — boven 50
above all — vooral 110
abroad — naar/in het buitenland 38
absent — afwezig 55
absent-minded — verstrooid 55
absolutely — absoluut *(bijw.)* 83
accept (to ~) — aanvaarden 104
accident — ongeval 81
account — account 79
accountant — accountant 5
ache — pijn 71
ache (to ~) — pijn doen 71
across — over (dwars) 12
active — actief 29
activity — activiteit 29
actually — eigenlijk 31
AD (anno domini) — A.D. (anno Domini) 100
additional — bijkomend 104
admit (to ~) — toelaten 76
adult — volwassene 73
advantage — voordeel 52
advice *(n-telb.)* — advies, raad 62
advise (to ~) — adviseren, raad geven 62
adviser/advisor — adviseur, raadgever/-geefster 62
afraid (to be ~) — bang zijn (dat) 18
after — na 53; nadat 101
afternoon — namiddag 13
again — her-, opnieuw, terug-, weer- 37
against — tegen 82
age — leeftijd 46; eeuw, tijdperk 94
ago — geleden 57
agree (to ~) — akkoord gaan 60; het eens zijn 87
ahead — voorop, vooruit 83
airline — luchtvaartmaatschappij 98
airport — luchthaven 13
album — album 34
alcoholic *(bijv. nw.)* — alcoholisch 95
alcoholic *(zelfst. nw.)* — alcoholicus 68
ale — ale(bier) 17

all	al(les) 31, 58, 63; allen 39; al(le) 43, 55; heel/hele 50; allemaal 57; volledig 81
all sorts of	allerlei 81
almost	bijna 69; nagenoeg 108
along	langs 90
already	al 68
alright *(inform.)*	goed, ok,... 75
also	ook 12
although	alhoewel 61
always	altijd 10
amazed	versteld (staand) 103
amazing	verbazingwekkend 52
ambitious	ambitieus 44
and	en 1
angry	boos 54
announce (to ~)	aankondigen 83
annual	jaarlijks 80
another	een ander(e) 47
answer	antwoord 33
answer (to ~)	antwoorden 62; beantwoorden 98
anxious (to be ~)	ongerust zijn 73
any	enig(e) 13; enkele 15; om het even 48
any *(in ontkenn. of vraagzin)*	wat, enig(e) 15
any time	eender wanneer 48
anybody	iemand 40
anyone	iemand 40
anything	iets 19
anyway	hoe dan ook 59; toch (maar) 99
anywhere *(in ontkenn. of vraagzin)*	ergens 27
apartment (VK)	appartement, flat 8
aperitif	aperitief 95
apologise (to ~)	zich verontschuldigen 57
apparently	blijkbaar 73
application	sollicitatiebrief 57; aanvraag 89
apply for (to ~)	aanvragen 89
appointment	afspraak 71
April	april 10
architect	architect/-e 100
area	gebied, zone 33; buurt 34
around	ongeveer 33
arrive (to ~)	aankomen 41
art	kunst 45
art gallery	kunstmuseum 102
artist	artiest/-e 102
as	zoals 37; toen 106
as ... as	zo/even ... als 100
as soon as	zodra 41
as well as	alsook, evenals, zowel als 109
ask (to ~)	vragen (aan) 30

six hundred and two • 602

ask for (sth) (to ~)	vragen om/naar (iets) 39
assistant	assistent 107
at	op, te 2; in 3; naar 36; om 45
attraction	trekpleister 50; attractie 96
August	augustus 14
aunt	tante 42
auntie	tantetje 45
Australia	Australië 90
automatic	automatisch 104
autumn	herfst 14
available	beschikbaar 59
average	doorsnee 71
away	weg 67
awful	vreselijk 68

B

baby	baby 58
Bachelor of Arts (BA)	bachelor in de geesteswetenschappen 80
Bachelor of Science (BSc)	bachelor in de exacte,...wetenschappen 80
back	terug 39
back *(zelfst. nw.)*	rug 71
backpack	rugzak 73
backpack (to ~)	rondreizen met de rugzak 73
backpacker	rugzaktoerist 73
backup	back-up, reserve- 108
bacon	bacon 15
bad	slecht *(bijv. nw.)* 49; erg 71
badly	slecht *(bijw.)* 82
baker	bakker/-in 8
bank	bank 36
bar	bar 26
based (to be ~)	gevestigd zijn 80
basic	basis- 110
bath	bad 31
bathroom	badkamer 54
BBC (British Broadcasting Corporation)	Britse omroepvereniging 45
BC (Before Christ)	v.C. (voor Christus) 100
BCE (Before Common Era)	v.C. (voor Christus) 100
be (to ~)	zijn 1, 2, 7, 14
be in (to ~)	aanwezig zijn 71
be out (to ~)	afwezig zijn 71
beach	strand 39
bear (to ~)	uitstaan, verdragen 62
beard	baard 41
beautiful	mooi 40
beauty	schoonheid 88
because	want 2; omdat 30
become (to ~)	worden 66

bed	bed 29
bed and breakfast (B&B)	gastenverblijf 50
bedroom	slaapkamer 54
bedsit(ter)	zit-slaapkamer 80
beef	rund(vlees) 31
beer	bier 17
beetle	kever 66
before	voor 47; voordien 79; eerder, vroeger 81; al 89
begin (to ~)	zich inzetten, beginnen 100
beginning	begin 66
behind	achter 87
Belgian	Belgisch 22
Belgium	België 50
believe (to ~)	geloven 66
bell	bel, klok 94
belt	gordel 97
Bermuda	Bermuda 39
berry	bes 26
best (the ~)	de/het beste 47
bet	weddenschap 69
bet (to ~)	wedden 69
bet (to place a ~)	een weddenschap aangaan 69
better	beter 45
betting	weddenschapsspelen 69
between	tussen 79
beverage	drank 95
bicycle	fiets 29
big	groot 6
bike	fiets 29
bill	factuur, rekening 65
billiards	biljart 105
bind (to ~)	binden, vastbinden, verbinden 96
biro	balpen 46
birth	geboorte 51
birth certificate	geboorteakte 89
birthday	verjaardag 19
bit (of) (a ~)	een beetje, wat 45; even 74
bite	beet, hap 89
bite (to ~)	bijten 89
bitter	bitter (bier) 17
black	zwart 18
blank	blanco 102
blending	mengen (het) 48
block (to ~)	versperren 83
blood	bloed 108
bloody	verdomd 108
blouse	bloes 64

six hundred and four • 604

blue	blauw 8
boat	boot 86
bobby	politieman *(fam.)* 40
body	lichaam 34
bomb	bom 64
book	boek 26
book (to ~)	boeken, reserveren 26
booked (fully ~)	vol(zet) 26
bookshop, book shop	boekhandel 88
boot	laars 41
bored	verveeld 88
bored (to be ~)	zich vervelen 88
boring	vervelend 88
born (to be ~)	geboren zijn 51
borrow (to ~)	lenen 46
boss	baas/bazin 81
both	allebei 87
bother	moeite, last 89
bother (don't ~)	laat maar 89
bother (to ~)	lastig vallen 89
bother (to ~) *(in ontkenn. vorm)*	de moeite doen/nemen 89
bottle	fles 95
bottom	bodem, onderste 106
bottom (at the ~)	achterin 106
bound to (to be ~)	besist/vast (gebeuren) 96
bowl	kom 92
box	doos 38
box (the ~)	tv 45
boxer	bokser 47
boy	jongen 9
boyfriend	lief, vriend(je) 73
brain	hersenen, verstand 44
brain surgeon	hersenchirurg 44
brainy	verstandig 44
brake	rem 97
brake (to ~)	remmen 99
brake light	remlicht 97
brandy	brandy, brandewijn 95
bread	brood 32
break (to ~)	breken 15; overtreden (wet,...) 79
breakfast	ontbijt 15
breakfast (to have ~)	ontbijten 29
breath	adem 102
breathtaking	adembenemend 102
bridge	brug 12
brilliant	schitterend 60
bring (to ~)	brengen 72
British	Britten 33

broken	defect, gebroken, stuk 16
brother	broer 21
brown	bruin 59
brunch	brunch 25
brunch (to have ~)	brunchen 25
brush (to ~)	borstelen 92
build (to ~)	aanleggen, bouwen 61
building	gebouw 60
built-up area	bebouwde kom 99
bungalow	bungalow 87
burger bar	hamburgerbar 86
bury (to ~)	begraven 51
bus	bus 13
business	zaken 5; zakelijk 23
busy	bezet, bezig, druk 30
but	maar 9
butcher	slager 36
butcher's	slagerij 36
butter	boter 53
buy (to ~)	kopen 19; trakteren op 64
buzz (to ~)	zoemen 109
buzzing	gonzend 109
by	via 30; aan, bij 65; door 73; tegen 77
by *(+ transportmiddel)*	met, per 34
Bye!	Dáág! 62

C

cab	taxi 109
café	café 86
cake	cake 17
calendar	kalender 94
call	oproep 62
call (to ~)	bellen, noemen, roepen 13
call back (to ~)	terugbellen 58
called (to be ~)	heten 13
calorie	calorie 32
camera	fototoestel 16
campers	kampeerders 100
campsite	camping, kampeerterrein 76
campus	campus 80
can (to ~)	inblikken 21
can *(mod. hulpww.)*	kunnen 15, 21, 42, 73; mogen 15, 21
canal	kanaal 109
canvas	doek (schilders-) 102
capital	hoofdstad 100
capitalism	kapitalisme 47
car	auto 24
car park	parkeergarage, parking 76

card	kaart 65
care	zorg 1; verzorging 43
care about (to ~)	geven om 43
care of (to take ~)	zorgen, zorg dragen voor 43
care (to ~) *(in ontkenn. vorm)*	niet kunnen schelen 44
carefully	voorzichtig, zorgvuldig *(bijw.)* 67
carrot	wortel 94
case	geval 24
cash	contant (geld) 65
cash desk	kassa 65
casino	casino 69
castle	kasteel 12
catch (to ~)	halen 89
category	categorie 104
cathedral	kathedraal 12
cavern	spelonk 66
CE (Common Era)	n.C. (na Christus) 100
cell(phone) (VS)	mobiele telefoon 58
central heating	centrale verwarming 55
centre	centrum 11
century	eeuw 12
cereal	graan 92
certain	zeker *(bijv. nw.)* 67
certainly	zeker *(bijw.)* 47
chair	stoel 106
chairman	voorzitter 103
champagne	champagne 106
change	kleingeld, munt(stuk)jes, wisselgeld 20; verandering 43
change (to ~)	veranderen, wisselen 20; overstappen 62; zich omkleden 106
channel	kanaal 45
chaos	chaos 83
charge(s)	kost(en) 104
charge (to ~)	aanrekenen, vragen 96
charity	liefdadigheid 86
charts	hitparade 66
cheap	goedkoop 19
check (to ~)	nakijken 62; controleren 65
checkout	kassa (in een supermarkt) 65
cheek	wang 107
cheer (to ~)	juichen, toejuichen 106
cheer leader	cheerleader 106
Cheers!	Gezondheid! 17
cheese	kaas 17
cheque	cheque 65
chess	schaak 77
chicken	kip 32
child *(mv.* children)	kind 11

childhood	jeugd 51
Chinese	Chinees 86
chips	frieten, patat 17, 32
choice	keuze 47
choose (to ~)	kiezen 64; uitkiezen 100
Christmas	Kerstmis 38
church	kerk 99
cinema	bioscoop 25
citizen	burger 51
city	stad (grote) 4
class	klas 64
classical	klassiek 81
classmate	klasgenoot/-genote 88
clean	net, proper 11; schoon 106
clean (to ~)	poetsen, schoonmaken 92
clear (to ~)	afruimen 75; vrijmaken 85
clerk	kantoorbediende 103
clever	intelligent, knap, scherpzinnig, schrander, wijs 107
climb (to ~)	klimmen *(ww.)* 29
climbing	klimmen *(zelfst. nw.)* 29
clock	horloge 45
close (to ~)	sluiten 26; dichtdoen 55
close (to be ~)	een nauwe band hebben, close zijn 26
close to	dichtbij, vlakbij 26
closed	gesloten 55
clothes *(mv.)*	kledij 59
cloud	wolk 10
cloudy	bewolkt 10
club	club 66
clubbing (to go ~)	uitgaan in clubs 109
coach	bus voor lange afstanden, coach 60
coast	kust 4
coat	jas, mantel 24
code (to ~)	coderen 79
coffee	koffie 15
cold	koud 10
colleague	collega 34
college	instelling (hoger onderwijs) 80
columnist	columnist/-e 107
come (to ~)	komen 34
come in (to ~)	binnenkomen 79
comfortable	comfortabel 11
comic	stripverhaal 109
comment (to ~)	commentaar geven 102
common	gemeenschappelijk, gemeenzaam 85
communication	communicatie 22
commute (to ~)	pendelen 61
commuter	pendelaar, pendel- 61

company	bedrijf 57
compare (to ~)	vergelijken 47
completely	volledig *(bijw.)* 82
complex	complex 81
compose (to ~)	componeren 66
compute (to ~)	rekenen, berekenen, uitrekenen 22
computer	computer 6
computer science	computerwetenschap 22
computer scientist/engineer	informaticus 59
computing	informatica 22
conceptual	conceptueel 102
concert	concert 60
condition	voorwaarde 75
conference	conferentie 5
Congratulations!	Gefeliciteerd!, Gelukwensen! 33
connected	geconnecteerd 55
conqueror	veroveraar 100
conservative	conservatief 43
constable	politieagent 40
constituency	kiesdistrict 43
consultant	consulent/-e 94
contain (to ~)	bevatten 32
continue (to ~)	doorgaan 11
continued	vervolg(d) 11
convenience food	kant-en-klaargerechten 61
convenience store	buurtwinkel 61
convenient	comfortabel 61
convenient (to be ~)	passen, schikken 61
cooking (to do the ~)	koken, in de keuken staan 25
cool	cool, gaaf, fris, koel, rustig 109
cop	flik, smeris 99
copper	koper 99
copy	kopie 108
corn	mais 106
corner	hoek 76
correct	correct 33
cost (to ~)	kosten 64
costly	kostbaar (duur) 64
cottage	huisje 87
couch	sofa 106
could *(mod. hulpww.* can *verl. tijd)*	kunnen 66
could *(mod. hulpww.* can *voorw. wijs)*	kunnen 57
country	land 38
countryside	platteland 109
county	graafschap 33
couple	koppel, stel 74
couple (a ~ of)	een paar 74
course	cursus 79

cousin	neef/nicht (zoon/dochter van oom/tante) 50
cow	koe 102
cowboy boot	cowboylaars 41
crash	botsing 85; crash 108
crash (to ~)	botsen, crashen, uitvallen 108
cream	room 65
credit card	kredietkaart 65
crime	misdaad 83
crisp	knapperig 17
crisps	chips 17
cross over (to ~)	oversteken 76
crowd	menigte 74
crowded	druk (bevolkt) 74
culture	cultuur 45
cup	kop(je) 17; bekertje 40
cupboard	kast 106
current	huidig 43
curry	curry 17
customer	klant 62
cut (to ~)	(af)snijden, verlagen, naar beneden halen 43
Cv	cv 57
cycle	fiets 29
cycle (to ~)	fietsen 29
cycle lane	fietspad 29
cycling	fietsen, wielrennen (het) 29

D

dad/daddy	papa 94
daily	dagelijks, alle dagen 61
damage	schade 99
Damn!	Verdorie! 76
dark	donker 77
dark (to get ~)	donker worden 77
darling	liefste 24
darts	pijltjeswerpen 105
dash	streepje (-) 91
data	gegevens 22
data processing	gegevensverwerking 22
date	datum 54
daughter	dochter 2
day	dag 1
day after tomorrow (the ~)	overmorgen 107
day before yesterday (the ~)	eergisteren 107
dead	dood *(bijv. nw.)* 51
deal	afspraak, overeenkomst *(inform.)* 75
dear	beste, liefste 9; schat(je) 24

six hundred and ten • 610

death	dood *(zelfst. nw.)* 51
December	december 14
decent	fatsoenlijk 96
decide (to ~)	beslissen 47
decision	beslissing 75
degree	graad 80
delay	vertraging, oponthoud 60
delicious	heerlijk 53
democratic	democratisch 47
design	ontwerp 79
design (to ~)	ontwerpen 100
desk	bureau (meubel), schrijftafel 6; balie 65
despair	wanhoop 102
destroy (to ~)	vernielen 100
detail	detail 86
development	ontwikkeling 100
dictionary	woordenboek 45
did	*hulpww. verl. tijd* 53
die (to ~)	overlijden, sterven 51
diet	dieet 31
different	anders, verschillend 29
difficult	moeilijk 67
digital	digitaal 79
dining room	eetkamer 54
dinner	avond-/middageten 25; diner 83
dinner (to have~)	dineren 63, 67
dinner jacket/suit	smoking 76
direction	richting 59
directly	rechtstreeks 96
directory	telefoongids 89
dirty	vuil *(bijv. nw.)* 27
disaster	ramp 68; onheil 100
disco	disco(theek) 86
distance	afstand 61
district	gebied 74
divorced	gescheiden 9
do (to ~)	doen 25; voldoen, volstaan 96
do with (to ~)	toe zijn aan 94
do/does	*hulpww. teg. tijd* 23, 24
dock (to ~)	dokken (schepen), koppelen (tuigen) 101
docking station	automatische fietsenstalling 101
doctor	dokter 14
Doctor of Philosophy (PhD)	doctoraat 80
document	document 104
dog	hond 69
dominoes	domino(spel) 105
donkey	ezel 94
door	deur 6

double	dubbel 57
doubt (to ~)	(be)twijfelen 78
down	beneden, neer, onder 10
download	download 89
download (to ~)	downloaden, binnenhalen 89
downstairs	beneden (aan de trap) 106
dozen	dozijn 51
dozens of	tientallen 102
drain	afvoer 108
draw (to ~)	tekenen 42
dreadful	afschuwelijk, verschrikkelijk, vreselijk 27
dress	jurk 8; kleedje 41
dress (to ~)	zich aankleden, kleden 32
dressing	slasaus 32
dressing (French ~)	vinaigrette 32
drink	drankje 53
drink (to ~)	drinken 33
drive (to ~)	rijden (auto-) 60
driver	chauffeur 67
driver's licence	rijbewijs 97
driving	rij- 68
drunk	dronken 97
dry	droog 95
dry cleaner's	droogkuis, stomerij 96
duck	eend 24
due to	te wijten aan 60
dull	saai 92
during	gedurende, tijdens 34
dust	stof 110
Dutch	Nederlands 22
dying to (to be ~)	staan popelen om, snakken naar 75

E

each	elk(e) 33; ieder(e) 90
each other	elkaar 90
early	vroeg 66
earn (to ~)	verdienen 66
ease (at ~)	op z'n gemak 110
east	oost(en) 4
Easter	Pasen 38
eastern	oost(elijk) 62
easy	gemakkelijk 59
eat (to ~)	eten 31
echo (*mv.* echoes)	echo 94
economy	economie 83
educate (to ~)	opvoeden 73
education	onderwijs 80
efficient	efficiënt 61

effort	inspanning 103
egg	ei 15
e-guide	e-gids 109
either	ook 32
either... or	hetzij... hetzij, of... of 69
election	verkiezing 43
electrician	elektricien 96
electricity	elektriciteit 55
electronic	elektronisch 86
else	anders 65
email/e-mail	e-mail 79
email/e-mail (to ~)	e-mailen 86
emoticon	emoticon 91
Empire	rijk *(zelfst. nw.)* 100
employer	werkgever 83
empty	leeg 55
end	uiteinde 34; einde 101
energetic	energiek 29
engineer	ingenieur 59
England	Engeland 4, 12
English	Engelsman/Engelse 7; Engels *(bijv. nw.)* 12; Engels (taal) 22
enjoy (to ~)	genieten van, heel graag..., plezier beleven aan 81; het naar je zin hebben 90
enquire (to ~)	inlichtingen inwinnen, navragen 89
enquiry	inlichting 89
entrance	ingang 65; oprit 85
environment	omgeving 81
equipment	uitrusting 104
er... *(tussenw.)*	euh... 17
ergonomics	ergonomie 105
escalator	roltrap 106
especially	vooral (in het bijzonder) 34
estate	terrein 107
estate agent	vastgoedmakelaar 107
Europe	Europa 100
even	zelfs 36
even though	zelfs al 61
evening	avond 25
event	gebeurtenis 92
eventful	bewogen 92
eventually	uiteindelijk 101
ever	al, ooit (al) 81
ever since	sinds (benadrukkend) 87
every	elk(e) 25; ieder(e) 39, alle 59
everybody	iedereen 39
everyday	alledaags 110
everyone	iedereen 39

everything	alles 48
everywhere	overal 54
ex-	ex- 73
exactly	precies *(bijw.)* 16
exam	examen 68
example	voorbeeld 38
excellent	uitstekend 69
except	behalve 20
excited	opgewonden 58
exciting	boeiend 38
excuse (to ~)	excuseren 36
exercise	lichaamsoefening 29
expect (to ~)	verwachten 58
expedition	expeditie 64
expensive	duur *(bijv. nw.)* 27
experience	ervaring 79
exploit (to ~)	uitbuiten 47
explore (to ~)	verkennen 50
express	snel- 60
express (to ~)	uitdrukken 102
extensive	uitgebreid 61
extra *(bijv. nw.)*	extra 83
extra *(zelfst. nw.)*	extra 104
eye	oog 41

F

fabulous	hemels 42; prachtig 64; stralend 106
face	gezicht 82
fact (in ~)	in feite 37; eigenlijk 53
factory	fabriek 51
fail (to ~)	zakken (voor examen) 68
fairly	tamelijk 74
faithfully	trouw, betrouwbaar 91
falcon	valk 17
fall (to ~)	vallen 83
fall in love with (to ~)	verliefd worden op 92
family	familie, gezin 2
famous	beroemd 12; bekend 51
fan	fan 66
fancy	gril, voorkeur 88
fancy (to ~)	zin hebben in/om 88
fantastic	fantastisch 11
far	ver 26
fare	tarief 62
fascinating	fascinerend 100
fast	snel 32
fast *(zelfst. nw.)*	vasten(tijd) 15
fat	dik (m.b.t. een persoon) 32

fat *(zelfst. nw.)*	vet 32
father	vader 24
fault	schuld 99
favour	dienst 98
favourite	lievelings- 29
February	februari 14
feel (to ~)	voelen, aanvoelen 42; zich voelen 68
feel like (to ~)	zin hebben in/om 94
feeling	gevoel 102
ferry	ferry 74
festival	festival 100
fetch (to ~)	halen 106
fetch from (to ~)	brengen 106
few (a ~) *(+ telb. mv.)*	enige, enkele, een paar 53
fewer *(+ telb. mv.)*	minder 86
fiddle	fiedel (folkloristische viool) 75
field	branche, veld 81; wei 102
fight (to ~)	bestrijden 83
fill (to ~)	bekleden (betrekking), vullen 103
film	film 25
final	eind- 68
finally	uiteindelijk 77
find (to ~)	vinden 26
find out (to ~)	ontdekken 109
fine	fijn, goed 1
Fine!	Goed (zo)!, Ok! 1
finish (to ~)	klaar hebben 77; aflopen 78; af hebben 80
fire	vuur 98; brand 100
fireman	brandweerman 103
fish	vis 32
fit (to ~)	passen, goed zitten (m.b.t. kleren) 64
fit (to be ~)	fit zijn 75
fitness	fitheid 75
fitting room	pashokje 64
fix (to ~)	herstellen, regelen, repareren 97
Flanders	Vlaanderen 70
flashing	knipper- 83
flask	flesje 99
flat *(bijv. nw.)*	plat, vlak 8
flat *(zelfst. nw.)* (VK)	appartement, flat 8
flavour	geur/smaak (aroma) 17
flea	vlo 75
Flemish	Vlaams 22
flight	vlucht (met vliegtuig) 48
floor	verdieping, vloer 11
flower	bloem 95
flu	griep 71
fluent	vloeiend *(bijv. nw.)* 23

fluently	vloeiend *(bijw.)* 23
fly	vlieg 48
fly (to ~)	vliegen, het vliegtuig nemen 48
follow (to ~)	volgen 40
following	volgend(e) 100
food	eten 27; voeding 31
fool	idioot/-ote 94
foot (*mv.* feet)	voet 28
foot (on ~)	te voet 109
football	voetbal 45
footballer	voetballer 69
for	voor (iem./iets) 5; naar 36; om 39
for *(+ duur)*	gedurende 54
for example	bijvoorbeeld 38
for now	voorlopig (voor nu) 110
forecast	verwachting, voorspelling 83
forecast (to ~)	verwachten, voorspellen 83
forget (to ~)	vergeten 54
fork	vork 106
form	klas (studiejaar) 80; formulier 89
form/year (sixth ~)	laatste studiejaren middelbaar 80
fortnight	veertien dagen 103
fortune	fortuin 52
forward *(bijv. nw.)*	voorste 74
forward(s) *(bijw.)*	vooruit, voorwaarts 74
found (to ~)	de grondvesten leggen van, stichten 100
free	gratis, vrij 27
freeze (to ~)	vriezen, invriezen 53; bevriezen 71
freezer	diepvriezer 53
French	Frans 22; Fransman/Franse 102
Friday	vrijdag 25
fridge	koelkast, frigo 53
friend	vriend 20
friendly	vriendelijk 108
fries (french ~) (VS)	frieten 32
from	uit, vandaan 4; van 26
from now on	vanaf nu 110
front (in ~ of)	voor, tegenover 41
fruit *(n-telb.)*	fruit 15
full	volledig 15; vol 26 *(bijv. nw.)*
fully	volledig *(bijw.)* 26
fun	plezier, pret 3; leuk 50
fun (to have ~)	zich amuseren 3
funny	grappig 50
furniture *(n-telb.)*	meubilair, meubels 99
fuss	drukte (nodeloze) 93

G
gallery	galerij 102

gallon	gallon 33
gamble (to ~)	gokken 69
gambler	gokker 69
game	spel(letje) 29
garage	garage 68
garden	tuin 35
gas	gas 55
gather (to ~)	verzamelen 110
general	algemeen 43
general practitioner (GP)	arts 72
generally	in het algemeen 61; doorgaans 80
generous	gul 52
gentle	zacht 109
gentlemen	heren 29
geography	aardrijkskunde 64
German	Duits 22
Germany	Duitsland 50
get (to ~)	geraken 16; reizen 59; worden 66; gaan 75; halen 78
get a bite to eat (to ~)	een hapje eten 89
get away (to ~)	er eens tussenuit trekken, weggaan 88
get by (to ~)	zich behelpen/redden 110
get changed (to ~)	zich omkleden 93
get dressed (to ~)	zich aankleden 77
get home (to ~)	thuiskomen 92
get lost (to ~)	de weg kwijt raken, verdwalen 75
get off (to ~)	afstappen, uitstappen 41
get off to a/an … start (to ~)	starten 108
get on (to ~)	in-, opstappen 41
get on with (to ~)	opschieten met, verder-, voort- 92
get up (to ~)	opstaan 25
gin and tonic	gin-tonic 39
girl	meisje 8
girlfriend	lief, vriendin 73
give (so) a ring (to ~)	(iem.) een belletje geven 94
give (to ~)	geven 60
give up (to ~)	opgeven, ophouden met 95
give way (to ~)	voorrang verlenen 99
glass	glas 65
glasses *(mv.)*	bril 54
go (to ~)	gaan 25
go back (to ~)	teruggaan, terugkeren 39
go backpacking (to ~)	rondreizen met de rugzak 73
go on (to ~)	doorgaan, doorrijden,…, verderzetten 76
go out (to ~)	uitgaan 34; buiten gaan 35; weggaan 93
going on (to be ~)	gaande zijn 85
going to (to be ~)	gaan *(hulpww. toek. tijd)* 43
good	goed 1

Good morning!	Goedemorgen! 15
Goodbye!	Dàág!, Tot ziens! 55
good-looking	knap (uiterlijk) 52
goods	goederen 98
gorgeous	heel knap, mooi 94
gossip	kletskous, kletspraat, roddel, roddelaar/-ster 107
gossip (to ~)	kletsen, roddelen 107
government	regering 43
graduate (to ~)	afstuderen, een getuigschrift behalen 79
grandfather	grootvader 50
grandmother	grootmoeder 50
grandparents	grootouders 50
grass	gras 102
great	heerlijk 10; prima 15; geweldig 38; groot(s) 47
Great Britain	Groot-Brittannië 4
Greece	Griekenland 55
green	groen 41
grey	grijs 41
group	groep 66
grow (to ~)	groeien, uitgroeien 100
grub *(fam.)*	kost, voer, hap 101
guess (to ~)	raden 58
guidebook	gids (boek) 87
guild	gilde 83
guitar	gitaar 23
gun	geweer 20
guy	jongen, jongeman, kerel 8
gym	gym(les) 25

H

hair *(n-telb.)*	hoofdhaar 41
hairs	haren (ander dan hoofdhaar) 41
half	half 17, 85; helft 69
halfway	halfweg 90
hall of residence	studentenhuis 80
ham	ham 93
hamburger	hamburger 35
hand	hand 71
handbag	handtas 55
handsome	knap (uiterlijk) 52
hang (to ~)	hangen 94
hang around (to ~)	rondhangen 94
hang on (to ~)	wachten (even) 94
hang out (to ~)	luieren 94
happen (to ~)	gebeuren 58; toevallig... 96
happen to (to ~)	geworden/terechtkomen van 92

happily	gelukkig, blij *(bijw.)* 92
happy	blij, gelukkig *(bijv. nw.)* 11
hard	hard 23
hard drive	harde schijf 108
hardly	nauwelijks 108
hardware	apparatuur 23
harm	kwaad *(zelfst. nw.)* 99
hat	hoed 35
hate (to ~)	haten, een hekel hebben aan 30
have (to ~)	hebben 3; krijgen, nemen 15
have got (to ~)	hebben 16
have to (to ~)	moeten 67
have got to (to ~)	moeten 85
he	hij 2
head	hoofd 71
head (to ~)	...waarts trekken 74; zich begeven richting 101
head waiter (VK)	maître d'hôtel 27
headache	hoofdpijn 71
headline	hoofdpunt, krantenkop 83
health	gezondheid 31
health club	fitnessclub 93
health food shop	natuurvoedingswinkel 31
hear (to ~)	horen 42
heart	hart 98
heaven	hemel 97
heavy	hevig, zwaar 83
hectic	hectisch 87
Hello!	Hallo! 3
Hello?	Hallo? 57
help (to ~)	helpen 16
help (+ wed. vnw.) (to ~)	zich bedienen 63
her	haar *(bez./pers. vnw.)* 8
here	hier 5
Here you are.	Hierzo. (bij het overhandigen van iets) 18
hero *(mv.* heroes)	held 94
hers	de/het hare 46
Hi!	Dag!, Hallo!, Hoi! 1
high	hoog 33
highway code	verkeersreglement 104
hike (to ~)	trekken, op trektocht gaan 73
hill	heuvel 87
him	hem 8
hire (to ~)	aanwerven 83; huren 104
his	zijn *(bez. vnw.)* 8; de/het zijne 46
historical	historisch 12
history	geschiedenis 22
hit	hit, succes 66
hit (to ~)	slaan, stoten 66; treffen 108

hitch (to ~)	aanspannen (paard), vastmaken 73
hitch a lift (to ~)	liften 73
hitch(hike) (to ~)	liften 73
hobby	hobby 82
hold (to ~)	houden 67
hold on (to ~)	wachten (even) 67
holiday	vakantie 5
holiday (bank/public ~)	feestdag 38
home	woning 109
home (at ~)	thuis 2
homework	huiswerk 93
honest	eerlijk *bijv. nw.* 17
honestly	eerlijk *bijw.* 53
hope (to ~)	hopen 36
horse	paard 69
hospital	ziekenhuis 72
hostel	herberg, hotel 73
hot	heet 10; warm 75
hotel	hotel 3
hotline	hotline, telefonische hulplijn 108
hour	uur 34
house	huis 8
House of Commons	Lagerhuis 43
House of Lords	Hogerhuis 43
housework	huishouden 58
how	hoe 1
how long... ?	hoelang... ? 60
how many... ? *(+ telb. hoev.)*	hoeveel... ? 33
how much... ? *(+ n-telb. hoev.)*	hoeveel... ? 33
however	echter 104
huge	enorm 41
human	menselijk 57
hundred	honderd 34
hungry	hongerig 15
hungry (to be ~)	honger hebben 15
hurry (to ~)	zich haasten 89
hurry (to be in a ~)	gehaast zijn 89
hurry up (to ~)	zich haasten 89
hurt	gewond 99
hurt (to ~)	bezeren, pijn doen 98
husband	man, echtgenoot 3

I

I	ik 1
ice	ijs 44
ICT (information and communications technology)	ICT (informatie- en communicatietechnologie) 22
idea	idee 19

ideal	ideaal 105
idiot	idioot/-ote 67
if	als 39; of 46
if not	zo niet 72
ill	ziek 72
imagine (to ~)	zich voorstellen (dat) 87
immediate	onmiddellijk 66
immediately	meteen 51, onmiddellijk 67
important	belangrijk 43
impossible	onmogelijk 51
in	in 5
inch	duim (maat) 35
include (to ~)	omvatten 104
income	inkomen 80
income tax	inkomstenbelasting 80
inconvenience	ongemak 85
increase (to ~)	verhogen 43
independent	onafhankelijk 104
Indian	Indiaans 69
industry	industrie 79
influential	invloedrijk 66
information *(n-telb.)*	informatie 22
information technology (IT)	informatica (IT) 59
inherit (to ~)	erven 52
innovation	vernieuwing 43
inquire (to ~)	inlichtingen inwinnen, navragen 89
inquiry	inlichting 89
inquiry line	inlichtingendienst 89
instead (of)	in (de) plaats (van) 106
insurance	verzekering 71
intelligent	intelligent 44
inter-city train	intercitytrein 61
interest	interesse 92
interested	geïnteresseerd 57
interesting	interessant 44
international	internationaal 59
Internet	internet 55
interview	gesprek 57; onderhoud 59
into	binnen, in 69
introduction	inleiding, kennismaking 3
invent (to ~)	uitvinden 65
invest (to ~)	investeren 52
invite (to ~)	uitnodigen 53
involve(d) (to (be) ~)	betrokken zijn bij 85
Ireland	Ierland 4
iron	ijzer, strijkijzer 93
iron (to ~)	strijken 93
ironing (to do the ~)	de strijk doen 93

irregular	onregelmatig 110
is it?	niet(waar), toch, hé? *(na ontkenn. zin)* 6
island	eiland 74
isle	eiland 50
isn't it?	niet(waar), toch, hé? *(na bevest. zin)* 6
it	het, hij, zij *(onpers. pers. vnw.)* 4, 7
IT expert/specialist	informaticus 59
Italian	Italiaans 83
its	zijn/haar *(onpers. bez. vnw.)* 8

J

jacket	jasje 64
jackpot	jackpot, hoofdprijs 68
jam	confituur, jam 61
jam (to ~)	vast (blijven) zitten 61
jam-packed	meer dan overvol 108
January	januari 14
jealous	jaloers 11
jeans	jeans, spijkerbroek 54
job	baan, job 22; werk 23
job interview	sollicitatiegesprek 57
join (to ~)	aansluiten bij 103
joke	grap, mop 46
joke (to ~)	grapjes maken 46
joking (to be ~)	een grapje maken, iets niet menen 46
journey	reis 61
juice	sap 53
July	juli 14
jump (to ~)	springen 62
June	juni 14
junior	junior 103
just	alleen (maar), gewoon, juist 17; net 79; pas 89

K

keen	dol, fel, gek, gepassioneerd 69
keep (so) on hold (to ~)	(iem.) lang laten wachten (telefoon) 108
keep (to ~)	blijven 86
keep in touch (to ~)	het contact bewaren 110
key	sleutel 24
kid	joch, kind, kleintje 2
kidding (to be ~)	een grapje maken, iets niet menen 99
kill (to ~)	doden 100
kind *(bijv. nw.)*	lief 95
kind *(zelfst. nw.)*	soort 50
kitchen	keuken 26
kneel (to ~)	knielen 42
knife *(mv.* knives)	mes 106

know (to ~)	weten 24; kennen 30
know-all	weetal 102

L

Labour Party	Arbeiderspartij 43
lad	knul 103
lady	dame 26
lager	lager(bier) 17
lake	meer *(zelfst. nw.)* 87
lamb	lam(svlees) 31
language	taal 22
lap	schoot 58
laptop	laptop 58
large	groot 69
last	laatst(e) 50; vorig(e) 55
last (at ~)	eindelijk 55
last (to ~)	duren, uithouden 78
late	laat 25
late (to be ~)	(te) laat zijn 26
later	later 51
latte	latte 65
laugh at (to ~)	uitlachen, zich vrolijk maken om 107
law	rechten(studie), wet 79
lawyer	advocaat/-cate 5; jurist/-e 79
lay (to ~)	leggen 94
lay the table (to ~)	de tafel dekken 94
lazy	lui *(bijv. nw.)* 25
lead-free	loodvrij 27
leading	toonaangevend 100
lean (to ~)	leunen, steunen 42
learn (to ~)	leren 81
learner	leerling/-e 104
least (at ~)	ten minste 13; minstens 41
least (the ~)	de/het minst 86
leather	leder(en) 41
leave (to ~)	verlaten, weggaan 53; achterlaten, laten staan/liggen,... 55; vertrekken 62
lecture theatre	aula 80
left	links 11; linsaf 36
left (to be ~)	over zijn/blijven 78
legal assistant	juridisch assistent/-e 107
legally	wettelijk 73
legend	legende 66
lend (to ~)	lenen 36; uitlenen 46
less *(+ n-telb. ev.)*	minder 86
lesson	les 68
let (to ~)	laten 19; te huur (pand) 104
letter	brief 46
library	bibliotheek 88

licence	vergunning 97
lie (to ~)	liegen, liggen 39
life	leven *(zelfst. nw.)* 66
lift	lift 60
light	licht 55
like	zoals 10
like (to ~)	graag doen/hebben,..., leuk/fijn,... vinden 22; houden van 29
limit	limiet 97
line	lijn 22
lion	leeuw 17
liquor (VS)	sterkedrank 95
list	lijst 96
listen (to ~)	luisteren 42
little (a ~) *(+ n-telb. ev.)*	een beetje, wat, even 53
live (to ~)	leven, wonen 8
living (a ~)	kost (levensonderhoud) 66
living *(bijv. nw.)*	levend 66
living room	woonkamer 54
load	lading 82
loads of *(fam.)*	een heleboel 82
loan	lening 46
local	plaatselijk 88
lock	slot 55
lock (to ~)	op slot doen 55
London	Londen 33
loneliness	eenzaamheid 102
long	lang 41
long as (as/so ~)	zolang 88
look (to ~)	kijken 36; er uitzien 38; lijken 59
look for (to ~)	zoeken 36
look forward to (to ~)	uitkijken naar, zich verheugen op 74
look up (to ~)	naar boven kijken, opkijken, opzoeken 86
lose (to ~)	verliezen 68
lost	verdwaald, verloren, zoek 75
lot (a ~ of)	veel 35
lots of	tal van, veel 34
lottery	loterij 68
lottery ticket	lot, loterijbriefje 68
loud	luid 58
loud (out ~)	hardop 110
loudspeaker	luidspreker 58
love	liefde 24; liefs 87
love (to ~)	houden van (uit liefde) 29
lovely	gezellig 87
low	laag *(bijv. nw.)* 62
luck	geluk 3
lucky	gelukkig, geluk hebbend 3
luggage *(n-telb.)*	bagage 99

lunch	lunch 17; middagmaal 25
lunch (to have ~)	lunchen 31
lunchtime	lunchtijd, middag 106
luxury	luxe 39

M

ma'am *(form.)*	mevrouw 97
machine	machine 84
madam	mevrouw 64
magazine	tijdschrift 110
mail	post 86
mail (to ~)	sturen/zenden (door-, op-, toe-, ver-) 86
main	hoofd- 22
mainly	vooral (hoofdzakelijk) 51
maître d' (VS)	maître d'hôtel 27
majestic	majestueus 12
major	belangrijk 93
make (to ~)	maken 25
make do with (to ~)	genoegen nemen met, het stellen met 93
make one's way to (to ~)	zich begeven naar 101
make sure (to ~)	nagaan of, zich verzekeren van 55
make the most of (to ~)	zo veel mogelijk genieten van 106
man *(mv.* men)	man 3
management	beheer 61; directie 78
manager	directeur 57
managing director	algemeen directeur 103
manual	manueel 104
many *(+ telb. mv.)*	veel 32
March	maart 10
margarine	margarine 93
mark	spoor 105
market	markt 52
married	getrouwd 52
married (to get ~)	trouwen 77
marry (to ~)	trouwen met 89
marvellous	schitterend 67
mass	massa 96
Master of Arts (MA)	master in de geesteswetenschappen 80
Master of Science (MSc)	master in de exacte,... wetenschappen 80
masterpiece	meesterwerk 102
match	wedstrijd 69
mate	maat (vriend) 24; vriend/-in 88
mathematics	wiskunde 105
matter	materie 71
matter (to ~)	belang hebben, ertoe doen 90
matter (to be the ~)	mis / aan de hand zijn, schelen 71
May	mei 14
may *(mod. hulpww.)*	mogen 64; kunnen 64, 72

maybe	misschien 44
me	mij/me 9
meal	maaltijd 75
mean (to ~)	bedoelen 31
measure	maatregel 105
measure (to ~)	meten 105
meat	vlees 95
mediaeval	middeleeuws 102
medicine	geneesmiddel 72
meet (to ~)	afhalen, afspreken, ontmoeten 41
meeting	vergadering 45; bespreking 78
Member of Parliament	parlementslid 43
memory	geheugen 54
mention (to ~)	vermelden 76
menu	menukaart 65
message	boodschap 58; bericht(je) 74
meter	teller 62
metric ton	ton (1.000 kg) 86
might *(mod. hulpww.* may *verl. tijd)*	zou kunnen/mogen 78/84
mile	mijl 35
mileage	kilometrage 104
milk	melk 18
million	miljoen 34
mind	geest 55
mind (to ~)	aandacht schenken, zich aantrekken 86
mind (to ~) *(in ontkenn. vorm)*	iem. niet uitmaken 48
mind (to ~) *(in vrag. vorm)*	het erg vinden om... 60; bezwaar hebben tegen 83
mine	de/het mijne 46
minute	minuut 58
miserable	ellendig 68
miss	juffrouw 65
miss (to ~)	missen 87
missable	misbaar, wat kan gemist worden 109
mistake	fout *(zelfst. nw.)* 110
mixed	gemengd 32
mobile (phone)	gsm, mobiele telefoon, mobieltje 6
modern	modern 61
moment	moment, ogenblik 23
Monday	maandag 28
money	geld 20
month	maand 44
monument	monument 51
more	meer 43
more like	eerder 60
morning	morgen (dagdeel) 15
mosque	moskee 100
most	de meeste 69

most (the ~)	de/het meest *(superlatief)* 47
mother	moeder 9
motor	motor 29
motorbike	motorfiets 29
motorcycle	motorfiets 29
motorist	automobilist/-e 83
motorway	autosnelweg 61
motto	motto 110
mouth	mond 103
move (to ~)	(zich) bewegen 25; verhuizen 67
move back (to ~)	terugkeren 107
movie	film 25
movie camera	camera 16
movies	bioscoop, film 25
Mr (mister)	m. (meneer) 71
Mrs (missus)	mevr. (mevrouw) 71
Ms	mevr., juffr. 78
much *(+ n-telb. ev.)*	veel 18, 32
multiplex	multiplex(-bioscoop) 76
mum	mama 44
mummy	mama 94
museum	museum 13
music	muziek 27
musical	musical 30
musician	muzikant/-e 69
must (to ~)	beschimmelen 73
must *(mod. hulpww.)*	moeten 40
my	mijn *(bez. vnw.)* 2

N

name	naam 3
narrow	smal 69
nation	natie 69
nationalise (to ~)	nationaliseren 61
navigation	navigatie 76
near	dichtbij 22; in de buurt van 27
nearly	bijna 74
necessary	noodzakelijk 83
need (to ~)	nodig hebben 63
need to (to ~)	moeten 65
neighbour	buur(man, -vrouw) 55
neighbourhood	buurt 55
neither	geen (van beide) 66; evenmin, ook niet 106
neither... nor	noch... noch 69
nephew	neef (oom-/tantezegger) 50
Netherlands (the ~)	Nederland 35
network	net(werk) 61

never	nooit 10
new	nieuw 19
news *(n-telb.)*	nieuws 45
newsagent	krantenverkoper 40
newspaper	krant 40
next	volgend(e) 8
next to	naast 8
nice	aardig, leuk 8; aangenaam 19
niece	nicht (oom-/tantezegster) 50
night	nacht 11
night club	nachtclub 11
nightmare	nachtmerrie 108
no	nee 5; geen 18
no one / no-one	niemand 34
No way!	Geen sprake van! 59
nobody	niemand 73
noise	geluid 42; lawaai 91
noisy	luidruchtig 106
none	geen (enkel(e)), niet een 66; niets 95
nonsense	onzin 72
normally	normaal(gezien) 60
Norman	Normandisch 12
north	noord(en) 12
Northern Ireland	Noord-Ierland 4
nose	neus 71
not	geen, niet 5
note	notitie 58
notebook	notebook 58
nothing	niets 28
nothing at all	helemaal niets 54
notice	aankondiging, mededeling 108
novel	roman 51
November	november 14
now	nou, nu 20
nowadays	tegenwoordig, vandaag de dag 92
nowhere	nergens 28
nowhere near	ver van(daan) 76
number	nummer 16
nurse	verpleger/-pleegster 103
nut	noot 94

O

o'clock	uur (bij heel uur op de klok) 45
obviously	vanzelfsprekend 110
ocean	oceaan 39
October	oktober 14
of	van 11
Of course.	Uiteraard. 2; Natuurlijk. 24

off (to be ~)	vertrekken, weg zijn/gaan 55; vrij hebben 71
offer	aanbod 104
offer (to ~)	aanbieden 67; bieden 80
office	kantoor 2; bureau (ruimte) 6
off-peak	buiten de piekuren 62
often	dikwijls, vaak 38
OK	ok 9
okay	oké 9
old	oud 9
on	op 3, 5; aan 4
on hold	on hold, wachtend 108
on/off	aan/uit 83
once	één keer, eenmaal, eens 50; ooit 54; zodra 103
one	een, één *(telw.)* 14
one another	elkaar 90
online	online 29
only	alleen (maar) 38; maar, pas, slechts 44
open	open, geopend 96
open (to ~)	openen 74
opportunity	gelegenheid 81
opposite	tegenover 11; tegengestelde 47
or	of (bij keuze) 17
orange	sinaasappel 53
order	opdracht 97
order (to ~)	bestellen 65
original	origineel 47
other	ander 44
ought to	*hulpww. voorw. wijs* 99
ounce	ons (gewicht) 35
our	onze 3; ons 11
ours	de/het onze 47
out (of)	buiten 94
out of date	verlopen, niet meer geldig 97
out of order	defect *(bijv. nw.)* 97
outside	buiten 106
outskirts	(buiten)rand 80
over	op 52; boven, meer dan 73
over-	over- (te) 86
over (to be ~)	over/voorbij zijn, uit zijn 78
over there	ginder 76
overcooked	overgaar 86
overpriced	te duur 86
own	eigen 88
own (on his/her ~)	alleen, in/op z'n/haar eentje 88
own (to ~)	bezitten 88
owner	eigenaar 96

P

packed	overvol 86
paddle surfing	peddelsurfen (het) 81
paint (to ~)	schilderen 61
painter	schilder/-es 102
painting	schilderij 102
pair (a ~ of)	een paar 54
paper	krant, papier 40
paragraph	paragraaf 110
park	park 101
park (to ~)	parkeren 61
part	deel 34
partner	partner 71
part-time	deeltijds 88
party	feestje 3; partij 43
party (to ~)	feesten 109
pass (to ~)	doorgeven 35; slagen (voor examen) 68
passport	paspoort 55
past	over (uur), voorbij 45
pasta	pasta 106
patient	geduldig 62
pay	loon 83
pay (to ~)	betalen 39
payment	betaling 104
pea	erwt 94
peace	rust, vrede 101
peaceful	vredig 87
peak	piek 74
peckish (to be ~)	hongerig zijn, honger krijgen 89
pedestrian	voetganger 76
peel (to ~)	schillen 94
pen	pen 46
penalty	straf 104
pencil	potlood 46
penny (*mv.* pence)	honderdste van een pond sterling 28
pension	pensioen 43
pensioner	gepensioneerde 43
people	mensen, volk 33
percent	percent 83
perfect	ideaal, perfect *(bijv. nw.)* 38
perfectly	perfect *(bijw.)* 64
perhaps	misschien 44; eventueel 101
period	periode 100
permitted	toegestaan 61
person	persoon 9
personal	persoonlijk 9
personal identification number (PIN)	pincode 82
personnel	personeel 58

petrol	benzine 27
pharmacy	apotheek 72
phone	telefoon 6
photo	foto 54
photocopy	fotokopie 96
pianist	pianist/-e 81
pick up (to ~)	afhalen 88
pickles	in azijn ingemaakte groenten 32
picture	beeld 25; afbeelding 102
picturesque	pittoresk 86
piece	stuk *(zelfst. nw.)* 17
pinball machine	flipper(kast) 76
pint	pint 17
place	plaats 26; plek 27
place (to ~)	plaatsen 69
plague	pest, plaag 100
plain	eenvoudig, vlak 110
plan	plan 93
plan (to ~)	plannen 62; van plan zijn 73
plane	vliegtuig 41
plate	bord 27; plaat (nummer-) 104
play (to ~)	spelen 23
pleasant	vriendelijk 82
please	alstublieft/alsjeblieft, graag 17
please (to ~)	believen 17
pleased	blij 95
plenty (of)	overvloed, véél 72
ploughman	ploeger 32
plug	stekker 109
pocket	zak 24
police	politie 83
police officer	politieagent/-e 40
policeman	politieman 103
policy	beleid(slijn) 47
politician	politicus/-ca 17
politics *(ev.)*	politiek 45
pollution	pollutie, vervuiling 33
poor	arm *(bijv. nw.)* 44
pop in/out (to ~)	vlug even (binnen/naar buiten)… 106
popcorn	popcorn 106
popular	geliefd, populair, succes hebbend 34
pork	varkensvlees 94
port	haven 100
portable	draagbaar 58
portion	portie 27
possible	mogelijk 45
possibly	eventueel 101
post (to ~)	posten 86
post office	postkantoor 36

postbox	brievenbus 86
postcard	kaartje, ansichtkaart 38
postgraduate	postuniversitair 80
pot	pot 65
potato *(mv.* potatoes)	aardappel 94
pound	pond (gewicht) 35; pond (munt) 64
pour (to ~)	gieten 105
practice *(ww.)*	oefenen 110
practice *(zelfst. nw.)*	praktijk 71
precinct	zone (afgebakend) 76
prefer (to ~)	verkiezen, liever hebben 61
prescription	(dokters)recept, voorschrift 72
present	cadeau 19; geschenk 52
presentation	presentatie 108
press (to ~)	drukken 62
pretty	knap (uiterlijk) 8; mooi 19
pretty *(bijw.)*	nogal, vrij 60
price	prijs (die je betaalt) 33
primary school	lagere school 22
Prime Minister	eerste minister 43
principle	principe 82
priority	prioriteit 83
prison	gevangenis 51
private	privé 61
prize	prijs (die je wint) 33
probably	waarschijnlijk 66
probationary	proef- 104
problem	probleem 16
processing	verwerking 22
produce (to ~)	produceren 51
professor	professor, hoogleraar 79
program(me)	programma 23
progress *(n-telb.)*	vooruitgang 98; vordering 103
prohibited	verboden 105
project	project 77
promise	belofte 47
promotion	promotie 103
promotional	promotie- 104
proper	echt, fatsoenlijk, geschikt 107
properly	correct *(bijw.)* 73
property	eigendom 9
provide (to ~)	(op)leveren 80
provided that	op voorwaarde dat 88
provisional	voorlopig (tijdelijk) 104
pub	pub 17
public	openbaar 17
Public Conveniences *(bord)*	openbare toiletten 61
public holiday	feestdag 104
publish (to ~)	publiceren, uitgeven (van boek) 51

publishing	uitgeverswereld 79
pull (to ~)	trekken 59
pullover	pullover 59
pupil	leerling/-e 80
put (so) on hold (to ~)	(iem.) laten wachten (telefoon) 108
put (to ~)	stoppen, steken 24; leggen, zetten 54
put on (to ~)	aan-/omdoen, aantrekken 97
put up (to ~)	logies aanbieden, onderbrengen 87; optrekken, opzetten 100
puzzle	puzzel 88
pyjamas *(mv.)*	pyjama 54

Q

Q&A	vraag-en-antwoord 109
qualification	diploma 80
quarter	kwart 45; kwartier 103
question	vraag 9
queue	rij (wacht-) 62
queue (to ~)	in de rij staan, aanschuiven 62
queue (to be in a ~)	op een wachtlijn zitten 62
queue jumper	voordringer 62
quick	snel *(bijv. nw.)* 93
quickly	snel *(bijw.)* 89
quiet *(bijv. nw.)*	rustig 26
quiet *(zelfst. nw.)*	rust, stilte 101
quite	helemaal, nogal, vrij 60
quite a lot	vrij veel 60

R

race	wedren 69
rack (roof ~)	rek (bagage-) 104
radio	radio 45
railway	spoorweg 13
rain	regen 10
rain (to ~)	regenen 28
rainy	regenachtig 10
range (to ~)	gaan van... tot... (gerangschikt) 102
raspberry	framboos 26
reach (to ~)	bereiken 74
read (to ~)	lezen 40; studeren 80
ready	klaar 65
real	echt *(bijv. nw.)* 10
realise (to ~)	beseffen, zich realiseren, zich bewust zijn van 67
really	werkelijk 4; echt *(bijw.)* 10
reasonable	redelijk 33
receive (to ~)	ontvangen 77
recognise (to ~)	herkennen 41

recommend (to ~)	aanbevelen 109
recover from (to ~)	bekomen (recupereren) van 74
red	rood 17
reflect (to ~)	weerspiegelen 100
refrigerator	koelkast 53
regularly	regelmatig *(bijw.)* 73
relaxed	ongedwongen 59
reliable	betrouwbaar 60
remember (to ~)	zich herinneren, onthouden 38
Remembrance Day	Wapenstilstand 38
remind (to ~)	doen/helpen denken 82
renew (to ~)	hernieuwen 89
rent (to ~)	huren 76
rental	huur, verhuring 104
repair (to ~)	herstellen 61
reply (to ~)	antwoorden 96
reporter	reporter 51
representative	vertegenwoordiger/-digster 104
resort	oord (vakantie, ontspanning) 90
resource	middel 57
restaurant	restaurant 25
result	resultaat 69
return	retourtje, heen en terug 62
revise (to ~)	herhalen 110
rich	rijk *(bijv. nw.)* 52
right	juist, pal, recht, rechts, rechterkant 11; gepast 59
right (all ~)	goed (dan) 31
right (to be ~)	gelijk hebben 33
right now	momenteel, onmiddellijk 59
ring	gerinkel, ring 94
ring (to ~)	bellen, luiden, rinkelen 58
rise	verhoging 83
rival	rivaal 52
river	rivier 12
road	weg *(zelfst. nw.)* 61
roast	gebraad, gebraden 94
rob (to ~)	overvallen (met geweld), (be)roven 38
robber	overvaller, rover 40
rock band	rockband 66
Roman	Romein/-se 100
roof	dak 104
room	kamer 54
round	rond 51
roundabout	rotonde, verkeersplein 99
royal	koninklijk 50
rubbish	larie 97
rude	grof, onbeschoft 62

ruined	verwoest 100
run (to ~)	lopen, rennen 71
run into (to ~)	binnenrennen, botsen, aanlopen tegen, tegen het lijf lopen 99; tegenkomen 107
run out of sth (to ~)	zonder ... komen te zitten/staan 73
rush	piekuur 34
rush (to ~)	zich haasten, razen 34
rush hour	spitsuur 34
Russian	Russisch 106

S

sabbatical	sabbat- 67
safely	veilig *(bijw.)* 70
sailing	varen, zeilen (het) 110
salad	salade, slaatje 32
salary	salaris 33; wedde 82
sale	verkoop 104
sales assistant	verkoper/-koopster 108
salt	zout 17
same	zelfde 78
same (all the ~)	toch, desondanks 78
sandwich	sandwich 28
satellite	satelliet 76
satnav	gps 76
Saturday	zaterdag 25
sauce	saus 32
saucer	schoteltje 18
sax(ophone)	sax(ofoon) 23
say (to ~)	zeggen 43
scan (to ~)	scannen 89
scarf	sjaal, sjerp 19
schedule	uurregeling 76
school	school 2
science-fiction	sciencefiction 84
scientist	wetenschapper 59
scone	scone (cakeachtig broodje) 65
Scotland	Schotland 4
Scottish	Schots 43
screen	scherm 8
seaside	kust 73
season	seizoen 96
seat	(zit)plaats 74, 78
seat belt	veiligheidsgordel 97
secondary school	secundair/voortgezet onderwijs 22
section	rubriek 109
see (to ~)	zien 36; ontmoeten 57
self	zelf 58
self-centred	egocentrisch 107

selfish	egoïstisch 92
sell (to ~)	verkopen 67
send (to ~)	(op-, toe-, ver)sturen 38, 57; (ver)zenden 57
senior	senior 103
sense (common ~)	gezond verstand 46
sentence	zin 110
September	september 14
sergeant	inspecteur 40
serious	ernstig 85; aanzienlijk 99
serve (to ~)	bedienen 105
service	dienst 60
settle in (to ~)	zich installeren 87
several	verscheidene 86
sew (to ~)	naaien 92
shall	*hulpww. toek. tijd 1e pers.* 72
share (to ~)	delen 80
shave	zich scheren 92
she	ze/zij *(pers. vnw. v. ev.)* 2
sheet	blad papier, laken 106
shelf *(mv.* shelves)	legplank 106; boekenplank 110
sherry	sherry 95
shine (to ~)	schijnen 39
shirt	overhemd 41
shit	stront 106
shock	schok 103
shoe	schoen 97
shop	winkel 31
shopkeeper	winkelier 69
shopping	winkelen (het) 65
shopping (to do the ~)	de boodschappen doen 25
short	kort 41
short (in ~)	kortom 110
shortly	binnenkort, kortaf 96
shorts *(mv.)*	short, korte broek 54
should *(hulpww. voorw. wijs)*	*mod. hulpww. van verplichting* 72
show	show, vertoning 30
show (to ~)	tonen 30
shower	douche 31
sick	ziek 2
sieve	zeef 90
sight	bezienswaardigheid, zicht 74
signal	signaal 58
silk	zijde (stof) 64
silly	mal, onnozel 59
silver	zilver 66
simply	gewoonweg 69
since	sinds 85
sincerely	oprecht *(bijw.)* 91

sing (to ~)	zingen 23
singer	zanger/-es 102
single	alleenstaand, enkel(e), ongehuwd 52; apart 80
single *(zelfst. nw.)*	vrijgezel 52
sip	slokje 99
sip (to ~)	drinken met kleine slokjes, nippen (aan) 99
sir	meneer 26
sister	zus 16
sit (to ~)	zitten 40; gaan zitten 60
sit down (to ~)	neerzitten, gaan zitten 40
site	terrein 80
situation	situatie 110
size	maat (van kleren) 64
skiing	skiën (het) 29
skill	vaardigheid 81
skirt	rok 80
sleep	slaap 71
sleep (to ~)	slapen 71
slim	slank 44
slim (to ~)	afslanken, lijnen 44
slip (to ~)	glijden, uitglijden, slippen 82
slip someone's mind (to ~)	iem. ontgaan/ontglippen 82
slow	langzaam, traag 83
slow down (to ~)	vertragen 83
slowdown	vertraging, vermindering 83
slowly	langzaam *(bijw.)* 51
small	klein 4
smart	slim 44; chic, elegant, intelligent 64; gevat, sluw 102
smart-aleck	wijsneus 102
smartwatch	smartwatch 105
smell	geur 67
smell (to ~)	ruiken 42
smoking	roken (het) 61
snail	slak 86
snow	sneeuw 83
so	dus 6; zo 27; zo(iets) 60
social	sociaal 80
social worker	maatschappelijk werker/-ster 88
socialism	socialisme 47
sock	sok 59
soft	zacht 23
soft drink	frisdrank 95
software	programmatuur, software 23
some	enig(e), enkele 15; sommige 74; ongeveer, zo'n, zowat 100
some *(in bev. zin)*	wat, enige 15

somebody	iemand 40
someone	iemand 40
something	iets 19
sometimes	soms 24
somewhere	ergens 27
son	zoon 2
song	lied(je) 66
soon	spoedig 41; snel 57; binnenkort, zo dadelijk, gauw 62
sooner	vroeger 87
sore	zeer, pijnlijk 71
sorry	bedroefd 26
sorry (to be ~)	spijt hebben 26
sort	soort 31
sound	klank 38
sound (to ~)	klinken 38
soup	soep 72
south	zuid(en) 12
space	ruimte 102
Spanish	Spaans 22
spare	reserve- 87; extra *(bijv. nw.)* 88
spare (to ~) *(uitdr.)*	over, vrij, te verliezen hebben 108
spare room	logeerkamer 87
spare time	vrije tijd 88
speak (to ~)	spreken 23
special	speciaal 104
speed (limit)	snelheid(slimiet) 97
speed (to ~)	te snel, hardrijden 97
spell (to ~)	spellen 71
spend (to ~)	besteden 43; doorbrengen 73
spoil (to ~)	bederven, verwennen 96
spoilt for choice (to be ~)	keuze te over hebben 96
spoon	lepel 18
sport	sport 29
sporting *(bijv. nw.)*	sport- 80
spot	plekje 88
spreadsheet	spreadsheet, rekenblad 108
spring	lente 14
stair	trede 106
staircase	trap 106
staircase (moving ~)	roltrap 106
stand (to ~)	rechtop staan 40
stand (to ~) *(in ontkenn. vorm)*	een hekel hebben aan, niet kunnen uitstaan 45
stand up (to ~)	gaan staan, rechtstaan 40
star	ster 33
start (to ~)	beginnen 45; oprichten 66
starting	aanvang, begin 82
starve (to ~)	uithongeren, verhongeren 31

six hundred and thirty-eight

starving (to be ~)	scheuren van de honger 31
stately	statig 109
stately home	landhuis 109
station	station 13
status	status 100
stay	verblijf 109
stay (to ~)	logeren, verblijven 39; blijven 88
stay up (to ~)	opblijven 92
steak	steak 27
steal (to ~)	(be)stelen 38
steel	staal 83
still	nog (altijd/steeds) 37, 57, 84
stock market	aandelenbeurs 52
stomach	maag 89
stone	steen 12
stop (to ~)	stoppen 49; ophouden (met) 55; halt houden 74
store	winkel 61
storm	storm(weer) 108
story	verhaal 69
straight	recht *(bijv. nw.)* 67
straight away	meteen, onmiddellijk 67
strawberry	aardbei 26
street	straat 30
strike (to ~)	teisteren, toeslaan 100
striped	gestreept 106
strong	sterk 44
structure	structuur 110
student	student/-e 79; leerling/-e 80
study	studie 110
study (to ~)	studeren 79
stuff *(fam.)*	spullen, gedoe 82
stupid	stom, dom 97
suburb	buitenwijk, voorstad 22
suburban train	pendeltrein 22
success	succes 66
successful	succesvol 51
successful (to be ~)	succes hebben 51
such a/an	zo'n 82
sugar	suiker 18
suggestion	voorstel 93; suggestie 96
suit	pak/mantelpak 59; kostuum 64
suit (to ~)	passen, schikken, staan (m.b.t. kleren) 64
summer	zomer 14
sun	zon 10
Sunday	zondag 28
sunny	zonnig 10
sunshine	zonneschijn 106
super	super 11

superb	prachtig 96
supermarket	supermarkt 25
suppose (to ~)	veronderstellen 60
sure	zeker 17
surely	ongetwijfeld 109
surf (to ~)	surfen 110
surgeon	chirurg 44
surgery	chirurgie, heelkunde 71
swear (to ~)	zweren 95
sweat	zweet 89
sweat (to ~)	zweten 59
sweater	trui 59
sweatshirt	sweatshirt, sporttrui 59
sweet *(bijv. nw.)*	lief, zoet 65
sweet *(zelfst. nw.)*	snoepje 65
swim (to ~)	zwemmen *(ww.)* 29
swimming	zwemmen (het) 29
synagogue	synagoge 100
system	systeem 61

T

table	tafel 26
tactless	tactloos 97
take (to ~)	nemen 1; afleggen (examen) 68
take a fancy to (to ~)	vallen voor 88
take a gamble (to ~)	een gok wagen 103
take away (to ~)	afhalen, meenemen 86
take long (to ~)	lang duren 78
take to (to ~)	wegbrengen 72
takeaway	afhaalrestaurant, afhaalzaak, meeneemgerecht, meeneemzaak 86
talented	getalenteerd 23
talk (to ~)	praten 40; spreken 58
tall	groot, hoog, lang 41
taste	smaak 32
taste (to ~)	smaken 42; proeven 103
tasty	smakelijk 32
tavern	taverne 101
tax	belasting 43
tax bill	aanslagbiljet 108
tea	thee 15
teach (to ~)	lesgeven, onderwijzen 22
teacher	leraar/lerares 14; onderwijzer/-es 22
team	ploeg 106
tech industry	technologische sector 79
techno	techno 30
technology	technologie 22
teenage	tiener- 103
teenager	tiener 103

teens (in his/her ~)	in zijn/haar tienerjaren 103
television	televisie 45
tell (to ~)	vertellen, zeggen 9
telly	tv 45
temperature	temperatuur 35
temptation	verleiding 93
tennis	tennis 95
terrible	vreselijk 10; afschuwelijk, verschrikkelijk 27 *(bijv. nw.)*
terribly	vreselijk *(bijw.)* 87
test	examen, test 68
than	dan *(in vgl.)* 44
thank (to ~)	(be)danken 17
Thank you.	Dank je/u. 15
thanks to	dankzij 100
Thanks.	Bedankt. 1
that *(aanw. vnw.)*	dat 6; die 9
that *(betr. vnw.)*	dat 33; wat 63
the	de, het 2
theatre	theater 25
their	hun *(bez. vnw.)* 11
theirs	de/het hunne 47
them	ze 24; hen 40; hun 58
then	daarna, dan 25; toen 100
there	daar 6; er 12
there is/are...	er is/zijn... 12
these	deze *(mv.)* 24
these days	tegenwoordig 37
they	ze/zij *(pers. vnw. mv.)* 4
thief *(mv.* thieves)	dief 28
thin	dun, mager 44
thing	ding 19
think (to ~)	denken 33; nadenken 67; overwegen 96
think about (to ~)	denken aan 39
think of (to ~)	vinden van 64; bedenken 109
thirsty (to be ~)	dorst hebben 15
this	dit 3; deze *(ev.)* 13
those	die *(aanw. vnw. mv.)* 24
though	hoewel 61
thousand	duizend 33
throat	keel 71
through	door(heen) 76
thumb	duim (aan hand) 27
Thursday	donderdag 28
ticket	toegangskaartje 27
tights *(mv.)*	panty 54
till	tot (m.b.t. tijd) 53
time	periode 30; tijd 31
time (in ~)	tijdig, op tijd 99

time (on ~)	op tijd 98
time (what ~)	hoe laat 45
time to time (from ~)	van tijd tot tijd 81; af en toe 107
times	keer 39; maal 50
tiny	heel klein 6
tire (to ~)	vermoeien 88
tired	moe, vermoeid 88
tiring	vermoeiend 88
to	naar 3; om te 19; bij 26; tegen 40; voor (uur) 49
toast	toast (geroosterd brood) 61
today	vandaag 2
together	samen 66
toilet	toilet 54
tomato (*mv.* tomatoes)	tomaat 28
tomorrow	morgen (na vandaag) 41
ton	ton (Engelse) 86
tons of	heel wat 86
too	te 6; al te 11; ook 52
tooth (*mv.* teeth)	tand 28
toothache	tand-, kiespijn 71
toothbrush	tandenborstel 92
top	top- 83
Tory Party	Conservatieve Partij 43
totally	helemaal 106; totaal 109
touch	aanraking 73
touch (to ~)	(aan)raken 73
touch (to get in ~)	contact hebben/opnemen 73
tough	lastig, moeilijk, robuust, stoer 109
tour	bezoek, ronde, rondrit 101
tourist	toerist(isch) 50
tourist office	toerismebureau, VVV-kantoor 96
touristy	heel toeristisch 74
towards	naar 74
towel	handdoek 106
tower	toren 51
tower block	torengebouw 61
town	stad 4
trade	handel, ambacht, beroep 5
trading	handels- 100
traffic	verkeer 34
traffic jam	verkeersopstopping 61
traffic light	verkeerslichten 76
train	trein 22
train (to ~)	opleiden 81
trainer	trainer 90
training	opleiding 79
trap	val 86
travel (to ~)	reizen 38

traveller	reiziger 109
tree	boom 106
tricky	netelig, lastig 76
trip	reis 5; uitstap 61
triple	tripel 57
trolley	caddie, boodschappenkar 76
trouble (to get into ~)	problemen krijgen 79
trousers *(mv.)*	lange broek, pantalon 54
true	waar 92
true (to be ~)	waar zijn 43
truly	oprecht, trouw 91; werkelijk 110 *(bijw.)*
try (to ~)	proberen 27; trachten 102
try on (to ~)	aanpassen (m.b.t. kleren) 64
tube	buis 34
Tube (the ~)	metro in Londen 34
Tuesday	dinsdag 28
turn	draai 85
turn (to ~)	afslaan 36
turn off (to ~)	afzetten, uitdoen, uitschakelen 55
turn on (to ~)	aanzetten, aandoen 83
TV	tv 45
TV listing	tv-gids 45
twice	twee keer, tweemaal 50
type	genre 104
typical	typisch 80

U

UK (United Kingdom)	VK (Verenigd Koninkrijk) 33
uncle	oom 50
under	onder 61; jonger dan 76
undergraduate	student/-e 80
Underground (the ~)	metro in Londen 34
underneath	onder 76
underscore	laag streepje (_) 91
understand (to ~)	begrijpen 34
underwater	onderwater- 76
underwear *(n-telb.)*	ondergoed 76
undrinkable	ondrinkbaar 92
uneventful	onbewogen 92
unhappy	ongelukkig 51
uniform *(zelfst. nw.)*	uniform 40
United Kingdom	Verenigd Koninkrijk 4
university	universiteit 12
unless	tenzij 62
unlimited	onbeperkt 104
unmissable	niet te missen, onmisbaar 109
unthinkable	ondenkbaar 92
until	tot (m.b.t. tijd) 53

up	boven, op 10
up to (to be ~)	zoal doen 37
up with (to be ~)	schelen met 37
upload	upload 89
upload (to ~)	uploaden, opladen 89
upper	hoger 80
uproar	oproer 98
upstairs	boven (aan de trap) 106
us	we 19; ons 19, 26
use (to ~)	gebruiken 61
used to (to be ~)	het gewoon zijn om 106
used to (+ inf.)	*hulpww. gewoonte in het verl.* 61
useful	nuttig 110
user	gebruiker 108
user-friendly	gebruik(er)svriendelijk 108
usual	gebruikelijk, gewoon 25
usual (as ~)	zoals gewoonlijk 37
usually	gewoonlijk 25
U-turn (to do/make a ~)	rechtsomkeert maken 85

V

valid	geldig 104
van	bestelwagen 85
variety	palet 102
vegetable	groente 95
vegetarian	vegetariër 94
verb	werkwoord 110
very	heel 1; erg 6; zeer 23
via	via 48
vibe	tril(ling) 74
vibe *(fam.)*	sfeer 74
vibrant	bruisend 109
victory	overwinning 50
view	uitzicht 11
village	dorp 24
vinegar	azijn 17
violin	viool 75
visit	bezoek(je) 74
visit (sb) (to ~)	een bezoek brengen aan 39
visit (sth) (to ~)	bezoeken 38; bezichtigen 50
visitor	bezoeker 96
vocabulary	woordenschat 110
vocational	vak- 80
voice	stem 95
vote (to ~)	stemmen 43

W

wait	wachten *zelfst. nw.* 62

wait (to ~)	wachten 27
waiter	ober 27
waitress	serveerster 27
Wales	Wales 4
walk	wandeling 86
walk (to ~)	wandelen 56
wall	muur, wand 94
wander (to ~)	(rond)dolen, rondkuieren 101
want (to ~)	willen 26
wardrobe	kleerkast 54
ware	waar, waren 23
warm	warm 50
wash (to ~)	wassen 28; zich wassen 59, zich opfrissen 106
washing (to do the ~)	de was doen 92
washing-up (to do the ~)	de afwas/vaat doen, afwassen 25
waste	afval 89
waste (to ~)	verspillen 89
watch	horloge 40
watch (to ~)	gadeslaan, kijken (naar), bekijken 40; letten op 93
water	water 65
wave	golf 110
way	weg 3; manier 73
way (by the ~)	à propos, terloops, tussen haakjes 30
we	wij/we 3
wear (to ~)	dragen 19, aanhebben 40 (m.b.t. kleren, enz.)
weather	weer *(zelfst. nw.)* 10
web café	webcafé 86
website	website 96
Wednesday	woensdag 28
week	week 19
weekend	weekend 25
weigh (to ~)	wegen 41
weight	gewicht 93
weights	gewichten (halters) 93
welcome	welkom 26
welcome to (to be ~)	gerust kunnen/mogen 87
well	goed 1
well-known	heel bekend 69
Welsh	Welsh 43
west	west(en) 12
wet	nat 10
what	welk(e) 17
what *(betr. vnw.)*	wat 59
what *(vrag. vnw.)*	wat 3
whatever	wat ... ook 109

when	wanneer 40, 48; als 50; toen 51
where	waar (plaats) 2
whereabouts	waar ergens/ongeveer 90
wherever	waar ... ook 109
whether	of *(voegw.)* 90
which	welk(e) 4
while *(voegw.)*	terwijl 83
while *(zelfst. nw.)*	poos, tijdje 87
whisky *(mv.* whiskies)	whisky 53
white	wit 18
who	wie 5
Whoa!	Ho! 74
whoever	wie ... ook 109
whole	heel, volledig 55; geheel 69
whom	met wie 84
whose *(vrag. vnw.)*	van wie, wiens 46
whose *(betr. vnw.)*	van wie, wiens wier 90
why	waarom 5
wide	breed 12
wife *(mv.* wives)	echtgenote, vrouw 23
will	*hulpww. toek. tijd* 60, 62
will *(zelfst. nw.)*	wil 63
win (to ~)	winnen 33
window	raam, venster 55
window (ticket ~)	loket 55
window shopping	etalages-kijken, windowshoppen (het) 55
wine	wijn 27
wine waiter	sommelier 27
wink	knipoog 71
wink (to ~)	knipogen 71
winter	winter 14
wisdom	wijsheid 75
wise	verstandig, wijs 75
wish (to ~)	wensen 85
with	met 9; bij 40
without	zonder 32
woman *(mv.* women)	vrouw 29
wonder	wonder 87
wonder (to ~)	zich afvragen 87
wonderful	fantastisch 58
wool	wol 64
work (to ~)	werken 22
worker	arbeider 83
working class	arbeidsklasse 34
workstation	werkstation 81
world	wereld 88
World Service	Wereldomroep (BBC) 45
worried	bezorgd 73

worry (to ~)	zich zorgen maken 27
worship	verering 100
would *(mod. hulpww. verl. tijd)*	*hulpww. voorw. wijs* 57; *hulpww. gewoonte in het verl.* 66
write (to ~)	schrijven 23
writer	schrijver 51
wrong	fout, mis, verkeerd 16
wrong (to be ~)	fout zijn, ongelijk hebben 33

Y

yard	yard (maat) 35
year	jaar 9
yellow	geel 41
yes	ja 5
yesterday	gisteren 53
yet	al, (tot) nog (toe) 43
yet (not ~)	nog niet 43, 78, 84
yoghurt	yoghurt 53
you	je/jij, u, jullie 1; jou 21
young	jong 9
your	je 2; jouw, uw, jullie 3 *(bez. vnw.)*
yours	de/het jouwe/uwe, die van jullie 46

Woordenlijst Nederlands-Engels

A

A.D. (anno Domini)	AD (anno domini) 100
aan	on 4; by 65
aan/uit	on/off 83
aanbevelen	to recommend 109
aanbieden	to offer 67
aanbod	offer 104
aandacht schenken	to mind 86
aandoen, aantrekken	to put on 97
aandoen, aanzetten	to turn on 83
aangenaam	nice 19
aanhebben	to wear 40
aankleden (zich ~)	to dress 32; to get dressed 77
aankomen	to arrive 41
aankondigen	to announce 83
aankondiging	notice 108
aanleggen	to build 61
aanraking	touch 73
aanrekenen	to charge 96
aanschuiven (in een rij)	to queue 62
aanslagbiljet	tax bill 108
aansluiten bij	to join 103
aanspannen (paard)	to hitch 73
aantrekken (zich ~)	to mind 86
aanvaarden	to accept 104
aanvang	starting 82
aanvraag	application 89
aanvragen	to apply for 89
aanwerven	to hire 83
aanzetten, aandoen	to turn on 83
aanzienlijk	serious 99
aardappel	potato (*mv.* potatoes) 94
aardbei	strawberry 26
aardig	nice 8
aardrijkskunde	geography 64
abdij	abbey 51
absoluut *(bijw.)*	absolutely 83
account	account 79
accountant	accountant 5
achter	behind 87
achterlaten	to leave 55
actief	active 29
activiteit	activity 29
adem	breath 102

six hundred and forty-eight • 648

adembenemend	breathtaking 102
advies	advice *(n-telb.)* 62
adviseren	to advise 62
adviseur	adviser/advisor 62
advocaat/-cate	lawyer 5
af en toe	from time to time 107
af hebben	to finish 80
afbeelding	picture 102
afhaalrestaurant, -zaak	takeaway 86
afhalen	to meet 41; to take away 86; to pick up 88; to fetch 106
afleggen (examen)	to take 68
aflopen	to finish 78
afruimen	to clear 75
afschuwelijk	dreadful, terrible 27
afslaan (weg)	to turn 36
afslanken	to slim 44
afspraak	appointment 71; deal *(inform.)* 75
afspreken	to meet 41
afstand	distance 61
afstappen	to get off 41
afstuderen	to graduate 79
afval	waste 89
afvoer	drain 108
afvragen (zich ~)	to wonder 87
afwas (de ~ doen), afwassen	to do the washing-up 25
afwezig	absent 55
af-, uitzetten	to turn off 55
agent (politie~)	constable 40
akkoord gaan	to agree 60
al, eerder	before 89
al, ooit	ever 81
al, reeds	yet 43; already 68
al(le)	all 43, 55; every 59
album	album 34
alcoholicus	alcoholic 68
alcoholisch	alcoholic 95
ale(bier)	ale 17
algemeen	general 43
algemeen (in het ~)	generally 61
algemeen directeur	managing director 103
alhoewel	although, even though 61
allebei	both 87
alledaags	everyday 110
alleen	on his/her own 88
alleen (maar)	just 17; only 38
alleenstaand	single 52
allemaal	all 57

allen	all 39
allerlei	all sorts of 81
alles	all 31, 58; everything 48
als	if 39; when 50
alsook	as well as 109
alstublieft/alsjeblieft	please 17
altijd	always 10
ambitieus	ambitious 44
amuseren (zich ~)	to have fun 3
ander	other 44
ander (een ~)	another 47
anders	different 29; else 65
antwoord	answer 33
antwoorden	to answer 62; to reply 96
à propos	by the way 30
apart	single 80
aperitief	aperitif 95
apotheek	pharmacy 72
apparatuur	hardware 23
appartement	apartment, flat 8
april	April 10
arbeider	worker 83
Arbeiderspartij	Labour Party 43
arbeidsklasse	working class 34
architect/-e	architect 100
arm *(bijv. nw.)*	poor 44
artiest/-e	artist 102
arts	general practitioner (GP) 72
attractie	attraction 50
augustus	August 14
aula	lecture theatre 80
Australië	Australia 90
auto	car 24
automatisch	automatic 104
automobilist/-e	motorist 83
autosnelweg	motorway 61
avond	evening 25
avondeten	dinner 25
azijn	vinegar 17

B

baan (werk)	job 22
baard	beard 41
baas/bazin	boss 81
baby	baby 58
bachelor i/d exacte,...wetenschappen	Bachelor of Science (BSc) 80
bachelor i/d geesteswetenschappen	Bachelor of Arts (BA) 80
back-up, reserve-	backup 108
bacon	bacon 15

bad	bath 31
badkamer	bathroom 54
bagage	luggage *(n-telb.)* 99
bakker/-in	baker 8
balie	desk 65
balpen	biro 46
bang zijn (dat)	to be afraid 18
bank	bank 36
bar	bar 26
basis-	basic 110
beantwoorden	to answer 98
bebouwde kom	built-up area 99
bed	bed 29
bedanken	to thank 17
Bedankt.	Thanks. 1
bedenken	to think of 109
bederven	to spoil 96
bedienen	to serve 105
bedienen (zich ~)	to help *(+ wed. vnw.)* 63
bedoelen	to mean 31
bedrijf	company 57
bedroefd	sorry 26
beeld	picture 25
beet	bite 89
beetje (een ~)	a bit (of) 45; a little *(+ n-telb. ev.)* 53
begeven naar (zich ~)	to make one's way to 101
begeven richting (zich ~)	to head 101
begin	beginning 66; starting 82
beginnen	to start 45
begraven	to bury 51
begrijpen	to understand 34
behalve	except 20
beheer	management 61
behelpen (zich ~)	to get by 110
bekend	famous 51
bekend (heel ~)	well-known 69
bekertje	cup 40
bekleden (betrekking)	to fill 103
bekomen van	to recover from 74
bel	bell 94
belang hebben	to matter 90
belangrijk	important 43; major 93
belasting	tax 43
beleid(slijn)	policy 47
België	Belgium 50
Belgisch	Belgian 22
believen	to please 17
bellen	to call 13

belofte	promise 47
beneden	down 10
beneden (aan de trap)	downstairs 106
benzine	petrol 27
bereiken	to reach 74
bericht(je)	message 74
Bermuda	Bermuda 39
beroemd	famous 12
bes	berry 26
beschikbaar	available 59
beschimmelen	to must 73
beseffen	to realise 67
beslissen	to decide 47
beslissing	decision 75
beslist zullen gebeuren	bound to (to be ~) 96
bespreking, vergadering	meeting 78
beste (de/het ~)	the best 47
beste, liefste	dear 9
besteden	to spend 43
bestellen	to order 65
bestelwagen	van 85
bestrijden	to fight 83
betalen	to pay 39
betaling	payment 104
beter	better 45
betrokken zijn bij	to (be) involve(d) 85
betrouwbaar	reliable 60
beurs (aandelen~)	stock market 52
bevatten	to contain 32
bewaren (het contact ~)	to keep in touch 110
bewegen, zich bewegen	to move 25
bewogen	eventful 92
bewolkt	cloudy 10
bewust zijn van (zich ~)	to realise 67
bezeren	to hurt 98
bezet	busy 30
bezichtigen	to visit 50
bezienswaardigheid	sight 74
bezig	busy 30
bezitten	to own 88
bezoek	tour 101
bezoek brengen aan (een ~)	to visit (sb) 39
bezoek(je)	visit 74
bezoeken	to visit (sth) 38
bezoeker	visitor 96
bezorgd zijn om	to be worried about 73
bibliotheek	library 88
bieden	to offer 80

bier	beer 17
bij	to 26; with 40; by 65
bijkomend	additional 104
bijna	almost 69; nearly 74
bijten	to bite 89
bijvoorbeeld	for example 38
biljart	billiards 105
binden, vastbinden, verbinden	to bind 96
binnen, in	into 69
binnenkomen	to come in 79
binnenkort	soon 62; shortly 96
binnenrennen	to run into 99
bioscoop	cinema, movies 25
bitter (bier)	bitter 17
blad papier	sheet 106
blanco	blank 102
blauw	blue 8
blij	happy 11; pleased 95
blijkbaar	apparently 73
blijven	to keep 86; to stay 88
bloed	blood 108
bloem	flower 95
bloes	blouse 64
bodem	bottom 106
boeiend	exciting 38
boek	book 26
boeken	to book 26
boekenplank	shelf *(mv.* shelves) 110
boekhandel	bookshop/book shop 88
bokser	boxer 47
bom	bomb 64
boodschap	message 58
boodschappen doen (de ~)	to do the shopping 25
boodschappenkar	trolley 76
boom	tree 106
boos	angry 54
boot	boat 86
bord	plate 27
borstelen	to brush 92
boter	butter 53
botsen	to run into 99; to crash 108
botsing	crash 85
bouwen	to build 61
boven	up 10; above 50; over 73
boven (aan de trap)	upstairs 106
branche	field 81
brand	fire 100
brandweerman	fireman 103

brandy, brandewijn — brandy 95
breed — wide 12
breken — to break 15
brengen — to bring 72, 83
brengen (weg~) — to take to 72
brengen (terug~) — to fetch from 106
brief — letter 46
brievenbus — postbox 86
bril — glasses *(mv.)* 54
Britten — British 33
broek (korte ~), short — shorts *(mv.)* 54
broek (lange ~), pantalon — trousers *(mv.)* 54
broer — brother 21
brood — bread 32
brug — bridge 12
bruin — brown 59
bruisend — vibrant 109
brunch — brunch 25
brunchen — to have brunch 25
buis — tube 34
buiten — out of 94; outside 106
buiten de piekuren — off-peak 62
buitenland (naar/in het ~) — abroad 38
buitenwijk — suburb 22
bungalow — bungalow 87
bureau (meubel) — desk 6
bureau (ruimte) — office 6
burger — citizen 51
bus — bus 13
bus voor lange afstanden, coach — coach 60
buur(man, ~vrouw) — neighbour 55
buurt — area 34; neighbourhood 55
buurt (in de ~ van) — near 27
buurtwinkel — convenience store 61

C

caddie, boodschappenkar — trolley 76
cadeau — present 19
café — café 86
cake — cake 17
calorie — calorie 32
camera — movie camera 16
camping, kampeerterrein — campsite 76
campus — campus 80
casino — casino 69
categorie — category 104
centrale verwarming — central heating 55
centrum — centre 11
champagne — champagne 106

chaos	chaos 83
chauffeur	driver 67
cheerleader	cheer leader 106
cheque	cheque 65
chic	smart 64
Chinees	Chinese 86
chips	crisps 17
chirurg	surgeon 44
chirurgie, heelkunde	surgery 71
club	club 66
coderen	to code 79
collega	colleague 34
columnist/-e	columnist 107
comfortabel	comfortable 11; convenient 61
commentaar geven	to comment 102
communicatie	communication 22
complex	complex 81
componeren	to compose 66
computer	computer 6
computerwetenschap	computer science 22
conceptueel	conceptual 102
concert	concert 60
conferentie	conference 5
confituur	jam 61
conservatief	conservative 43
Conservatieve Partij	Tory Party 43
consulent/-e	consultant 94
contact hebben/opnemen	to get in touch 73
contant (geld)	cash 65
controleren	to check 65
cool, gaaf	cool 109
correct	correct 33; properl(y) 73
cowboylaars	cowboy boot 41
crash	crash 108
crashen, uitvallen	to crash 108
cultuur	culture 45
curry	curry 17
cursus	course 79
cv	Cv 57

D

Dáág!	Goodbye! 55; Bye! 62
daar	there 6
daarna	then 25
dadelijk (zo ~)	soon 62
dag	day 1
Dag!	Hi! 1
dagelijks, alle dagen	daily 61
dak	roof 104

dame	lady 26
dan	then 25
dan *(in vgl.)*	than 44
Dank je.	Thank you. 15
Dank u.	Thank you. 15
danken	to thank 17
dankzij	thanks to 100
dat *(aanw. vnw.)*	that 6
dat *(betr. vnw.)*	that 33
datum	date 54
de	the 2
december	December 14
deel	part 34
deeltijds	part-time 88
defect *(bijv. nw.)*	broken 16; out of order 97
dekken (de tafel ~)	to lay the table 94
delen	to share 80
democratisch	democratic 47
denken	to think 33
denken aan	to think about 39
denken (doen/helpen ~)	to remind 82
detail	detail 86
deur	door 6
deze *(ev./mv.)*	this 13 / these 24
dichtbij	near 22; close to 26
dichtdoen	to close 55
die *(aanw. vnw. ev.)*	that 9
die *(aanw. vnw. mv.)*	those 24
dieet	diet 31
dief	thief *(mv.* thieves) 28
dienst	service 60; favour 98
digitaal	digital 79
dik (m.b.t. een persoon)	fat 32
dikwijls	often 38
diner	dinner 83
ding	thing 19
dinsdag	Tuesday 28
diploma	qualification 80
directeur	manager 57
directie	management 78
disco(theek)	disco 86
dit	this 3
dochter	daughter 2
doctoraat	Doctor of Philosophy (PhD) 80
document	document 104
doden	to kill 100
doek (schilders-)	canvas 102
doen	to do 25

six hundred and fifty-six • 656

doen (ertoe ~)	to matter 90
doen denken	to remind 82
dokken (schepen)	to dock 101
dokter	doctor 14
dolen, ronddolen	to wander 101
domino(spel)	dominoes 105
donderdag	Thursday 28
donker	dark 77
donker worden	to get dark 77
dood *(bijv. nw.)*	dead 51
dood *(zelfst. nw.)*	death 51
door	by 73
door(heen)	through 76
doorbrengen	to spend 73
doorgaan, doorrijden,...	to go on 76
doorgaan (met)	to continue 11
doorgaans	generally 80
doorgeven	to pass 35
doorsnee	average 71
doos	box 38
dorp	village 24
dorst hebben	to be thirsty 15
douche	shower 31
download	download 89
downloaden, binnenhalen	to download 89
dozijn	dozen 51
draagbaar	portable 58
draai	turn 85
dragen (m.b.t. kleren, enz.)	to wear 19
drank	beverage 95
drankje	drink 53
drinken	to drink 33
drinken met kleine slokjes	to sip 99
dronken	drunk 97
droog	dry 95
droogkuis	dry cleaner's 96
druk (bezig)	busy 30
druk (bevolkt)	crowded 74
drukken	to press 62
drukte (nodeloze)	fuss 93
dubbel	double 57
duim (aan hand)	thumb 27
duim (maat)	inch 35
Duits	German 22
Duitsland	Germany 50
duizend	thousand 33
dun	thin 44
duren	to last 78

duren (lang ~)	to take long 78
dus	so 6
duur *(bijv. nw.)*	expensive 27
duur (te ~)	overpriced 86

E

echo	echo (*mv.* echoes) 94
echt *(bijv. nw.)*	real 10; proper 107
echt *(bijw.)*	really 10
echter	however 104
echtgenoot	husband 23
echtgenote	wife (*mv.* wives) 23
economie	economy 83
een *(lidw.)*	a *(voor medeklinker)*/an *(voor klinker)* 3, 5
een, één *(telw.)*	one 14
één keer, eenmaal, eens	once 50
eend	duck 24
eender wanneer	any time 48
eens	once 50
eens zijn (het ~)	to agree 87
eentje (in/op z'n/haar ~)	on his/her own 88
eenvoudig	plain 110
eenzaamheid	loneliness 102
eerder	more like 60
eerder (al)	before 81
eergisteren	the day before yesterday 107
eerlijk *(bijv. nw.)*	honest 17
eerlijk *(bijw.)*	honestly 53
eetkamer	dining room 54
eeuw	century 12
eeuw, tijdperk	age 94
efficiënt	efficient 61
e-gids	e-guide 109
egocentrisch	self-centred 107
egoïstisch	selfish 92
ei	egg 15
eigen	own 88
eigenaar	owner 96
eigendom	property 9
eigenlijk	actually 31; in fact 53
eiland	isle 50; island 74
eind-	final 68
einde	end 101
einde (uit~)	end 34
eindelijk	at last 55
elegant	smart 64
elektricien	electrician 96
elektriciteit	electricity 55
elektronisch	electronic 86

six hundred and fifty-eight • 658

elk(e)	every 25; each 33
elkaar	each other, one another 90
ellendig	miserable 68
e-mail	email/e-mail 79
e-mailen	to email/e-mail 86
emoticon	emoticon 91
en	and 1
energiek	energetic 29
Engeland	England 4, 12
Engels (taal)	English 22
Engels *(bijv. nw.)*	English
Engelsman/Engelse	English 7
enig(e)	any 13; some 15; a few *(+ telb. mv.)* 53
enkel(e)	single 52
enkele	any, some 15; a few *(+ telb. mv.)* 53
enorm	huge 41
enthousiast zijn over	to be keen on 69
er	there 12
er is/zijn...	there is/are... 12
erg	bad 71
erg, heel, zeer	very 6
ergens	somewhere 27
ergens	anywhere *(bij ontkenn. of vraagzin)* 27
ergonomie	ergonomics 105
ernstig	serious 85
ervaring	experience 79
erven	to inherit 52
erwt	pea 94
etalages-kijken	window shopping 55
eten *(ww.)*	to eat 31
eten *(zelfst. nw.)*	food 27
eten (een hapje ~)	to get a bite to eat 89
euh... *(tussenw.)*	er... 17
Europa	Europe 100
even, een beetje	a little 53; a bit 74
even... als	as... as 101
evenals	as well as 109
evenmin	neither 106
eventueel	perhaps, possibly 101
ex-	ex- 73
examen	exam, test 68
excuseren	to excuse 36
expeditie	expedition 64
extra *(bijv. nw.)*	extra 83; spare 88
extra *(zelfst. nw.)*	extra 104
ezel	donkey 94

F

fabriek	factory 51

factuur	bill 65
familie	family 2
fan	fan 66
fantastisch	fantastic 11; wonderful 58
fascinerend	fascinating 100
fatsoenlijk	decent 96; proper 107
februari	February 14
feestdag	bank holiday, public holiday 38
feesten	to party 109
feestje	party 3
feite (in ~)	in fact 37
fel	keen 69
ferry	ferry 74
festival	festival 100
fiedel (folkloristische viool)	fiddle 75
fiets	bicycle, bike, cycle 29
fietsen *(ww.)*	to cycle 29
fietsen *(zelfst. nw.)*	cycling 29
fietspad	cycle lane 29
fijn	fine 1
film	film, movie 25
film (bioscoop)	the movies 25
fit zijn	to be fit 75
fitheid	fitness 75
fitnessclub	health club 93
flat	apartment (VK), flat 8
fles	bottle 95
flesje	flask 99
flik	cop 99
flipper(kast)	pinball machine 76
formulier	form 89
fortuin	fortune 52
foto	photo 54
fotokopie	photocopy 96
fototoestel	camera 16
fout *(bijv. nw.)*	wrong 16
fout *(zelfst. nw.)*	mistake 110
fout zijn	to be wrong 33
framboos	raspberry 26
Frans	French 22
Fransman/Franse	French 102
frieten	chips 17; french fries (VS) 32
fris	cool 109
frisdrank	soft drink 95
fruit	fruit *(n-telb.)* 15

G

gaan	to go 25
gaan ((naar) buiten ~)	to go out 35; to get out of 75

six hundred and sixty • 660

gaan *(hulpww. toek. tijd)*	to be going to 43
gaan van... tot... (gerangschikt)	to range 102
gaande zijn	to be going on 85
gadeslaan	to watch 40
galerij	gallery 102
gallon	gallon 33
garage	garage 68
gas	gas 55
gastenverblijf	bed and breakfast (B&B) 50
gauw	soon 62
gebeuren	to happen 58
gebeurtenis	event 92
gebied	area 33; district 74
geboorte	birth 51
geboorteakte	birth certificate 89
geboren zijn	to be born 51
gebouw	building 60
gebraad, gebraden	roast 94
gebroken	broken 16
gebruik(er)svriendelijk	user-friendly 108
gebruikelijk	usual 25
gebruiken	to use 61
gebruiker	user 108
geconnecteerd	connected 55
gedoe *(fam.)*	stuff *(fam.)* 82
geduldig	patient 62
gedurende, tijdens	during 34
gedurende *(+ duur)*	for *(+ duur)* 54
geel	yellow 41
geen	not 5; no 18
geen (enkel(e))	none 66
geen (van beide)	neither 66
Geen sprake van!	No way! 59
geest	mind 55
Gefeliciteerd!	Congratulations! 33
gegevens	data 22
gegevensverwerking	data processing 22
gehaast zijn	to be in a hurry 89
geheel	whole 69
geheugen	memory 54
geïnteresseerd	interested 57
gek zijn op/van	to be keen on 69
geld	money 20
geldig	valid 104
geleden	ago 57
gelegenheid	opportunity 81
geliefd	popular 34
gelijk hebben	to be right 33

geloven	to believe 66
geluid	noise 42
geluk	luck 3
gelukkig, blij *(bijv. nw.)*	happy 11
gelukkig, blij *(bijw.)*	happily 92
gelukkig, geluk hebbend	lucky 3
gelukwensen	congratulations 33
gemak (op z'n ~)	at ease 110
gemakkelijk	easy 59
gemeenschappelijk	common 85
gemeenzaam	common 85
gemengd	mixed 32
geneesmiddel	medicine 72
genieten van	to enjoy 81
genieten van (zo veel mogelijk ~)	to make the most of 106
genoegen nemen met	to make do with 93
genre	type 104
gepassioneerd	keen 69
gepast	right 59
gepensioneerde	pensioner 43
geraken	to get 16
gerinkel	ring 94
gerust kunnen/mogen	to be welcome to 87
gescheiden	divorced 9
geschenk	present 52
geschiedenis	history 22
geschikt	proper 107
gesloten	closed 55
gesprek	interview 57
gestreept	striped 106
getalenteerd	talented 23
getrouwd	married 52
getuigschrift (een ~ behalen)	to graduate 79
geur	smell 67
geur, aroma	flavour 17
geval	case 24
gevangenis	prison 51
gevat	smart 102
geven	to give 60
geven (iem. een belletje ~)	to give so a ring 94
geven om	to care about 43
gevestigd zijn	to be based 80
gevoel	feeling 102
geweer	gun 20
geweldig	great 38
gewicht	weight 93
gewichten (halters)	weights 93
gewond	hurt 99

gewoon	just 17; usual 25
gewoonweg	simply 69
gewoon zijn om (het ~)	to be used to 106
gewoonlijk	usually 25
gewoonlijk (zoals ~)	as usual 37
geworden/terechtkomen van	to happen to 92
gezellig	lovely 87
gezicht	face 82
gezin	family 2
gezondheid	health 31
Gezondheid!	Cheers! 17
gids (boek)	guidebook 87
gieten	to pour 105
gilde	guild 83
ginder	over there 76
gin-tonic	gin and tonic 39
gisteren	yesterday 53
gitaar	guitar 23
glas	glass 65
glijden, uitglijden	to slip 82
goed	fine, good, well 1
goed (dan)	all right 31
goed, ok,...	alright *(inform.)* 75
Goedemorgen!	Good morning! 15
goederen	goods 98
goedkoop	cheap 19
gok wagen (een ~)	to take a gamble 103
gokken	to gamble 69
gokker	gambler 69
golf	wave 110
gonzend	buzzing 109
gordel	belt 97
gps	satnav 76
graad	degree 80
graafschap	county 33
graag	please 17
graag doen, hebben, enz.	to like 22
graag... (heel ~)	to enjoy 81
graan	cereal 92
grap	joke 46
grapje (een ~ maken), schertsen	to be joking/kidding 46/99
grapjes maken	to joke 46
grappig	funny 50
gras	grass 102
gratis	free 27
Griekenland	Greece 55
griep	flu 71
grijs	grey 41

gril	fancy 88
groeien, uitgroeien	to grow 100
groen	green 41
groente	vegetable 95
groep	group 66
grof, onbeschoft	rude 62
grondvesten leggen van (de ~)	to found 100
groot	big 6; tall 41; large 69
groot(s)	great 47
Groot-Brittannië	Great Britain 4
grootmoeder	grandmother 50
grootouders	grandparents 50
grootvader	grandfather 50
gsm	mobile (phone) 6
gul	generous 52
gym(les)	gym 25

H

haar (hoofd~)	hair *(n-telb.)* 41
haar *(bez. vnw.)*	her 8
haar/zijn	its *(onpers. bez. vnw.)* 8
haar *(pers. vnw.)*	her 8
haasten (zich ~)	to rush 34; to hurry (up) 89
halen	to get 78; to catch 89; to fetch 106
half	half 17, 85
halfweg	halfway 90
Hallo!	Hi! 1; Hello! 3
Hallo?	Hello? 57
halt houden	to stop 74
ham	ham 93
hamburger	hamburger 35
hamburgerbar	burger bar 86
hand	hand 71
aan de hand / mis zijn, schelen	to be the matter 71
handdoek	towel 106
handel, ambacht, beroep	trade 5
handels-	trading 100
handtas	handbag 55
hangen	to hang 94
hap	bite 89
hard	hard 23
harde schijf	hard drive 108
hardop	out loud 110
hare (de/het ~)	hers 46
haren (ander dan hoofdhaar)	hairs 41
hart	heart 98
haten	to hate 30
haven	port 100
hebben	to have 3; to have got 16

six hundred and sixty-four • 664

hectisch	hectic 87
heel wat	tons of 86
heel, erg, zeer	very 1
heel, hele	all 50; whole 55
heelkunde, chirurgie	surgery 71
heerlijk	great 10; delicious 53
heet	hot 10
hekel (een ~ hebben aan)	to hate 30; to stand *(in ontkenn. vorm)* 45
held	hero *(mv.* heroes) 94
heleboel (een ~)	loads of *(fam.)* 82
helemaal	quite 60; totally 106
helft	half 69
helpen	to help 16
hem	him 8
hemd (over~)	shirt 41
hemel	heaven 97
hemels	fabulous 42
hen *(pers. vnw.)*	them 24
her-	again 37
herberg, hotel	hostel 73
heren	gentlemen 29
herfst	autumn 14
herhalen	to revise 110
herinneren (zich ~)	to remember 38
herkennen	to recognise 41
hernieuwen	to renew 89
hersenchirurg	brain surgeon 44
hersenen	brain 44
herstellen	to repair 61; to fix 97
het *(lidw.)*	the 2
het *(pers. vnw.)*	it 4
heten	to be called 13
hetzij… hetzij	either… or 69
heuvel	hill 87
hevig	heavy 83
hier	here 5
Hierzo. (bij overhandigen van iets)	Here you are. 18
hij	he 2
hij *(onpers.)*	it 7
historisch	historical 12
hit	hit 66
hitparade	charts 66
Ho!	Whoa! 74
hobby	hobby 82
hoe	how 1
hoe dan ook	anyway 59
hoed	hat 35
hoek	corner 76

hoelang... ?	how long... ? 60
hoeveel... ?	how many/much... ? *(+ telb./n-telb. hoev.)* 33
hoewel	though 61
hoger	upper 80
Hogerhuis	House of Lords 43
Hoi!	Hi! 1
hond	dog 69
honderd	hundred 34
honger hebben	to be hungry 15
hongerig	hungry 15
hongerig zijn, honger krijgen	to be peckish 89
hoofd	head 71
hoofd-	main 22
hoofdpijn	headache 71
hoofdprijs, jackpot	jackpot 68
hoofdpunt	headline 83
hoofdstad	capital 100
hoog	high 33; tall 41
hopen	to hope 36
horen	to hear 42
horloge	watch 40; clock 45
hotel	hotel 3
houden	to hold 67
houden van (graag hebben/doen)	to like 29
houden van (uit liefde)	to love 29
huidig	current 43
huis	house 8
huishouden	housework 58
huisje	cottage 87
huiswerk	homework 93
hulplijn (telefonische ~)	hotline 108
hun *(bez. vnw.)*	their 11
hun *(pers. vnw.)*	them 58
hunne (de/het ~)	theirs 47
huren	to rent 76; to hire 104
huur	rental 104
huur (te ~) (m.b.t. pand)	to let 104

I

ICT (informatie- en communicatie-technologie)	ICT (information and communications technology) 22
ideaal	perfect 38; ideal 105
idee	idea 19
idioot/-ote	idiot 67; fool 94
ieder(e)	every 39; each 90
iedereen	everybody, everyone 39
iemand	anybody, anyone, somebody, someone 40

Ierland	Ireland 4
iets	anything, something 19
ijs	ice 44
ijzer	iron 93
ik	I 1
in	at 3; in 5
in, binnen	into 69
inblikken	to can 21
Indiaans	Indian 69
industrie	industry 79
informatica	computing 22
informatica (IT)	information technology (IT) 59
informaticus	computer scientist/engineer, IT expert/specialist 59
informatie	information (n-telb.) 22
ingang	entrance 65
ingenieur	engineer 59
inkomen	income 80
inkomstenbelasting	income tax 80
inleiding	introduction 3
inlichting	enquiry/inquiry 89
inlichtingen inwinnen	to enquire/inquire 89
inlichtingendienst	inquiry line 89
inspanning	effort 103
inspecteur	sergeant 40
installeren (zich ~)	to settle in 87
instappen	to get on 41
instelling (hoger onderwijs)	college 80
intelligent	brainy, intelligent 44; smart 64; clever 107
intercitytrein	inter-city train 61
interessant	interesting 44
interesse	interest 92
internationaal	international 59
internet	Internet 55
investeren	to invest 52
invloedrijk	influential 66
inzetten (zich ~), beginnen	to begin 100
inzitten met	to worry about 59
Italiaans	Italian 83

J

ja	yes 5
jaar	year 9
jaarlijks	annual 80
jaloers	jealous 11
jam	jam 61
januari	January 14
jas	coat 24

jasje	jacket 64
je/jouw *(bez. vnw.)*	your 2
je/jij *(pers. vnw.)*	you 1
jeans	jeans 54
jeugd	childhood 51
jij/je	you 1
job	job 22
joch	kid 2
jong	young 9
jongen	boy 9
jongen, jongeman	guy 8
jonger dan	under 76
jou	you 21
jouw/je	your 3
jouwe/uwe (de/het ~), die van jullie	yours 46
juffr.	Ms 78
juffrouw	miss 65
juichen, toejuichen	to cheer 106
juist	right 11; just 17
juli	July 14
jullie *(bez. vnw.)*	your 3
jullie *(pers. vnw.)*	you 1
juni	June 14
junior	junior 103
juridisch assistent/-e	legal assistant 107
jurist/-e	lawyer 79
jurk	dress 8

K

kaart	card 65
kaart (menu~)	menu 65
kaartje, ansichtkaart	postcard 38
kaas	cheese 17
kalender	calendar 94
kamer	room 54
kampeerders	campers 100
kanaal	channel 45; canal 109
kant-en-klaargerechten	convenience food 61
kantoor	office 2
kantoorbediende	clerk 103
kapitalisme	capitalism 47
kassa	cash desk 65
kassa (in een supermarkt)	checkout 65
kast	cupboard 106
kasteel	castle 12
kathedraal	cathedral 12
keel	throat 71
keer	times 39
kennen	to know 30

kennismaking	introduction 3
kerel	guy 8
kerk	church 99
Kerstmis	Christmas 38
keuken	kitchen 26
keuze	choice 47
keuze te over hebben	to be spoilt for choice 96
kever	beetle 66
kiesdistrict	constituency 43
kiezen	to choose 64
kijken	to look 36
kijken (naar boven ~)	to look up 86
kijken (naar), bekijken	to watch 40
kilometrage	mileage 104
kind	kid 2; child (*mv.* children) 11
kip	chicken 32
klaar	ready 65
klaar hebben	to finish 77
klank	sound 38
klant	customer 62
klas	class 64
klasgenoot/-genote	classmate 88
klassiek	classical 81
kleden	to dress 32
kledij	clothes (*mv.*) 59
kleedje	dress 41
kleerkast	wardrobe 54
klein	small 4
klein (heel ~)	tiny 6
kleingeld	change 20
kleintje (kind)	kid 2
kletsen	to gossip 107
kletskous	gossip 107
kletspraat	gossip 107
klimmen *(ww.)*	to climb 29
klimmen *(zelfst. nw.)*	climbing 29
klinken	to sound 38
klok	bell 94
knap (intelligent)	clever 107
knap (uiterlijk)	pretty 8; good-looking, handsome 52
knap, mooi (heel ~)	gorgeous 94
knapperig	crisp 17
knielen	to kneel 42
knipogen	to wink 71
knipoog	wink 71
knipper-	flashing 83
knul	lad 103
koe	cow 102

koel	cool 109
koelkast	refrigerator 53
koelkast, frigo	fridge 53
koffie	coffee 15
koken, in de keuken staan	to do the cooking 25
kom	bowl 92
komen	to come 34
koninklijk	royal 50
kop(je)	cup 17
kopen	to buy 19
koper (materiaal)	copper 99
kopie	copy 108
koppel	couple 74
koppelen (tuigen)	to dock 101
kort	short 41
kortaf	shortly 96
kortom	in short 110
kost (levensonderhoud)	a living 66
kost (te betalen)	charge 104
kost, voer, hap *(fam.)*	grub *(fam.)* 101
kostbaar (duur)	costly 64
kosten	to cost 64
kostuum	suit 64
koud	cold 10
krant	(news)paper 40
krantenkop	headline 83
krantenverkoper	newsagent 40
kredietkaart	credit card 65
kunnen	can *(mod. hulpww.)* 15, 21, 42; could *(mod. hulpww.* can *in de voorw. wijs* 57; *in de verl. tijd* 66); may *(mod. hulpww.)* 64, 72; to be able to 73; might *(mod. hulpww.* may *in de verl. tijd)* 78
kunst	art 45
kunstmuseum	art gallery 102
kust	coast 4; seaside 73
kwaad *(zelfst. nw.)*	harm 99
kwart	quarter 45
kwartier	quarter 103

L

laag	low 62
laars	boot 41
laat	late 25
laat (hoe ~)	what time 45
laat maar	don't bother 89
laat zijn, te laat zijn	to be late 26
laatst(e)	last 50
lading	load 82

lager(bier)	lager 17
lagere school	primary school 22
Lagerhuis	House of Commons 43
laken	sheet 106
lam(svlees)	lamb 31
land	country 38
landhuis	stately home 109
lang	long, tall 41
langs	along 90
langzaam *(bijv. nw.)*	slow 83
langzaam *(bijw.)*	slowly 51
laptop	laptop 58
larie	rubbish 97
lastig, moeilijk	tough 109
lastig vallen	to bother 89
laten	to let 19
laten staan, liggen,…	to leave 55
laten wachten a/d telefoon (iem. ~)	to put (so) on hold 108
laten wachten a/d tel. (iem. lang ~)	to keep (so) on hold 108
later	later 51
latte	latte 65
lawaai	noise 91
leder(en)	leather 41
leeftijd	age 46
leeg	empty 55
leerling/-e	pupil, student 80; learner 104
leeuw	lion 17
legende	legend 66
leggen	to put 54; to lay 94
legplank	shelf *(mv.* shelves) 106
lenen	to lend 36; to borrow 46
lenen (uit~)	to lend 46
lening	loan 46
lente	spring 14
lepel	spoon 18
leraar/lerares	teacher 14
leren	to learn 81
les	lesson 68
lesgeven	to teach 22
letten op	to watch 93
leuk	nice 8; fun 50
leuk, fijn,… vinden	to like 22
leunen	to lean 42
leven *(ww.)*	to live 8
leven *(zelfst. nw.)*	life 66
levend	living 66
leveren, opleveren	to provide 80
lezen	to read 40

lichaam	body 34
licht	light 55
lied(je)	song 66
lief *(bijv. nw.)*	sweet 65; kind 95
lief, vriend(je)	boyfriend 73
lief, vriendin(netje)	girlfriend 73
liefdadigheid	charity 86
liefde	love 24
liefs	love 87
liefste	darling 24
liegen	to lie 39
lievelings-	favourite 29
lift	lift 60
liften	to hitch a lift, to hitch(hike) 73
liggen	to lie 39
lijken	to look 59
lijn	line 22
lijnen	to slim 44
lijst	list 96
limiet	limit 97
links	left 11
linksaf	left 36
logeerkamer	spare room 87
logeren	to stay 39
logies aanbieden	to put up 87
loket	ticket window 55
Londen	London 33
loodvrij	lead-free 27
loon	pay 83
lopen	to run 71
lopen (tegen aan~)	to run into 99
lopen (tegen het lijf ~)	to run into 99
lot(erijbriefje)	lottery ticket 68
loterij	lottery 68
luchthaven	airport 13
luchtvaartmaatschappij	airline 98
lui *(bijv. nw.)*	lazy 25
luid	loud 58
luidruchtig	noisy 106
luidspreker	loudspeaker 58
luieren	to hang out 94
luisteren	to listen 42
lunch	lunch 17
lunchen	to have lunch 31
lunchtijd	lunchtime 106
luxe	luxury 39

M

m.	Mr (mister) 71

maag	stomach 89
maal	times 50
maaltijd	meal 75
maand	month 44
maandag	Monday 28
maar *(vgw.)*	but 9
maar, slechts	only 44
maart	March 10
maat (van kleren)	size 64
maat (vriend)	mate 24
maatregel	measure 105
maatschappelijk werker/-ster	social worker 88
machine	machine 84
mager	thin 44
mais	corn 106
maître d'hôtel	head waiter (VK), maître d' (VS) 27
majestueus	majestic 12
maken	to make 25
mal	silly 59
mama	mum 44; mummy 94
man	man (*mv.* men) 3
man (echtgenoot)	husband 3
manier	way 73
mantel	coat 24
manueel	manual 104
margarine	margarine 93
markt	market 52
massa	mass 96
master in de exacte,... wetenschappen	Master of Science (MSc) 80
master in de geesteswetenschappen	Master of Arts (MA) 80
materie	matter 71
mededeling	notice 108
meeneemgerecht	takeaway 86
meeneemzaak	takeaway 86
meenemen	to take away 86
meer	more 43
meer *(zelfst. nw.)*	lake 87
meer dan	over 73
meest (de/het ~) *(superlatief)*	the most 47
meeste (de ~)	most 69
meesterwerk	masterpiece 102
mei	May 14
meisje	girl 8
melk	milk 18
meneer	sir 26
menen (iets niet ~), schertsen	to be joking/kidding 46/99
mengen (het)	blending 48
menigte	crowd 74

menselijk	human 57
mensen	people 33
mes	knife *(mv.* knives) 106
met	with 9
met (+ transportmiddel)	by 34
meteen	immediately 51; straight away 67
meten	to measure 105
metro in Londen	the Tube, the Underground 34
meubilair, meubels	furniture *(n-telb.)* 99
mevr.	Mrs (missus) 71; Ms 78
mevrouw	madam 64; ma'am 97
middag	lunchtime 106
middageten, -maal	lunch, diner 25
middel	resource 57
middeleeuws	mediaeval 102
mij/me	me 9
mijl	mile 35
mijn	my 2
mijne (de/het ~)	mine 46
miljoen	million 34
minder	fewer *(+ telb. mv.)*, less *(+ n-telb. ev.)* 86
minister (eerste ~)	Minister (Prime ~) 43
minst (de/het ~)	the least 86
minste (ten ~)	at least 13
minstens	at least 41
minuut	minute 58
mis *(bijv. nw.)*	wrong 16
mis / aan de hand zijn, schelen	to be the matter 71
misbaar, wat kan gemist worden	missable 109
misdaad	crime 83
misschien	maybe, perhaps 44
missen	to miss 87
mobiele telefoon, mobieltje	mobile (phone) 6; cell(phone) (VS) 58
modern	modern 61
moe	tired 88
moeder	mother 9
moeilijk	difficult 67; tough 109
moeite, last	bother 89
moeite (de ~ doen/nemen)	to bother *(in ontkenn. vorm)* 89
moeten	must *(mod. hulpww.)* 40; to need to 65; to have to 67; to have got to 85
mogelijk	possible 45
mogen	can 15; may 64 *(mod. hulpwerkwoorden)*
moment	moment 23
momenteel	right now 59
mond	mouth 103
monument	monument 51
mooi	pretty 19; beautiful 40

mop	joke 46
morgen (dagdeel)	morning 15
morgen (na vandaag)	tomorrow 41
moskee	mosque 100
motor	motor 29
motorfiets	motorbike, motorcycle 29
motto	motto 110
multiplex(-bioscoop)	multiplex 76
munt(stuk)jes	change 20
museum	museum 13
musical	musical 30
muur	wall 94
muziek	music 27
muzikant/-e	musician 69

N

n.C. (na Christus)	CE (Common Era) 100
na	after 53
naaien	to sew 92
naam	name 3
naar	to 3; at, for 36; towards 74
naast	next to 8
nacht	night 11
nachtclub	night club 11
nachtmerrie	nightmare 108
nadat	after 101
nadenken	to think 67
nagaan of	to make sure 55
nagenoeg	almost 108
nakijken	to check 62
namiddag	afternoon 13
nat	wet 10
natie	nation 69
nationaliseren	to nationalise 61
Natuurlijk.	Of course. 24
natuurvoedingswinkel	health food shop 31
nauwe band hebben (een ~), close zijn	close (to be ~) 26
nauwelijks	hardly 108
navigatie	navigation 76
navragen	to enquire/inquire 89
Nederland	the Netherlands 35
Nederlands	Dutch 22
nee	no 5
neef (oom-/tantezegger)	nephew 50
neef (zoon van oom/tante)	cousin 50
neer	down 10
nemen	to take 1; to have 15
nergens	nowhere 28
net *(bijv. nw.)*	clean 11

net *(bijw.)*	just 79
net(werk)	network 61
netelig, lastig	tricky 76
neus	nose 71
nicht (dochter van oom/tante)	cousin 50
nicht (oom-/tantezegster)	niece 50
niemand	no one / no-one 34; nobody 73
niet	not 5
niet een, geen (enkele)	none 66
niet te missen	unmissable 109
niet(waar), toch, hé?	isn't it? *(na bevest. zin)*, is it? *(na ontkenn. zin)* 6
niets	nothing 28; none 95
niets (helemaal ~)	nothing at all 54
nieuw	new 19
nieuws	news *(n-telb.)* 45
nippen (aan)	to sip 99
noch... noch	neither... nor 69
nodig hebben	to need 63
noemen	to call 13
nog (altijd/steeds)	still 37, 57, 84
nog niet	not yet 43, 78, 84
nogal	pretty, quite 60
noodzakelijk	necessary 83
nooit	never 10
noord(en)	north 12
Noord-Ierland	Northern Ireland 4
noot	nut 94
normaal(gezien)	normally 60
Normandisch	Norman 12
notebook	notebook 58
notitie	note 58
nou	now 20
november	November 14
nu	now 20
nummer	number 16
nuttig	useful 110

O

ober	waiter 27
oceaan	ocean 39
oefenen	to practice 110
oefening (lichaams~)	exercise 29
of (bij keuze)	or 17
of *(voegw.)*	if 46; whether 90
of... of	either... or 69
ogenblik	moment 23
ok	OK 9
oké	okay 9

oktober	October 14
om	for 39; at 45
om het even	any 48
om te	to 19
omdat	because 30
om-, aandoen	to put on 97
omgeving	environment 81
omkleden (zich ~)	to get changed 93; to change 106
omvatten	to include 104
onafhankelijk	independent 104
onbeperkt	unlimited 104
onbeschoft	rude 62
onbewogen	uneventful 92
ondenkbaar	unthinkable 92
onder	down 10; under 61; underneath 76
onderbrengen	to put up 87
ondergoed	underwear *(n-telb.)* 76
onderhoud	interview 59
onderste	bottom 106
onderwater-	underwater 76
onderwijs	education 80
onderwijzen	to teach 22
onderwijzer/-es	teacher 22
ondrinkbaar	undrinkable 92
ongedwongen	relaxed 59
ongehuwd	single 52
ongelijk hebben	to be wrong 33
ongelukkig	unhappy 51
ongemak	inconvenience 85
ongerust zijn	to be anxious 73
ongetwijfeld	surely 109
ongeval	accident 81
ongeveer	around 33; about 60; some 100
onheil	disaster 100
online	online 29
onmiddellijk	right now 59; immediate 66/ immediately 67; straight away 67
onmisbaar	unmissable 109
onmogelijk	impossible 51
onnozel	silly 59
onregelmatig	irregular 110
ons (gewicht)	ounce 35
ons *(bez. vnw.)*	our 11
ons *(pers. vnw.)*	us 19, 26
ontbijt	breakfast 15
ontbijten	to have breakfast 29
ontdekken	to find out 109
ontgaan/ontglippen (iem. ~)	to slip someone's mind 82

onthouden	to remember 38
ontmoeten	to meet 41; to see 57
ontvangen	to receive 77
ontwerp	design 79
ontwerpen	to design 100
ontwikkeling	development 100
onze	our 3
onze (de/het ~)	ours 47
onzin	nonsense 72
oog	eye 41
ooit (al)	ever 81
ooit (eens)	once 54
ook	also 12; either 32; too 52
ook niet	neither 106
oom	uncle 50
oord (vakantie, ontspanning)	resort 90
oost(elijk)	eastern 62
oost(en)	east 4
op	at 2; on 3, 5; up 10; over 52
opblijven	to stay up 92
opdracht	order 97
open, geopend	open 96
openbaar	public 17
openbare toiletten	Public Conveniences *(bord)* 61
openen	to open 74
opgeven	to give up 95
opgewonden	excited 58
ophouden (met)	to stop 55
ophouden met	to give up 95
opkijken	to look up 86
opleiden	to train 81
opleiding	training 79
opnieuw	again 37
oprecht *(bijw.)*	sincerely 91
oprecht, trouw *(bijw.)*	truly 91
oprichten	to start 66
oprit	entrance 85
oproep	call 62
oproer	uproar 98
opschieten met	to get on with 92
opstaan	to get up 25
opstappen	to get on 41
optrekken	to put up 100
opvoeden	to educate 73
opzetten	to put up 100
opzoeken	to look up 86
origineel	original 47
oud	old 9

over (dwars)	across 12
over (m.b.t.)	about 13
over (uur)	past 45
over- (te)	over- 86
over zijn/blijven	to be left 78
over/voorbij zijn	to be over 78
over/vrij hebben	to spare *(uitdr.)* 108
overal	everywhere 54
overeenkomst	deal *(inform.)* 75
overgaar	overcooked 86
overlijden	to die 51
overmorgen	the day after tomorrow 107
overstappen	to change 62
oversteken	to cross over 76
overtreden (wet,...)	to break 79
overvallen (met geweld)	to rob 38
overvaller	robber 40
overvloed	plenty 72
overvol	packed 86
overvol (meer dan ~)	jam-packed 108
overwegen	to think 96
overwinning	victory 50

P

paar (een ~)	a few *(+ telb. mv.)* 53; a pair of 54; a couple of 74
paard	horse 69
pak/mantelpak	suit 59
pal	right 11
palet	variety 102
panty	tights *(mv.)* 54
papa	dad/daddy 94
papier	paper 40
paragraaf	paragraph 110
park	park 101
parkeergarage	car park 76
parkeren	to park 61
parking	car park 76
parlementslid	Member of Parliament 43
partij	party 43
partner	partner 71
pas, maar	only 44; just 89
Pasen	Easter 38
pashokje	fitting room 64
paspoort	passport 55
passen	to suit 64
passen (aan~) (m.b.t. kleren)	to try on 64
passen, goed zitten (m.b.t. kleren)	to fit 64
passen, schikken	to be convenient 61

pasta	pasta 106
patat, friet	chips 32, french fries (VS) 17
peddelsurfen (het)	paddle surfing 81
pen	pen 46
pendelaar, pendel-	commuter 61
pendelen	to commute 61
pendeltrein	suburban train 22
pensioen	pension 43
percent	percent 83
perfect *(bijv. nw.)*	perfect 38
perfect *(bijw.)*	perfectly 64
periode	time 30; period 100
personeel	personnel 58
persoon	person 9
persoonlijk	personal 9
pest	plague 100
pianist/-e	pianist 81
piek	peak 74
piekuur	rush 34
pijltjeswerpen	darts 105
pijn	ache 71
pijn doen	to ache 71; to hurt 98
pincode	personal identification number (PIN) 82
pint	pint 17
pittoresk	picturesque 86
plaag	plague 100
plaat (nummer-)	plate 104
plaats	place 26
plaats (in (de) ~ (van))	instead (of) 106
plaats (zit-)	seat 74, 78
plaatselijk	local 88
plaatsen	to place 69
plan	plan 93
plan zijn (van ·)	to plan 73
plannen	to plan 62
plat	flat 8
platteland	countryside 109
plek	place 27
plekje	spot 88
plezier	fun 3
plezier beleven aan	to enjoy 81
ploeg	team 106
ploeger	ploughman 32
poetsen	to clean 92
politicus/-ca	politician 17
politie	police 83
politieagent/-e	police officer 40
politiek	politics *(ev.)* 45

politieman	policeman 103
politieman	bobby *(fam.)* 40
pollutie	pollution 33
pond (gewicht)	pound 35
pond (munt)	pound 64
poos	while 87
popcorn	popcorn 106
popelen om (staan ~)	to be dying to 75
populair	popular 34
portie	portion 27
post	mail 86
posten	to post 86
postkantoor	post office 36
postuniversitair	postgraduate 80
pot	pot 65
potlood	pencil 46
prachtig	fabulous 64; superb 96
praktijk	practice 71
praten	to talk 40
precies *(bijw.)*	exactly 16
presentatie	presentation 108
pret	fun 3
prijs (die je wint)	prize 33
prijs (die je betaalt)	price 33
prima	great 15
principe	principle 82
prioriteit	priority 83
privé	private 61
proberen	to try 27
probleem	problem 16
problemen krijgen	to get into trouble 79
produceren	to produce 51
proef-	probationary 104
proeven	to taste 103
professor, hoogleraar	professor 79
programma	program(me) 23
programmatuur	software 23
project	project 77
promotie	promotion 103
promotie-	promotional 104
proper	clean 11
pub	pub 17
publiceren	to publish 51
pullover	pullover 59
puzzel	puzzle 88
pyjama	pyjamas *(mv.)* 54

R

raad	advice *(n-telb.)* 62

raad geven	to advise 62
raadgever/-geefster	adviser/advisor 62
raam	window 55
raden	to guess 58
radio	radio 45
raken (de weg kwijt ~)	to get lost 75
raken, aanraken	to touch 73
ramp	disaster 68
rand, buitenrand	outskirts 80
razen	to rush 34
recept (dokters~)	prescription 72
recht *(bijv. nw.)*	right 11; straight 67
rechten(studie)	law 79
rechts, rechterkant	right 11
rechtsaf	right 36
rechtsomkeert maken	to do/make a U-turn 85
rechtstreeks	directly 96
redelijk	reasonable 33
redden (zich ~)	to get by 110
regelen	to fix 97
regelmatig *(bijw.)*	regularly 73
regen	rain 10
regenachtig	rainy 10
regenen	to rain 28
regering	government 43
reis	trip 5; journey 61
reizen	to travel 38; to get 59
reiziger	traveller 109
rek (bagage-)	roof rack 104
rekenen, berekenen, uitrekenen	to compute 22
rekening	bill 65
rem	brake 97
remlicht	brake light 97
remmen	to brake 99
rennen	to run 71
repareren	to fix 97
reporter	reporter 51
reserve-	spare 87
reserveren	to book 26
restaurant	restaurant 25
resultaat	result 69
retourtje, heen en terug	return 62
richting	direction 59
rij (wacht-)	queue 62
rij (in de ~ (gaan) staan)	to queue 62
rij-	driving 68
rijbewijs	driver's licence 97
rijden (auto-)	to drive 60

rijk *(bijv. nw.)*	rich 52
rijk *(zelfst. nw.)*	Empire 100
ring	ring 94
rinkelen	to ring 58
rivaal	rival 52
rivier	river 12
robuust	tough 109
rockband	rock band 66
roddel	gossip 107
roddelaar/-ster	gossip 107
roddelen	to gossip 107
roepen	to call 13
rok	skirt 80
roken (het)	smoking 61
roltrap	escalator, moving staircase 106
roman	novel 51
Romein/-se	Roman 100
rond	round 51
ronde	tour 101
rondhangen	to hang around 94
rondkuieren	to wander 101
rondreizen met de rugzak	to backpack, to go backpacking 73
rondrit	tour 101
rood	red 17
room	cream 65
rotonde	roundabout 99
roven, beroven	to rob 38
rover	robber 40
rubriek	section 109
rug	back 71
rugzak	backpack 73
rugzaktoerist	backpacker 73
ruiken	to smell 42
ruimte	space 102
rund(vlees)	beef 31
Russisch	Russian 106
rust	peace, quiet 101
rustig	quiet 26; cool 109

S

saai	dull 92
sabbat-	sabbatical 67
salade	salad 32
salaris	salary 33
samen	together 66
sandwich	sandwich 28
sap	juice 53
satelliet	satellite 76
saus	sauce 32

sax(ofoon)	sax(ophone) 23
scannen	to scan 89
schaak	chess 77
schade	damage 99
schat(je)	dear 24
schelen (niet kunnen ~)	to care *(in ontkenn. vorm)* 44
schelen, mis / aan de hand zijn met	to be up with 37; to be the matter 71
scheren (zich ~)	shave 92
scherm	screen 8
scherpzinnig	clever 107
scheuren van de honger	to be starving 31
schijnen	to shine 39
schikken	to suit 64
schilder/-es	painter 102
schilderen	to paint 61
schilderij	painting 102
schillen	to peel 94
schitterend	brilliant 60; marvellous 67
schoen	shoe 97
schok	shock 103
school	school 2
schoon	clean 106
schoonheid	beauty 88
schoonmaken	to clean 92
schoot	lap 58
schoteltje	saucer 18
Schotland	Scotland 4
Schots	Scottish 43
schrander	clever 107
schrijftafel	desk 6
schrijven	to write 23
schrijver	writer 51
schuld	fault 99
sciencefiction	science-fiction 84
secundair onderwijs	secondary school 22
seizoen	season 96
senior	senior 103
september	September 14
serveerster	waitress 27
sfeer	vibe *(fam.)* 74
sherry	sherry 95
short, korte broek	shorts *(mv.)* 54
show	show 30
signaal	signal 58
sinaasappel	orange 53
sinds	since 85
sinds (benadrukkend)	ever since 87
situatie	situation 110

sjaal	scarf 19
sjerp	scarf 19
skiën (het)	skiing 29
slaan	to hit 66
slaap	sleep 71
slaapkamer	bedroom 54
slaatje	salad 32
slagen (voor examen)	to pass 68
slager	butcher 36
slagerij	butcher's 36
slak	snail 86
slank	slim 44
slapen	to sleep 71
slasaus	dressing 32
slecht *(bijv. nw.)*	bad 49
slecht *(bijw.)*	badly 82
sleutel	key 24
slim	smart 44
slippen	to slip 82
slokje	sip 99
slot	lock 55
slot (op ~ doen)	to lock 55
sluiten	to close 26
sluw	smart 102
smaak	taste 32
smaak, aroma	flavour 17
smakelijk	tasty 32
smaken	to taste 42
smal	narrow 69
smartwatch	smartwatch 105
smeris	cop 99
smoking	dinner jacket, dinner suit 76
snakken naar	to be dying to 75
sneeuw	snow 83
snel *(bijv. nw.)*	fast 32; quick 93
snel *(bijw.)*	soon 57; quickly 89
snel-	express 60
snel rijden (te ~)	to speed 97
snelheid	speed 97
snijden, afsnijden	to cut 43
snoepje	sweet 65
sociaal	social 80
socialisme	socialism 47
soep	soup 72
sofa	couch 106
software	software 23
sok	sock 59
sollicitatiebrief	application 57

sollicitatiegesprek	job interview 57
sommelier	wine waiter 27
sommige	some 74
soms	sometimes 24
soort	sort 31; kind 50
Spaans	Spanish 22
speciaal	special 104
spel(letje)	game 29
spelen	to play 23
spellen	to spell 71
spelonk	cavern 66
spijkerbroek	jeans 54
spijt hebben	to be sorry 26
spitsuur	rush hour 34
spoedig	soon 41
spoor	mark 105
spoorweg	railway 13
sport	sport 29
sport-	sporting 80
sporttrui, sweatshirt	sweatshirt 59
spreadsheet, rekenblad	spreadsheet 108
spreken	to speak 23; to talk 58
springen	to jump 62
spullen	stuff 82
staal	steel 83
staan (gaan ~)	to stand up 40
staan (m.b.t. kleren)	to suit 64
staan (recht~)	to stand up 40
staan (rechtop ~)	to stand 40
staat zijn om (in ~)	to be able to 73
stad	town 4
stad (grote)	city 4
starten	to get off to a/an ... start 108
statig	stately 109
station	station 13
status	status 100
steak	steak 27
steen	stone 12
stekker	plug 109
stel	couple 74
stelen, bestelen	to steal 38
stellen (het ~ met)	to make do with 93
stem	voice 95
stemmen	to vote 43
ster	star 33
sterk	strong 44
sterkedrank	liquor (VS) 95
sterven	to die 51

steunen	to lean 42
stichten	to found 100
stilte	quiet 101
stoel	chair 106
stoer	tough 109
stof	dust 110
stom, dom	stupid 97
stomerij	dry cleaner's 96
stoppen	to stop 49
stoppen, steken	to put 24
storm(weer)	storm 108
stoten	to hit 66
straat	street 30
straf	penalty 104
stralend	fabulous 106
strand	beach 39
strijk (de ~ doen)	to do the ironing 93
strijken	to iron 93
strijkijzer	iron 93
stripverhaal	comic 109
stront	shit 106
structuur	structure 110
student/-e	student 79; undergraduate 80
studentenhuis	hall of residence 80
studeren	to study 79; to read 80
studie	study 110
stuk *(bijv. nw.)*	broken 16
stuk *(zelfst. nw.)*	piece 17
sturen (door-, op-, toe-, ver-)	to send 38, 57; to mail 86
succes	hit, success 66
succes hebben	to be successful 51
succes hebbend	popular 34
succesvol	successful 51
suggestie	suggestion 96
suiker	sugar 18
super	super 11
supermarkt	supermarket 25
surfen	to surf 110
synagoge	synagogue 100
systeem	system 61

T

taal	language 22
tactloos	tactless 97
tafel	table 26
tal van	lots of 34
tamelijk	fairly 74
tand	tooth *(mv.* teeth) 28
tand-, kiespijn	toothache 71

tandenborstel	toothbrush 92
tante	aunt 42
tantetje	auntie 45
tarief	fare 62
taverne	tavern 101
taxi	cab 109
te	too 6
te (al ~)	too 11
techno	techno 30
technologie	technology 22
technologische sector	tech industry 79
tegen	to 40; by 77; against 82
tegengestelde	opposite 47
tegenkomen	to run into 107
tegenover	opposite 11
tegenwoordig	these days 37; nowadays 92
teisteren	to strike 100
tekenen	to draw 42
telefoon	phone 6
telefoongids	directory 89
televisie	television 45
teller	meter 62
temperatuur	temperature 35
tennis	tennis 95
tenzij	unless 62
terechtkomen/geworden van	to happen to 92
terloops	by the way 30
terrein	site 80; estate 107
terug	back 39
terug-	again 37
terugbellen	to call back 58
teruggaan, terugkeren	to go back 39
terugkeren	to go back 39; to move back 107
terwijl	while 83
test	test 68
theater	theatre 25
thee	tea 15
thuis	at home 2
thuiskomen	to get home 92
tiener	teenager 103
tiener-	teenage 103
tienerjaren (in zijn/haar ~)	in his/her teens 103
tientallen	dozens of 102
tijd	time 31
tijd (op ~)	on time 99
tijd (op ~), tijdig	in time 99
tijd tot tijd (van ~)	from time to time 81
tijdens	during 34

six hundred and eighty-eight • 688

tijdje	while 87
tijdschrift	magazine 110
toast (geroosterd brood)	toast 61
toch (maar)	anyway 99
toch, desondanks	all the same 78
toe zijn aan	to do with 94
toegangskaartje	ticket 27
toegestaan	permitted 61
toelaten	to admit 76
toen	when 51; then 100; as 106
toerismebureau	tourist office 96
toerist(isch)	tourist 50
toeristisch (heel ~)	touristy 74
toeslaan	to strike 100
toilet	toilet 54
tomaat	tomato (*mv.* tomatoes)28
ton (1.000 kg)	metric ton 86
ton (Engelse)	ton 86
tonen	to show 30
toonaangevend	leading 100
top-	top 83
toren	tower 51
torengebouw	tower block 61
tot (m.b.t. tijd)	till, until 53
Tot ziens!	Goodbye! 55
totaal *(bijw.)*	totally 109
traag	slow 83
trachten, proberen	to try 102
trainer	trainer 90
trakteren op	to buy 64
trap	staircase 106
trede	stair 106
treffen	to hit 108
trein	train 22
trekken	to pull 59
trekken ...waarts	to head 74
trekken, op trektocht gaan	to hike 73
trekpleister	attraction 50
tril(ling)	vibe 74
tripel	triple 57
trouw, betrouwbaar *(bijw.)*	faithfully 91
trouwen	to get married 77
trouwen met	to marry 89
trui	sweater 59
tuin	garden 35
tussen	between 79
tussen haakjes	by the way 30
tussenuit trekken (er eens ~)	to get away 88

tv	the box, telly, TV 45
tv-gids	TV listing 45
twee keer, tweemaal	twice 50
twijfelen, betwijfelen	to doubt 78
typisch	typical 80

U

u	you 1
uit	from 4
uit zijn	to be over 78
uitbuiten	to exploit 47
uitdoen, -schakelen	to turn off 55
uitdrukken	to express 102
uiteindelijk	finally 77; eventually 101
Uiteraard.	Of course. 2
uitgaan in clubs	to go clubbing 109
uitgebreid	extensive 61
uitgeven (van boek)	to publish 51
uitgeven (van geld)	to spend 43
uitgeverswereld	publishing 79
uithongeren	to starve 31
uithouden	to last 78
uitkiezen	to choose 100
uitkijken naar	to look forward to 74
uitlachen, zich vrolijk maken om	to laugh at 107
uitmaken (iem. niet ~)	to mind *(in ontkenn. vorm)* 48
uitnodigen	to invite 53
uitrusting	equipment 104
uitschakelen	to turn off 55
uitstaan	to stand *(in ontkenn. vorm)* 45; to bear 62
uitstap	trip 61
uitstappen	to get off 41
uitstekend	excellent 69
uitvinden	to invent 65
uitzicht	view 11
uniform *(zelfst. nw.)*	uniform 40
universiteit	university 12
upload	upload 89
uploaden, opladen	to upload 89
uur	hour 34
uur (bij heel uur op de klok)	o'clock 45
uurregeling	schedule 76
uw	your 3

V

v.C. (voor Christus)	BC (Before Christ), BCE (Before Common Era) 100
vaak	often 38
vaardigheid	skill 81

six hundred and ninety • 690

vaat (de ~ doen)	to do the washing-up 25
vader	father 24
vak-	vocational 80
vakantie	holiday 5
val	trap 86
valk	falcon 17
vallen	to fall 83
vallen voor	to take a fancy to 88
van	of 11; from 26
vanaf nu	from now on 110
vandaag	today 2
vandaag de dag	nowadays 92
vandaan	from 4
vanzelfsprekend	obviously 110
varen (het)	sailing 110
varkensvlees	pork 94
vast (blijven) zitten	to jam 61
vast zullen gebeuren	to be bound to 96
vasten(tijd)	fast 15
vastgoedmakelaar	estate agent 107
vastmaken	to hitch 73
veel	much 18, 32 *(+ n-telb. ev.)*; many *(+ telb. mv.)*; lots of 34; a lot of 35
véél	plenty (of) 72
veertien dagen	fortnight 103
vegetariër	vegetarian 94
veilig *(bijw.)*	safely 70
veiligheidsgordel	seat belt 97
veld	field 81
venster	window 55
ver	far 26
ver van(daan)	nowhere near 76
veranderen	to change 20
verandering	change 43
verbazingwekkend	amazing 52
verblijf	stay 109
verblijven	to stay 39
verboden	prohibited 105
verder-	to get on with 92
verdergaan	to continue 110
verderzetten	to go on 76
verdienen	to earn 66
verdieping	floor 11
verdomd	bloody 108
Verdorie!	Damn! 76
verdragen	to bear 62
verdwaald	lost 75
verdwalen	to get lost 75

Verenigd Koninkrijk	United Kingdom 4
verering	worship 100
vergadering	meeting 45
vergelijken	to compare 47
vergeten	to forget 54
vergunning	licence 97
verhaal	story 69
verheugen op (zich ~)	to look forward to 74
verhogen	to increase 43
verhoging	rise 83
verhongeren	to starve 31
verhuizen	to move 67
verhuring	rental 104
verjaardag	birthday 19
verkeer	traffic 34
verkeerd	wrong 16
verkeerslichten	traffic light 76
verkeersopstopping	traffic jam 61
verkeersreglement	highway code 104
verkennen	to explore 50
verkiezen, liever hebben	to prefer 61
verkiezing	election 43
verkoop	sale 104
verkopen	to sell 67
verkoper/-koopster	sales assistant 108
verlagen, naar beneden halen	to cut 43
verlaten	to leave 53
verleiding	temptation 93
verliefd worden op	to fall in love with 92
verliezen	to lose 68
verliezen (te ~)	to spare *(uitdr.)* 108
verlopen, niet meer geldig	out of date 97
verloren, zoek	lost 75
vermelden	to mention 76
vermoeid	tired 88
vermoeien	to tire 88
vermoeiend	tiring 88
vernielen	to destroy 100
vernieuwing	innovation 43
veronderstellen	to suppose 60
verontschuldigen (zich ~)	to apologise 57
veroveraar	conqueror 100
verpleger/-pleegster	nurse 103
verplichten	to bind 96
verscheidene	several 86
verschillend	different 29
verschrikkelijk	dreadful, terrible 27
versperren	to block 85

six hundred and ninety-two • 692

verspillen	to waste 89
verstand	brain 44
verstand (gezond ~)	common sense 46
verstandig	brainy 44; wise 75
versteld (staand)	amazed 103
verstrooid	absent-minded 55
vertegenwoordiger/-digster	representative 104
vertellen	to tell 9
vertragen	to slow down 83
vertraging, oponthoud	delay 60
vertraging, vermindering	slowdown 83
vertrekken	to leave 62
vertrekken, weg zijn	to be off 55
verveeld	bored 88
vervelen (zich ~)	to be bored 88
vervelend	boring 88
vervolg(d)	continued 11
vervuiling	pollution 33
verwachten	to expect 58; to forecast 83
verwachting	forecast 83
verwennen	to spoil 96
verwerking	processing 22
verwoest	ruined 100
verzamelen	to gather 110
verzekeren van (zich ~)	to make sure 55
verzekering	insurance 71
verzorging	care 43
vet	fat 32
via	by 30; via 48
vinaigrette	French dressing 32
vinden	to find 26
vinden van	to think of 64
viool	violin 75
vis	fish 32
VK (Verenigd Koninkrijk)	UK (United Kingdom) 33
Vlaams	Flemish 22
Vlaanderen	Flanders 70
vlak *(bijv. nw.)*	flat 8; plain 110
vlakbij	close to 26
vlees	meat 95
vlieg	fly 48
vliegen, het vliegtuig nemen	to fly 48
vliegtuig	plane 41
vlo	flea 75
vloeiend *(bijv. nw.)*	fluent 23
vloeiend *(bijw.)*	fluently 23
vloer	floor 11
vlucht (met vliegtuig)	flight 48

vlug even (binnen/naar buiten)…	to pop in/out 106
voeding	food 31
voelen, aanvoelen; zich voelen	to feel 42; 68
voet	foot (*mv.* feet) 28
voet (te ~)	on foot 109
voetbal	football 45
voetballer	footballer 69
voetganger	pedestrian 76
vol	full 26
vol(zet)	fully booked 26
voldoen	to do 96
volgen	to follow 40
volgend(e)	next 8; following 100
volk	people 33
volledig *(bijv. nw.)*	full 15; whole 55
volledig *(bijw.)*	fully 26; all 81; completely 82
volstaan	to do 96
volwassene	adult 73
voor (alvorens)	before 47
voor (iem./iets)	for 5
voor (uur)	to 49
voor, tegenover	in front of 41
vooral (hoofdzakelijk)	mainly 51
vooral (in het bijzonder)	especially 34
vooral (voor alles)	above all 110
voorbeeld	example 38
voorbij	past 45
voordeel	advantage 52
voordien	before 79
voordringer	queue jumper 62
voorkeur	fancy 88
voorlopig (tijdelijk)	provisional 104
voorlopig (voor nu)	for now 110
voorop	ahead 83
voorrang verlenen	to give way 99
voorschrift	prescription 72
voorspellen	to forecast 83
voorspelling	forecast 83
voorstad	suburb 22
voorste	forward 74
voorstel	suggestion 93
voorstellen (zich ~ (dat))	to imagine 87
voort-	to get on with 92
voortgezet onderwijs	secondary school 22
vooruit	forward(s) 74; ahead 83
vooruitgang	progress *(n-telb.)* 98
voorwaarde	condition 75
voorwaarde (op ~ dat)	provided that 88

voorwaarts	forward(s) 74
voorzichtig *(bijw.)*	carefully 67
voorzitter	chairman 103
vordering	progress *(n-telb.)* 103
vorig(e)	last 55
vork	fork 106
vraag	question 9
vraag-en-antwoord	Q&A 109
vragen	to ask 30
vragen, aanrekenen	charge 96
vrede	peace 101
vredig	peaceful 87
vreselijk *(bijv. nw.)*	terrible 10; dreadful 27; awful 68
vreselijk *(bijw.)*	terribly 87
vriend	friend 20
vriend(je), lief	boyfriend 73
vriend/-in	mate 88
vriendelijk	pleasant 82; friendly 108
vriendin(netje), lief	girlfriend 73
vriezen, invriezen	to freeze 53
vriezen, bevriezen	to freeze 71
vriezer (diep~)	freezer 53
vrij (ongebonden)	free 27
vrij hebben	to be off 71
vrij/over hebben	to spare *(uitdr.)* 108
vrij, nogal	pretty, quite 60
vrij veel	quite a lot 60
vrijdag	Friday 25
vrije tijd	spare time 88
vrijgezel	single 52
vrijmaken	to clear 85
vroeg	early 66
vroeger	before 81, sooner 87
vrouw	woman (*mv.* women) 29
vrouw (echtgenote)	wife (*mv.* wives) 23
vuil	dirty 27
vullen	to fill 103
vuur	fire 98
VVV-kantoor	tourist office 96

W

waar *(bijv. nw.)*	true 92
waar (plaats)	where 2
waar ... ook	wherever 109
waar ergens/ongeveer	whereabouts 90
waar zijn	to be true 43
waar, waren	ware 23
waarom	why 5
waarschijnlijk	probably 66

wachten	to wait 27
wachten (even)	to hold on 67; to hang on 94
wachtend, on hold	on hold 108
wachten (het)	wait 62
wachtlijn (op een ~ zitten)	to be in a queue 62
Wales	Wales 4
wand	wall 94
wandelen	to walk 56
wandeling	walk 86
wang	cheek 107
wanhoop	despair 102
wanneer	when 40, 48
want	because 2
Wapenstilstand	Remembrance Day 38
warm	warm 50; hot 75
was doen (de ~)	to do the washing 92
wassen	to wash 28
wassen (zich ~)	to wash 59
wat *(betr. vnw.)*	what 59; that 63
wat *(vrag. vnw.)*	what 3
wat... ook	whatever 109
wat, een beetje	a bit (of) 45; a little *(+ n-telb. ev.)* 53
wat, enig(e), enkele	any *(in ontkenn. of vrag. zin)*, some *(in bev. zin)* 15
water	water 65
webcafé	web café 86
website	website 96
wedde	salary 82
wedden	to bet 69
weddenschap(sspelen)	bet(ting) 69
weddenschap aangaan (een ~)	to place a bet 69
wedren	race 69
wedstrijd	match 69
week	week 19
weekend	weekend 25
weer, opnieuw	again 37
weer *(zelfst. nw.)*	weather 10
weerspiegelen	to reflect 100
weetal	a know-all 102
weg	away 67
weg *(zelfst. nw.)*	way 3; road 61
wegen	to weigh 41
weggaan	to leave 53; to be off 55; to get away 88; to go out 93
wei	field 102
welk(e)	which 4; what 17
welkom	welcome 26
Welsh	Welsh 43

wensen	to wish 85
wereld	world 88
werk	job 23
werkelijk *(bijw.)*	really 4; truly 110
werken	to work 22
werkgever	employer 83
werkstation	workstation 81
werkwoord	verb 110
west(en)	west 12
wet	law 79
weten	to know 24
wetenschapper	scientist 59
wettelijk *(bijw.)*	legally 73
whisky	whisky (*mv.* whiskies) 53
wie	who 5
wie (met ~)	whom 84
wie (van ~)	whose 46
wie... ook	whoever 109
wielrennen (het)	cycling 29
wiens, van wie *(vrag. vnw.)*	whose 46
wiens, wier, van wie *(betr. vnw.)*	whose 90
wij/we *(onderw.)*	we 3
wij/ons *(voorw.)*	us 19
wijn	wine 27
wijs, verstandig	wise 75; clever 107
wijsheid	wisdom 75
wijsneus	smart-aleck 102
wijten (te ~ aan)	due to 60
wil	will 63
willen	to want 26
winkel	shop 31; store 61
winkelen (het)	shopping 65
winkelier	shopkeeper 69
winnen	to win 33
winter	winter 14
wiskunde	mathematics 105
wisselen	to change 20
wisselgeld	change 20
wit	white 18
woensdag	Wednesday 28
wol	wool 64
wolk	cloud 10
wonder	wonder 87
wonen	to live 8
woning	home 109
woonkamer	living room 54
woordenboek	dictionary 45
woordenschat	vocabulary 110

worden	to become, to get 66
wortel	carrot 94

Y
yoghurt	yoghurt 53

Z
zacht	soft 23; gentle 109
zak	pocket 24
zakelijk	business 23
zaken	business 5
zakken (voor examen)	to fail 68
zanger/-es	singer 102
zaterdag	Saturday 25
ze *(pers. vnw. mv.-voorw.)*	them 24
zeef	sieve 90
zeer, heel, erg	very 23
zeer, pijnlijk	sore 71
zeggen	to tell 9; to say 43
zeilen (het)	sailing 110
zeker *(bijv. nw.)*	sure 17; certain 67
zeker *(bijw.)*	certainly 47
zelf	self 58
zelfde	same 78
zelfs	even 36, 61
zenden (door-, op-, toe-, ver-)	to send 57; to mail 86
zetten	to put 54
zicht	sight 74
ziek	sick 2; ill 72
ziekenhuis	hospital 72
zien	to see 36
zien (er uit~)	to look 38
zij/ze *(pers. vnw. mv.)*	they 4
zij/ze *(pers. vnw. v. ev.)*	she 2
zij/ze *(pers. vnw. onpers. ev.)*	it 7
zijde (stof)	silk 64
zijn	to be 1, 2, 7
zijn (aanwezig/afwezig ~)	to be in/out 71
zijn *(bez. vnw. m.)*	his 8
zijn/haar	its *(onpers. bez. vnw.)* 8
zijne (de/het ~)	his 46
zilver	silver 66
zin	sentence 110
zin hebben (het naar je ~)	to enjoy 90
zin hebben in/om	to fancy 88, to feel like 94
zingen	to sing 23
zitplaats	seat 74
zit-slaapkamer	bedsit(ter) 80
zitten	to sit 40

zitten (gaan ~)	to sit down 40; to sit 60
zitten (goed ~) (m.b.t. kleren)	to fit 64
zo	so 27
zo ... als	as ... as 41, 101
zo niet	if not 72
zo(iets)	so 60
zoal doen	to be up to 37
zoals	like 10; as 37
zodra	as soon as 74; once 103
zoeken	to look for 36
zoemen	to buzz 109
zoet	sweet 65
zolang	as/so long as 88
zomer	summer 14
zon	sun 10
zo'n	such a/an 82; some 100
zondag	Sunday 28
zonder	without 32
zonder ... komen te zitten/staan	to run out of sth 73
zone	area 33
zone (afgebakend)	precinct 76
zonneschijn	sunshine 106
zonnig	sunny 10
zoon	son 2
zorg	care 1
zorgen, zorg dragen voor	to take care of 43
zorgen (zich ~ maken)	to worry 27
zorgvuldig *(bijw.)*	carefully 67
zout	salt 17
zowat	some 100
zowel als	as well as 109
zuid(en)	south 12
zus	sister 16
zwaar	heavy 83
zwart	black 18
zweet	sweat 89
zwemmen *(ww.)*	to swim 29
zwemmen *(zelfst. nw.)*	swimming 29
zweren	to swear 95
zweten	to sweat 59

 meer
Engels
bij Assimil:

**Talen als target
Engels leren A2**

**Conversatiegids
Engels**

**Werkboek
Engels halfgevorderden**